MOLDEN
TASCHENBUCH
VERLAG

Das Buch

Ein gefährlich-abenteuerliches Leben, das in dieser Generation kaum seinesgleichen hat: Geboren aus preußisch-österreichischem Adel, aufgewachsen zwischen den Fördertürmen von Bergwerken, die der Vater leitete; eine Frau mit überschäumendem Temperament, die sich in die Liebe stürzt, die mit dem Herauswachsen aus liberal-bourgeoisen Konventionen revolutionäre Überzeugungen entwickelt, die die „standesgemäße" Verlobung löst, um im „roten" Wien die Frau und Kampfgefährtin des sozialistischen Politikers Ernst Fischer zu werden – das ist Ruth von Mayenburg: Nach dem gescheiterten Wiener Arbeiteraufstand im Februar 1934 kommt sie nach Moskau, übernimmt Sonderaufträge der Roten Armee, reist mit falschen Pässen ins Dritte Reich und bewegt sich in Adelskreisen, als wäre sie nie Kommunistin geworden. 1938 wieder in Moskau, lebt sie mit Thorez, Togliatti, Ulbricht und Pieck auf Tuchfühlung, wächst ihre Freundschaft mit Herbert Wehner. Während des Krieges arbeitet sie als Ruth Wieden in Kriegsgefangenenlagern für die Antifabewegung, trifft mit den Generalen Paulus und Seydlitz zusammen und leitet die Propagandazeitschriften „Freies Deutschland im Bild" und „Frontillustrierte". 1945 kehrt sie nach Österreich zurück, wo ihr Mann Unterrichtsminister wird und sie als Generalsekretärin der österreichisch-sowjetischen Gesellschaft und als Chefdramaturgin der Wien-Film bis 1955 mit den Russen zusammenarbeitet. Man teilt die Überzeugungen Ruth von Mayenburgs vielleicht nicht. Aber man wird ihr als Frau, die auch als Genossin stets souverän und eine Dame blieb, mit Respekt begegnen. Denn ob sie von ihren Geheimaufträgen, vom Spiel hinter Moskauer Kulissen oder von der Liebe berichtet, aus allem spricht die Erfahrung und Weisheit einer Existenz, die sich unaufhörlich selbst aufs Spiel setzte.

Ruth von Mayenburg

BLAUES BLUT
UND ROTE FAHNEN

Ein Leben unter vielen Namen

MTV · MOLDEN-TASCHENBUCH-VERLAG
WIEN-MÜNCHEN

1. Auflage

MTV · MOLDEN-TASCHENBUCH-VERLAG
EROICA Verlagsgesellschaft mbH., Wien–München
Lizenzausgabe mit freundlicher Genehmigung des
Verlages Fritz Molden, Wien–München–Zürich–Innsbruck
Umschlagentwurf: Hans Schaumberger
Gesamtherstellung: Ebner, Ulm
MTV-Band 49, März 1977
ISBN 3-217-05049-5

Inhalt

I

Kindheit, Kohle, Krieg

Wenn ich mir mein Elternhaus vergegenwärtigen will, melden sich zuerst die Ohren und signalisieren Lärm. Als stünde ich vor den geschlossenen Türen eines Konzertsaales, in dem ein Orchester spielt. Allmählich sind die einzelnen Stimmen herauszuhören, und schließlich weiß ich sogar, was da gespielt wird. An der Ouvertüre sind viele Instrumente beteiligt — sie ist dick besetzt, würde ein Musiker sagen, und wird mit einer Lautstärke vorgetragen, daß es in meinem Kopf zu dröhnen beginnt: im ganzen Haus Lachen, Rufen, Schreien, Singen, in der Küche klappert Geschirr, das Telephon klingelt, die Eingangsglocke schellt, Türen werden geschmettert und bellende Hunde mit schrillen Pfiffen zur Ruhe gemahnt. Meine Mutter trommelt auf dem Klavier. Ein Wagen rasselt über den Hof, die Pferdehufe schlagen aufs Pflaster, daß die Funken sprühen.

Bei uns ging es wirklich sehr laut zu. Nur sekundenlang erfuhr dieser allgemeine Lärm eine Unterbrechung, nämlich dann, wenn mein Vater aus seinem mit Doppeltüren versehenen Arbeitszimmer herausstürzte und irgend etwas durchs Haus brüllte. Dann verstummten die übrigen Geräusche, alles horchte auf, und während der Atempausen, die mein Vater einlegen mußte, weil selbst sein breiter Brustkasten nicht imstande war, ohne Unterlaß genügend Luftstrom für diese Urlaute zu liefern — dann also herrschte Stille. Bald aber setzte der Lärm wieder ein, etwas gemäßigter vielleicht, jedoch beharrlich anschwellend bis zur vollen orchestralen Vielstimmigkeit.

Eine plausible Erklärung für die familiäre Angewohnheit, hemmungslos Geräusche zu entwickeln und nur mit erhobener Stimme zu sprechen, durch alle Türen und Gänge hindurchzuschreien, war die Schwerhörigkeit meiner Mutter. Sie litt darunter, wie jedes vollkommene Wesen unter einer Unvollkommenheit zu leiden pflegt, an der es keine Schuld trägt, die unabänderliches Schicksal ist.

Daß meine Mutter schlecht hörte, hat sich schon sehr früh auf meine Einstellung zu ihr und auf meine ganze Entwicklung ausgewirkt. In meinem Bewußtsein war dieses mütterliche Leiden ursächlich mit meiner eigenen Existenz verbunden, denn es begann, als ich erst wenige Tage auf der Welt war und meine Mutter im Wochenbett von den älteren Kindern mit Masern angesteckt wurde. Die Mittelohrentzündung, an der sie anschließend erkrankte, nahm bei ihr so katastrophale Formen an, daß sie mehrfach operiert werden mußte und schließlich fast ertaubte. Später hat sie mir oft in zärtlichen Stunden versichert, daß sie während dieser Leidenszeit mehr Besorgnis um mich, das „unschuldige kleine Geschöpf", gehabt hätte, als um sich selbst, und daß ich ein „musterhaftes Baby und ihr süßester Trost" gewesen wäre — neben einer zahmen weißen Ratte, die sich im Ärmel ihres Nachthemdes versteckte, wenn ich an ihrer Brust lag.

Zu jener Zeit muß der Lärm in unserem Hause und in seiner unmittelbaren Umgebung geradezu höllisch gewesen sein, gehörten doch auch die Arbeitsgeräusche dazu, die Tag und Nacht nicht zur Ruhe kamen und von dem Kohlenschacht ausgingen, auf dessen unsicherem Boden wir vier Kinder geboren wurden. Gleich hinter dem Hause erhob sich der hohe Turm, in dem der Förderkorb, mit Bergarbeitern oder Kohle beladen, auf- und absauste, und das Schmalspurgeleise, auf dem die Kohlenhunte, von einer Spielzeuglokomotive gezogen, in langer Reihe zu den Halden rumpelten, führte dicht an unserem Garten vorbei. Selbst die Schmiede, wo es ohrenbetäubend hämmerte und metallisch klirrte, stand weniger abseits von unseren Fliederbüschen — sie umsäumten einen riesigen Gartentisch, auf dem die sommerlichen Mahlzeiten eingenommen und ständig Gäste bewirtet wurden — als der Pferdestall, aus dem nur dumpfes Stampfen und gedämpftes Wiehern durch die Hecken drang.

Bevor ich mich jedoch von der Geräuschkulisse meiner ersten Kindheit löse und auf die Bühne begebe, die schon im Scheinwerferlicht klarerer Erinnerungen steht — wenn auch von dunklen Pausen unterbrochen —, möchte ich noch von dem allerersten Erlebnis berichten, das der Mensch überhaupt haben kann und das gemeinhin ins Reich des Unbewußten verlegt wird: der Geburt. Offenbar entgegen aller wissenschaftlichen Beobachtung und Erkenntnis, ein Neugeborenes hätte noch nicht die Fähigkeit, mit seinen Sinnen etwas wahrzunehmen und als Gehirneindruck aufzuspeichern, muß ich doch irgend etwas davon gespürt haben, plötzlich in eine Welt hinausgestoßen zu sein, in der es zum Unterschied von der bisherigen sanften und stillen Geborgenheit furchtbar laut und aufregend zuging.

In der Nacht meiner Geburt brach ein ungeheuerliches Gewitter über die kohlenträchtige Senke am Fuße des Böhmischen Erzgebirges herein. Während meine Mutter in den Wehen lag und mein Vater sein Pferd durch Nacht und Regensturm jagte, um die Hebamme auf seinem Sattel herbeizuholen, tobten sich Donner und Blitz mit unheimlicher Kraft aus. Angeblich hätte sich dabei auch ein seltenes Naturphänomen gezeigt, nämlich Kugelblitze und solche, die aus der Erde zum Himmel hinaufschießen und dort in strahlender Helle wie Feuerwerksraketen verglühen. Selbst meinem Vater, schon durch seinen Beruf erfahren im Kampf mit Naturgewalten, wurde es, seinen späteren Schilderungen nach, unheimlich zumute, als er so durch das Unwetter galoppierte und im nachtschwarzen Dunkel rundum die Feuer aufzulodern begannen, die der Blitzschlag entzündet hatte. Der Sturm war unterdessen zu solcher Stärke angewachsen, daß er einen Teil des Daches von unserem Hause hob und auf dem Schachtgelände zerschmetterte.

Auch die Kohle unter der Erde schien in Bewegung geraten zu sein, so vermutete wenigstens meine Mutter, als sie plötzlich in der Wand hinter ihrem Bett — in dem sie jeden Augenblick die Ankunft ihres vierten Kindes (und hoffentlich zweiten Sohnes!) erwartete — einen Sprung bemerkte, der sich zusehends vergrößerte. In fliegender Eile wurden alle Anstalten getroffen, das Haus, das demnach einzustürzen drohte, zu räumen, die anderen Kinder in Sicherheit zu bringen und irgendeinen Raum außerhalb des Hauses zu finden, wo die Geburt ohne Gefahr für Mutter und Kind vonstatten gehen könne. So weit aber kam es nicht, denn ich hatte es offenbar eilig, mitten in das Toben der Elemente hinein den ersten Schrei zu tun und das Licht der Welt in Gestalt eines zuckenden Blitzes zu erblicken.

Von dieser Geburtsnacht an soll jedes Gewitter mein Entzücken erregt haben. Das Vergnügen, am Leben zu sein, steigerte sich zu hellem Jubel, wenn sich der Himmel verfinsterte und fernes Grollen und Wetterleuchten das große Ereignis verhieß — unvergleichlich mit jedem andern, das in den friedlichen Ablauf der Tage eines Kleinkindes freudige Aufregung bringen konnte. Ich rüttelte an meinem Gitterbett und wollte immer zum Fenster getragen werden, um nur ja nichts von dem „Orasch, Orasch" zu verpassen. Dies wurde mir wiederholt und mit immer neuen Details ausgeschmückt schon sehr früh von meinen Eltern und unserer Kinderschwester Marcelle erzählt.

Meine erste eigene Erinnerung an ein Gewitter hat keine Zeugen, gehört mir ganz allein, und jene Nacht, da ich aus dem Schlaf schreckte, aufs Fensterbrett stieg und über Gitterstäbe hinweg auf ein Gewitter starrte, ist mir heute noch mit allen Sinnen gegenwärtig. Ich spüre, wie kalt das Eisen ist, an das ich mich klammere, und wie der Regensturm zum offenen Fenster hereinweht und mein langes Nachthemd, das mir um die Beine flattert, durchnäßt. Draußen in der Dunkelheit springen Blitze über den Himmel, und immer wenn sie grell aufleuchten, tauchen die Alleebäume vor dem Fenster in strahlendes Licht empor, blühen zu riesigen Blumensträußen auf, zum Greifen nah — und fallen wieder in die Schwärze zurück. Ein Zaubergarten lag vor mir; ein Blitz, das Tor ging auf — und gleich wieder schlug es zu, mit Donnerkrachen und Sturmgebrüll. Selbst als mir anfing kalt zu werden und ich am ganzen Körper zu zittern begann, konnte ich nicht aufhören, auf das Gewitter zu starren — als hätte ein magischer Stab mich berührt. Plötzlich erdröhnte ein furchtbarer Donnerschlag ganz in der Nähe, ich ließ das Gitter los, fiel auf den Boden und schlug mir den Kopf an. Da bin ich schnell wieder ins Bett zurückgekrochen. Am nächsten Tag fragte man mich nach der Beule auf meiner Stirn. Ich tat jedoch so, als wüßte ich nichts über ihr Entstehen. Es war wohl meine erste Lüge — bestimmt mein erstes Geheimnis.

Noch heute liebe ich Gewitter und Regensturm; das brausende Meer, über dem die Blitze zucken und der Donner hinwegrollt; Unwetter im Hochgebirge, die im Kreise gehen, weil sie zwischen den Bergmauern keinen Ausgang finden; und es gibt viele Orte und Gegenden, an die ich nur eine Erinnerung behalten habe, weil ich dort ein großes Gewitter erlebte. Ich laufe oder fahre ihm entgegen, wo immer es geht — ganz in Erwartung eines Glückes, das mich nie enttäuscht hat. (Zu einer Zeit, da unser Geburtshaus schon längst zusammengebrochen und in dem schilfigen Teich versunken war, der sich über dem abgebauten Braunkohlenschacht ausgebreitet hat, sollte ich sogar eine ähnliche schaurige Erwartung empfinden, als ich an die Kriegsfront fuhr und zum erstenmal von fern Geschützdonner hörte und am schwarzen Himmel Leuchtraketen aufsteigen sah.)

Daß ich gerade unter solch ungewöhnlichen Umständen zur Welt kam, und noch dazu genau um Mitternacht — was meine Eltern in das Dilemma stürzte, ob sie den vergangenen oder den kommenden Tag als Geburtsdatum angeben sollten (es wurde dann der kommende, weil der erste Juli, wie mein Vater meinte, ein leicht zu merkendes Datum ist, genau in der Hälfte des Jahres) —, diesem Faktum habe ich eine fast mystische Bedeutung gegeben. Denn als ich begann, über mich und meine Umwelt nachzudenken, erschien es mir als etwas Besonderes und mit diesem Besonderen als etwas Verpflichtendes, für mein Leben Ausschlaggebendes, so und nicht anders auf die Welt gekommen zu sein. Das Leben hatte mit einem Abenteuer begonnen, und ich hatte es tapfer bestanden — sonst wäre ich ja vor Schrecken gestorben. Kein anderes Kind konnte von seiner Geburt eine so aufregende Geschichte erzählen. Es gab zwar solche, die etwas von einem Storch zu berichten wußten, der sie aus einem tiefen Teich geholt und ins Elternhaus gebracht hätte, aber ich hielt das von vornherein für ein dummes Märchen, das die Erwachsenen den Kindern erzählen, wie die anderen Märchen auch, und die auch mir erzählt wurden, nur eben als Märchen und nicht als eine wahre Geschichte. Meine Geburtsgeschichte hingegen war wahr, glühend verteidigte ich diese meine Wirklichkeit — Blitz und Donner und Mama in Schmerzen und Papa reitend durch Nacht und Wind —, und sie leuchtete in so herrlich gefahrvollen Farben, daß jedes Märchen daneben verblaßte.

Nur eine einzige Geschichte hielt meiner eigenen stand. Es ist auch die einzige, an die ich mich aus so früher Kinderzeit genau erinnern kann: „In Rußland geschah es einmal, daß durch den tiefverschneiten Wald, keine Seele weit und breit, kein Weg, kein Steg, kein Licht aus einem fernen Haus, nur Mondschein auf glitzerndem Schnee, eine Troika dahinraste in wilder Schlittenfahrt. Ihr auf den Fersen waren Wölfe, hungrig und gierig vom langen Winter, der in diesem Jahr kein Ende nehmen wollte..." Die Erzählung endete damit, daß zwei Pferde von den dreien den Wölfen zum Fraße überlassen wurden und sich schließlich auch der Vater in den Schnee fallen ließ, um wenigstens seinen Sohn vor den reißenden Bestien zu retten. „...und mit letzter Kraft langte der Knabe auf der Troika in seinem Heimatdorf an."

Meine Großmutter mußte mir wieder und wieder diese schaurig-schöne Geschichte vorlesen, und eine Ahnung von einsamen Weiten stieg dabei in mir auf, von etwas Unendlichem und Überwältigendem... „Kein Weg, kein Steg... keine Seele weit und breit...", und ich lechzte danach, auch so ein mutiger Knabe zu werden, der „mit letzter Kraft" sein Pferd durch die Winternacht jagt und das Heimatdorf erreicht.

Da ich meine Geburt als erstes Abenteuer empfand, fühlte ich mich sozusagen als geborener Abenteurer. Und das Verpflichtende bestand dar-

11

in, tapfer zu sein, Unbilden zu ertragen ohne Wehleidigkeit und bei allen Gefahren einem durchaus realen Himmel zu vertrauen, über den Unwetter dahinziehen, ohne einen zu vernichten: Ich habe sehr früh schon an meinen guten Stern geglaubt und keinen Schutzengel bemüht.

Wenn ich es recht bedenke, hat dieser gute Stern auch über vielen späteren verschlungenen und gefahrvollen Wegen geleuchtet. Besonders aber über meiner Kindheit. Weder Reichtum noch Armut behelligten das natürliche Aufwachsen in eine Welt hinein, die ihrerseits weder zu groß war, um nicht bewältigt, noch zu klein, um als Beschränkung empfunden zu werden.

Unter dem Namen „Teplitz-Schönau" umfaßt sie auch den Begriff Heimat, ist kugelrund in sich abgeschlossen und leicht verklärt von tausenfältigen Erinnerungen.

Im nordwestlichen Teil Böhmens gelegen, nahe der deutschen Grenze, zwischen die streng aufragende Granitmauer des nadelbewaldeten Erzgebirges und die basaltenen Spitzhäupter des Böhmischen Mittelgebirges eingebettet, ist Teplitz bemerkenswert durch seinen zwiespältigen Charakter: einesteils ein altberühmter Kurort für alle Arten von Leiden, die von Thermalbädern geheilt oder wenigstens gelindert werden, andernteils rauchende Fabrikschlote und Braunkohlenhalden rundum. Zu den Zeiten, da sich Goethe hier in Ulrike von Levetzow verliebte, Beethoven seine Achte, Richard Wagner seinen Tannhäuser komponierte und viele andere „Prominente" des vorigen Jahrhunderts hier auf grünen Promenadewegen lustwandelten, ihre Spaziergänge auf die umliegenden Hügel ausdehnten, von denen der Blick weit in fruchtbares, mit Obstbäumen bestandenes Land hinausschweift, war „Töplitz" — wie es auf alten Stichen heißt — ein gemütliches Biedermeierstädtchen, wo geistige Kultur und solider bürgerlicher Wohlstand einander begegneten. Von dieser Tradition lebte die Stadt noch immer, auch dann, als sich allmählich etwas weniger bekannte Namen als Badegäste in die Kurliste eintrugen. Dafür war unterdessen die ortsansässige Bewohnerschaft — deutsch sprechende Böhmen und eine ständig Zuwachs erhaltende alte jüdische Gemeinde — wohlhabend und betriebsam genug geworden, um gewissermaßen auf eigene Rechnung das Kulturerbe zu mehren, das in der Vergangenheit illustren Zugereisten zu verdanken war, und außerdem die Stadt zu einem modernen Industrieort zu entwickeln.

Nachdem wir vom sterbenden Kohlenschacht „Austria II" weggezogen und in die nahe liegende Kur- und Kohlenstadt Teplitz-Schönau übersiedelt waren (ich werde später versuchen, sie näher zu beschreiben, denn diese Stadt verdient es, daß ihr, wenn schon nicht der Verfall, so doch die Vergessenheit erspart bleibt), wurde ein weiträumiges Haus mit einem großen, teils gepflegten, blumengeschmückten, teils verwilderten Garten meine engste Heimat. In ihr hatte alles Platz, was ein Kind glücklich macht. Zuerst einmal Tiere aller Art: Nonius, das englische Halbblut, Reit- und Kutschpferd zugleich; Hunde und Katzen; Meerschweinchen; weiße Mäuse zwischen dem Küchenfenster, die sich in weißen Wattenestern unentwegt vermehrten; Laubfrösche im Gurkenglas, die darin auf einer kleinen Leiter hockten und das Wetter anzeigten, Hühner, Kaninchen und jedes Jahr ein neues Schwein, das dann im Spätherbst für das häusliche Schlachtfest herhalten mußte, zu dem alle Freunde und Verwandten eingeladen wurden, wobei mir als dem weitaus jüngsten Teilnehmer an dem Schweineschmaus das gebratene Ringelschwänzchen vorbehalten war, von dem ich nachher regelmäßig Bauchweh bekam. Mein Vater war zu diesem Anlaß als Wirt mit Käppi und großer Schürze ausstaffiert, meine Mutter trug ein neckisches Häubchen und an der Wespentaille einen riesigen Schlüsselbund.

Wie meine älteren Geschwister ausgesehen haben, weiß ich nicht. Sie führten überhaupt in dieser meiner frühesten Kinderwelt ein sehr schemenhaftes Dasein, bis auf meine älteste Schwester Xilly, für die ich eine Art erbitterter und bewundernder Haßliebe empfand, mit Neid gemischt auf ihr Erwachsensein, ihre bevorzugte Respektstellung, auf ihre Schönheit und Selbstbehauptung.

Daß künftige Beziehungen von einem Kindheitserlebnis nachhaltig beeinflußt werden, habe ich gerade an ihr erfahren. Es ist nichts als eine kleine dumme Geschichte, wie sie jedem Kind passiert, das wesentlich ältere Geschwister hat. Es würde sich, bei Gott, nicht verlohnen, sie zu erzählen. Aber dieser „erste Auftritt" meiner ältesten Schwester — ich war genau drei Jahre alt — hat eine schmerzende Narbe hinterlassen. Immer wenn ich später Ähnliches erlebte, mußte ich daran denken und immer von neuem einen Kampf mit dem aufsteigenden Selbstmitleid führen, das mich damals zum erstenmal überfallen hat. Ja das Bedürfnis zu weinen — ohne unmittelbaren Anlaß und voll Beschämung darüber — fand dann plötzlich seine erlösende Rechtfertigung im Heraufbeschwören dieses ersten Erlebens von Ausgestoßensein und Einsamkeit. Von da an sollte es mich gewissermaßen als „Urerlebnis" das ganze Leben hindurch begleiten — nicht einmal so sehr, was meine eigene Person anbelangt, sondern umgesetzt in ein quälend mitfühlendes Verständnis für gerade dieses Leid, sobald ich es bei anderen Menschen zu erkennen glaubte oder in sie hineininterpretierte oder aus ihnen hervorholte, wenn sie selbst nicht darum wußten.

Wir waren alle miteinander an die Ostsee gefahren. Meer und Sand und Sonne spiegeln sich in meinem Bewußtsein nur in einem Photo wider, auf dem ich zwischen den anderen Geschwistern zu sehen bin, sehr klein, in einem knielangen Badeanzug und mit einem dicken Kinderbauch. Wir wohnten in einem Hotel am Strand, ein Balkon ging direkt aufs Meer hinaus, und man konnte auch ein großes Stück von der Strandpromenade überblicken. Eines Abends sollte es ein „Riesenfeuerwerk" geben. Alle waren schon tagsüber voll aufgeregter Erwartung, und beim Mittagessen wurde nur davon gesprochen. Ich weiß noch, daß mein Vater den anderen irgendwelche damit zusammenhängende Dinge erklärte, wohl technischer Art, die ich nicht verstand, und daß man mich, die ich neugierig dazwischenredete, zurechtwies: „Halt den Mund — dazu bist du noch viel zu klein, um das zu verstehen!" Trotzdem nistete nicht der leiseste Zweifel in meinem freudig erregten Herzen, als es endlich Abend wurde und Zeit zum festlichen Anziehen. Selbständig zog ich das rosa Kleid an, von Mama mitgenommen und aufgespart für solche Gelegenheit, und die weißen Socken. Mit irgend etwas kam ich dabei nicht zurecht und rief ins andere Zimmer hinüber, wo meine Schwestern sich ankleideten, sie mögen mir helfen. Da kam Xilly herein — zum Staunen schön und erwachsen — und tat ungeheuer überrascht, mich im Festkleid zu sehen. „Du willst mitgehen? Wer hat dir das erlaubt? Dazu bist du doch viel zu klein! Zieh dich sofort wieder aus und geh ins Bett!"

Und dann waren alle weg. Ich stehe im Nachthemd auf dem Balkon und weine jämmerlich. Durch die Tränen hindurch schaue ich mit verzehrendem Verlangen zum Himmel hin, wo weit weg glänzende Bälle mit einem winzig-schnellen Knall zu platzen scheinen, und auch zur Promenade hinunter, wo helle Gestalten eiligst in eine Richtung streben, weg von mir und wohl zu der Musik hin, die in Fetzen bis zu mir herüberklingt. „Sie darf dabei sein, sie, sie, sie! Ich bin nicht zu klein, nein, ich bin nicht zu klein!" Ich muß das viele Male geschluchzt haben, bis ich auf dem Balkon eingeschlafen bin. Mama hat mich dann aufgehoben und ins Bett getragen und laut gerufen: „Das arme Kind!" Davon bin ich aufgewacht, und auch von ihren Küssen, und habe nochmals bitterlich an ihrem Hals geweint.

Von den vielen Hausangestellten niederen und höheren Ranges, die es damals bei uns gegeben haben muß, lebt nur noch der Kutscher Halbich und sein keifendes böses Weib in meiner Erinnerung. Diese beiden unansehnlichen und doch wichtigen Leute verblieben uns in der Ära des Automobils, das er zu lenken lernte, und machten auch eine neuerliche Übersiedlung in ein anderes, äußerst bizarr gebautes Haus mit, von dem später die Rede sein wird.

Den weitaus höchsten Rang in unserer Familiengemeinschaft hatten in meinen Augen, neben den Eltern, die Schweizer Gouvernanten, ein Schwesternpaar zuerst, das einander ablöste und dessen ältere schon meine stürmische Geburtsnacht miterlebt hatte. Sie lehrte mich die ersten französischen Worte und blieb so lange bei uns, daß sie mir noch erzählen konnte, wie komisch ich sie ausgesprochen hätte. An ihre Schwester Jeannette habe ich nur die peinliche Erinnerung, daß sie mir die Bekanntschaft mit dem äußerst langweiligen Monsieur La Fontaine und seinen moralischen Fabeln vermittelte und die französische Milchschwester des „Struwwelpeter" vorstellte, die ihm an Abscheulichkeit nicht nachstand. Aber bald darauf kam Alice Berthier zu uns, die Gärtnerstochter aus Montreux, zierlich und graziös wie ein dunkles Stiefmütterchen, mit neugierigen, samtenen Augen, von uns allen zärtlichst geliebt. Ihr verdanke ich die Lust, mich in einer fremden Sprache, die nicht jeder verstand, frei bewegen zu können, und die Genugtuung, zwar halb so groß wie sie, aber doppelt so stark zu sein. Am Rande dieses fröhlichen Daseins taucht noch verschwommen die ungeschickte Gestalt eines Hauslehrers auf, den alle hänselten, und schließlich eine rothaarige Hauslehrerin, die mir beigegeben war, damit ich nicht schon die ersten Jahre in der Volksschule verbringen müßte. Sie wachte geduldig im Garten bei meinen Schulheften, während ich auf unserem Nonius herumritt, auf der hohen Schaukel schwang oder im abgeriegelten Gartenhaus, das erregend nach sonnenheißem Holz duftete, mit einer zarten, verschüchterten Freundin die erste freie Liebe auskostete.

Frei, ja, das war sie, frei und ohne Ängste war diese Kindheit! Ich trage viele Narben auf den Knien und anderen Teilen meines Körpers, denn es verging kaum ein Tag, da ich mich nicht beim Klettern, Laufen und Ballspielen verletzte, an eingeschlagenen Fensterscheiben schnitt, von Straßenbuben einen Messerstich erhielt, von Zäunen und Bäumen fiel. Wir wurden nicht in die Schule gezwungen und nicht in die Kirche. Bei Tisch durften wir mitreden und abends im Bad pritscheln, so lang das warme Wasser reichte. Wir waren gewiß keine braven Kinder — meine Mutter verabscheute überdies das Wort „brav". Eine natürliche Ordnung bändigte den ausschweifenden Tag und machte sich durch weithin dröhnende Gongschläge bemerkbar: Sie riefen zu den gemeinsamen Mahlzeiten, wo man pünktlich und sauber gewaschen zu erscheinen hatte und bei denen von einer auf Anstand bedachten Bergarbeiterstochter so korrekt serviert wurde, daß es gar nicht anders möglich war, als ebenso korrekt Gabel und Messer zu bewegen, aufrecht zu sitzen und alles Unappetitliche zu unterlassen.

Dieser Familientisch, um den sehr viele Personen herumsaßen, konfrontierte mich schon von der Zeit an, da ich noch auf einem hohen Kinderstuhl zwischen meiner Mutter und der jeweiligen Erzieherin saß und auf deren Hilfe beim sauberen Auslöffeln angewiesen war, mit Besonderheiten unserer häuslichen Atmosphäre, die für manches verantwortlich zu machen sind, was später als Urteil oder Vorurteil weiterwirken sollte. Heute würde ich sie am ehesten mit „Sozialkosmopolitismus" charakterisieren, wenn es einen solchen festumrissenen Begriff gäbe. Nur Deutschland und die Deutschen kamen dabei schlecht weg.

Schon die Wahl der Gerichte und ihre Zubereitung wurde unter betonter Ausklammerung der deutschen Eßgewohnheiten vorgenommen. „Die Deutschen können nicht kochen und essen schlecht", war eine stehende Redensart meiner Mutter, wenn mein Vater sich eines „guten Eintopfs" aus seiner in Sachsen verbrachten Jugendzeit erinnerte und ihn einmal zu essen wünschte. Bei uns wurde „international" gekocht: Gemüse, Roastbeef und Tee auf englisch, Teigwaren und einzelne Spezialgerichte auf italienisch; die Schweiz, Ungarn und Frankreich waren auch auf der Speisekarte vertreten — aber alles in allem herrschte die österreichisch-böhmische Küche vor mit ihrem gekochten Rindfleisch, Schweinsbraten mit Knödeln und Kraut, den kräftigen Suppen und unübertrefflichen Mehlspeisen. All diese schmackhaften Dinge erhielten eine besondere Würze durch eingestreute Bemerkungen unmittelbar darauf bezogener oder allgemein philosophischer Art, wie: „Man muß mit den Völkern mitessen, was ihnen schmeckt — dann schwinden gleich die nationalen Vorurteile." Oder: „Auch das Bescheidenste ist gut, wenn es mit Liebe zubereitet wird." Und: „Schlemmen und prassen tun nur Leute, für die das Brot nicht das Heiligste auf Erden ist!"

Die Gewohnheit, vor dem Anschneiden das Brot mit drei Kreuzen zu versehen und niemals ein Stück davon mißachtend wegzuwerfen, habe ich aus solcher Kindererfahrung getreu bewahrt.

Aber auch die Sitzordnung und Reihenfolge des Servierens wurden bei jeder Gelegenheit als „nicht wie bei den Deutschen" bezeichnet. Mama saß immer „oben", und ihr wurden zuerst die Speisen gereicht, wobei sie stets das Schauspiel äußerster Bescheidenheit bot, während mein Vater zu ihrer Rechten saß (oder irgendwo, wenn Gäste anwesend waren) und als Allerletzter seinen Teller belegte. Das beste Stück Fleisch jedoch und das zweimalige Nachservieren, das war nur ihm vorbehalten. Niemand hätte gewagt, dieses stillschweigende Privileg anzutasten, und wenn es trotzdem einmal aus Unwissenheit, Ungezogenheit oder einfach nur aus Freßgier geschah, dann strafte den Betreffenden ein scharfer elterlicher Blick, oder es erfolgte nach dem Mahl eine Erklärung, warum diese Ordnung „bei uns" so gehandhabt werde. Meine Mutter konnte aus diesem Anlaß schauerlich-abschreckende Dinge von „preußischen Gutsherren" erzählen, die ihre „verbittert schweigenden Gattinnen" am untersten Ende der Tafel neben das Gesinde placierten, sich vor allen anderen den Teller vollhäuften, unentwegt Wein söffen („diese Saufause"), unterm Tisch das Serviermädchen in die Waden zwickten („diese Wüstlinge") und allein das große Wort führten, zu dem alle anderen zu schweigen hatten („diese Prahlhänse"). Welche Barbaren! Welche Unmenschlichkeit! Welcher unsäglich dumme Hochmut! Stoppelhopser, die mit ihren Mätressen Champagner trinken — „Was sind Mätressen, Mama?" — und die „Mutter ihrer Kinder und die Hausleute miserabel behandeln, entwürdigen und verletzen". „Bei uns wäre so etwas undenkbar!" Richtig, „bei uns war auch die ungekrönte Tischkönigin voll liebreizender Würde", und es wurde häufig nicht deutsch, sondern französisch gesprochen, manchmal auch englisch, obwohl meinem Vater nicht sehr wohl dabei war, denn ihm lagen die modernen Sprachen nicht. So mischte er eben sein leichtes Sächsisch in die fremdsprachige Unterhaltung, und meine Mutter, die bei ihrer Schwerhörigkeit sowieso wenig von dem Stimmenchaos verstehen konnte, verschwendete ihre sprichwörtlich witzigen und geistreichen Bemerkungen — seinetwegen auf gut österreichisch — an eine Zuhörerschaft, die dafür manchmal empfänglich, oft aber ganz mit sich selbst beschäftigt war, die erzählte, witzelte, lachte und durcheinandersprach, wie's jedem gefiel, so daß die „gute Mama" schließlich gekränkt schwieg.

Bei uns ging es demokratisch zu. Jeder hatte seine Pflichten — alle ihre Rechte. In der Küche wurde nichts anderes gegessen als am Herrschaftstisch, außer mein Vater erhielt Fleisch und wir andern nicht. „Aber er arbeitet auch am schwersten von allen", hieß es dann. In der Tat begann sein Arbeitstag so früh wie der seiner Bergleute, die zur Morgenschicht einfuhren, und endete erst mit der Spätschicht. Seine Arbeitskraft war so imponierend, seine Energie so unerschöpflich, daß mein Bruder davon ganz erschlagen wurde und sich niemals von seinem Vater erholt hat. Ich hingegen fand diesen Mann, der immer „der gute Papa" genannt wurde, großartig!

Als Ältester von fast einem runden Dutzend Geschwistern muß er

schon immer etwas Väterliches an sich gehabt haben — für mich jeden-
falls war er die Inkarnation aller Väter, vom lieben Gott angefangen.
Er hatte ein schönes, energisches Gesicht, mit einem kleinen Spitz- und
Schnurrbärtchen, das seinen wohlgeformten Mund nicht verdeckte. Beim
Lachen kamen die sogenannten „unverwüstlichen Zähne von Papa" zum
Vorschein. Nur ein Zahn entpuppte sich bei näherer Untersuchung als ein
Stiefkind dieses herrlichen Gebisses: er war leicht verfärbt. Wenn ich auf
den Knien meines Vaters saß und nach Kindermanier seinen Kopf und
sein Gesicht betrachtete und betastete, dann bat ich ihn immer zu guter
Letzt, „bitte, zeig mir deinen grünen Zahn". Er schien der einzige und
darum besonders reizvolle Makel zu sein, der an seinem Körper zu entdecken war. Die Glatze und das Bäuchlein gehörten ganz organisch zu
ihm. Seine kleinen hellblauen Augen blickten scharf in die Welt. Es ent-
ging ihnen keine Wildspur noch die Anzeichen schlechten Wetters,
schlechter Arbeit, schlechten Gewissens. Für manche Menschen mochten
diese Augen von unangenehmer Durchdringlichkeit gewesen sein, von
einer gewissen Kälte, die jeden sofort verstummen ließ, sobald ihr Blick
es forderte. Mir selbst haben diese Augen keine Angst eingeflößt, aber
es war beklemmend, ihnen zu begegnen, wenn man gerade zu einer
schlau ausgedachten Lügengeschichte ansetzte. Sein eigentliches Wesen
drückte sich in den Händen aus: kräftig, und doch mit der Fähigkeit
begabt, feine, elegante Buchstaben aufs Papier zu kritzeln, schienen
sie für sich allein schon gescheit zu sein. Verläßlich, beruhigend und
immer warm durchblutet. Sie waren nicht das, was meine Mutter „vor-
nehme" Hände genannt hat oder „geistige" Hände, aber sie versprachen
sichere Geborgenheit, wenn sie über die Wange strichen, die Hand umschlossen hielten. Man fühlte: dieser Handschlag gilt auf Lebenszeit.
    Bei allen Gelegenheiten, da mein Vater und ich gemeinsam etwas
unternahmen, empfand ich mich als seinen jüngstgeborenen Sohn. Ich
wollte ihm nicht an Ausdauer und Unerschrockenheit nachstehen und
kannte damals keine andere Furcht, als ihn zu enttäuschen. Offenbar hat
er das gewußt, ohne daß wir darüber zu sprechen brauchten, sonst hätte
er nicht schon sehr früh damit begonnen, mich an seinen beiden Leidenschaften teilnehmen zu lassen — Bergbau und Jagd. „Willst du mit-
kommen?" wurde für das Kind, das noch keinen Schulranzen tragen
mußte, zu einem wahren „Sesam, öffne dich!" Schon die Wagenfahrt,
vorn auf dem Bock neben dem Kutscher, fest in eine Pferdedecke ge-
wickelt, bedeutete höchsten Genuß. Oft ging es dann von Schacht zu
Schacht, und während mein Vater „zu tun" hatte (er gebrauchte dieses
Wort für seine Arbeit), durfte ich auf eigene Faust auf dem Schacht-

gelände herumspazieren und alles erkunden, wohin mich die Neugier trieb. Nur das Kesselhaus war mir streng verboten und das Klettern auf die Kohlenhalden hinauf, wo angeblich schon öfter vorwitzige Buben verschüttet worden waren. Dafür konnte ich unbehindert von irgendeiner Vorschrift auf der winzigen Lokomotive mitfahren, die pustend und pfauchend die lange Reihe der vollbeladenen Hunte zu den Halden hinausschaukelte, wo sie entleert und dann wieder zum Förderturm zurückgebracht wurden, so daß einmal die Fahrt gemächlich und unter Mühen vor sich ging, während auf der Rückfahrt der Eindruck von „Windeseile" einem den Atem verschlagen konnte. Manchmal auch, wenn mein Vater den ganzen Tag auf dem Schacht zu verbringen gedachte, wurde ich bei irgendeiner Bauersfrau im nächstgelegenen Dorf abgesetzt, wo ich frische Milch zu trinken bekam und mit den kleinen Schweinen, Haushasen und anderem Getier spielte.

Es schien, als sei jeder Schacht ein eigenes Königreich, zu dem alle rundum in Abhängigkeit stünden. Der Förderturm ragte hoch empor wie die Zinnen eines Schlosses, das schon von weitem seinen Namen ruft: „Austria II" — „Austria III" — „Austria IV". In jedem war mein Vater zu Hause und der Herr: die Leute liefen herbei, wenn er in sein Reich einfuhr, riefen „Glück auf!", und sobald er daranging, nach dem Rechten zu sehen, durfte sich's sein Gefolge unterdessen wohl sein lassen. Die Pferde wurden ausgespannt und mit Wasser, Heu und Hafer bewirtet, der Kutscher erhielt sein Bier, der Page eine Powidlgolatsche oder eine Knackwurst. Es war ein Königreich ohne edle Schönheit und Sauberkeit, nicht eines, wo man auf Fußspitzen durch Schloßsäle geht, wo kein lautes Wort ertönen darf. Aber es schien in sich geordnet und von undurchschaubaren Regeln und Gesetzen in lärmender Bewegung gehalten, um einen Schatz ans Tageslicht zu bringen, von dem ununterbrochen die Rede war — die Kohle. Alles drehte sich um sie, wie um eine Königin, von der Gutes und Böses zu erwarten ist. „War heut was mit der Kohle?" fragte ich meinen Vater, wenn ich üble Laune, eine ungewohnte Wortkargheit an ihm bemerkte. Dann winkte er nur ab, als hätte er eine Niederlage erlitten, eine Beschämung. Fand ich ihn besonders vergnügt, dann hatte sich gewiß die Kohle sehr gnädig gezeigt: „Wir haben ein neues Flöz erschlossen — prächtige Kohle, dunkel und fett wie Steinkohle — wirklich prächtige Kohle!"

Eines Tages — ich war so sieben, acht Jahre alt — da sollte ich sie sehen dürfen, die dunkle Fürstin, dort unten im Schacht, wo sie allein regiert und alle, auch mein Vater, nur auf sie blicken, nur auf sie hören, ihr nachgehen, sie aufspüren, wo sie sich freundlich und gefährlich zeigt, wie es ihr eben paßt — unberechenbar und launisch wie eine jungfräuliche Herrscherin. Ich durfte zum erstenmal „einfahren".

Aus Renommiersucht, auch weil ich ein wenig in den Buben verliebt war, hatte ich einen Schulkameraden aufgefordert, mitzukommen, und mein Vater hatte es erlaubt, „damit ich einen Kavalier hätte".

Auf der frühmorgendlichen Wagenfahrt zum Schacht „Austria III" hinaus spielte er sich als Held auf, aber als wir zum hohen Förderschacht durch knöcheltiefen Kohlenstaub stapften und der gewaltige Lärm auf ihn eindrang, wurde der Bub seltsam still und blaß, und seine Hand zitterte in der meinen. Das gab mir erst so recht unternehmungslustiges Selbstvertrauen. Vor der Fahrt in die Tiefe waren wir Kinder ganz bergmännisch ausgerüstet worden: ein viel zu großer, stark nach Kohle riechender Schurz und eine Art Lederumhang schlotterten um unsere mageren Beine, und die verschwitzte Knappenkappe fiel mir tief über die Ponyfransen auf der Stirn. Das wichtigste und aufregendste an der Verkleidung war die von einem Drahtgestell umgebene Grubenlampe.

Mit einer gewissen Feierlichkeit hatte sie mir mein Vater angezündet, während wir auf den Förderkorb warteten, und mir dabei Verhaltensregeln eingeschärft, wie man sich „unter Tag" zu benehmen hätte. Ich versuchte, mir seine Anweisungen gut einzuprägen, und achtete besonders auf einige neue Bergmannsausdrücke, um nur ja keinen Fehler zu machen, als ich plötzlich bemerkte, daß mein Vater höchst komisch aussah. Zum erstenmal sah ich ihn so, wie es sich offenbar auch für einen Bergwerksdirektor gehörte, wenn er einfuhr, wie es mir jedoch nie in den Sinn gekommen wäre, daß er aussehen könnte: Nackt und weiß wölbte sich sein Bauch über dem „Arschleder", das seinen Unterkörper vorn und hinten kaum bedeckte, eine kurze Lederjacke, schwarz und stinkend, hing über den bloßen Schultern, und ein schweißdurchtränktes Käppchen klebte auf seiner Glatze. Ich mußte hellauf lachen.

Daß auch aus heiterem Himmel Blitze herunterschießen können, hatte ich noch nicht erlebt — auf der Stelle traf mich einer aus den Augen meines Vaters und fuhr mir durch alle Glieder. Das Blut stieg mir in die Wangen, brennendheiße Scham hüllte mich wie ein Feuermantel ein — so kindisch und albern kam ich mir plötzlich vor. Während ich aber noch mit mir kämpfte, ob ich diesen Fehltritt mit Tränen wegwaschen oder aber den Vater um Verzeihung bitten sollte, rasselte schon der Förderkorb herauf, und wir stolperten schnell hinein.

Wer niemals in eine Kohlengrube eingefahren ist und auch nicht „Germinal" von Emile Zola gelesen hat (ich finde, dieses Buch müßte jeder gelesen haben, der jemals seine Füße an einem Kohlenfeuer wärmte!), kann sich das „Einfahren" schwer vorstellen. Ein kleines Wort nur — und wie verheißungsvoll! Es besagt: „Du kommst in eine andere Welt." Wo findet sich das auf der Erde — wenn nicht unter ihr?

Ich glaubte in einem schwarzen Rachen zu versinken, als wir in die Tiefe stürzten. Eisiger Atem wehte mir daraus entgegen und schlug meine Ohren zu. Dann begann ich die feste Hand meines Vaters zu spüren und ein kleines, schwitzendes Etwas zwischen meinen Fingern, die Hand des Buben, und schon war der Schreck vorbei, und das erste große Abenteuer meines Lebens nahm seinen Anfang wie alle Abenteuer: mit Neugier, Kühnheit und mit Wichtigmacherei vor sich selbst.

Gebückt, weil es die großen nackten Männer taten, obgleich wir unbeschadet aufrecht hätten gehen können, denn die Streckendecke war hoch genug für unsere Köpfe, folgten wir Kinder dem Obersteiger in das dunkle Höhlenreich hinein, das sich vor uns auftat, als wir den Förderkorb verlassen hatten und statt unser zwei Kohlenhunte hineingeschoben wurden. Zuerst wunderte ich mich über die ungeheure Stille, die uns umfing, dann erst über die dumpfe Hitze. Die hatte ich erwartet, das andere nicht. Selbst wenn die Hunte vorbeirumpelten und aus schwarzen Schlünden ein „Glück auf!" erklang, wurde es gleich wieder so still, als legte sich ein Federpolster über jeden Laut.

Nie vordem hatte ich so eine Stille vernommen. Nicht in der stillsten Nacht, allein im Bett liegend, wenn das Horchen auf ein lebendiges Geräusch von draußen nur vom Klopfen des eigenen Herzens beantwortet wird. Die schwergewichtigen Worte, die ich vordem nie ganz begriffen hatte — „Grab", „Tod", „eingeschlossen", „eingemauert" —, senkten sich auf mich herab, drückten mich an die dunkelglänzenden Tunnelwände, während wir weiter im schwankenden Grubenlicht dahinstapften.

Doch mit einemmal, scheinbar ohne äußere Einwirkung, wich dieser Druck von mir, und an seine Stelle trat ein befreiendes Hochgefühl. Wie ein Schatzgräber, der sich nah seinem Ziel weiß und jedes Anzeichen dafür jubelnd begrüßt, rief ich jedem Lichtpünktchen, das aus dem Höhlendunkel hervorblitzte und gleich wieder verschwand, ein schallendes „Glück auf!" entgegen. Dem Buben, der an meiner Hand hinter mir herging, flüsterte ich zu, das gleiche zu tun, und so tasteten wir uns, immerfort „Glück auf!" brüllend, die feuchten Wände entlang, bis mein Vater uns dessen verwies und mit fachmännischen Erklärungen anhob, denen ich zu lauschen begann wie ein Lehrling, den der Meister in seine Arbeit einführt. „Seht ihr, hier mußte die Strecke gepölzt werden, damit die Decke hält ... und dort drüben, da mündet der Bremsberg ein" (ich sah nichts von dem „dort drüben") „... hier kommen wir zu einem Querschlag ... und da — hebt mal eure Grubenlampe und leuchtet her — da war ein Wassereinbruch, ihr könnt die Mauer sehen, wie fest die jetzt steht, der ganze Schacht hätte absaufen können ... Achtung, lauft nicht zwischen den Geleisen herum! ... bald kommen wir ‚vor Ort‘, dort wird ‚die Kohle gebrochen‘, das müßt ihr euch gut anschaun, wie der Hauer arbeitet, denn das ist die wahre Bergmannsarbeit ..."

Wir krochen durch einen rabenschwarzen, engen, niedrigen Gang, wie durch eine heiße Ofenröhre, die nach Ruß stinkt.

Plötzlich weitete sich da eine Öffnung, wir konnten uns aufrichten und standen in einem dunkelschimmernden Gewölbe. Von der Decke baumelte eine Grubenlampe, und in ihrem Licht sah ich schwarze, völlig nackte Männer, die mit aller Wucht auf die Wände einhackten. Schwere Brocken kollerten mir vor die Füße — Kohle. Frische, fettige Kohle, appetitlich und munter, zum Anbeißen wie Brot. „Glück auf!" „Glück auf!" — aus kohlegeschwärzten Gesichtern blitzte das Helle der Augen wie Grubenlichter. „Na, wie steht's, Leute?" hörte ich meinen Vater fragen. Aber von dem folgenden Hin und Her der Rede weiß ich nichts mehr, nur daß die Hauer irgendeine Beschwerde vorgebracht haben müssen, denn mein Vater sagte sehr scharf zum Obersteiger „... das haben Sie sofort abzustellen, haben Sie mich verstanden ...?" — „Jawohl, Herr Direktor, jawohl, das wird sofort abgestellt ..." Ich war einen Augenblick betroffen, daß hier so gewöhnliche Worte Geltung haben und offenkundig niemand etwas von dem spürte, was langsam und unaufhaltsam mein ganzes Wesen zu durchdringen begann.

Es kam zuerst von außen auf mich zu, mit den schwer einzuatmenden Kohlendünsten, dem Schweißgeruch der Männer, der trockenen Hitze unter der Gewölbelast. Aber dann verwandelte sich dieses Bestürzende und Überwältigende in ein seltsames, bis dahin noch niemals empfundenes Gefühl leidenschaftlicher Zärtlichkeit. Ich hätte am liebsten die dunklen, schmutzigen Männer geküßt und die Kohlenwand, über die meine Hand streichelte.

Es war der Ausbruch einer Liebe, die mich nie mehr verlassen sollte. Unbestimmt und nicht so gegenständlich, daß ich sie hätte in Worte fassen können. In ihr war alles umschlossen, was ich hier erlebte — die Kohle, mein Vater, die Hauer, die körperliche Arbeit überhaupt, mit Händen und Hacken verrichtet und den Rücken gebeugt, auf dem der Schweiß den Kohlenstaub in weißschimmernde Hautstriemen zerfließen ließ. „Bruderschaft" — das dunkle Wort, das ich vorher schon oft im

Zusammenhang mit Bergarbeit und Bergarbeitern gehört hatte, offenbarte sich plötzlich in seinem ganzen Sinn, wurde hell und leuchtend: Durch die Kohle hindurch habe ich damals zum erstenmal den Bruder im Menschen erblickt . . .

Daß dieses unterirdische, abgeschiedene Reich aber nicht nur dunkel, still und brüderlich war, sondern auch voll heimlicher Bedrohung, konnte ich bald darauf, als wir wieder zur Ausfahrt zurückstapften, am eigenen Leib erfahren. Mein Vater ging voran und nach uns Kindern der Obersteiger. Da rollte plötzlich dumpfes Grollen über unsere Köpfe hinweg. Ich hörte meinen Vater etwas rufen, doch dann brach es schon los mit krachendem Getöse. Ich spürte, wie ober uns die Decke einstürzte und wir vom Luftdruck an die Wand geschleudert wurden. Der Stollen füllte sich mit schweren Kohlenbrocken, und eine dichte Staubwolke hüllte uns ein, an der ich zu ersticken glaubte. Aber dann hörte das Herunterbrechen der Kohle so unvermittelt auf, wie es gekommen war, und wir verharrten Hand in Hand, eng aneinander und an die Wand gepreßt, so lang, bis mein Vater dann mit einigen Männern zu uns vorgedrungen war. „Seid ihr verletzt?" hörte ich seine Stimme durch die stauberfüllte Finsternis rufen. „Nein, gar nichts ist uns geschehen, Papa!"

Ich war so voll freudiger Aufregung über das eben Erlebte, daß ich die Platzwunde am Kopf des Obersteigers, aus der das Blut quoll und in roten Bahnen über sein schwarzverschmiertes Gesicht herunterlief, geradezu als Krönung des Ganzen und ohne jegliches Mitleid betrachtete.

Als wir schon „ober Tag" waren und den Förderkorb verließen, stellte sich allerdings heraus, daß die Grubenlampe mir das Fleisch am Unterarm fast bis auf den Knochen durchgebrannt hatte, während wir an die Wand gepreßt standen und uns nicht rühren konnten. Noch heute trage ich diese Brandnarbe wie ein Ehrenzeichen zur Erinnerung an das erste Einfahren in einen Kohlenschacht.

Die Freundschaft mit dem Buben jedoch fand unmittelbar darauf ein jähes Ende: im Umkleideraum bemerkte ich, daß seine Hosen naß waren und an seinen kohlegeschwärzten nackten Beinen weiße Rinnsale entlangliefen. Er hat vor Angst in die Hosen gemacht, der Feigling, dachte ich tief enttäuscht, als hätte er mich verraten — und sprach nie wieder ein Wort mit ihm.

Die andere große Leidenschaft meines Vaters führte nicht in gefährliches Dunkel unter die Erde — sie streunte fröhlich mit Halli-Hallo und Hundegebell auf ihrer Oberfläche herum, in den Bereichen der

Felder, Wälder und stehenden Gewässer; sie verharrte stundenlang klopfenden Herzens an einem stillen Wiesenrand und starrte ins Gehölz; ließ sich schweißtriefend von Mücken stechen, auf unwegsamen Pfaden: die Jagd.

Bei uns zu Hause wurde von ihr viel gesprochen und viel gegessen. Fast das ganze Jahr über. War die Schußzeit vorbei, das Wild schonbedürftig, kam trotzdem etwas davon auf den Familientisch in Form von köstlichen Pasteten, geräuchertem Wildschweinschinken, eingekochten Rebhühnern und Hasenläufen. Ohne mit der Wahrheit in Konflikt zu kommen, kann ich ruhig behaupten, das Schüsseknallen gehört ebenso zu den frühesten Kindheitsgeräuschen wie das Donnerkrachen und Schachtgetöse.

Bevor ich aber die niederen Weihen des Jägers empfing, das heißt ohne Waffe auf Treibjagden und Pirschgänge mitgenommen wurde, hatte ich sehr viel zu lernen. Das geschah teils in der Küche, wo uns das Rupfen des Federwildes, das Abziehen und Ausnehmen der Hasen beigebracht wurde, besonders aber im Arbeitszimmer meines Vaters unter strenger Klausur. Dort herrschte eine durchaus männliche Atmosphäre. Denn sehr zum Unterschied von den mütterlichen Thümen, die, wo immer sie Wohnung nahmen, ihre häuslichen Wände mit Büchern und Bildern schmückten, zogen die väterlichen Mayenburg es vor, Beute- und Sammelstücke aus der Natur bei sich aufzuhäufen, von Schmetterlingen bis zu Steinen. So legte auch dieser vollgepackte Raum von jener Gewohnheit Zeugnis ab, vornehmlich jedoch davon, daß der Mann, der hier zwischen Aktendeckeln, Schriften, Zeitungen, Fachbüchern, bergmännischen Ehrengeschenken und sonstigen toten Dingen hauste, dem „edlen Waidwerk" anhing. Vom ausgestopften Auerhahn über Dutzende Rehkrickeln bis zu kapitalen Hirschgeweihen befand sich hier alles, was ein Jägerherz höherschlagen läßt.

Für mich, den Abc-Schützen, waren es geradezu heilige Stunden, wenn ich auf den breiten Schultern des väterlichen Lehrers von einer Jagdtrophäe zur anderen reiten durfte, um alles genau beschauen zu können und unterscheiden zu lernen. Dabei erfuhr ich nicht nur viel Allgemeines vom jagdbaren Wild, sondern auch wie und wann es erlegt wird, welche verschiedenen Laute es von sich gibt, welches Kleid es zu welcher Jahreszeit trägt und was ein Jäger zu tun und zu unterlassen hat: das Hegen, das Schonen, das Pirschen, das Treiben, das Auf-dem-Anstand-Sitzen, das Luderauslegen, das Ausmachen des Wildes und Aufbrechen, das Röhren auf der Muschel, Balzen, Fiepen, das Wissen, woher der Wind kommt, der Blattschuß und das Anschweißen — kurz, wahrhaftig eine Wissenschaft in der ihr eigenen Sprache und ein Abenteuerbericht zugleich.

Die Vokabeln wurden mir abgefragt wie im Französischen: „Wie heißt beim Hasen der Schwanz?" — „Die Blume." — „Und wie beim Fuchs?" — „Die Rute." — „Und wie beim Reh?" — „Der Wedel." Erst als der Wortschatz offen dalag und ich einigermaßen sicher nach ihm zu greifen vermochte, öffnete sich für mich auch der Waffenschrank, der heilige Schrein des Jägers, und gab seine Schätze preis: Schrotflinten, Stutzen, Büchsen und Büchsflinten, ein- und doppelläufig, standen da aufrecht in Reih und Glied nebeneinander. Ihre Läufe von gefährlich glänzender Schwärze wiesen nach oben, während dort, wo die Schäfte auflagen, Jagdtaschen und Gehänge aller Art sich dazwischendrängten wie unebenbürtige arme Verwandte. Das kostbarste Stück: die schwere Jagdbüchse mit Zielfernrohr. Aber auch Pistolen, Revolver, Hirschfänger und Buschmesser sowie verschiedene Geräuschinstrumente, wie Hörner, Muscheln, Fiepen, vervollständigten dieses Arsenal, das mein Vater nur einem „Eingeweihten" zu zeigen pflegte.

Merkwürdigerweise erschreckte mich von alldem nur eines: die Schachteln voll verschiedener Patronen. Sie sahen so aus, als enthielten sie harmlose Nägel und Schrauben wie in der Tischlerei, aber bei ihrem Anblick kam mir plötzlich zum Bewußtsein, daß ihr Inhalt dazu diente — zu töten. Das war kein angenehmes Gefühl. Die Tierliebe war bei uns eine alteingewurzelte Tradition. In meinem Kopf mußte ich nun unterscheiden lernen: Tiere zu lieben und zu pflegen ist eines — sie auf der Jagd zu töten ist etwas anderes. Um hier nicht in einen inneren Konflikt zu geraten, gab es einen einfachen Ausweg: man konnte auf die Jagd gehen — aber man brauchte nicht zu schießen. Dieses Rezept zur Beruhigung des eigenen Gemütes behielt seine Gültigkeit für immer.

Wir sind sehr viel miteinander auf die Jagd gegangen, mein Vater und ich, und in den Stunden, Tagen und Wochen, da wir gemeinsam hinter dem Wild her waren, befestigte sich immer von neuem unsere Verbundenheit, wenn sie in der Zwischenzeit durch irgendwelche äußere Umstände oder — selten genug — innere Entfremdung loser geworden war. Zu der Zeit, von der ich eben erzähle, also im Volksschulalter, wurden mir zuerst einmal die Eigenschaften eines gut abgeführten Jagdhundes anerzogen: schweigend und lautlos, kein Ästchen durfte unter den Füßen knacken, hatte man an der linken Seite des Jägers („denn rechts trägt er ja das Gewehr, da darf man ihn nicht behindern!") knapp hinter dem vierbeinigen Vorbild zu folgen, und aufmerksam wie dieses alles zu beobachten, zu erschnuppern, zu signalisieren, was rundum im Walde sich bewegte oder Laut gab. Die Dressur des „Abliegens" (der Hund muß bis auf Widerruf an einer Stelle ausharren, ohne sich wegzubewegen oder dem Herrn zu folgen) wurde an mir ebenfalls praktiziert und erst dann aufgegeben, als ich einmal zufällig neben einem Ameisenhaufen „abgelegt" worden war, mich aber trotzdem nicht wegrührte, und mein Vater, als er zurückkehrte, über meinen zerbissenen, rot angeschwollenen Körper ehrlich erschrak. Seine Jagdbeute, ein kapitaler Bock, den er in der Zwischenzeit erlegt hatte, tröstete uns allerdings beide schnell.

Bei der Wasserwildjagd versagen manchmal auch die gut abgeführten Hunde, sind nicht durchs Schilf ins Wasser hinauszubringen, um die geschossene Beute zu apportieren. Dieses Kunststück war lange Zeit meine Spezialität: mein Vater führte es seinen Jagdkameraden vor wie einen gelungenen Dressurakt. Erst wenn ich halb ersoffen nach Luft japste und kaum mehr auf den blutig zerschnittenen Beinen stehen konnte, war unser beider jagdlicher Ehrgeiz befriedigt.

Da ich dem noch ungeschriebenen Buch „Erlebnisse eines Jagdhundes" nicht vorgreifen möchte, sei dieses allererste Jagdkapitel hiemit abgeschlossen. In jedem Lebensabschnitt wird sich sowieso ein neues ergeben, denn wer einmal zur Jagd hingerochen hat, und das unter Anleitung, Führung und Waidmannsheil eines so erfahrenen, waidgerechten und leidenschaftlichen Jägers, wie es mein Vater gewesen ist, kommt niemals mehr davon los. Er wird bis zu dem Tag, da er selbst in die ewigen Jagdgründe eingeht, immer dann, wenn er an Vollmondabenden im Frühling aus seinem Fenster hinausblickt, das blitzschnelle Zick-Zack-Vorbeistreifen einer Waldschnepfe zu spüren vermeinen, obwohl es nur der plumpe Flügelschlag einer dummen Haustaube war, oder gar nur der Wind. Narreteien der Sehnsucht eines Jägers!

In dieser frühen Vaterwelt bleibt auf rätselhafte Weise meine Mutter unsichtbar. Sie ist einfach nicht vorhanden. Zwar ist sie mir sonst in meiner Erinnerung durchaus gegenwärtig, in Schönheit, Zärtlichkeit, engelhaft blond und hochgewachsen, auch in ihrer raschen Art, alle Schlüssel zur Haushaltsführung in der Hand zu haben, den Ton anzugeben in unserer Familie und liebenswürdig Gäste zu bewirten. Trotzdem suche ich vergeblich in meinem Kopf nach irgendeinem bestimmten Erlebnis, das mich mit ihr verbunden hätte, und finde es nicht: finde mich nicht in ihrer körperlichen oder geistigen Nähe, nur vor ihrer verschlossenen Tür. Dahinter schien sie einem nur ihre eigene Welt zu verbergen, zu der man offenbar schwer Zutritt erhielt. Sie blieb noch ohne greifbare Realität, gab sich bestenfalls in leidenschaftlichem Phantasieren auf dem schwarzen Blüthner-Flügel im Salon kund — ein Raum, ohnehin schon eine eigene Welt für sich, in dem schmutzige Kindersandalen nichts zu suchen hatten. Man konnte jene einsame Mama-Welt bloß ahnen: sie sprach ohne Worte, war zeitweilig von einem blassen Gesicht, traurigen, verhangenen, nach innen blickenden Augen und verbat sich alle Fragen.

Ihre eigene Mutter hingegen, meine Großmutter Thümen, lebt von jener Zeit her noch so munter und mollig in meinem Kopf, daß sie jeden Augenblick zur Tür hereinkommen könnte, um mir beim Schreiben über die Schulter zu schauen. Da ich sehr viel von ihr gelernt habe und nichts mehr von ihr zeugt als ein verlassenes Grab auf dem Schönauer Friedhof, möchte ich diese Frau, die im gesellschaftlichen Ruf stand, „die talentierteste Frau ihrer Zeit" gewesen zu sein, für wenige Augenblicke wieder zum Leben erwecken.

Sie bewohnte eine Zwei-Zimmer-Küche-Garten-Wohnung in der Nähe unseres Elternhauses und lebte, zum Unterschied von uns, sehr bescheiden von einer Gnadenpension aus der kaiserlichen Privatschatulle und den Zubußen meines Vaters. Vielleicht mochten die beiden aus diesem Grunde einander nicht leiden. In elterlichen Streitgesprächen tauchte manchmal ihr Name auf, nämlich dann, wenn das „Bei uns" — meistens zur Abgrenzung von anderen Leuten, Gewohnheiten und Verhaltensweisen gebraucht — unvermittelt eine sehr enge Bedeutung erhielt. Es konnte nämlich gewissermaßen die Familie auseinanderschneiden, sie in die „Mayenburg" und in die „Thümen" aufspalten. Die einen standen angeblich „mit beiden Beinen im Leben", während die anderen „Phantasten" sein sollten, sogar „notorische Phantasten", wie mein Vater bei solcher Gelegenheit ärgerlich sagte.

Für ein Kind, das alles begreifen und angreifen möchte, war dieses elterliche Streitobjekt in aller Wirklichkeit ein „phantastischer Mensch"! Großmama konnte buchstäblich alles. Jede Kunstfertigkeit stand ihr zu Gebote: vom Nähen, Stricken, Häkeln und Klöppeln angefangen, über die Kochkunst hinweg, führte sie einen in die Geheimnisse des Modellierens ein, des Zeichnens, des Klavierspiels. Sie konnte in Holz schneiden, schattenrißporträtieren à la Charlotte von Stein, Goethes berühmter Freundin, von der sie bei dieser Gelegenheit bewundernd sprach; töpfern, glasieren und brennen; Geschichten schreiben und dichten. Vor allem aber malte sie! Täglich stand sie vor ihrer Staffelei und malte hingebungsvoll, mit einem Ernst, daß man sie dabei nicht stören durfte, ein Bild nach dem andern — in allen Größen, in Öl, in Aquarell, Pastell und Tempera, auch in Farben nach eigenen, geheimgehaltenen Rezepten. Es fehlte das Licht auf ihren Bildern, was ich einmal zaghaft zu beanstanden wagte, weil kein Sonnenstrahl auf die Früchte fiel, die in ihrem gemalten Korbe lagen. Da warf sie böse das Bild von der Staffelei, lief zum Fenster und blickte durch die Vorhänge hindurch auf die neblige Straße. An ihrem Rücken konnte ich plötzlich sehen, daß sie weinte, während sie leise vor sich hinsprach: „Wo soll ich hier die Sonne hernehmen . . .“

Sie hatte die schönsten Jahre ihres Lebens im Süden verbracht und mochte wohl oft unglücklich in unserer Stadt sein, die von Nebel- und Kohlendünsten heimgesucht wurde. Dann saß sie schweigsam in ihrem Lehnstuhl, die Hände im Schoß, und blickte nur einfach vor sich hin. Das waren die erschreckenden Augenblicke, da ihre Einsamkeit zu spüren war, ihr ärmliches Dasein, ihre Verlorenheit angesichts der unbegreiflichen Tatsache, nicht mehr bewundert und geliebt zu werden.

Meistens aber traf man sie tätig an. Daß der Sinn ihres Tuns oft nicht leicht zu durchschauen war, außer sie putzte gerade die Reste alten Familiensilbers, räumte das Geschirr um, stopfte an einem abgetretenen Teppich, gab der kindlichen Neugier ununterbrochen neue Nahrung, entzündete die Phantasie. Von den vielen halbbegonnenen, nicht zu Ende geführten künstlerischen Arbeiten, die überall herumlagen, ging die Faszination aus, sie könnten sich jäh und überraschend in etwas wunderbar Schönes, Vollendetes verwandeln, zu nichts anderem nütze, als den „schöpferischen Geist“ zu bestätigen. Meine Großmutter stand mit ihm auf Du und Du und ärgerte sich über ihn, weil er sie zu verlassen pflegte und mit ihren Talenten allein ließ. Aber sie gab es nicht auf, ihn immer wieder herbeizurufen. Sie hoffte offenbar, er möge sich in ihrem jüngsten Enkelkind niederlassen, und tat alles dazu, um mich wenigstens seine Existenz ahnen zu lassen.

Wenn sie von ihren Reisen in fremde Länder erzählte, vom Kaiserhof in Wien und merkwürdigen Erlebnissen, dann veranschaulichte sie alles mit schier unerschöpflichen Mengen von Photographien, Postkarten und Reproduktionen von Kunstwerken. Dann rauschte plötzlich in ihren ein wenig nach Kleinleutewohnung riechenden Zimmern das Meer auf, und südliche Sonne erhitzte unsere Gespräche, während sie zu flüsterndem Ton herabsanken, sobald wir den Petersdom in Rom betraten oder die Uffizien in Florenz oder gar die römischen Katakomben. Von dort unten, aus dem dunklen Labyrinth der verfolgten und doch als Sieger über eine heidnische Welt hervorgestiegenen Christen, hatte sie eine kleine liegende Marmorfigur mitgebracht, das Abbild einer zarten Frau mit drei Beilkerben im Genick, so wie man die unbekannte Christin dort eingemauert aufgefunden hatte. Aufregende Geschichten begleiteten diese kleine Figur — die römischen Legionen überschritten die Alpen, Kaiser Nero, fett und verrückt, mit dem Lorbeerkranz auf der Stirn, dichtete Verse zum Brand von Rom, Cäsar wurde von Brutus ermordet, wilde Tiere zerfleischten Menschen in der Arena — und zu guter Letzt blieb doch die bange Frage offen: „Wessen hatte sie sich schuldig gemacht, die scheinbar Unschuldige?"

Zu den vielen Sensationen, die ich dieser phantasiereichen Frau verdanke, traten bei ihrem Tod noch zwei hinzu: das erste Begräbnis und das erste schwarze Kleid. Als ich, noch nicht neun Jahre alt, vor ihrem offenen Grabe stand und das Veilchensträußchen hinunterwarf, war mir verwunderlicherweise nicht nach Weinen zumute. Ich freute mich insgeheim auf das Pianino, das ich von ihr geerbt hatte, nebst der kleinen Marmorfigur — die noch heute in meinem Schreibtisch liegt.

An die ersten Jahre des Ersten Weltkrieges habe ich sonst keinerlei Erinnerung. Nur daß Papa eines Tages nach Hause kam, die ganze Familie versammelte und ungewöhnlich ernst sagte: „Der Thronfolger Franz Ferdinand ist ermordet worden — das bedeutet den Krieg!" Das tragische und, wie sich dann herausstellte, welthistorisch folgenschwere Ereignis wurde im engsten Familienkreis so besprochen, als hätte den Thronfolger und seine Frau ein gerechtes Schicksal ereilt. Franz Ferdinands Treibjagden in Südböhmen waren nämlich wegen der Unzahl erbarmungslos abgeknallten Wildes berüchtigt, und da mein Vater damals (und auch später) eine führende Rolle im Österreichischen Jagdschutzverband spielte, verabscheute er deswegen den schießwütigen hohen Herrn ebenso wie den Deutschen Kaiser Wilhelm II., dem man das gleiche unjägerische Benehmen nachsagte. Die große Politik wurde also offenkundig bei uns vom Standpunkt des Jägers aus beurteilt ...

Es kann nicht viel patriotisches Hurrageschrei bei uns zu Hause gegeben haben. Auch keine familiären Ängste, denn wir hatten niemand im Felde stehen — Papa war zu alt, mein Bruder zu jung fürs Soldatenleben. Erst als unsere geliebte Alice Berthier in die Schweiz zurückfahren mußte, weil ihre Eltern befürchteten, sie könnte ihrer französischen Sprache wegen im „Feindesland" umgebracht werden, bekam der Krieg ein trauriges Gesicht. Nach ihrer Abreise ging ich in ihr verlassenes Zimmer, setzte mich aufs leere Bett und wußte, daß ich von nun ab allein sein würde: mit ihr war das schwesterliche Herz fortgezogen, das ich bei meinen beiden Schwestern vergeblich suchte.

Bald darauf wurden meine Mutter und meine Schwester Xilly freiwillige Krankenschwestern. Teplitz war zum „Bad der Krieger" aufgerückt. Die ganze Stadt trug Feldgrau, war voll von Verwundeten. Im Haus wurde es recht still, der übliche fröhliche Lärm hatte sich unversehens verflüchtigt. Unter dem abendlichen Gaslicht zupften wir Scharpie, in der Küche strickten die Mädchen graue Wollstrümpfe für ihre Brüder und Väter an den Fronten. Mein Vater überging das Kriegsgeschehen mit Stillschweigen. Er ärgerte sich nur, daß ihm die Rekrutierungskommissionen die „besten Leute" aus den Kohlengruben holten und statt ihrer verhungerte, armselige russische Kriegsgefangene eintrafen, die nur ober Tag zu gebrauchen waren. Für sie wurden um die Schächte Barackenlager angelegt, dürftig von Stacheldraht umgeben. Ihre zerlumpten Gestalten erschreckten mich anfangs, aber bald hockte ich stundenlang bei ihnen herum, um die Süßigkeit des Mitleids auszukosten und ihren traurigen Liedern zuzuhören, die so wohltuend die Tränen in die Augen trieben. Offensichtlich litten sie furchtbaren Hunger, immer bettelten sie um Brot, indem sie den Zeigefinger in die weitgeöffnete leere Mundhöhle steckten und dann im Chorus „Brott! Brott!" brüllten. Es war schwer, dem einfach zuzuschauen und nichts zu unternehmen. So stahl ich eines Tages zwei Kaninchen aus dem Stall der Bauersfrau, wo ich abgesetzt worden war, während mein Vater auf dem Schacht zu tun hatte. Gleich darauf wurde eine Untersuchung eingeleitet, und Gendarmen kamen ins Barackenlager, weil man glaubte, die Russen hätten sie gestohlen. Ich zitterte vor Angst um sie und mich, aber schließlich fand ich doch den Mut, zu sagen, ich wäre der Dieb gewesen. Meine Eltern zeigten Verständnis, nur die Bauersfrau ließ mich nicht mehr aus den Augen, wenn ich zu ihr kam.

Als mein Bruder zu den Einser-Dragonern einrückte, wurde es noch stiller zu Hause. Bei seinem Aufbruch meinte mein Vater ganz unpatriotisch: „In dem Gemetzel hat die Kavallerie sowieso ausgespielt — da kommt er nicht mehr dran!" Wir durften also ohne Sorge um sein künftiges Schicksal die schönen, roten Reithosen bewundern, in denen er sich von allen Freunden verabschiedete.

Ungefähr zur gleichen Zeit, also vor dem zehnten Lebensjahr, begann ich mein „Doppelleben". Ich nannte es nicht so, aber es war auf leisen Sohlen auf mich zugekommen. Über viele Jahr hinweg, mit wenigen

Unterbrechungen, sollte ich darin festen Fuß fassen. Vieles Alleinsein und unübliche Beziehungen zu anderen Menschen, die nicht zu dem engen Kreis gehören, der einem Kind sonst gezogen ist, führten wohl dazu. Auch die frühe Erkenntnis, daß „wir anders sind als alle andern", eine ausgefallene Familie sozusagen, die keine strengen, konventionellen Bindungen hatte, keine Verwandten hier in der Stadt, keine ortsansässige Vergangenheit. Man brauchte gar nicht gegen irgendeinen trägen Strom zu schwimmen, um auf Entdeckungsreisen auszugehen, es genügte, sich vom vertrauten Familienfloß fortzustehlen, und schon war Neuland da, verlockend für neugierige Erkundung, für Selbstbewährung.

Der „Erzengel Gabriel" stieß mich allerdings recht brutal ins Wasser. Unter diesem Spitznamen blickte ein spinnedürrer, blonder Volksschullehrer mit scharfen Brillengläsern auf seine Klasse hinunter, wo ich in der ersten Bank sitzen mußte, weil ich erst drei Jahre später hinzugekommen war. Er war der erste Mensch, der mich abscheulich behandelte. Es ging das Gerücht um, er sei ein „verkappter Roter". Was das eigentlich sei, „ein Roter", wollte ich von ihm wissen, und auch den Grund seines Hasses erfahren, der mich sehr beunruhigte, und so suchte ich ihn einmal in seiner Wohnung auf. Er wurde blaß, wetterte gegen den Krieg, „an dem nur die Großen verdienen und die Kleinen draufzahlen", und in einem Atemzug gegen meine klappernden Holzsandalen, weil sie ihm den Unterricht störten. Er bezeichnete sie als „aristokratische Heuchelei". Mein Vater hätte doch sicher die Möglichkeit, mir „ordentliche Schuhe" zu besorgen. Dieser Angriff auf meine harmlosen Holzklappern gab mir sehr zu denken. Warum durfte ich nicht tragen, was „alle Kinder tragen"? Warum schloß mich der Herr Lehrer aus der Gemeinschaft der Holzsandalen aus? Eine Flut von Überlegungen stürzte über mich herein und ließ mich von da an nicht mehr in Frieden. Die Welt hatte plötzlich zwei Gesichter bekommen. Mißtrauisch und feindselig blickte eines davon das andere an.

Ich schwänzte daraufhin häufig die Schule und suchte den uralten jüdischen Friedhof auf, der direkt hinter ihr und der evangelischen Kirche lag. Man mußte über eine hohe, zerbröckelnde Mauer klettern, um zu den altersschwachen Grabsteinen zu gelangen, die brüderlich eng beieinander standen, so daß einer sich an des andern steinerne Schulter lehnen konnte und nicht umfiel. Ein Ort, in Stille und Umschlossenheit gehalten — wie geschaffen für einsame Meditationen über Gott und die Welt. Einmal wollte mich ein Friedhofswärter daraus vertreiben, ein häßlicher, alter Zwerg. Er jagte mit bösem Geschrei hinter mir drein, während ich zwischen den Grabsteinen wie ein ertappter

Eindringling zur Mauer hinflüchtete. Als ich aber dann zwei, drei Meter ober ihm stand und er zu mir heraufkläffte, er werde mich durchprügeln, wenn ich es noch einmal wagen sollte, seinen Friedhof „zu schänden", ließ ich mir diesen ungerechten Vorwurf nicht gefallen. Ich sprang in seine erschrocken aufgehaltenen Arme hinein und kläffte zurück: „Ich lass' mich nicht von hier vertreiben! Das ist genauso mein Friedhof wie Ihrer!" Er wurde sanft: „Aber du bist doch kein Judenkind? Was machst du auf unserm Friedhof?" Blitzschnell fuhr mir durch den Kopf, daß es bei uns zu Hause immer hieß, die Juden seien besonders gescheite Leute, also würde er die Wahrheit verstehen: „Denken!" — „Du denkst?" — „Ja, hier denke ich — es ist der beste Platz zum Denken." Er nahm mich dann sehr freundlich bei der Hand und übersetzte mir die hebräischen Inschriften, die ich immer schon gerne entziffert hätte. Beim Abschied ritzte er mir einen Leitspruch ins Gehirn: „Komm nur weiter auf unsern Friedhof, Mädele. Kannst dir den Schlüssel bei mir holen, damit du nicht über die Mauer klettern mußt. *A Jud wird dich nie vom Denken verhindern!"*

Seither bin ich oft auf Friedhöfen herumgestrichen, in vielen Ländern. Weithin bekannte sind darunter, wie der „Père Lachaise" in Paris, wohin die Arbeiter an jedem 18. März zum Gedenken an die Kommune 1871 pilgern, während Verliebte vor dem Grabmal von Heloise und Abälard, dem bis in den Tod getreuen, frühmittelalterlischen Liebespaar, Blumen niederlegen; der Friedhof auf dem Montmartre, wo Heinrich Heine den gleichen poetischen Gruß entgegennimmt; der Mailänder Cimitera Monumentale, strotzend von Kunstwerken; der „Friedhof der Namenlosen" unweit von Wien, in dem die vom Donaustrom angeschwemmten Ertrunkenen und Selbstmörder vermodern; der Bergfriedhof von Heiligenblut am Großglockner (dem höchsten Berg der österreichischen Alpen), wo sich die zerbrochenen Knochen der Bergopfer versammeln; der alte jüdische Friedhof in der Prager Altstadt, den schaurige Geschichten vom menschenähnlichen Wesen Golem umschleichen; die verwitterten Grabsteine mit berühmten deutschen Namen, die man von Bert Brechts Arbeitszimmer in einem Hinterhaus der Berliner Chausseestraße durchs Fenster erblicken konnte und zu denen sich dann auch sein eigener gesellte, von einer freundlichen, jungen Birke ins Licht gehoben. Sie alle schließen einen einzigen, kleinen, verwilderten Kindheitsfriedhof ein, auf dem es sich so gut denken ließ. Er wurde 1938 in der „Kristallnacht" von den Nazis zerstört, der davorliegende große Tempel in Brand gesteckt, die Teplitzer Judengemeinde in die Todes-KZ getrieben. Mein Vater —

so erzählte es mir ein überlebender Teplitzer Freund — suchte nach der Brandnacht den Oberrabbiner Kantor auf, fand ihn wehklagend und weinend vor seinem in Asche verglosenden Tempel und gab ihm nebst dem eindringlichen Rat, die Juden mögen eiligst die Stadt verlassen, bevor es zu spät sei, einen Scheck über die Hälfte seines Barvermögens. Er soll dabei gesagt haben, mit Geld seien solche Schandtaten nicht gutzumachen, „aber oft ist es die schnellste Hilfe, und die brauchen Sie jetzt!"

Es sind die letzten authentischen Worte, die mir von meinem Vater geblieben sind. Ein Jahr nach Beginn des Zweiten Weltkrieges starb er, dreiundachtzig Jahre alt. Ich habe erst fünf Jahre später von seinem Tod erfahren.

Das Sieb meiner Erinnerungen an den Ersten Weltkrieg ist erstaunlich durchlässig, was die äußeren Ereignisse anlangt. Wie immer ich es durchschüttle, es bleibt darin kein Körnchen von irgendwelchem Kriegsgeschehen zurück, nicht einmal von seinem für unser Österreich-Ungarn katastrophalen Ausgang. Daß der alte Kaiser Franz Josef starb und ein neuer, der junge Kaiser Karl, seinen morschen Thron einnahm, daß später dann das Kronland Böhmen und damit auch unsere Heimatstadt plötzlich zur neugebildeten Republik „Tschechoslowakei" gehörten, daß dieses und noch vieles andere Umwälzende geschah — alles ist verweht. Nur die ganz ichbezogenen Dinge sind in dem Sieb hängengeblieben, als hätte das Kind damals alles hindurchrieseln lassen, was nicht in die unmittelbare Erlebniswelt einbezogen war, die es sich selbst schuf. Sogar die Eltern und Geschwister treten in den Schatten der eigenen Existenz. Ich könnte zwar, wollte ich den Kriegsalltag mit Anekdotischem auspolstern, von eleganten, hofmachenden Offizieren berichten, die bei uns ein und aus gingen, von den Klagen meiner Mutter: „Kein Mehl, kein Fett, keine Eier, keine Milch...", von Gesprächsfetzen über „Arbeiterunruhen" hier und dort, von „Hungerdemonstrationen"; ich könnte einem „gewissen Lenin" das Wort geben, „der in Rußland Revolution macht", ein „höchst kluger, energischer Mann", wie mein Vater sagte, auch sehr genau den Porzellanteller beschreiben, auf dem die damaligen großen Feldherren Hindenburg, Ludendorff und Hötzendorff, umrankt von „viribus unitis" in scheußlicher Farbigkeit aufgemalt waren, den meine Mutter wutentbrannt auf dem Küchenboden zerschmetterte, und schließlich könnte ich von dem Haustischler erzählen, der mir die Liebe zum Holz und seine Bearbeitung mit Hobel und Säge beigebracht hat und der eines Tages vor Hunger den Mehlkleister aufaß, den ihm unsere Köchin aufs Fenster gestellt hatte zum Zusammenleimen seiner Bretter.

Als er daraufhin eine mitleidige Suppe von unserem Herrschaftstisch erhielt, bedankte er sich demütig mit „Vergelt's Gott!", wie ein Bettler, womit er sich in meinen Augen so erniedrigte, daß ich den mageren Alten, zu dem ich stets aufgeblickt hatte, auf immer aus meinem Kopf vertrieb und an seine Stelle die bohrende Frage setzte, ob Hunger und Not die Menschen falsche Worte sprechen lassen.

Auch das alles wäre wahrscheinlich wie Flugsand verweht, hätte der Krieg nicht plötzlich sehr entscheidend in mein Leben eingegriffen und sich so vielgestaltig darin behauptet, daß er — über eine bloße Erinnerung an ein zeitlich begrenztes Ereignis hinaus — in dessen lebendige Substanz einging.

Auf meinem Schulweg lag das „Neubad", ein großes graues Gebäude, das jetzt statt der früheren friedlichen Kurgäste Kriegsversehrte und Verwundete beherbergte. Schon oft war ich vor dem dunklen Eingangstor stehengeblieben, aus dem eine Wolke von Karbolgeruch drang, wenn es von innen geöffnet wurde, um müde feldgraue Gestalten und kleine Rollwägelchen in den Kurpark zu entlassen. Die Gehfähigen schoben dann behutsam ihre gelähmten Kameraden zu den Bänken, wo die Sonne schien, und wechselten den Standplatz, sobald der Schatten der hohen Kastanienbäume auf sie zukroch. Allmählich erkannte ich in den schweigsamen Gespannen, die still ins Grüne vor sich hin blickten und dem Vogelgezwitscher zu lauschen schienen, immer wieder die gleichen und suchte den ganzen Park ab, wenn einmal eines fehlte. Regnete es, war das Wetter unfreundlich, blieb das Tor geschlossen. Dann waren sie hinter den Eisengittern zu vermuten, die sie von der Außenwelt trennten und von denen meine Mutter einmal in zitternder Erregung gesprochen hatte, sie seien erst während des Krieges angebracht worden, „damit die Verwundeten sich nicht aus dem Fenster stürzen" — was schon vorgekommen sei.

Die Parterrefenster lagen hoch über der Hausmauer. Aber wenn man einen kleinen Sprung riskierte, die Gitterstäbe zu packen bekam, sich hinaufzog und die Füße auf dem rundumlaufenden schmalen Gesims abstellte, dann konnte man ins Innere schauen und sah die Eisenbetten, auf denen unter grauen Pferdekotzen Gestalten in verschiedenen Stellungen lagen, schlafend oder schmerzhaft verkrümmt und stöhnend. Ein Eckraum befand sich genau gegenüber der Stelle auf der Straße, wo ich einige Zeit zuvor ein furchtbares Erlebnis gehabt hatte: Ein Zugpferd war aus Schwäche gestürzt, und anstatt dem Tier aufzuhelfen, schlug es der Kutscher in rasender Wut mit dem Peitschenstiel so lange auf den Schädel, bis es alle viere von sich streckte und verendete.

Seither mied ich diese Straßenseite und ging auf die andere hinüber, geradewegs auf die Spitalsecke zu. Mehreremal war ich schon zum Fenstergitter hinaufgestiegen und hatte auf den Mann geblickt, der allein in dem Raum lag, in den offenbar nie ein Sonnenstrahl fiel.

Er hockte, von einem Leintuch kaum bedeckt, mit angezogenen Beinen im Bett und vollführte unter grausigem Stöhnen eine sich immer gleichbleibende Bewegung, indem er den Kopf mit beiden Händen umfaßte, in sichtbarer Anstrengung auf seine Knie hinunterzog, einen Augenblick so liegen blieb und dann den in gespannter Krümmung gehaltenen Oberkörper in die Kissen, die auf einer Kopfstütze lagen, zurückschnellen ließ. Das ging so auf und ab, auf und ab — wie ein Pumpenschwengel, der knirschend und ächzend etwas Schweres aus der Tiefe heraufholt. Es mußte ein gewaltiger Schmerz sein, den der Mann da mit aller Kraft aus sich herauszupumpen versuchte. Sein großer grauer Schädel troff von Schweiß, und manchmal schrie er um Hilfe.

Eines Tages entdeckte er mich am Fenster, während ich in neugierigem Entsetzen auf ihn hinstarrte. Den Kopf auf den Knien, hatte er sein Gesicht seitwärts zu mir her gewendet, dann den Körper langsam zurückgelegt und gelächelt. Ich konnte in seinem breit auseinandergezogenen Mund gelbe Zahnstummeln sehen, bevor wir miteinander zu sprechen begannen.

Mit diesem Lächeln nahm eine langjährige, zärtliche Freundschaft ihren Anfang, und eine Tätigkeit, die zuerst recht unbestimmt „Ich gehe ins Spital" hieß, sich dann zu dem etwas klareren Begriff „Ich gehe pflegen" ausweitete, und schließlich zu einer hellblausamtenen Papprolle führte, in der ein Zertifikat des Roten Kreuzes lag, worauf in schwungvollen Lettern der „jüngsten Krankenschwester ... Dank und Anerkennung für aufopferungsvolle Pflege" und so weiter und so weiter ausgesprochen wurde.

Es war das beste Zeugnis, daß ich meinen Eltern je vorweisen konnte. Auch das einzige, das mich freudig überrascht und gleichzeitig beschämt hat, denn es gab mir eine gute Leistungsnote für etwas, was ich gar nicht als Leistung empfand, weil es mich keinerlei Mühe und Selbstüberwindung gekostet hatte, mehr als zwei Kriegs- und Nachkriegsjahre fast täglich am Nachmittag in die Spitäler zu gehen und mich irgendwie nützlich zu machen.

Zuerst gab es die vielen kleinen Handreichungen: ein Glas Wasser bringen, die Kissen aufschütteln, Fenster auf, Fenster zu, die Schwester rufen, Briefe von daheim vorlesen, nach Diktat zurückschreiben, den Rollstuhl in den Park schieben, das Essen zum Mund führen, die schmerzfeuchten Gesichter abtrocknen. Aber nach wenigen Wochen waren die überlasteten Nonnen und Hilfsschwestern froh, wenn sie dem flinken kleinen Mädel, das gerne mit seinen Bärenkräften renommierte, auch schwerere Arbeiten übertragen konnten, wie das Wechseln des eitrigen Bettzeugs, Entleeren der Exkrementenkübel, Aufhelfen und Stützen bei ersten Gehversuchen, Bügeln kilometerlangen Verbandsmaterials, das wegen des allgemeinen Mangels immer wieder gewaschen und sterilisiert werden mußte, und noch vieles mehr.

Was die Kriegsversehrten, die halb oder voll gelähmten Männer in ihrer Verlassenheit und Hilflosigkeit aber vor allem benötigten, war Fröhlichkeit. Das Scherzen, Dummheitenmachen und Herumtanzen eines Spielkameraden, der sie an ihre eigenen Kinder oder Geschwister erinnerte, von denen sie sich vergessen fühlten.

Der Magnet unter all jenen Betten, die der Schmerz zerwühlte, war nach wie vor das alleinstehende von „Onkel Karl", wie ich bald den Hauptmann Karl Tier nennen durfte. In ihm verkörperte sich alles menschliche Leid, das man sich überhaupt vorstellen konnte, und eine unbändige, geradezu wütende Kraft. Er hatte an der italienischen Isonzofront einen Rückenschuß bekommen, der ihm bis zu seinem Tode nicht nur kaum zu ertragende physische Qualen bereitete, sondern auch seelische Martern. Zum Beispiel kam er von der fixen Idee nicht los, als „Feigling" zu gelten, weil es ihn „im Rücken erwischt hat". Viele Male mußte ich mich in seinem Zimmer auf den Boden legen und auf seine genauen Anweisungen hin den Körper so drehen, wie er selbst auf der Erde gelegen hatte, als ihn der Granatsplitter traf. „Siehst du, genau so bin ich dagelegen wie du jetzt. Und jetzt mußt du den Rücken etwas heben und den Kopf einziehen und unter den Armen durch ein Kommando rufen." — „Was für ein Kommando denn?" — „Das ist ja das Unglück! Ich weiß nicht mehr, was für ein Kommando ich geben wollte!" Ein wilder Weinkrampf überfiel ihn jedesmal bei dieser Szene, bis er weitersprechen konnte: „So hat's mich im Rücken erwischt! Aber im Regiment haben sie's nicht geglaubt, mich schlecht gemacht: ‚Der Tier ist vor dem Feind davongerannt'..."

An ihm lernte ich die Morphiumsucht kennen und das Hadern mit Gott. Seine mageren Arme, sogar seine Beine und Schenkel waren hundertfach zerstochen von der Morphiumspritze. Mit der Zeit wurden seine hellblauen Augen immer blasser und glasiger, die Pupillen so klein wie Stecknadelköpfe. Er bettelte um die Spritze wie ein Hund, der „Männchen" macht, oder erschreckte die Nonnen, wenn sie sie ihm verweigerten — „Sie sollten lieber zum Herrgott beten, Herr Hauptmann, daß er

Ihnen die Schmerzen nimmt! Wir dürfen Ihnen nicht so viel Morphium geben, für heute ist's genug, Sie kriegen keine Spritze mehr!" —, mit fürchterlichen Flüchen, spuckte zu dem Kruzifix hinauf, das über seinem Bett hing, und schrie: „'raus mit eurem Herrgott! Ich will ihn nicht sehen! Was hat er schon ausgestanden an seinem Kreuz, die paar Stunden, und ihr betet ihn an!" Wenn er so tobte, schluchzte, aufschrie und sein Tabakspeichel auf meine Hände floß, in meine Haare hinein während der aufregenden Minuten, da ich mich an seinen Hals geworfen hatte, um ihn zu beruhigen, verlor er trotzdem nicht sein Ziel aus den Augen: die Spritze. Denn kaum war die Schwester hinausgeflattert wie ein gejagtes Huhn — „Versündigen Sie sich nicht vor dem unschuldigen Kind, Herr Hauptmann..." —, flüsterte er schon listig in mein Ohr: „Bleib liegen! Gleich wird sie kommen und mir die Spritze geben..." Und wirklich kam jedesmal nach so einem gotteslästerlichen Auftritt die Nonne zurück mit dem Morphium. Dann kontrollierte er ruhig, als sei vorher nichts geschehen, die Größe der Ampulle, vergewisserte sich, ob sie nicht schon vorher geöffnet und „verpanscht" worden sei — „Wir betrügen Sie doch nicht, Herr Hauptmann, das wäre eine Sünde!" —, und ließ sich im Vorgenuß der Erlösung friedlich mit Alkohol abtupfen, bevor die Nadel zustach.

Für eine knappe Stunde war nun ein fast schmerzfreies Gespräch gesichert, oder er bemalte ausgeblasene Eier, die er mit feinster Tuschfeder in wahre Kunstwerke zu verwandeln verstand und an die wenigen Menschen verschenkte, die ihn ab und zu besuchten. Ich habe eine ganze Schachtel davon viele Jahre wie einen kostbaren Schatz gehütet, aber der Zweite Weltkrieg hat mir auch dieses kleine persönliche Andenken genommen.

II

Im Dickicht der Genealogie

In unserer Familie muß es immer einige Unklarheiten in der Namens-
führung gegeben haben. Väterlicherseits ging es darum, ob der Doppel-
name Heinsius von Mayenburg nicht zu der irrigen Annahme verleiten
könnte, das Adelsprädikat sei erst in jüngerer Vergangenheit auf Grund
irgendwelcher bürgerlicher Verdienste verliehen worden. Der König von
Sachsen etwa hätte dazu Gelegenheit gehabt, denn mein Großvater war
Postmeister in seinen Diensten gewesen.

Da es aber als verbürgt galt, daß der zweite Teil unseres Namens
uradelig ist, identisch mit dem Namen der Ruine Mayenburg in Süd-
tirol, und daher aus altfeudalen Zeiten stammend (wie es auch im Gotha-
schen Adelskalender vermerkt ist, wenngleich mit einer lückenhaften und
öfters mit Fragezeichen versehenen Ahnenreihe), wurde in meinem
Elternhaus dem nichtadeligen Namensteil „Heinsius" wenig Bedeutung
zugemessen, mehr noch, er wurde systematisch unterdrückt.

Dieser latinisierte Vorname — „Heinsius" ist offenbar dem „Heinz"
entwachsen — tauchte wohl auf amtlichen Dokumenten auf, fiel jedoch
häufig einer gewissen Flüchtigkeit zum Opfer, die sich so oft wiederholte, bis schließlich der reine, durch keinerlei bürgerliche Ableitung
verunstaltete Adelsname „Mayenburg" allein das Feld behauptete.

Mein bedeutendster Vorfahre, von hohem Ansehen und in die Ge-
schichte der Reformationszeit eingegangen, war der Bürgermeister der
Freien Reichsstadt Nordhausen — Michael Meyenburg. Der Freund
Melanchthons und Martin Luthers, Vorkämpfer der humanistischen
Ideen seiner Epoche und kluge Politiker, der auf den Reichstagen mit
rhetorischer und diplomatischer Gewandtheit glänzte, muß eine außer-

gewöhnliche Persönlichkeit gewesen sein. Karl V. verlieh ihm „wegen seiner Meriten" das Wappen, das noch heute das unsrige ist, und Lukas Cranach d. J. malte ihn, flankiert von seiner zahlreichen Kinderschar. Das riesige Ölgemälde hängt in der Basiliikirche von Nordhausen, wo Michael Meyenburg 1555 auch seine letzte Ruhestätte fand. Inwiefern allerdings dieser „große Mayenburg", der ja eigentlich ein „Bürgerlicher" war, in bezug zu den Südtiroler Mayenburg zu bringen ist, blieb ein ungelüftetes Herkunftsgeheimnis.

Zum allmählichen Klärungsprozeß in der Namensfrage trug in hohem Maße meine Mutter bei. Ihr war das „Heinsius" verhaßt. Um so mehr verhaßt, als das einfache Volk das sanfte „s" in der Mitte in ein hartes „z" umzufälschen pflegte. Wenn mein Vater mit „Habe die Ehre, Herr Heinzius" oder „Meine Hochachtung, Herr Heinzius" begrüßt wurde, unter Nichtnennung und daher Nichtachtung des wahren, des adeligen Namens, erblaßte das edle Gesicht meiner Mutter vor Scham und Erbitterung. Sie war bei solchen Gelegenheiten imstande, den Grüßenden so erstaunt zu messen, als sei nicht ihr Gatte angeredet worden, sondern irgendein x-beliebiger Herr. Schnell und elegant zog sie dann meinen Vater am Arm weiter, ihm kaum Zeit zu einem höflichen Gegengruß lassend, und flüsterte vernehmlich: „Daß sich die Leute dieses ‚Heinzius' nicht abgewöhnen können . . .!" Wenn meine Mutter nicht so schön und anmutig und freundlich gewesen wäre, hätte ihr solches Benehmen den Vorwurf des Hochmuts bei den Menschen eingetragen, bei denen sie nicht als hochmütig gelten wollte, nämlich bei den sogenannten einfachen Leuten. Zwischen diesen ging sie lächelnd und lieblich dahin, immer bereit zu einem kleinen Witz, zu einer geistreichen Bemerkung, zu einem teilnehmenden Erkundigen nach diesem und jenem und, sehr zur Auflockerung der angesprochenen Gemüter, zu einem philosophischen Gespräch über das Gute im Menschen, über seine Ängste und Bedrängnisse, kurz, über allgemein geistige Themen. Niemand hätte gewagt, sie anders als „gnädige Frau", in besonders günstigen Fällen sogar mit „Frau Baronin" anzusprechen, niemandem wäre es eingefallen, ihr das „Heinzius" zuzumuten.

Ihr eigener Name, Lucie Freiin von Thümen-Blankensee, strahlte ebenso wie ihr Wesen eine natürliche, in Jahrhunderten gefestigte Vornehmheit aus. Eigentlich hätte meine Mutter keine Ursache gehabt, mit diesem Namen unangenehme Gefühle zu verbinden. Trotzdem: auch hier stimmte etwas nicht ganz.

Die Herren von Thümen, unbestritten noch zu ihres Vaters Zeit feudale Gebieter über unendliche Sandstrecken der Mark Brandenburg mit dazugehörigen einsamen Schlössern, Weilern und Meilern, führten wohl ihren Adelsnamen auf Karl den Großen zurück und begannen ihre später zur Tradition gewordenen Familienfehden schon zu Anfang des 12. Jahrhunderts. Wie und wann jedoch der Zweig der Thümen, dem meine Mutter entstammte, zu „Freiherren" wurde, das war leicht ungeklärt. Die nichtfreiherrlichen von Thümen (deren es glücklicherweise nur noch wenige gab und mit denen man auch nicht verkehrte), scheuten sich nicht, in diesem Zusammenhang von Hochstapelei zu sprechen, gänzlich zu nichts nütze, denn der Name Thümen sei so alt, so ehrwürdig, so um vieles adeliger als zum Beispiel der des preußischen Königshauses Hohenzollern, daß das einfache „von" vor diesem Namen weit mehr über seinen genealogischen Wert aussage als das bombastische „Freiherr von".

Mein Großvater Felix von Thümen schien seiner Sache auch nicht ganz sicher gewesen zu sein: er nannte sich schlicht „Baron" und überließ es seinen Kindern, den Freiherrntitel unverblümt zu führen. Ja er sah sogar im Laufe der Jahre davon ab, seinen Namen durch Bindestrich mit dem Namen seines Stammschlosses „Blankensee" zu verbinden, wozu er jedes verbriefte Recht gehabt hätte. Wahrscheinlich war es nicht die ihn sonst auszeichnende Bescheidenheit, die ihn veranlaßte, den Zusatznamen „Blankensee" fallenzulassen (den seine Kinder metaphorisch wiederaufnahmen), sondern sein mahnendes Gewissen. Hatte er doch den alten Feudalsitz der Familie samt Park und Liegenschaften dem Schriftsteller Hermann Sudermann verkauft, dessen berühmter riesenhafter schwarzer Bart durch die Räume geisterte, in denen einst die schüttere Blondheit der Thümen zu Hause war. Das mußte meinen Großvater sicher wurmen, und es ist daher zu verstehen, daß er nicht von dem Namensanhängsel daran erinnert werden wollte, seine Kinder um Erbe und Heimat gebracht zu haben. Denn das hatte er getan — wenn auch aus lauteren, humanen Motiven.

Der mütterliche Teil unserer Familie hätte sich also, unter Vernachlässigung verschiedener fremdländischer Einheiraten, eindeutig zur preußischen Herkunft bekennen müssen. Welches Stück Erde die Thümen von alters her besaßen und bewohnten, das steht in den Grundbüchern von Berlin und Umgebung, und die lügen nicht. Mein Großvater aber wollte kein Preuße sein! In das aufgeklärte 19. Jahrhundert hineingeboren und von dessen humanistischen Idealen angesteckt, mehr den Büchern als der tyrannischen Mutter aus spanischem Grandengeschlecht zugetan (geschweige denn dem preußischen Militärdrill), verließ er, kaum großjährig geworden, seine brandenburgischen Güter auf immer.

Einer unglaubwürdigen Familienanekdote zufolge wurde er zu diesem Entschluß durch die Zumutung getrieben, bei einem seiner Gutsmädchen vom Jus primae noctis, dem Recht auf die erste Nacht, Gebrauch zu machen. Solche feudalrechtlichen Zustände kann es selbst im Preußen des vorigen Jahrhunderts wohl kaum mehr gegeben haben, so daß die Erklärung für den folgenschweren Schritt ins Ungewisse vielmehr in der Wesensart und Denkweise meines Großvaters zu suchen ist.

Was immer der unmittelbare Anlaß gewesen sein mag — jedenfalls entfloh der einzige Erbe dem preußischen Junkerdasein und widmete sich künftighin der Wissenschaft. In der Grafschaft Görz und Gradisca, weit im Süden des Habsburgerreiches, hängte er die letzten Reste seines Preußentums an den nächsten Mandelbaum, lernte Italienisch, Kroatisch, Friaulisch und noch so viele weitere Sprachen, daß er nebst dem Latein und Griechisch bei seinem frühen Tode ein gutes Dutzend davon fließend beherrschte. Schüler und jugendlicher Freund von Charles Darwin und Alexander von Humboldt, brachten ihm seine naturwissenschaftlichen Arbeiten beachtliches Ansehen in internationalen Gelehrtenkreisen und die ehrenvolle Mitgliedschaft verschiedener Akademien der Wissenschaften ein. Mein Großvater Felix von Thümen wurde vor allem als Mykologe bekannt, was soviel heißt wie Pilzforscher. In älteren Ausgaben des Großen Brockhaus sind ihm nur wenige Zeilen gewidmet, aber in den Annalen der Heimat- und Volkskunde rund um Wien und vielleicht auch anderenorts findet man immer wieder seinen Namen rühmlich vermerkt, was beweist, daß er unterdessen ein guter Österreicher geworden war.

Auch seine Frau — blutjung in Görz gefunden und geheiratet — war eine gute Österreicherin und noch dazu eine, die niemand des abgelegten Preußentums verdächtigen konnte!

Die Mutter seiner freiherrlichen Kinder (eines schöner als das andere — es waren vier, zwei Söhne und zwei Töchter, von denen meine Mutter sehr zu guter Letzt geboren wurde und als Spätling die besondere Zuneigung ihrer Eltern genoß), meine Großmutter Bertha von Thümen also, hat mit ihrem Mädchennamen ebenfalls einige Unklarheiten in die Familie Thümen gebracht. Sie hieß Tuscany. Ob mit oder ohne „von" schien in diesem Fall von geringem Belang, denn ihr Vater, ein höherer österreichischer Staatsbeamter, mag sein auch Offizier, sollte der Abkömmling einer verschwiegenen, kebsweiblichen Linie der Herzoge von Toskana gewesen sein — eine Annahme, die wohl kaum zu beweisen, jedoch durch die phonetische Verwandtschaft beider Namen zu rechtfertigen war. Meine Großmutter, von Geburt demnach fast eine Herzogin, war durch die Heirat mit meinem Großvater fast eine Freifrau geworden, bestimmt aber eine Baronin.

Für die großelterliche Familie hatte das Bekenntnis zu Österreich nicht gerade die günstigsten Folgen. Die preußischen Verwalter der fernen Mark-Brandenburgischen Güter erwiesen sich als solche Gauner, daß mit der Zeit eine Besitzung nach der anderen verlorenging und sich somit die Thümensche Urheimat bald in nichts auflöste. Die alteingesessenen österreichischen Standesgenossen und der gute Kaiser selbst behandelten die Thümen als Zugereiste und nicht ganz Zugehörige, wohl auch, weil sie Protestanten blieben. Wer aus der guten Gesellschaft zu hohen Feiertagen bei der heiligen Messe fehlte, keinen einflußreichen Beichtvater hatte und keinen hochgestellten Verwandten im Staatsdienst, wer insgeheim sogar als Freigeist galt, den erwarteten im alten Österreich wenig Ehrungen, geschweige denn notfalls eine ausreichende Dotation aus dem Staatssäckel oder aus der kaiserlichen Privatschatulle — der blieb sein Lebtag ein Outsider, leicht suspekt und ohne sicheren Rückhalt. Da half es auch wenig, daß meine Großmutter, mit ihrem halb italienischen, halb böhmischen Einschlag eine wirkliche Österreicherin, ihrem katholischen Glauben bei der Heirat nicht abschwor.

So kam es, daß die Familie meiner Mutter nie recht wußte, wohin sie eigentlich gehörte. Ein Sohn, Joachim, wanderte nach Amerika aus und ging auf den kalifornischen Goldfeldern zugrunde. (Ihm verdanke ich meinen zweiten Taufnamen.) Der andere, Nikolaus, schlug aus einer kurzen österreichischen Offizierskarriere wenig Kapital und siedelte mit seiner Frau, die aus der friaulischen Adelsfamilie Petiani stammte und so richtig eine rassige und temperamentvolle Tochter des habsburgischen Südens war, nach Berlin zurück. Vielleicht gab es da noch irgendwo in der Nähe ein Gütchen aus der Thümenschen Konkursmasse, das er bewirtschaften wollte, ohne etwas von der Bewirtschaftung dieses kargen preußischen Bodens zu verstehen. Er und seine Familie wurden niemals richtige Preußen und fühlten sich als Österreicher, obwohl sie nur noch verwandtschaftliche Bindungen zu dem Lande hatten, das einmal ihre Heimat gewesen. Meine Großeltern selbst zogen mit ihren beiden Töchtern von einem Ort zum andern (glücklicherweise heiratete die ältere bald in das angesehene von Behnsche Verlagshaus in Dresden hinein) und landeten, der Gicht meines Großvaters wegen, die langwierige Kuren erforderte und die letzten Mittel verschlang, in der Kur- und Kohlenstadt Teplitz-Schönau, wo sie wiederum nur als „Zugereiste" ihr Grab fanden.

Die Aussteuer meiner lieblich schönen Mutter bestand angeblich nur aus vier neuen Hemden, als sie vor der Jahrhundertwende den um fast zwanzig Jahre älteren Bergingenieur und Bergwerksdirektor Max Heinsius von Mayenburg aus Liebe heiratete.

Dieser tüchtige und gutaussehende Mann, stämmig, kraftvoll, schwarzbärtig und helläugig, mein Vater, war für die Teplitz-Schönauer Urbevölkerung ebenfalls nur ein „Zugereister", denn er stammte aus Sachsen. Seine Eltern und zahlreichen jüngeren Geschwister standen auch noch weiter unter der allgemeinen Obhut des sächsischen Königshauses, während er selbst zur Kohle hingezogen war, deren Zutageförderung er in mageren Studienjahren erlernt hatte und die ihn nun sehr gut ernährte.

Die Kohle lag in böhmischer Erde, Böhmen war ein habsburgisches Kronland — folglich wurde mein Vater Österreicher. Er begab sich also wieder unter die Fittiche des Doppeladlers, der über der alten Ruine Mayenburg bei Meran schwebte. Wären seine Vorväter nicht landflüchtig geworden und Hof und Heimat verlassend in die Schweiz und nach Deutschland ausgewandert, wo sie ihres neuen protestantischen Glaubens wegen keine Verfolgungen zu gewärtigen hatten — meinem Vater wäre das zeitweilige Dilemma erspart geblieben: bin ich nun Sachse oder Österreicher? Dem Tonfall nach war seine sächsische Herkunft unverkennbar, und über die nationale und staatliche Zugehörigkeit gaben die Personaldokumente klare Auskunft. Doch so einfach sind die Dinge offenbar nicht.

Die Erde, unter der die Kohle lag, wurde von Sudetendeutschen bewohnt, vom deutschböhmischen Landadel, von Juden und Tschechen. Sie waren zwar alle miteinander Österreicher, aber was bedeutete das schon? In diesem Vielvölkerstaat der alten österreichisch-ungarischen Monarchie gab es die verschiedensten Möglichkeiten, Österreicher zu sein: ein ganzer, ein halber, ein widerwilliger, ein gezwungener, ein freundlicher, ein feindlicher. Einer, für den die eigene Muttersprache mehr bedeutete als der Kaiser, und einer, für den der Kaiser mehr bedeutete als die Muttersprache. Schließlich blieb es einem auch unbenommen, gegen den Kaiser zu sein und doch nicht für das Auseinanderfallen dieses vielnationalen staatlichen Gefüges, oder für den Kaiser zu sein und doch eine separatistische Tätigkeit zu entfalten.

Unter diesen und noch vielen anderen sich immer weiter verästelnden, geradezu verwirrenden und unüberschaubaren Möglichkeiten, ein Österreicher zu sein, wählte mein Vater eine, die ihn zu einem *guten* Österreicher machte, trotz seines sächsischen Tonfalls: Er wählte die Toleranz.

Und wenn die Toleranz ihn auch im Gefolge historischer Ereignisse, politischer Auseinandersetzungen und Umwälzungen in äußere Schwierigkeiten und innere Konflikte brachte, so verblieb ihm ober- und unterhalb der bewegten Erde seiner Wahlheimat das, was sein eigentliches Leben ausmachte, seine Zugehörigkeit, seine Nationalität, seine Sprache, seine Religion: die Bruderschaft der Bergleute und Freimaurer. Er gehörte zur Kohle — ob sie deutsch oder tschechisch sprach, ob sie jüdischer Besitz war oder eine Beute Hitlers.

Folglich optierte mein Vater nach dem Zusammenbruch der österreichisch-ungarischen Monarchie 1918 für die Tschechoslowakei und wurde 1938, nach der Besetzung des Sudetenlandes, ohne sein Zutun „heimgeholt" ins Großdeutsche Reich.

Dieser Heimholung folgte zwei Jahre später sein Tod auf den Stufen des Gestapogebäudes in der Kohlenstadt Brüx.

Der Geruch von schwelender Kohle muß sein letzter bewußter Sinneseindruck gewesen sein.

Für seine vier Kinder wurde es der erste: Sie kamen auf „Austria II" zur Welt, dem Braunkohlenschacht nächst dem Dorfe Serbitz, unweit von Teplitz-Schönau. Von hier aus nahm also eine neue Generation der Thümen und Mayenburg ihren Ausgang.

Meinen Vornamen Ruth verdanke ich Onkel Curt, dem vielgereisten Bruder meines Vaters. Er brachte ihn aus England mit, wo der Name gerade in Mode war, und beendete die allgemeinen Beratungen darüber, wie man das Baby nennen sollte, mit dem schlagenden Argument: „Ruth ist kurz."

Ich habe ihn seither als einzigen unter meinen vielen Namen immer beibehalten.

III

Lernen, lieben, leben

Mit 13 Jahren verlobte ich mich. Es war Liebe auf den ersten Blick und auf lange Sicht. Sie wurde besiegelt durch ein geflüstertes „Ja" auf die Frage, ob ich seine Frau werden wolle, wenn ich 18 Jahre alt sein würde. Seine Hand lag versteckt unter dem überhängenden Damasttischtuch auf meinem Knie und drückte es leise zum Zeichen des geheimen Einverständnisses, während sein Mund über meine Wange hinstrich. Für den seligsten Augenblick meines ganzen bisherigen Lebens war ich nicht genügend gewappnet. Mein Herz setzte aus und begann dann so rasend zu klopfen, als hätte ich einen Dauerlauf hinter mir. Ich tastete nach seiner Hand auf meinem Knie und überließ mich still ihrer beruhigenden Wärme, bis ich mich wieder gefaßt hatte und die Umgebung wahrnahm: Wir saßen an der Hochzeitstafel meiner Schwester Fely, die eben seinem Bruder Gottfried von Herder vor dem Altar der evangelischen Kirche angetraut worden war. Ich zu seiner Linken, meine Schwester Xilly zu seiner Rechten. Warum hatte er sich nach links geneigt, zu dem „frühreifen Fratzen mit den Elefantenhauern", anstatt nach rechts, zu der dunklen Schönheit mit dem klassischen Profil, den faszinierenden gelben Augen und dem kußgewohnten süßen Mund? Er — Hansi Herder, 26 Jahre alt, Herrenreiter, Sieger auf allen Rennbahnen Deutschlands, ein Haus in Hoppegarten bei Berlin und einen Rennstall, auf fremde Rechnung geführt, wo er die Vollblüter trainierte, die dann in Karlshorst und Dresden und anderswo Geldpreise und Silberpokale im Galopp ersprangen. Wie konnte er ein Mitgiftjäger, ein Weiberheld sein, „der mit jedem Dienstmädchen anbandelte", wie es von ihm hieß — wenn er mich zur Frau wollte, keine andere, und bereit war, fünf Jahre zu warten?

Der Gedanke sei sofort in ihm aufgeblitzt, sagte er mir, als er mich tags zuvor, bei der Ankunft der ganzen Herderschen Sippe, zum erstenmal gesehen habe, vor unserem Haus auf dem Kutschbock sitzend, die Zügel in der Hand, in Socken und kurzen Leinenhosen — „Mit den struppigen blonden Zöpfchen sahst du reizend aus, ein Mädel, mit dem man Pferde stehlen kann..." —, und nun sei es ihm eben verdammt ernst geworden: „Ich hab' dich lieb; kannst du das schon verstehen? Ich hab' dich lieb!" Und ob ich das verstehen konnte! Bis ans Ende der Welt wäre ich augenblicks mit ihm durchgebrannt!

Ich hatte mich nicht blindlings in die kleinen Mausezähnchen verliebt, in den weichen Mund, die große rote Nase unter der weißen Stirn. Auch nicht in den Reiterkörper, der am Polterabend so hinreißend getanzt hatte, daß ihm die anderen Paare Platz machten. Eher schon in den von ihm ausströmenden Geruch einer unbekannten großen Welt, elegant, mondän, mit einem Schuß Verruchtheit, und in die Unvollkommenheit seiner Augen, die klein und grün aus Lebefältchen hervorschielten, mit dem gewissen „faux regard", der selbst meine Mutter zu berühren schien.

Meine Liebe, die erste große Liebe im Leben einer heranwachsenden Frau (sie überdauerte immerhin sechs Jahre), hatte sich vielmehr an etwas anderem entzündet: mich berückte die Anmut eines Träumers vom eigenen besseren Selbst. Er wollte es nicht verlorengeben, wußte, daß es da war und der zärtlichen Unterstützung bedurfte, um sich unter der Oberfläche eines ungeistigen Daseins zu behaupten. Auf dieses bessere Hansi-Ich stürzte ich mich, als gälte es, eine Seele vor dem Fegefeuer zu erretten. Mein „Ja" war dem Spürsinn gefolgt, der einen innerlich bewegten Menschen witterte. Sprach er davon, die „Sommersprossen auf den Rotznasen der armen sächsischen Bauernkinder muten mich heimatlich an", flog ihm mein Herz zu mit wildschlagenden Flügeln. Erzählte er vom Berliner Norden, wo die „grauen Zinskasernen Elend und Verbrechen bergen", lag ich ihm zu Füßen. Begegnete er der erdrückenden Wucht seiner Mutter, perlenumschaukelt und in rätselhafte „Schlungs" gehüllt, mit nachsichtigem Respekt („sie hat viel Unglück erlebt, die arme Mama"), meinem verkrampften Schwager Friedy — obwohl der ältere von beiden und Majoratsherr auf Schloß Rauenstein — mit brüderlichem Mitleid („der arme Kerl hat den ganzen Krieg nur Leichen eingebuddelt"), dann zerschmolz ich in Rührung ob des Zartgefühls. In seinen grobschlächtigen Händen, rot aufgebissen von den Morgenfrösten beim täglichen Ausreiten, spürte ich die Feinnervigkeit eines Gemüts auf, das lange, einsame Abende kannte — kurz, ich liebte

ihn für jede Stunde, da er nicht soff, spielte, Wetten abschloß, mit seinen
Leuten herumbrüllte, eine Frau ins Bett nahm, deutschnational politi-
sierte und Herrenabende veranstaltete. Daß er kaum Bücher las, war
ihm nicht zu verargen. Tatkräftige Männer, wie auch mein Vater, lasen
selten Bücher. Und daß er in der Unter- und Halbwelt von Berlin ebenso zu Hause war wie in vornehmen Salons und auf Landgütern, sprach
nur für seine unbefangene Natürlichkeit gegenüber den Menschen. Der
alte, große, humanistische Johann Gottfried Herder (eiligst las ich
einiges aus seinen Schriften nach, als die Herder in unser Familienleben
traten) hätte höchstens über diesen seinen Nachkommen ein wenig den
Kopf geschüttelt, nicht aber dessen Liebenswürdigkeit angezweifelt.

Wir mußten sehr heimlich zu Werke gehen, um unser Einverständnis
gegen Intrigen, Verbote, Verdächtigungen und Einmischungen abzuschir-
men. Den beidseitigen Familien kamen solche vorzeitigen Zukunftspläne
nicht gelegen. Bis auf viele Briefe, die wir wechselten, und wenige Begegnungen, die der ersten folgten, blieb es eine Traumliebe, eine sehn-
süchtige Umarmung auf einem fernen Stern. Als sie auf die Erde zurück-
stürzte, in das gesellschaftliche Drum und Dran einer offiziellen Verlobung hinein, die an meinem 19. Geburtstag gefeiert wurde, hatte sie
schon an schimmerndem Glanz eingebüßt, präsentierte sich als Lebensentscheidung, Brautausstattung und Einladungsliste.

Von der „Lebensentscheidung" ist mir die Erkenntnis verblieben, daß
es von Hansi und mir richtig war, es nicht bis zur Hochzeit kommen
zu lassen, von der Brautausstattung ein paar unterdessen recht schäbig
gewordene Möbelstücke, hin und her geworfen bei hastigen Übersiedel-
lungen, unvollständiges Silberzeug, Porzellan- und Glasservice, und von
der Einladungsliste die vage Erinnerung an den Namen Graf Spreti,
der sich 20 Jahre später auf einer Kriegsverbrecherliste wiederfand.
Hansi Herder selbst habe ich niemals ganz aus meinem Herzen verloren.
Er reitet im Spitzenfeld der himmlischen und irdischen Heerscharen meiner „Sturm-und-Drang-Zeit". (Von der ich nicht einmal heute sagen
könnte, wann und ob sie überhaupt je zu Ende ging.)

Jener ersten großen Liebe zu einem Mann war eine andere vorangegangen — die zu meiner Mutter. Endlich hatte sich mir die „Welt von
Mama" aufgeschlossen, in der sie ihre Schwerhörigkeit wie einen Stein
herumwälzte und zwischen vielen Büchern nach der „ewigen Wahrheit"
suchte, nach dem „Guten und Edlen", nach der „Erfüllung des Daseins".
Sie stieß sich dabei auch an Erbübeln ihrer Familie wund, von denen

eines die Melancholie gewesen ist, und die übrigen ein glosender Haufen von Talenten und unbestimmten Sehnsüchten. Ohne Schreibtisch, Arbeitsplatz und Klavier wäre diese Welt nicht denkbar gewesen. Alles, was für geistig-künstlerische Bewegtheit und hausfrauliche Tätigkeiten zugleich zeugte, vermengte sich darin in anheimelnder Unordnung. Neben dem Nähkorb standen die Philosophen und Dichter: Schopenhauers „Die Welt als Wille und Vorstellung", Nietzsches „Zarathustra", die Bibel; Erasmus von Rotterdam, Blaise Pascal, Rabindranath Tagore mußten gleicherweise wie das Wirtschaftsbuch Farbflecken hinnehmen, die aus feinen Pinseln tropften, mit denen meine Mutter, Aquarelle malend, ebenso gut umzugehen verstand wie mit dem feuchten Ton, der sich als modelliertes Handgebilde unter einem Tuch verbarg. Wenn die Abenddämmerung einfiel, wurde Goethes „Faust" beiseite geschoben oder Dantes Höllenvisionen, um einer kleinen Patience Platz zu schaffen, einer Handarbeit oder einem italienischen Vokabelbuch.

Das war auch die Stunde, da wir zärtlich beisammensaßen und uns im still fortschreitenden Gespräch dem „Unvergänglichen" zuwandten, dem „Sinn des Lebens". Nie hätte ich sie während solchen Greifens nach den Sternen auf die Erde heruntergezogen und ihr vom Schultag, von meinen profanen Erlebnissen und Begegnungen erzählt. Die ureigentliche Welt von Mama durfte nur auf Fußspitzen betreten werden, aber dann war man von Liebe umfangen, von Verständnis für unausgegorene Empfindungen und Gedanken und für Hochgefühle, denen noch kein Ziel gesetzt war.

Nach solchen Gesprächen, die manchmal auch auf weiten Spaziergängen unseren Schritt beflügelten (zwischendurch wurde in der Meierei hinter dem Fürst Claryschen Schloßgarten oder in einer Konditorei haltgemacht, denn auch der Magen wollte genießen), nach solchem Höhenflug des Geistes verwandter Seelen fühlte ich mich zu allem Großen befähigt und berufen und beschloß, nur gute Taten zu setzen.

Daß jedoch nicht die Philosophie allein im Verein mit der Poesie, deren betörendes Wortesetzen meine Mutter besonders bei Goethe, Heine und Rainer Maria Rilke entzückte (letzterer hatte ihr als ganz jungem Mädchen einen Heiratsantrag gemacht und Gedichtbändchen dediziert), damals meinen Kopf beschäftigte und ich einen eigenen Lieblingsphilosophen hatte, den römischen Kaiser Marc Aurel, dessen „Selbstbetrachtungen" immer auf meinem Nachttisch lagen, sondern daß mich auch die Beziehung der Geschlechter beschäftigte, die Vielgestalt der erotischen Wirklichkeit, wie sie aus Boccaccios „Dekameron" herauszulesen war, und nicht minder das, was man „die sozialen Probleme" nennt, — das

48

hätte sie erschreckt. Aus unseren Gesprächen waren solche Fragen verbannt, als existierten sie nicht. Das gab eben auch dieser Liebe etwas Überirdisches — wie hätte man einen blonden Engel einbeziehen können in die Realitäten des Lebens, die einem auf Schritt und Tritt entgegentraten? Eben erst hatte ich den ersten Selbstmord eines Mannes eingeheimst, eines gewissen Herrn Rießner, zu dessen fünf Kindern meine Freundin Ingeborg gehörte. Alle wunderten sich, warum der wohlhabende Fabrikant sich aufgehängt hatte. Ich war sicher, es war meinetwegen geschehen. Nach dem letzten seiner zahlreichen Petting-Versuche hatte er mir ins Ohr hineingestöhnt: „Ich darf dich nicht lieben, wie ich dich lieben möchte — da bring' ich mich eher um!" (Diesen Selbstmord kerbte ich sogleich ins Liebesregister ein, wie ein Scharfschütze seine Abschußerfolge in den Gewehrschaft.)

Inzwischen waren wir in ein anderes Haus übersiedelt, in jene bizarre „Palme-Villa" in der Gottfried-Keller-Straße, die, einsam auf einem Hügel thronend, gewissermaßen meine ganze Jugend überschaut. Obwohl uns eine weiträumige Villenetage, das Dachgeschoß, wo meine älteren Geschwister wohnten, und ein angebautes Häuschen mit Kutscherwohnung, Büroraum, darunterliegendem Pferdestall und darüberliegendem Taubenschlag zur Verfügung standen, wurde meine Liebe für Mama doch auch von einem engeren räumlichen Zusammenrücken begünstigt, denn mein Zimmer lag jetzt gleich neben dem elterlichen Schlafzimmer. Von dort her drangen trotz der Doppeltüren überlaute Wortfetzen, Witzeleien und Gelächter in meinen Morgenschlaf hinein, da meine Eltern zu den Leuten gehörten, die in der Früh besonders munter und gut aufgelegt sind, während der ausklingende Tag sie eher bei Besinnlichkeit und müdem Abgespanntsein anzutreffen pflegt, oder — wie meine Mutter — bei Grübeleien über Wert und Unwert der Dinge. Zur Jagdzeit brauchte mein Vater nur ein paarmal kräftig an meine Tür zu klopfen, und schon war ich hellwach, um ihn auf seinen frühmorgendlichen Pirschgängen zu begleiten, von denen wir dann so rechtzeitig heimkehrten, daß er noch zu den Schächten hinausfahren und ich in die Schule rennen konnte.

Mein kleines Reich, biedermeierlich eingerichtet und von Großmamas Pianino, einem hohen Bücherschrank und einem begehbaren Kleiderkasten (der beim Versteckenspiel mit halbwüchsigen Buben die ersten, schnellen Küsse erlebt hat) umschlossen, befand sich genau an der Grenze, wo das herrschaftliche Wohnen aufhört und das Hausen der Dienstboten beginnt, neben Klosett und dunkler Rumpelkammer, in der die Schmutzwäsche gezählt und die Schuhe geputzt wurden, und wo ein zwar versperrter, aber doch benützbarer Hintereingang nächtliche Eskapaden erleichterte. Wollte ich die noble Welt von Mama gegen die niedrige eintauschen, nach Fausts Studierstube in der Kammer des geschwängerten Gretchens die Wahrheit erfahren, brauchte es nur des Öffnens zweier Türen, um von dem Geruch schweißdunstiger Federbetten, ungelüfteter Kleider und billiger, meistens rosa Seife umfangen zu sein und an wispernden Reden teilzunehmen, die für meine Mutter, soweit sie sie verstanden hätte, bestimmt „ordinär", „unanständig", ja „lasterhaft" gewesen wären.

Im sozialen Bereich der Mädchenkammer war eines der vielen Leben angesiedelt, auf deren Entdeckung ich aus war — und nicht das uninteressanteste! Im Gegenteil: Im Taftkleidchen aus der Kindertanzstunde kommend oder von den ersten Konzerten und Theaterabenden, suchte ich es nachher bloßfüßig, mit der lüsternen Behendigkeit eines jungen Kavaliers im Bett der Stubenmädchen auf, von deren feuchter Haut die Kohlenstäubchen nicht säuberlich abgewaschen waren, so daß sie sich auch darin als Bergarbeiterstöchter erwiesen, demnach Zuneigung und Zutrauen verdienten, und ließ mich in die Mysterien des Fleisches, der Armut, der Ängste, Hoffnungen und Weisheiten des einfachen Volkes einweihen.

Eine Bergarbeiterdynastie, die Familie Kuba aus Karbitz bei Teplitz, stand uns besonders nahe. Der alte Kuba, ausgemergelt und struppig, hatte bei meinem Vater schon ausgedient; sein ältester Sohn war bei einem schweren Grubenunglück ums Leben gekommen; Franz, der jüngere, arbeitete als Hauer auf „Austria III" und wurde schließlich Chauffeur, fesch, blond und sauber, daß ich nicht umhin konnte, mich in ihn zu verlieben, was ihn in arge Bedrängnis brachte; Anny, die bildhübsche ältere Tochter, servierte uns das Essen, meinem Bruder den Busen, bis sie heiratete; dann nahm Bertl, ihre jüngste Schwester, den guten Posten ein, der ihr angemessenen Lohn, Trinkgelder und weihnachtlichen Aussteuerzuwachs bescherte. Die „süße Bertl" wurde meine beste Freundin und Vertraute, und ich verkaufte sogar heimlich Großmamas Pianino, damit sie Geld für den Engelmacher hatte, dessen Dienst sie mehrmals in Anspruch nehmen und dann doch mit einem frühen Tod bezahlen mußte. Ob Wolfi daran ganz schuldlos war, wie er versicherte, der sie mit grober Zärtlichkeit und der ungetreuen Liebe eines jungen Herrn aus gutem Haus für sich in Trab hielt, nahm sie als ihr Geheimnis in das 3.-Klasse-Grab auf dem Karbitzer Friedhof mit. Obwohl ich eifersüchtig und böse auf meinen Bruder war, wurde Bertl trotzdem im Leben und im Tod ein Bindeglied zwischen ihm und mir, und die Vorstellung, daß ich ihm einmal ein Messer in den Rücken rennen wollte, als mir der Kummer von Papa über seinen so anders gearteten Sohn besonders naheging, verflüchtigte sich im Reich ungehemmter Kinderphantasien. Erst viel später ist mir zum Bewußtsein gekommen, daß mein Bruder damals ein unglücklicher, vereinsamter Bursch war, dem die Erbübel der Thümen ebenso zu schaffen machten wie meiner Mutter.

Die Liebe zu Mama hielt ein Leben lang unvermindert an; wurde auch nicht durch die Tatsache beeinträchtigt, daß sie, versponnen in sich selbst und in die Ehe mit einem Mann, den sie liebte, achtete und seiner handfesten Unsensibilität wegen als glückhaften Gegenpart empfand, sich wenig um ihre Kinder kümmerte. Von unserem eigentlichen Denken und Treiben, unseren Problemen und Leidenschaften hatte sie kaum eine Ahnung. Mehrere Jahre später, da ich schon fast erwachsen war, hat sie in Selbstvorwürfen davon gesprochen, mich „in den entscheidenden Jugendjahren allein gelassen zu haben". Eine Photographie, auf der ich von einem Steinbruchfelsen, einen Pickel in der Hand, ernst-entschlossen ins Weite blickte, rührte sie in diesem Zusammenhang zu Tränen, und ich mußte mitweinen, ob ich wollte oder nicht, weil ich mich der Einsamkeit erinnerte, die selbst während unserer heißen philosophischen Gespräche nicht aufgehoben war.

Bei der Familie Kuba war ich häufig zu Gast, auch über Nacht. Dann wurde mir in dem einzigen Raum, in dem sie schlief, kochte, sich wusch, an- und auszog, das Ledersofa frei gemacht, auf dem sonst der Alte zu Bett ging. Neben dem Grammelschmalztopf und der Abwasch stand ein weißemailliertes Töpfchen, das nur dazu diente, die Spucke einzelner Familienmitglieder aufzunehmen: Die älteste Tochter, Martha, spuckte blau, Franz, der Hauer, schwarz, und der alte Kuba tuberkelgrau. Sie spuckten ihre Arbeit aus. Martha arbeitete in der Waschblaufabrik gleich gegenüber und brachte von dort in und auf ihrem Körper den knallblauen Staub mit, der auch bei uns zu Hause dem Spülwasser der Weißwäsche beigemengt wurde, damit sie den schönen bläulichen Glanz erhielt. Das altjüngferliche Mädchen, die am wenigsten hübsche der drei Schwestern, segnete ihren Posten, weil er „gesundheitsschädlich" war und daher besser bezahlt als eine andere Fabriksarbeit. Ich staunte über das Phänomen, daß ein Mensch sogar blauen Schweiß hervorbringen konnte und blonde Haare, die aus blauen Wurzeln sprossen. „Zehn Jahre hält s' das aus, die Marthl", sagte bedauernd die Mutter Kuba, „dann wird s' lungenkrank und muß sich was Leichteres suchen." Mein Vorschlag, doch staubdichte Gaze vors Gesicht zu binden, wurde ob seiner Naivität sehr belacht. „Da schauerten die Bergarbeiter scheen aus — die missen doch

aa den Kohlenstaub eiotmen ... dees Fräulein Ruthi is wirklich gediegen,
dee hot a Vurstellung vom Arbeiten!"

Als der deutsche Revolutionär Max Hölz nach seinen Brandstiftungs-
taten im sächsischen Vogtland in die Tschechoslowakei floh und ein Jahr
darauf wieder ins mitteldeutsche Industriegebiet zurückging, wo er 1921
den großen Aufstand organisierte (solche Ereignisse wurden an unserem
sonst unpolitischen Mittagstisch denn doch erwähnt), gingen in meinem
Kopf das böhmische Waschblau, die Kohle und das Mansfelder Kupfer
eine so kräftige Verbindung ein, daß sie fähig war, den „blutrünstigen
Banditen" in eine Art Robin Hood umzuschmelzen, dem man eigentlich
zu Hilfe eilen sollte. Später habe ich seine „Briefe aus dem Zuchthaus"
mit der gleichen leidenschaftlichen Anteilnahme gelesen wie die „Briefe
aus dem Gefängnis" der Rosa Luxemburg, „Zwanzig Jahre Schlüsselburg" der russischen Revolutionärin Vera Figner, das „Schwalbenbuch"
von Toller und „10 Tage, die die Welt erschütterten" von John Reed.

Er hat ein schmähliches Ende genommen, der zündende und zündelnde
Arbeiterheros Max Hölz: Abgehalftert von der Kommunistischen Partei
Deutschlands, soff er sich in der Moskauer Emigration nach Hitlers
Machtergreifung nur noch den Mut zum Selbstmord an.

Für das soziale Geschehen war mein Vater ein weit geeigneterer Gesprächspartner als meine Mutter. Das einzige, was sie mit Karl Marx
gemein hatte, war ihre Abneigung gegen das Bürgertum. „Ich unterhalte
mich lieber mit meiner Köchin als mit einer aufgeblasenen Fabrikants-
gattin", pflegte sie zu sagen und drückte damit auch ihre Verachtung
des Geldes aus. Ihr aristokratischer Hochmut kannte ebensowenig Grenzen wie ihre Schenkfreudigkeit und Leutseligkeit, an denen sich auch die
Straßenkehrer erfreuen durften. Papa hingegen schätzte „die Arbeit an
sich", und der arbeitende Mensch stand bei ihm in höheren Ehren als
die sozialen Rangstufen. Trotzdem hatte er für umstürzlerische Bestrebungen nichts übrig, außer solchen von einer Größenordnung, wie es die
russische Revolution war.

Wenn die Sozialdemokraten oder Kommunisten ihre Maiaufmärsche
veranstalteten, hatte „unsereins" zu Hause zu bleiben. So konnte ich
weder ihm noch irgend jemandem die turbulenten Gefühle schildern, die
mich erfaßt hatten, als ich zum erstenmal eine 1.-Mai-Demonstration
durch die Teplitzer Straßen ziehen sah, durch die Mühlgasse hinunter
zur Prager Straße hin, leer die Trottoirs und zu die Fenster, und dazwischen auf den Straßenbahnschienen in geschlossener Eintracht mar-

schierende Menschen jeden Alters. Die Frauen führten ihre Kinder an der Hand und schwenkten rote Wimpel, die Männer und Burschen trugen rote Fahnen, die Stange in den Hosenriemen aufgestützt, und alle miteinander sahen ärmlich aus, schlecht genährt und unfroh. Vor den „Neptun-Sälen", wo zur Faschingszeit bunte Plakate hingen, auf denen zu Bällen eingeladen wurde, die meine Schwestern nicht um die Welt besucht hätten, unseren Dienstmädchen jedoch als unerfüllbarer Walzertraum erschienen, stockte der Zug und hörte irgendeinem Gebrülle zu, das aus dem Mund eines unsichtbaren Mannes kam, um dann wieder weiterzumarschieren, in die breite Straße einschwenkend, an deren Ende der Gasometer und der Schönauer Friedhof liegen, wo meine Großeltern ihr Grab haben, und die direkt nach Prag führt.

„Das sind also die Roten", ging es mir durch den Kopf, und ich versuchte, das unbekannte Ziel herauszufinden, dem sie entgegenstrebten, ohne einen Anführer zu haben. Es mußte ein Ziel sein, das nur in ihren Köpfen existierte und von dort aus ihre Beine bewegte. Welche geheime Kraft saß in den roten Fahnen, daß sie sie so leicht dahertrugen, obwohl die Stangen unter dem Hosenbund tief in die mageren Bauchhöhlen stachen?

Eine Weile drückte ich mich an den Häuserwänden entlang, langsamer mitgehend als der Zug, und preschte dann wieder nach vorn, vor die Spitze, in der Erwartung von etwas auf mich Zukommendem, das einen wegstoßen oder an sich ziehen konnte. Die Kinder blickten mir neugierig nach und stießen ihre Mütter an, sobald sie mich sahen. Plötzlich hatte ich die Empfindung, alle Leute wendeten den Kopf zu mir her, und wenn ich nicht schnell bereit wäre, die paar Schritte vom Gehsteig auf die Fahrbahn zu wagen und am Rand des Zuges mitzumarschieren, dann würden sie das als ein Sichausschließenwollen ansehen, vielleicht sogar als Feindseligkeit und Hohn, und die Buben würden Steine nach mir werfen.

Ich bekam Angst und rannte in einen kleinen Seitenweg hinein, der auf die Stefanshöhe führte, jenen buschigen Hügel, der schon viel einsames Umherstreifen erlebt hatte, den Mäusetod mittels einer Steinschleuder oder einfach das Durch-die-Büsche-Kriechen mit meinem Hund an der Leine. Hier fühlte ich mich geborgen und konnte nun, unbehelligt von forschenden Blicken, in die Schlucht der Prager Straße hinunterschauen, wo der Zug weiter seines Weges ging, sich beim Gasometer aufzulösen begann und in der Ferne zu kleinen Menschengrüppchen zerbröckelte, die jetzt offenbar einen feiertäglichen Spaziergang unternahmen.

Derartige Erlebnisse auch nur zu erwähnen hätte gegen die ungeschriebenen Regeln eines Doppellebens verstoßen, das sich unmerklich verdrei- und vervierfachte und so wenig mit dem Tag auskam, daß es bald auch die Nacht zu Hilfe nehmen mußte. Da lockte dann das bunte Ringelspieltreiben zwischen den dunklen Bäumen oberhalb des Steinbruchs, der von meinem Fenster aus zu sehen war und zu dem ich auch in Begleitung nicht hätte gehen dürfen, weil angeblich dort „die Mädchen von Männern überfallen werden"; der Bierbrauerball in Turn, den auch unsere Hausmädchen nur heimlich besuchten, weil es der „Gnä' Frau" nicht recht war, wenn sie sich unter biertrunkenes, randalierendes Volk mischten; der Spaziergang im Dunkeln mit einem Gymnasiasten oder auch allein in Stadtgegenden, die zu den geheimnisträchtigen, verrauchten und verstunkenen Fabrikvierteln hinüberleiteten, in denen es alle Augenblicke einen Brand gab, weil die daran vorbeiführende Eisenbahn, mit Braunkohle geheizt, weithin glühende Funken versprühte; schließlich lockte da alles und jedes, was über die in den Hof hinunterführende Dachrinne des Taubenschlags zu erreichen war, der an mein Schlafzimmer grenzte und auch als Auslauf für mehrere Meerschweinchen diente, deren munteres Gequietsche mich dann morgens weckte.

Nach vier Jahren Lyzeum, einem Durchfaller in Mathematik, Tanzstundenzirkeln mit den Gymnasium- und Realschülern, Klavierstunden, Jagdausflügen und philosophischen Gesprächen, einer heimlichen Verlobung und vielen Liebeleien, die erst später zu einzelnen innigen Freundschaften führten, schien es an der Zeit, in einem Mädchenpensionat gleichgestimmte und gleichgestellte Kameradinnen aufzusuchen und den letzten gesellschaftlichen Schliff zu erhalten. In der Tiergartenstraße, im nobelsten Villenbezirk von Dresden, wurde so etwas aufgetrieben und auch für erschwinglich befunden, denn in Deutschland herrschte in jenen „tollen zwanziger Jahren" eine wilde Inflation, und wir hatten unsere guten Tschechenkronen, die, gegen deutsche Mark eingewechselt, ein kleines Vermögen ergaben.

Es wurde die unglücklichste, eintönigste, scheußlichste Zeit meines ganzen Lebens. Eingesperrt in den säuerlichen Geruch, den zusammengepferchte junge Mädchen zu verbreiten pflegen, verglich ich mich tagtäglich mit den Tieren des Zoos, die schräg vis-à-vis in ihren Käfigen nach Freiheit heulten. Das Essen war so miserabel (mit hineingepantschten Arsenikpräparaten, damit wir gut aussähen) und so wenig, daß wir ununterbrochen Hunger litten. Nach den Reitstunden, die ich gottlob durchgesetzt hatte (Hansi sollte doch eine gute Reiterin zur Frau bekommen!), stürmten wir immer eine Konditorei, um uns an sächsischen Inflationskuchen satt zu essen — fast ungenießbaren Backprodukten eines verlorenen Weltkrieges und nachfolgender Hungerjahre. Ich lernte überhaupt nichts, was ich nicht schon gelernt hatte, außer Kunstgeschichte, verzweifeltes Stuffsein und bösartige Aufsässigkeit gegenüber der Pensionatsleitung. Meine Kinder würden niemals ein Internat besuchen — das schwor ich mir!

Trotzdem trug ich aus jenem mageren Jahr einen Gewinn nach Hause, der sich später noch vermehren sollte: Dresden selbst, die Gartenstadt mit ihrer musikalischen Anmut, der prachtvollen Gemäldegalerie, der großen Oper, dem Elbefluß, der zwischen weinbestandenen Hügeln dahinfließt, mit dem Zwinger und der grünkuppeligen barocken Hofkirche, wo sonntags die berühmten Sänger zur katholischen Messe sangen.

Dorthin zog es mich, obwohl evangelisch und daher ganz ungeübt in den katholischen Riten, dort versuchte ich unter den gewaltigen Orgelklängen und Engelschören — nicht zu vergleichen mit der Falschsingerei, den banalen Predigten in der Teplitzer Kirche — den großen Gott zu erfassen, der bisher nicht zu mir gesprochen hatte. Ich betete abends im Bett selbstverfaßte Gebete, da ich nicht einmal das Vaterunser ganz auswendig wußte. Und wenn ich Sonntag nachmittag Ausgang hatte, um unsere Dresdner Mayenburgischen Verwandten zu besuchen oder Fely, nun jungverheiratete Herdersche Frau, dann nahm ich mir ein Taxi und fuhr schnell noch einmal zur Hofkirche, um in Inbrunst zu versinken und für Hansi Herders Rennpferde Gottes Segen herabzuflehen, er solle nicht stürzen und sich das Genick brechen, bevor wir uns wiedersahen.

In besonderen Glücksfällen konnte man im gleichen Taxi auch zum Rennplatz hinausfahren und Hansi im Herrenreiterdreß erblicken (morgens eingelangt und abends wieder nach Hoppegarten zurückfahrend), mit ihm ein paar zärtliche Worte wechseln und aus seiner verstohlenen Umarmung hinter irgendeiner Ecke neue Kraft fürs Warten aufeinander schöpfen. Mama Cari Herder, schlungumhüllt wie immer und schmuckbehangen, galt es bei solcher Gelegenheit geschickt zu umgehen, sonst hätte sie ein eisiges Gesicht aufgesetzt und vielleicht meine Eltern benachrichtigt, die mich in guter Obsorge und nicht bei Liebesabenteuern glaubten.

Der zweite Gewinn aus jener Zeit kam — auf Lebensdauer gesehen — meiner Mutter zugute.

Ich hatte im Pensionat eine Freundin gefunden, Ebba Cederström, ein frisches, lustiges Mädel aus Südschweden, und ihre Eltern luden mich im Sommer darauf auf ihren Landsitz bei Ystad ein, wo ich in wiedergewonnener Freiheit Erdbeer- und Spargelfelder abernten half, in einer Indianerhütte am Meer den ersten Aquavitdusel erlebte, echt schwedische Sommerfeste auf den umliegenden Schlössern mitfeierte, bei denen nicht nur wild getanzt, sondern auch wild geflirtet wurde, und wo ich auch sonstige Vergnügungen genoß wie Reiten, Kutschieren und Nacktbaden in der Ostsee. Allmählich kam ich darauf, daß die Cederström Anhänger einer besonderen Religionsrichtung waren, der Lehre von Mrs. Baker-Eddy — der Christian Science.

Vor allem Mutter Ebba (zwar eine geborene Gräfin Piper, aber aussehend wie eine kleine, dicke böhmische Köchin) schien sich der Christlichen Wissenschaft mit einem Eifer hinzugeben, daß ihr ganzes Wesen davon durchleuchtet wurde. Dieses innere Leuchten und eine gleichbleibende Harmonie in ihren Worten und Taten, in ihren Beziehungen zu den Menschen waren mir gleich anfangs aufgefallen und rührten mein Gemüt an wie ein schönes Geheimnis, in das einzudringen es sich lohnen müßte, denn da war auch die Schwerhörigkeit im Spiel: Mutter Ebba war fast taub. Dennoch wurde sie nicht von Melancholien und Verzweiflungsausbrüchen heimgesucht wie Mama, sondern verströmte ständig eine fröhliche Energie, Heiterkeit und einen erstaunlichen praktischen Lebenssinn, der ihrem Mann darüber hinweghalf, nur ein bescheidener, mit Geldsorgen kämpfender kleiner Landadliger zu sein, der viele Mäuler zu stopfen hatte und von früh bis spät arbeiten mußte.

Wenn die Haushaltsarbeit abgeklungen, die Heringsgerichte, sauren Milchspeisen, der tägliche Porridge, die nicht mehr für den Verkauf nach Stockholm geeigneten angetutschten Erdbeeren vom Tisch verschwunden waren, wir jungen Leute uns mit dem spärlichen Hofgesinde in der Abenddämmerung beim Rundtanz und Rundgesang vergnügten, zog sich „Moddy" in ihr mit Büchern vollgeräumtes Zimmer zurück und versenkte sich in etwas, was auch „Arbeit" genannt wurde. Es war eine geistige Arbeit an Hand der Bibel und des Buches von Mary Baker-Eddy „Science and Health". Aus der schweigenden Versenkung in das Wirken der göttlichen Kräfte, ihrer Offenbarung im Menschen — dem es gegeben ist, ihrer teilhaftig zu werden, wenn er nur „richtig denkt" —, aus diesen Meditationen, wie es ein Nicht-Christian-Scientist nennen würde, bezog sie die Ausgeglichenheit, die Zuversicht und Furchtlosigkeit, das Vertrauen in die Heilung von Krankheit ohne medizinisches Zutun. Da das Suchen nach der „ewigen Wahrheit" mir schon von meiner Mutter her ein vertrautes menschliches Bemühen war, und der Weg zu ihr anscheinend durch die Christian Science erleichtert wurde, die den

Kopf von Zweifeln, das Gemüt von Belastungen befreite, gab ich mich willig behutsamen Gesprächen darüber hin — immer die Schwerhörigkeit von Mama in mir spürend, den traurigen Stein in ihrem Leben, der vielleicht mit Hilfe einer christlichen Philosophie, eines Denkgebäudes, in dem „das Gute", „die Liebe", „die Harmonie" den weitaus größten Raum einnahmen, weggewälzt werden könnte.

Beim Abschied von den Cederström — leider habe ich sie nie wiedergesehen — lagen einige „Herold"-Hefte und das Mary-Baker-Eddy-Buch in meinem Koffer. Daß ich sie an meine Mutter weitergegeben und ihr bald darauf die Freundschaft mit einer wunderbaren Frau, der Christian-Scientistin Aline von Brevern vermittelt habe, das sind wohl die einzig wirklich guten Taten, die mir die kindliche Liebe eingegeben hat.

Die Folgen zeigten sich überraschend schnell und blieben wirksam bis ins höchste Alter: Migräneanfälle, als „Irrtum" aus dem Kopf vertrieben, verflüchtigten sich spurlos, die Wanderniere legte sich wieder in ihr angestammtes Bett und verursachte keine Schmerzen mehr, das Gehör, auf „die innere Wahrheit" lauschend, mühte sich nicht mehr so qualvoll mit dem Vernehmen äußerer Geräusche ab, und der heitere Witz, die Bereitschaft, selbst widrigen Lebensumständen mit freundlicher Gelassenheit zu begegnen, triumphierten über Furcht und Klage, Altern und Verarmen.

Ein weißer Kopf, mädchenhaft schön trotz der Greisenjahre, hat sich noch im letzten Atemzug über das Buch geneigt, das eine innere Welt veränderte — in meinem Bewußtsein als „die Welt von Mama" weiterlebend.

Damals, als wüßte ich meine Mutter nun wohlgeborgen im richtigen geistigen Fahrwasser, geleitet von dem guten Stern, der über der Mutterkirche in Boston mild erstrahlte, und solcherart gesichert gegen die Untiefen, Strudel und Klippen der weltlichen Philosophie, fühlte ich mich einer inneren Verantwortung ledig. Auch der Verpflichtung, in Teplitz hockenzubleiben, die Jüngste im Hause, das Nesthäkchen, das noch kein Recht auf ein eigenes Leben hat — wenigstens nach außen hin. Die Realität der „guten Tschechenkrone" gab gegenüber den elterlichen Bedenken schließlich den Ausschlag: für einen Pappenstiel wurde ein weiteres Studienjahr in Dresden eingehandelt — diesmal in voller Freiheit, kaum eingedämmt von den vorwurfsvollen, gar entsetzten Blicken zweier älterer adeliger Fräulein, die ihre Zimmer am Stübelplatz gegen gute Devisen an ausländische Studierende vermieteten und denen ich nicht nur zwei stinkende Katzen, ein gemietetes Pianino und gelegentliche Herrenbesuche ins Haus brachte — auch die beschämende Erkenntnis, daß man einem Devisenbringer, mag er noch so jung sein, keine Vorschriften zu machen vermag. Mit fünfzehn ist man ja im allgemeinen noch kein richtiger „Studierender", aber einen gewissen Lernplan hatte ich mir doch zurechtgelegt, dem vor allem das Talent zugrunde lag, von dem ich hoffte, es würde mich „über mich selbst hinausheben": das Tanzen.

Von klein auf schon lag mir das Tanzen in den Beinen, und wenn ich mit dem Denken zu keinem guten Ende kam, so tanzte ich eben. Mary Wigman mit ihrer Dresdner Schule für modernen Ausdruckstanz und die grotesken Springkünste ihrer Meisterschülerin Gert Palucca waren eben zu internationaler Berühmtheit gelangt. Was heute die Beatles sind, war damals „die Wigman". Sie nahm mich gnädig in ihren durch Mädchenliebe zusammengehaltenen Schülerinnenkreis auf, von der sportlichen Drahtigkeit eines Mädchens angezogen, das schon das Jagdhundtraining hinter sich hatte, und setzte viel Hoffnung auf die Musikalität und „Geistigkeit", die ich zu Tamburinschlägen auf nackten Füßen zum Ausdruck brachte. Eine Zeitlang glaubte ich selbst, eine große Tänzerin werden zu können, und die Liebe zum Tanz und zu Tänzern ist mir bis heute geblieben. Aber dann fand ich plötzlich, daß es mich zuviel von meinem Leben kostete und der Neugier nicht alles gab, was die Neugier forderte.

Für ein junges Ding ist die selbständige Eroberung einer großen Stadt ein Vergnügen, dem weder räumliche noch zeitliche Grenzen gesetzt sind. Besonders dann, wenn es von der Unbekümmertheit begleitet wird, mit jedem x-beliebigen fremden Menschen Gespräche anzuknüpfen, deren Fäden ja überall frei herumliegen, man braucht sie nur aufzunehmen und dem andern zuzuwerfen, ob es nun das wechselnde Wetter ist, der Anblick eines Straßenereignisses, das gemeinsame Warten auf eine Fahrgelegenheit oder ein Hund.

Zu jeder Tages- und Nachtzeit war ich auf Erkundungen aus, nahm die nächstbeste Straßenbahn, stieg irgendwo aus, irgendwo um, fuhr bis zu fernen Endstationen und wieder zurück und legte so ein ganzes Netz über die Stadt, in dem sich kleine Erlebnisse verfingen, verschiedenartigste Häuser und Gebäude, verwinkelte Gassen und weite, offene Plätze, Vororte und Elbbrücken, Kirchtürme und Bahnhöfe. Allmählich wurde das Netz immer engmaschiger, verdichtete sich zu Dresden — einer erweiterten Heimat. Denn die sächsische Hauptstadt liegt wenig mehr als eine Autostunde von Teplitz entfernt, jenseits des Erzgebirges, auf dessen Kamm die Grenze zwischen der Tschechoslowakei und Deutschland verläuft. Oftmals waren wir schon hierher gefahren, zu Verwandten- oder Opernbesuchen, und das Pensionatsjahr hatte einige Straßennamen und die bekannten Kunststätten in mein Gedächtnis geprägt. Aber die Aneignung einer Stadt beginnt erst mit dem Abenteuer des freien Umherschweifens, des Sichverlaufens und Wiederzurechtfindens, und wenn einmal die Topographie bewältigt ist, so bleiben immer noch unzählige unbekannte Menschen, unter denen sich auch solche befinden müssen, die zu begegnen später einmal als „schicksalhaft" empfunden werden kann.

Daß fast alle Leute in Dresden den lächerlichen sächsischen Dialekt sprachen, nahm der Stadt für meine abenteuerlustigen Begriffe jedes großstädtische Geheimnis. Vergeblich suchte ich es um den Wettiner Bahnhof herum zu finden, bei den Markthallen oder unten im Elbhafen, wo die böhmischen Kohlenkutter ausgeladen wurden. Auch hinter den häßlichen Fassaden der Mietshäuser an der Pirnaischen Straße oder Pillnitzer Straße schien sich nichts als spießige Gemütlichkeit zu verbergen. Die Künste hingegen, die sanften Schönheiten langer Alleen, an deren Ende ein Ausstellungsgebäude einlud, Orgelklänge aus protestantischen und katholischen Kirchen, ein freier, blütenduftbeschwingter Wind, der von den Elbhügeln her durch die düstere Schloßstraße, über den Altmarkt hinweg in die geschäftige Prager Straße hineinfegte, Blumenboskette und zwischen Kieswegen verstreut steinerne Barockputten, die „Sixtina", Raffaels leichtfüßige Madonna, die einem direkt in die Augen blickt, dunkle Correggios und rosa-lüsterne Rubens-Weiber, kokette Meißner Porzellanpüppchen — das alles schien hier zu Hause zu sein; und um sich darin heimisch fühlen zu können, war eher musische Kultiviertheit vonnöten als das Herumschnüffeln in Geheimnissen, die es nicht gab.

Ich bemühte mich also, musisch, kultiviert und wohlerzogen zu sein, mit einem gewissen seelenvollen Einschlag, wie ihn Agnes Günther in dem vielgelesenen Roman „Die Heilige und ihr Narr" ihrem „Seelchen" andichtete. Besonders bei den sittsamen Verwandten- und Bekanntenbesuchen versuchte ich ein Wesen herauszukehren, das brillante Konversation über Bücher, Konzerte, Theateraufführungen und Pferderennen zu führen imstande war, ohne etwas von dem zu verraten, was die gute Gesellschaft nicht billigte: nächtliche Streifzüge, das Aufsuchen irgendeiner Schnapsbutike, wo das gemeine Volk verkehrte und heftige politische Reden führte, oder der Besuch eines Maskenballs mit einem

Polizisten, den ich durch den Amtsschalter hindurch bei Gelegenheit der Aufenthaltsverlängerung kennengelernt hatte. Die große Liebe zu Hansi Herder blieb von alledem unberührt. Aber mich „für ihn aufzubewahren" — das bedeutete noch lange nicht, das Leben zurückzuweisen, das wie ein bunter Ball vor der Nase auf- und absprang.

Mein Vater hatte mir beim Entlassen aus der elterlichen Aufsicht nur zwei Ermahnungen auf den Weg zur Selbständigkeit mitgegeben: Ich sollte jeden Tag meine Ausgaben in ein Kassabüchlein eintragen und in Männergesellschaft keinen Alkohol trinken. Mama war für die „allseitige Entfaltung der Talente" gewesen, für gute Manieren im Umgang mit Menschen, größere Zurückhaltung im Anbringen unanständiger Witze (eine Gewohnheit, die unter uns Kindern gang und gäbe war) und für die Aufnahme von Kontakten zur Christian Science. Alles das zusammengenommen hätte keine allzu großen Schwierigkeiten bereitet, wäre ich wirklich nur das junge Mädchen gewesen, für das meine Eltern mich hielten. Ihre Lebensfremdheit hatte etwas Rührendes, und es war besser, sie darin zu belassen, als ihnen die Augen darüber zu öffnen, daß der Hunger nach Erlebnissen und ein unbändiges Temperament den Vierundzwanzigstundentag bestimmten.

Ein Grunderlebnis war allen zu eigen: die Inflation. Wie ein Naturereignis, dem man fassungslos gegenübersteht, nahm die Geldentwertung ihren Fortgang. Aus Tausendern wurden Zehn- und Hunderttausender, aus diesen Millionen und Milliarden; schäbiges bedrucktes Papier, nachlässig hineingestopft in Einkaufstaschen, in die Mantelsäcke, und was man dafür einhamsterte, hatte nur den Kurswert des Tages — morgen war dieser schon wieder höhergeklettert. Das Stück Brot, eben gegessen, stieg im Preis noch während des Verdauungsprozesses; die Strümpfe, morgens angezogen, waren abends beim Ausziehen doppelt so kostbar. Etwas faszinierend Ruchloses, Exaltiertes ging von diesem Inflationsgeld aus, das sich allem mitteilte, womit es in Berührung kam. Gab man einem Bettler — war es ein „armer Blinder", ein Kriegsschüttler oder ein Beinloser — eine Million in die offene Mütze, konnte man sicher sein, daß er wie elektrisiert davonstürzte, um im nächstbesten Geschäft etwas zu ergattern, was er gar nicht brauchte. Ein abgerissener Knopf hatte ein ehrlicheres Gesicht als eine funkelnagelneue Banknote. Mein Literaturprofessor, ein feingebildeter Romantiker, schrieb mir Liebessonette, in denen das Wort „Krone" so oft aufschien, daß ich ihn verdächtigte, er meine nicht mich, sondern das solide Geld der Tschechoslowakei. „Womit soll ich meine alte Mutter ernähren?" weinte er daraufhin an meinem Hals. Auf der sogenannten „Flucht in die Sachwerte" gab's kein Halten. Die Hauptsache war, man wurde so schnell wie möglich das Teufelsgeld los, das die Notenpresse in immer kolossaleren Mengen unter die Leute warf. Unsere Köchin pries ihre spekulative Findigkeit, wenn sie anstatt der notwendigen Eier drei Dutzend Klopapierrollen nach Hause schleppte. Am ärmsten waren — abgesehen von den Arbeitslosen — die Menschen dran, die ein „sicheres kleines Einkommen" gehabt hatten. Ihnen blieb nichts anderes übrig, als sich Tag für Tag bei irgendwelchen öffentlichen oder karitativen Ausspeisungen in langen Schlangen anzustellen und nach und nach ihre Sachwerte zu verschleudern — für den alten Pelz oder die Meißner Mokkatasse einen Handkoffer Papier heimtragend.

Mein Blick schärfte sich für Elend und Armut und mein Gehör für das Grollen im politischen Bereich. Sachsen hatte eine rote Regierung, die in den Kreisen, in denen ich verkehrte, als „Proletenhaufen" beschimpft wurde. Aber ein unklares Gefühl sagte mir, daß sie die Lebensinteressen der hohlwangigen Leute vertreten wollte, die hinter den Kohlenwagen herliefen und die herabfallenden Brocken aufschnappten wie Hunde die ihnen hingeworfenen Knochen. Warum sie nicht einfach die Kohlenfuhren anhielten und ohne viel zu fragen ausräumten, war mir eigentlich unerfindlich. Sich das Recht auf Wärme herauszunehmen, das unter dem „fremden Eigentum" verborgen gehalten wurde, wäre doch nur Notwehr gewesen! Warum wehrten sie sich nicht ihrer Not? Mit Vergnügen hätte ich ihnen den aufpasserischen Kutscher vom Bock heruntergeholt!

In der altehrwürdigen „Löwen-Apotheke" Ecke Altmarkt und Wilsdrufferstraße gab es kein Heizproblem: Dort schlug einem im Winter Wärme und im Sommer Kühle entgegen. Die reichhaltige Ausrüstung an lateinisch beschrifteten Tiegeln und Gläsern, an Medikamentenpackungen, Parfümeriewaren und Hustenbonbons setzte sich von früh bis abends an der großen Kasse um, deren Inhalt dann mehrmals am Tage in einem eisernen Schrank verstaut wurde, zu dem nur mein Onkel Ottomar Mayenburg den Schlüssel besaß. Dieser jüngste Bruder meines Vaters, Apotheker und Dr. phil. — seine Dissertation hatte er über „Das Liebesleben der Algen" geschrieben, womit wir ihn noch immer hänselten, als er schon ein steinreicher Mann war und im Sonderzug mit seiner Familie an die Riviera fuhr —, hauste am Ende der Verkaufspulte in seinem winzigen Privatkontor, trug einen weißen Mantel über einem hohen, vornübergebeugten mageren Körper und steckte seinen kahlen

Geierkopf kaum mehr in die Apotheke hinein, von der es nur hieß, sie sei eine „Goldgrube".

Was sie zu Tage förderte, setzte er nämlich in dunklen Hinterräumen weiterhin um, und zwar in Kosmetikartikel eigener Erfindung, worunter sich die später weltberühmte Zahnpaste „Chlorodont" befand. Bevor die riesigen „Leo-Werke" in der Dresdner Neustadt entstanden, wurde hier in der „Löwen-Apotheke" schon der Grundstein zu einem weltweiten Unternehmen und zu einem der größten Vermögen Deutschlands vor dem Zweiten Weltkrieg gelegt. Onkel Ottomar verwirklichte mit seiner Zahnpaste, den billigen Hautcremes und Abführpastillen, deren Namen alle mit „Leo-" begannen, ein unternehmerisches, reklametechnisches und soziales Konzept großen Stils: er brachte die Körperpflege, die Schönheitsmittel „unters Volk". „Jedes Dienst- und Bauernmädchen hat ein Recht darauf, sich die Zähne zu putzen und die Hände einzuschmieren!" Auf diesen Anspruch, bisher nur für die städtischen Bürger gültig, mußte man sie aufmerksam machen. Also: „Weiße Zähne — Chlorodont!" Das sollte die Maxime von Millionen werden!

Nicht nur mein Onkel profitierte Millionen von diesen Millionen, auch die großen Zeitungsverlage wie Ullstein in Berlin, die Inserate in nie gekanntem Ausmaß erhielten, profitierten daran; die Straßen- und U-Bahnen, deren Dächer sich mit Chlorodont schmückten; die Tausende kleiner Provinzzeitungen, in denen sonst nur Kunstdünger, Ungeziefervertilgungsmittel, eine alte Wasserpumpe und Spenglergehilfen angeboten wurden.

Einer ging daran nach zäh und klug geführtem Konkurrenzkampf zugrunde: Prof. Lingner, der Erfinder von „Odol". Er hatte sich eines der königlichen Albrechtsschlösser auf dem Weißen Hirsch bei Dresden gekauft und guckte auf die Elbe und die „Löwen-Apotheke" hinunter, wo sein weitblickender Konkurrent Chlorodont in schöne blau-weiße Tuben abfüllen ließ und sich geschworen hatte, auch einmal in so einem Albrechtsschloß zu residieren und seiner bildschönen Frau Rose (eine wahre Blume im wildwuchernden Geflecht der sächsischen Adelsfamilie von Loeben) ein fast fürstliches Heim zu bieten.

Das gelang ihm auch. Nach wenigen Jahren schon zog Onkel Ottomar mit Familie in Schloß Eckberg ein und gab auch dort gewissen sozialen Regungen nach, indem er einen öffentlich zugänglichen Mustergarten und ein sehenswertes Alpinum anlegte.

Es ist hier nicht angebracht, die Geschichte dieses bis in die Papierindustrie, rumänische und italienische Pfefferminzplantagen, in Holdinggesellschaften aller Art hineinreichenden Zahnputzreiches zu schreiben. Aber es würde sich lohnen, denn sie ist eng verbunden mit der europäischen Markenartikelgeschichte überhaupt und mit den Anfängen der Großreklame. Auf seine Weise war mein Onkel ein genialer Mann. Selbst meinen geschäftsuntüchtigen Vater haute er bei irgendeiner Hauskaufangelegenheit übers Ohr, machte das allerdings wieder gut, indem er seinen nicht sehr zahlreichen Neffen und Nichten ein Familienlegat zukommen ließ, das mir in schwierigen Zeiten — von denen noch die Rede sein wird — eine gewisse Unabhängigkeit sicherte.

Damals jedoch bewunderte ich Onkel Ottomar nicht wegen seines Moneymakens, sondern weil er sämtliche Pilze, die Gott gibt, aß, ohne sich je zu vergiften; er war ein hervorragender Pflanzenkenner und Fischfänger. Sein Sommerhaus an der sächsischen Mulde bot ihm die Möglichkeit, sich in diesen drei Qualitäten zu bewähren, und was das Fischefangen anlangt, so lernte ich von ihm das Angeln und die Aalfängerei und sogar das Räuchern dieser glitschigen Tiere, die von ihren Laichplätzen in der Sargassosee über den Ozean herüberschwimmen, um in europäischen Gewässern groß und fett zu werden.

Bei dem zweiten Dresdner Bruder meines Vaters, Onkel Georg Mayenburg, lernte ich Kultur kennen. Eine Kultur, anders als bei uns zu Hause, wo es in dieser Hinsicht etwas holterdiepolter herging, trotz Theater, Musik, schönen Gesprächen und einer langgestreckten Bibliothek. Bei ihm, dem bekannten Architekten mit seiner Frau, der schöngeistigen Tante Friedl, und den zwei musischen, wohlerzogenen Kindern, war eine künstlerische Atmosphäre zu finden, in sich geschlossen und ungestört von Hundegebell, lauten Reden und brüllendem Gelächter, und jeder, der das schöne, geordnete Haus in der Wiener Straße betrat, wurde davon umfangen. Hier versammelten sich Maler, Musiker und Baumeister, Schauspieler und Sänger, Ärzte und Professoren. Hier habe ich Fritz Busch, den berühmten Dirigenten, seinen Bruder Adolf, den Geiger, die Mitglieder des Rosé-Quartetts, die Sängerin Maria Cebotari, den Tenor Tino Pattiera, die russische Tänzerin Karsavina, den Maler Otto Dix und noch viele andere Künstler gesehen und gehört. Wenn ich nach solchen Besuchen heimging, sah ich mich im Traum ein ähnliches Haus besitzen, wo Wohlstand und Kultiviertheit zu Gast laden.

Aber ein Schatten kroch auf dieses Haus zu, und wenn er auch nicht die Gäste vertrieb, so vertrieb er doch die ihm innewohnende Harmonie: Onkel Georg wurde kopfgrippekrank, meine Cousine Brigitte, jünger als ich, schwer herzleidend. Sie starb innerhalb kurzer Frist, und mein Onkel siechte dahin, im Rollstuhl sitzend, mit dem Geiferlätzchen unter dem brabbelnden Mund und darüber hellwache, entsetzlich unglückliche Augen. Er wurde nach Jahren — der Fama nach — von seinem eigenen Arzt umgebracht. Tante Friedl schnitt sich im Bad die Pulsadern auf. Das Haus starb unter den Bomben der Dresdner Katastrophennächte 1945. Der Letzte der Familie, mein Cousin Maximilian, brauchte sich darüber nicht zu grämen — er war schon den „Heldentod" gestorben.

Auf dem Weg von den Mayenburg zur Wohnung des Grafen Medem lagen die Christian Science und die russische Revolution. Jeden Donnerstag fand ich mich dort zum Jour fixe ein, wo neben dem gewaltigen silbernen Samowar die rotbraungeschneckerlte Gräfin Helene, geborene Fürstin Lieven, thronte und Tee ausschenkte. Ihre edle Herkunft enthob sie jeder weiteren Anstrengung — auch der, ein gewisses Maß an Intelligenz zu entwickeln, um ihre langnäsige Häßlichkeit wettzumachen. Wie sie ihre drei Söhne und noch einige Töchter zur Welt gebracht und aufgezogen hatte, blieb rätselhaft. Die Verbindung zu den Medem hatte meine mütterliche Freundin, Aline von Brevern, hergestellt, zu deren Füßen ich wie einst bei meiner Großmutter saß, auf mein eigenes besseres Selbst lauschend, in das die Lehre der Mrs. Baker-Eddy einträufelte.

Die baltisch-russische Flüchtlingskolonie war in Dresden recht zahlreich, und ich lernte sie in den folgenden Jahren so gründlich kennen, daß ich fast durch ein, zwei, drei Heiratskandidaten in sie hineingerutscht wäre. Mit sechzehn Jahren war es allerdings noch nicht so weit. Da faszinierten mich die Armut auf Silbertabletts, die ungeheure Vornehmheit der Erscheinungen und das Odium, das Menschen anhaftet, die einen historischen Umsturz am eigenen Leibe miterlebt haben.

Wie das mit dem Sturz des Zaren und der Vertreibung der Adeligen von ihren Schlössern wirklich gewesen ist, konnte man leider nicht von ihnen erfahren. Nur Tante Aline sprach einmal mit der Gefaßtheit einer Anhängerin der Christian Science davon, wie in Lettland ein Bolschewistenkommando ihren Gatten aus der Mitauer Wohnung abgeholt und im nächstgelegenen Park erschossen hatte. „Seinen Ringfinger haben sie abgeschnitten, wohl weil sie den Ehering nicht herunterziehen konnten, sonst war er ganz unversehrt, und sein Gesicht strahlte Güte aus wie im Leben." — „Warum haben sie ihn denn erschossen?" — „Vielleicht weil er der letzte zaristische Polizeipräsident von Mitau war ..."

Diese Auskunft spaltete mein Herz in persönliches Mitgefühl und in den dunklen Verdacht, daß einer zu Recht sterben mußte, weil er zu viele arme Teufel und edelgesinnte Revolutionäre auf dem Gewissen hatte. Wann immer in Gesprächen etwas von „rotem Terror" auftauchte, verschmolzen vor meinem inneren Auge die ernsten Gesichter der Teplitzer Maidemonstranten, die schweißtriefenden der Kohlenhauer und das niegesehene russische Aristokratengesicht des Fürsten Krapotkin, dessen „Memoiren eines Revolutionärs" mir in die Hände gefallen waren, zu einem achtenswerten Menschenbild — nicht zu einer bösartigen Fratze.

Seltsamerweise war auch etwas von diesem übereinandergelagerten Menschenbild bei meinem Schwager Friedy Herder zu finden, sobald er die Geige unters Kinn schob und zu fiedeln begann. „Fiedeln" ist in dem Fall ein fast blasphemisches Wort, denn er war ein großer Geiger, der größte, den ich je gehört habe, obwohl ich zu jener Zeit alle Violinvirtuosen von Rang und Namen in den Konzertsälen erlebte — von dem Altmeister Willy Burmester angefangen bis zu Přihoda und Huberman. Mit Burmester, dem etwa fünfzigjährigen Künstler, habe ich sogar als halbes Kind eine kleine amouröse Affäre gehabt, als er mich nach einem Konzertabend in Teplitz, wo ich ihm aus der ersten Parkettreihe ins Gesicht gestarrt hatte, auf der Straße ansprach und damit einen verliebten Briefwechsel einleitete, dem meine Schwester Xilly ein rauhes Ende bereitete. Blumengrüße und Bonbonnieresendungen schienen ihr zuviel an „harmlosen" Aufmerksamkeiten zu sein . . .

Friedy Herder war von seiner ehrgeizigen Mutter für die Geigerlaufbahn bestimmt worden, bevor er durch den Tod seines älteren Bruders, der im Ersten Weltkrieg fiel, zum Majoratsherrn von Rauenstein aufrückte. So lebte er also jetzt mit meiner Schwester Fely in der alten Raubritterburg, strich magere Pächtergelder ein, verkaufte notfalls ein Stück Wald und übte auf seinen prachtvollen Meistergeigen, auf der Guarneri, Ruggieri oder Stradivari, künftige Konzertprogramme: die Chaconne von Bach, den Beethoven, den Brahms, den Mendelssohn und all die virtuosen Kostbarkeiten, die ein Fritz Kreisler seinem begeisterten Publikum hinwarf, ohne die magische Ausstrahlung zu erreichen, die von dem sagenhaften Italiener Paganini im vorigen Jahrhundert ausgegangen sein soll. Von Friedy Herder ging diese Magie aus. Schon seine Haltung beim Geigen zeigte eine Leidenschaft des Musizierens, eine Besessenheit, daß sie sich sogar während des Übungsspiels dem Zuhörer mitteilten: er hielt die Geige so hoch, daß der Bogen vor seiner Stirn, ja über seinem Kopf auf und ab strich — mit einer Kraft und Intensität, die dem hageren, kleinen Körper, federnd aufgefangen in den Knien, kaum zuzutrauen war. Richteten sich die tief in ihren Höhlen

liegenden grauen Augen nicht unter dem Bogen hindurch auf das Noten-
blatt, dann blieben sie geschlossen, als wollten sie nichts von der Welt
wahrnehmen, deren Existenz beim gespannten Hinhorchen auf die reine
Tonbildung nur störend gewesen wäre. Stunden und aber Stunden
konnte ich meinem Schwager zuhören, und die Geige wurde mir durch
ihn zum berückendsten Instrument, bis zum heutigen Tag. Er wäre auch
in der Öffentlichkeit der größte Geiger seiner Zeit geworden, hätte er
nicht solch zitterndes Lampenfieber gehabt — und wäre nicht das
vermeintliche Gegenmittel, das Kognaktrinken bis zur hysterischen Trun-
kenheit, seinen Händen und seinem Gemüt allmählich zum Feind geworden.

In Rauenstein, der urzeitlich anmutenden Burg, unter der die Fahr-
straße vom Flöhatal herauf durch einen feuchten Felstunnel führt, habe
ich die ausgelassensten und zugleich nachdenklichsten und streitbarsten
Wochen und Monate meiner Mädchenzeit verbracht. Ein Burggespenst,
das sogenannte „graue Männlein", an die weißgekalkte Wand des
Bibliothekraums gemalt, im kurzen mittelalterlichen Mantel, einen
spitzen Hut auf dem Kopf, neben einem Affen, der eine Giftflasche hin-
aufreicht (aus der es angeblich den Tod empfing), dieses boshafte, pol-
ternde, herumstreichende Geschöpf verschütteter Burggeschichte geisterte
nicht nur in dem gewaltigen Gemäuer, auf den Wendeltreppen und im
felsigen Gewölbe, es schien auch mit den Menschen sein Unwesen zu
treiben, die jeweilig Rauenstein bewohnten oder besuchten, verbreitete
Unruhe und Unfrieden, stichelte die Gespräche zu hektischer Bösartigkeit an, pervertierte erotische Beziehungen, zerstörte die familiären, gab
keine Ruhe, bis nicht die Giftflasche, aus dem dumpfen Weinkeller her-
aufgeholt, ihr Werk getan hatte. Es trieb meine Schwester auf stunden-
lange einsame Spaziergänge hinaus in die Fichtenwälder, meinen Schwager zu „Herders Ruh" hinauf, der Familiengrabstätte unweit des bau-
fälligen „Kavaliershauses", oder hinunter in die Flußschenke, wo die
Kleinpächtergilde ihren Herrn Baron mit heiserem Gebrüll bewillkomm-
nete und bei politischen Streitgesprächen weitersoff.

Fely, anmutige junge Mutter und ansonsten von herber Burschikosi-
tät, wehrte sich des „grauen Männleins", so gut sie konnte. Sie war eine
bezaubernde Gastgeberin, mit Natürlichkeit und Witz begabt, mit Zärtlichkeit für ihre Kinder und mit Verständnis für die Kargheit des Erz-
gebirgsdaseins, wo die Menschen von Leinöl und Kartoffeln lebten —
nur nicht dafür, wie man dieses höllische Geigertalent des Mannes in die
richtige Bahn bringen konnte. Dafür war sie zu jung und anfangs auch
zu verliebt. Auch zu eingesponnen in sich selbst — eine halbe Thümen.

Zu jener Zeit wurden wir Schwestern. Richtige, sich gegenseitig anvertrauende Schwestern, miteinander haushaltend, lachend im Arm liegend und besinnliche Gespräche führend. Ich liebte sie, als sei ich die Ältere und müßte sie beschützen vor der Einsamkeit, die Rauenstein umrauschte wie Regen, Wind und Wald, und den Nebel von ihrem Gemüt fernhalten, der dort die Landschaft belagert, die Sonne schwer durchbrechen läßt. Ich liebte auch meinen Schwager, diese brüderliche Hälfte von Hansi Herder, und doch ein so ganz anderes Ganzes, in sich zerrissen und wundgestoßen an einem Leben, das er nicht bewältigte.

Wenn ich heute an Rauenstein denke (aus dem die Herder vertrieben wurden und das nun ein Kinderheim sein soll) und an die auseinandergebrochenen menschlichen Beziehungen, dann klopft mir das Herz in Trauer wie kaum um etwas anderes, das der Vergangenheit angehört.

Nach Teplitz aus dem Jahr der Freiheit zurückgekehrt, hatte ich einen ganzen Haufen guter Vorsätze aus den Koffern auszupacken, vor allem aus der schwarzen Wichsleinwandbücherkiste, die von nun an alle weiteren Reisen und Übersiedlungen begleiten würde. Die Vorsätze betrafen das Lernen — nicht das Leben. Es sei schon vorweggenommen: es wurde nicht viel daraus. Da gab es zwar zwischendurch mit Mama ein paar Wochen Paris, wo ich in der École des Étrangers neben der Sorbonne die französische Sprache auffrischen sollte, jedoch gleichzeitig einen so heftigen Flirt mit Roland Gada, einer Zufallsbekanntschaft, hatte, daß aus dem Lernen wiederum Leben wurde. Vom Eiffelturm herunter, in Rolands weiten Mantel gehüllt und seinen zitternden Körper hinter mir spürend, schien mir Paris nur vieler Küsse wert und des bestürzten Verweilens an der steinernen Brüstung im Innern des Dôme des Invalides, von wo aus man auf den rotmarmornen Sarkophag Napoleons hinunterblickt. Daß die Gedanken und Gefühle, die mich beim Hinunterschauen bewegten und mir hemmungslos die Tränen aus den Augen preßten — sechster Sinn für die Träume des Menschen, für seine Einsamkeit und sein Verlangen nach dem Über-sich-Hinauswachsen, nach Macht und Größe (auch im Verbrechen) —, daß diese Stunde wortloser Leidenschaft angesichts eines Grabmals mir die Liebe meines künftigen Mannes erschloß, gibt ihr in meinem Bewußtsein eine weit über eine Erinnerung hinausreichende Bedeutung: als sei das ganze weitere Leben davon bestimmt worden.

Das Bildnis der Mona Lisa vermochte solche Erschütterung nicht auszulösen. Höchstens das Erstaunen über seine kleinen Ausmaße und die Neugier, ob ich ihr wirklich so ähnlich sähe, wie es manche behaupteten. Nachts, wenn das Pariser Leben erst so richtig in Schwung kommt, lag ich von Sehnsüchten geplagt im Bett und las die französischen Tagebücher der Marie Baschkirtscheff. Geraume Zeit noch identifizierte ich mich mit dem wild daherphilosophierenden, frühverstorbenen russischen Aristokratenmädel, allerdings ohne ihrem Kastenhochmut beizupflichten, sondern an seine Stelle ein „noblesse oblige" setzend, das sich unabhängig von Vorrechten den Menschen gegenüber zu behaupten hat.

Zu Hause erwarteten mich alte und neue Freunde. Es ist Zeit, ihrer zu gedenken, denn Jugendfreundschaften pflegen sich nachhaltig auszuwirken und sitzen tief, auch wenn schon weißes Haar darüber gewachsen ist. In einer kulturbeflissenen Provinzstadt wie der unseren, wo Theater und Konzertsaal, Kinos und Höhere Schulen die sogenannten Standesunterschiede ohnehin verwischen, die Verkaufsläden, mehr oder weniger elegant, keine Exklusivität beanspruchen, die Kaffeehäuser nur einheitlich Kaffeetrinker, Zeitungsleser und Kartenspieler kennen, wo in der Schwimmschule, auf den Tennis- und Eislaufplätzen Raum für jeden gegeben ist — in einer solchen Stadt werden Freundschaften nach Sympathie und Gleichgestimmtheit und weniger nach Konventionen geschlossen. Unsere familiäre Sonderstellung zwischen Bürgertum und Hochadel, Reichtum und Minderbemitteltheit, zwischen den Konfessionen, den politischen und nationalen Strömungen ergab von vornherein jede Möglichkeit, sich dahin oder dorthin zu wenden, diesen oder jenen Kreis zu bevorzugen. Mich zog es zu den Einzelgängern und gleichzeitig zu den flanierenden Horden, aus denen irgendeiner hervorstach. Bei den jüdischen Burschen der Stadt (mit Mädchen hatte ich kaum je zu tun, da genügte mir meine geliebte Bertl) war sowohl das eine wie das andere zu finden.

Auch das intellektuelle Bedürfnis, über Gott und die Welt, Karl Kraus' „Letzte Tage der Menschheit", die Sonette von Shakespeare und die Chansons von Josma Selim und Ralph Benatzky gescheite Dinge zu sagen. Außerdem wußten sie am besten zu tanzen, und wenn ich nicht einen guten Skikameraden nichtjüdischer Abkunft, den zarten, blonden Erwin Greger, gehabt hätte, mit dem sich auch gut schneenasse Küsse tauschen ließen, so wären nur die paar jüdischen Freunde übriggeblieben, der Willy Riethof aus der weitverzweigten Familie der Rindsköpfe, die jeweils ihren penetranten Namen verschieden eindeutschte, der Ernstl Ruß und Fritz Kohner von den „Kino-Kohner". Am Rande gab es da noch den „schönen Ully" Klein, zu erwachsen für mich und seiner

Liebe für Fely nachtrauernd, die ihm so schnell weggeheiratet wurde, daß sie sein lebenslanger Traum blieb; die Zwillingsbrüder Hans und Fritz Glaubauf, von denen man munkelte, sie seien als Studenten in Wien Kommunisten geworden, was ihnen das Air eines hintergründigen Wesens und dunkler Absichten verlieh; die Stransky-Rotte, fesch aufgezäumt und mäßig intelligent, von denen man aber viel übers Fußballspiel erfahren konnte, und die eleganten Urbach-Söhne, die dem Tennisspiel oblagen. Sie alle verstreuten sich später über die halbe Welt oder gingen in den Hitlerschen Gaskammern zugrunde, wurden hingerichtet wie Hans Glaubauf.

Von solchem fernen Schicksal lag noch keine Ahnung in der Teplitzer Luft, die so heimatlich nach Braunkohle und friedlichem Neben- und Miteinanderleben roch. Mein Bruder ließ seine Anzüge bei Herrn Schwarz, dem besten jüdischen Schneider, anfertigen, und auch mit seinen Hemden ging er noch lange nicht zur Firma Leitenberger, die ein renommiertes Wäschegeschäft in der Graupnergasse betrieb, in dem es keine jüdischen Verkäufer gab, sondern nur brave Sudetendeutsche. Die Zähne reparierte uns der Dr. Deutsch, und die Stoffe bezogen wir von Frau Herrmann auf dem Schulplatz. Antisemiten wären zwar nicht direkt als verwerflich, wohl aber als rückständig, geschmacklos und etwas verschroben angesehen worden.

Trotzdem mußte eine so intime Freundschaft wie die zwischen mir und Fritz Kohner die Heimlichkeit aufsuchen, und „die vielen Judenbengel, mit denen ihr verkehrt" — wie meine Mutter sich ausdrückte — kamen selten offiziell zu Gast. Dies war höchst einfach eine Standesfrage. Für den „Stand" eines Menschen fehlte mir jedoch das signalisierende Organ. Wenn ich mich recht erinnere, war es auch nicht ausgebildet worden, und somit fraß ich die Menschen vorurteilslos in mich hinein, je nach Appetit und Laune. Glaubte ich mich an einem satt gegessen, sprang ich einen anderen an — ohne Skrupel und Bedauern.

Für einen kleinen Elektriker endete das tragisch: Nach Hinterlassung eines holprig geschriebenen Abschiedsbriefes erschoß er sich. Von diesem zweiten Selbstmord an wartete ich mit leicht widerstreitenden Gefühlen schon auf den nächsten. Doch die weiteren Fallengelassenen rächten sich auf andere Weise: In hundert Verkleidungen führen sie in meinem Kopf ein gespenstisches Leben weiter, peinigen mich mit Ähnlichkeiten, leihen Passanten eine Geste, einen Tonfall, eine Kopfneigung, und ich laufe dann auf Irrwegen, abgelenkt und genarrt, zurück zu jenem einen, dessen Namen ich oft nicht mehr weiß und von dem ich für flüchtige Stunden Besitz ergriffen habe.

Fritz Kohner (der seinen Vornamen amerikanisierte und heute als vielgelesener Schriftsteller von Teen- und Twenbüchern in der Umgebung der kalifornischen Traumfabriken lebt, wohin es alle Kohner-Brüder zog, vom mütterlichen Kino zum Ursprung der Ware) behandelte die Sprache, das Wort wie andere seines Alters den Fuß- oder Tennisball. Ob seine Gedichte etwas taugten, weiß ich nicht. Aber daß er ein nachdenklicher, schreibender, von geistigen Fragen bewegter Bursch war, hob ihn aus allen heraus, die mir damals über den Weg liefen, und wenn ich an „Jugendfreundschaft" denke, so kommen mir seine dunklen, zärtlich verträumten Augen hinter scharfen Brillengläsern in den Sinn, ein feuchter roter Mund, erregende Gespräche über Film, Theater, Literatur, uns selbst.

Durch ihn lernte ich auch einen der universellsten geistigen Menschen kennen, denen ich begegnet bin — heute noch ein Namenloser, aber für eine kleine Gemeinde von Freunden in aller Welt unvergessen, die von ihm entscheidende Impulse für ihre eigene Entwicklung in geistiger und künstlerischer Hinsicht empfangen haben.

Philosoph, Dichter, Essayist, Wissenschaftler und Künstler zugleich, war der aus Breslau stammende Dr. Hans Schlesinger als Schauspieler und Regisseur ans Teplitzer Stadttheater verschlagen worden, und bald wurde sein ärmliches ebenerdiges Untermietzimmer (in das ich meistens, von einer Hecke gegen neugierige Blicke geschützt, durchs Fenster einstieg) zu dem Ort, wo mich nicht allein scheue Zärtlichkeit erwartete, ein In-die-Arme-Nehmen, rasch und heftig bei der Begrüßung und beim Abschied, sondern vor allem leidenschaftliche Belehrung und Unterweisung. Es war nicht schwer gewesen, nach wenigen Stunden ernster Gespräche die zahllosen Lücken in meiner Bildung festzustellen. Ich kannte mich in den Stilarten nicht aus, hatte keine Ahnung von Versmaßen, von den antiken Göttern war mir nur Amor ein Begriff, und die einzelnen philosophischen Denkgebäude hatten sich in meinem Kopf so ineinander verschachtelt, daß Immanuel Kant neben die Baker-Eddy zu liegen kam.

Hans Schlesinger versuchte, nach einem eigens für „Fancy" (dieses englische Wort wurde mein Kosename) aufgestellten Lehrplan in den Wust von Angelesenem und Aufgeschnapptem eine gewisse Ordnung zu bringen, die klaffendsten Lücken aufzufüllen, wobei er sein stupendes Wissen mit pädagogischer Schläue verband: er gab dem Schüler das Gefühl einer Partnerschaft, wo der Gebende auch zum Nehmenden wird und so die Beschämung aufhebt, die den Unwissenderen niederdrücken könnte. Wenn ich den kahlwändigen Raum verließ, kaum erwärmt von einem winzigen Ofen und überhitzt vom Denken, tat ich es in der Beschwingtheit, ein Götterliebling zu sein, dem Sokrates selbst es eben bestätigt hatte.

Hans Schlesinger hat später in Wien eine ihm künstlerisch ebenbürtige Frau gefunden — die Tänzerin Cilli Wang. Mit ihren berühmt gewordenen Tanzszenen, voll Poesie und Komik, an denen sie großteils noch gemeinsam gearbeitet haben, zieht sie jetzt noch von einer Bühne auf die andere, durch die ganze Welt. In Den Haag ruht unterdessen, noch ungehoben, der bedeutende schriftliche Nachlaß unseres Freundes. Die aus Holland heim ins Reich flüchtenden Hitler-Truppen haben ihn in letzter Minute, 1944, in seinem jahrelangen Versteck aufgespürt und ihm den Schädel eingeschlagen.

Nach drei Jahren zu Hause schien mir Teplitz völlig ausgeschöpft. Es waren keine neuen Menschen eingeströmt, keine aufregenden Erlebnisse, und die große Liebe, wie die zu Hansi Herder, wurde mir nach unserer Entlobung jetzt nur von meiner Schwester Xilly vorgelebt, die endlich den „Mann ihres Lebens" gefunden hatte, den Rechtsanwalt Heinz Hofmann aus einer heimischen Apothekerfamilie, jüdisch versippt und nicht ganz „standesgemäß". Ich liebte sie plötzlich um dieser ihrer Liebe willen und diente ihr oft als Postillon d'amour, ohne Gegendienste zu erhoffen.

Jagden, Bridgespielen, ein paar hübsche Gespräche, Reisen an die Riviera, in die Alpen, Kokettieren im Schwimmbad und auf dem Tennisplatz, Büroarbeiten für Papa und häusliche für Mama — sollte das Leben so weitergehen, womöglich versickern in irgendeiner banalen Ehegeborgenheit? Wo blieb die Herausforderung meiner selbst? Leichtfertiges Dahintrödeln — ist das alles, was ich kann? Mein Hund, den es in den Hof hinunter drängte, zwang mich zum Frühaufstehen. Wie aber den Tag ausfüllen? Die Hausschneiderin wird kommen, man wird mit Bertls schäkern, Mama in die Stadt begleiten, baden gehen, wenn die Sonne scheint, nachts Hans besuchen, der mir den Goldenen Schnitt erklärt und seine Shakespeare-Übersetzungen vorliest. Das Abenteuer zog sich vor mir zurück, als wäre ich seiner nicht mehr wert.

In den Waldkarpaten, am äußersten Zipfel der Tschechoslowakei, im „Dreiländereck" mit Polen und Rumänien, lief es endlich wieder auf mich zu. Hier, im Urwald der Karpatenukraine, wo mein Vater ein ausgedehntes Jagdgebiet gepachtet hatte und wo es noch Bären, Wölfe, kapitales Rotwild, Wildschweine und Auerhähne in Massen gab, wo das Wirtschaften in einer primitiven Jagdhütte, 30 Kilometer von der nächsten Behausung entfernt und nachts von Wölfen umlauert, die tagelangen Pirschgänge und die Aufregungen der Jagd Forderungen an den Körper, an Bewährung in Gefahr und Strapazen stellten — hier fand ich wieder zu meinem sogenannten „eigentlichen Selbst" zurück: tagsüber den Revolver, das Jagdmesser im Gürtel, abends bei Kerzenlicht den letzten Jahrgang der „Fackel" lesend. Ein Buch nur hatte ich im Rucksack mitnehmen dürfen, „weil sonst die Schlepperei zu schwer würde", und ich entschied mich für den streitbaren Karl Kraus und seine rote „Fackel", die auch von meinem Vater „wegen der Reinheit der Sprache und der aufrechten Gesinnung" regelmäßig gelesen wurde.

Nach vier Wochen solchen Lebens in freier Wildbahn hatte ich mich regelrecht ausgeschlackt und brannte in neuer Unternehmungslust. Wenn die polnischen Juden, unten im Dorf Kabolapoljana mitten unter einer analphabetischen Bevölkerung und ebenso wie sie in Schmutz und zwiebelstinkender Armut lebend, die Zielstrebigkeit aufbrachten, wenigstens eines aus ihrer zerlumpten Kinderschar über die Talmudschule hinaus etwas lernen zu lassen — zum Teufel noch einmal, da müßte doch eine Mayenburg von sich aus die Kraft aufbringen und sich noch einmal auf die Schulbank setzen!

Wir waren bei der Hinreise in den Sabbath hineingeraten, und der Dorfkaufmann rührte keine Hand, um uns das Übernachten in seinem Hause zu erleichtern. Doch vor dem Einschlafen auf dem gestampften Lehmboden des einzigen Raumes, den er mit seiner großen Familie jeden Lebensalters bewohnte, ergab sich ein langes, freundschaftliches Palaver, aus dem neben Klagen über ungerechtfertigte Steuerlasten und die dumpfe Roheit der nichtjüdischen Karpatenukrainer der Stolz emporstieg, daß der älteste Sohn in Bratislava „auf Advokat" studiere. „Du hast's gut, Jingele", sagte der hundsmagere Läusebart mit den Schläfenlocken unter dem schwarzen Käppchen zu mir her, mich wegen meiner Hosen und der kurzgeschnittenen Haare für einen Burschen haltend. „Dich wird dein guter Tate auch emol studiere lasse!"

Von den vielen Flöhen, die mich in jener Nacht bissen, war mir dieser eine während der Jagdwochen im Ohr sitzen geblieben: Studieren. Die private Maturaschule in der Dresdner Marschnerstraße, Schwachsinnigen, Lernfaulen, mehrfach Durchgefallenen und kleinbürgerlichen Ehrgeizlingen den Abschlußerfolg der „höheren Reife" versprechend, sah mich bald darauf auf ihren abgewetzten Stühlen. Anfangs war ich voll Eifer den kurzen Weg von der Hänelstraße hinter dem Großen Garten, wo ich bei Wahlverwandten, der Familie Graf Vitzthum, wohnte, in das staubige, schlechtgelüftete Haus gerannt, um mir das fehlende Schulwissen anzueignen — Voraussetzung für das künftige Architekturstudium.

Aber es dauerte nicht lange, da war ich wieder so vom Erleben eingefangen, daß sich der Lerneifer mit gelegentlichen Schulbesuchen und Privatstunden begnügte. Die „Selbstbewährung" fand vorerst in der Liebe statt. Um das dünnsprossige Arbeitsgerüst meiner ersten Dresdner Studienzeit müßte ich also vor allem den Stoff zu Liebesgeschichten in üppiger Fülle drapieren. Da es dazu eines spezifischen Talentes bedürfte und einer guten Portion Exhibitionismus, muß ich eine Reihe meiner Freunde enttäuschen, die von mir in diesem Zusammenhang nackte Aufrichtigkeit erwarten: Die „Fancy" entwischt mir, will ich nur ihrem Sexus nachlaufen. Selbst wenn es Anzeichen gibt, daß sie beharrlicher Gefühle in dem Auf und Ab der erotischen Beziehungen fähig war, ist es schwierig, ihr nachzuempfinden, was sie denn damals an so manchem Mann eigentlich für liebenswert befunden hat. Zum Beispiel an dem um einen halben Kopf kleineren griechischen Tabakhändler Nico Diomataris, den sie zwischen anderen immer wieder hervor- und als „ständiger Begleiter" hinter sich her zog, oder an dem einfältigen Peter Medem, mit dem sie sich sogar verheiraten wollte trotz seiner unnoblen Vertreterexistenz in schwedischen Papierwaren. Richtig, der baltische Blaublütler schenkte ihr rote Bücher über Sowjetrußland und war kein nichtsnutziger Flaneur wie sein Bruder Fred, der Eintänzer und Balalaikaspieler, dessen indiskrete Leidenschaft für das junge Mädchen aus gutem Haus in der russisch-baltischen Kolonie einigen Staub aufgewirbelt hat. Daß sie hingegen die gierigen Zärtlichkeiten ihres kahlköpfigen Wahlonkels nicht als unangenehm empfand, ist eher verständlich. Der alternde Lebemann erzielte in ihr den wohligen Schauer, sein „letzter Trost" zu sein. Bei ihm begegnete sie auch wieder einem alten Bekannten: dem Morphium.

Mit der Morphiumsucht unseres Pater familias hatten wir, das heißt seine ständig mit materiellen Sorgen kämpfende Frau Ilka, die Tochter Ruth — nach Bertls Tod meine beste Freundin — und ich unsere liebe Not. Willy Vitzthum hatte sie aus dem Krieg mitgebracht, wie mein Hauptmann Karl Tier, und verstand es, dank seines überaus gräflichen Auftretens bei den Drogenlieferanten, seine Spritze immer wieder zu füllen. Wir verfolgten ihn wie listige Detektive, um ihm das Zeug abzuluchsen, aber er war noch schlauer als wir: er versteckte die Spritze zwischen den Ranken des wilden Weins, der bis zu unseren Dachfenstern hinaufkletterte. Nachdem wir sein Versteck durch Zufall entdeckten, wurde der arme Mensch, nur noch ein klapperndes Knochengestell, zur Entziehungskur in eine Heilanstalt gesteckt, wo man ihn wieder so weit auf die Beine brachte, daß er sich bei nächster Gelegenheit vor die Straßenbahn werfen konnte.

Als das geschah, war ich gerade auf einem Abstecher in Berlin bei einem mondänen Architektenpaar, Bettina und Edgar Hönig, und das bis dahin unbekannte Dolce vita eines obenauf schwimmenden Linksintellektuellenkreises schlug mich so in Fesseln, daß ich es rohen Herzens verabsäumte, hinter Willy Vitzthums Sarg herzugehen; die düstere Gegend um den Alexanderplatz aber ließ ich mir nicht entgehen — den Schauplatz des Romans von Alfred Döblin. In einem Anschlagkasten hing die „Rote Fahne", gegründet von Rosa Luxemburg und Karl Liebknecht — eine Zeitung, die ich noch nie gesehen hatte. Hier schienen also die „Roten" zu Hause zu sein. Unter meiner Schädeldecke, eingeklemmt zwischen Ball- und Barbesuchen, ausgeschlossen von dem fröhlichen Leben von Wenigtun und Vielgenießen, wären sie jetzt völlig verkümmert, hätten sie nicht in dieser oder jener Form aufbegehrt — wie draußen, außerhalb meines Kopfes. In der „Weltbühne", die ich neben der „Literarischen Welt" abonniert hatte, schrieben Carl von Ossietzky, Kurt Tucholsky und andere gegen den wiedererstarkenden Militarismus, gegen soziale Ungerechtigkeit, die reaktionäre Rechtsprechung, die bürgerliche Heuchelei; gegen die Polizeigewalt der Weimarer Republik.

Den Gesprächspartner für alle diese Fragen und einen Freund, dessen unentwegt treues Entgegenbringen von stiller Verliebtheit und Liebe ich einmal mit brutaler Zurücksetzung, ein andermal mit gleichem vergalt, hatte ich in meinem „Heinzelmann", den um weniges älteren Heinz von Plato, gefunden. Er studierte Chemie, gab mir Privatstunden in den naturwissenschaftlichen Fächern und war der einzige Sohn einer deutschrussischen Familie, die es von Zarskoje Sjelo, dem Sitz der Romanow bei Sankt Petersburg, nach Dresden verschlagen hatte, wo sie sich schlecht und recht eine bürgerliche Existenz schuf. Mit ihm konnte ich über alles sprechen, was mich bewegte. (Nur nicht über seine augenblicklichen Rivalen.)

Von Welt- und Parteipolitik, Klassenkampf, Kapitalismus, Kommunismus hatte ich trotzdem höchst unklare Vorstellungen. Doch daß unter anderem zu den Songs der „Dreigroschenoper" nicht das „Deutschlandlied" paßte, zu einer Fahne nicht Schwarz-Rot-Gold oder gar Schwarz-Weiß-Rot, zur Kohle nicht der Kanonen-Krupp und zum weltoffenen Humanismus des alten Herder, der die „Stimmen der Völker in Liedern" gesammelt hat, nicht der sture Vierkantschädel Hindenburgs, des „Siegers von Tannenberg", Staatsoberhaupt der Deutschen und ihr nationaler Heros, diese Erkenntnisse hatte ich, immer mit der Nase auf der Schweißfährte, ergattert und ließ sie nicht aus, wie eine Jagdbeute. Auch mein Schwager Friedy würde sie mir nicht aus den Zähnen reißen, und wenn unsere Freundschaft darüber in Brüche ginge!

In Rauenstein wurde immer mehr politisiert und immer weniger Geige gespielt. Wir diskutierten nächtelang mit der Erbitterung von Leuten, die nur ihre eigene Meinung stärken wollen. Zum Schluß wurde mir regelmäßig an den Kopf geworfen: „Du degradierst alles Deutsche." Kam der Graf Lex Einsiedel von Schloß Scharfenstein herüber, der beim deutsch-nationalen „Stahlhelm" organisiert war — im übrigen ein sympathischer Draufgänger, dem man sich im noblen „Sportingclub" von Monte Carlo mit Vergnügen beim Jeu anvertrauen konnte —, wurden die Debatten besonders heftig, denn mein Schwager fühlte sich von einer „nationalsozialistischen Partei" angezogen, an deren Spitze ein gewisser Adolf Hitler stehen sollte, der sich „Führer" nennen ließ.

Wer nahm so etwas schon ernst? Einen von seinen Anhängern hatte ich wohl kürzlich gesehen. Der große, blonde, halbuniformierte Kerl mit dem Schlägergesicht und einer Armbinde, auf der ein knickebeiniges, scheußliches Kreuz hervorstach. Er wollte vor dem Dresdner Hauptbahnhof eine schwarz-weiß-rote Zeitung an den Mann bringen, schrie etwas von „völkisch" und machte sich schleunigst aus dem Staub, als ein paar herumlungernde Arbeitslose auf ihn aufmerksam wurden und drohend näher kamen. Jemand rief ihm auf gut sächsisch nach: „Die Dummen wer'n nicht alle . . ." Sie wurden dann sehr schnell sehr viele.

In jene Zeit fällt eine Begegnung, die ich nach allem, was ihr später folgte, getrost „schicksalhaft" nennen darf. Bevor der lange Name Alexander-Edzard von Asseburg-Neindorf zu „Axel" zusammenschrumpfte, brauchte es eine Weile. Es war also keine Liebe auf den ersten Blick. Sie setzte Schritt vor Schritt auf immer länger werdenden Spaziergängen, die ihren Ausgang von der Maturaschule in der Marschnerstraße nahmen, und wurde von intensiven Gesprächen begleitet, zu denen ich meine Stimme erheben mußte: Axel war schwerhörig. Das machte ihn mir besonders lieb. Ihn und bald darauf seine Schwester Erika, die sich nach Dresden verheiratete, und dann noch weitere drei Schwestern und schließlich auch Mutter und Vater Asseburg in Schloß Neindorf, dem eleganten weißen Empirebau in der Magdeburger Gegend (wo kein „graues Männlein" geisterte, weil der pietistisch-protestantische Hausgeist das nicht geduldet hätte), die ältlichen Fräulein Schlechti und Zechi, matriarchalisch den großen Haushalt betreuend — diese ganze Neindorferei bezog ich allmählich in mein Leben ein wie etwas, das man liebt, dessen Verführung man aber nicht erliegen darf, will man nicht die Möglichkeit einer „Welt ohne Grenzen" aufgeben.

Vorerst ließ ich mich von dem großen, schwerknochigen, blonden Jungen gerne verführen. Obwohl er ein richtiger Deutscher war. Eingefallene Schläfen, ein gutgebauter Kopf, in dem ein verteufelt logischer Verstand, an allem und jedem herumtüftelnd, sehr wach auf der Lauer lag und zum Widerspruch reizte. Da gab ich das „Degradieren alles Deutschen" weitgehend auf. Es hätte ihn gekränkt, und Kränkungen besorgte schon sein robuster Vater, dem der sensible, grüblerische Erbe ohne Tatkraft nicht ganz zu Gesicht stand. Als Axel „Axel" wurde, gab ich auch die Herumliebeleien weitgehend auf, absolvierte die Matura und begann auf der Technischen Hochschule Architektur zu studieren.

Der Beruf des Baumeisters erschien mir schon seit langem als einer der schönsten Berufe, die ein Mensch ergreifen kann, besonders wenn es ihn nach dem Mittendrinstehen in seiner Zeit und dem Übersichhinauswachsen drängt. Angestachelt auch von dem kühnen Verlangen, es möge „die Spur von meinen Erdentagen nicht in Äonen untergehen". Dieses Wort aus dem „Faust", die Sehnsucht des Menschen nach Unsterblichkeit in einem einzigen Satz ausdrückend, entsprach so sehr meinem Lebensgefühl, daß ich oft die „Forderung des Tages" hintanstellte und lieber zu den Wolken hinaufflog, die doch offenkundig keine Spur festzuhalten vermochten. Dort oben konnte man auch nach freier Phantasie Bergarbeitersiedlungen bauen, transportabel natürlich, denn sobald ein Schacht absäuft oder abgetäuft wird, mußten die Leute ja mitsamt ihren Häusern der Kohle nachziehen. Grundriß und Aufriß, das sogenannte technische Zeichnen und die Handhabung des Rechenschiebers (längst vergessene Künste!) bereiteten während des Studiums weniger Schwierigkeiten als gerade die Sphäre, wo das Thümensche Erbe dringend benötigt wurde: das künstlerische Freihandzeichnen. Hier versagten sich mir die hilfreichen Götter und ließen mich, den Radiergummi in der Hand, verzweifelt vor verschmierten Blättern stehen.

Dafür gab es bei den Auseinandersetzungen zwischen den verschiedenen Studentenorganisationen genug Gelegenheit, sich freihändig zu bewähren. Die demokratischen, die linken Studenten, ohnehin in einer verschwindenden Minderzahl, wurden von den farbentragenden Paukern und Schlägern und einer rechtsradikalen Gruppe, die auf den „Führer" eingeschworen war, bedrängt, verhöhnt, in Raufereien verwickelt. Einmal hatte ich das Gefühl, um mein Leben zu rennen, als mir ein Hakenkreuzler nachsetzte, dem ich vor die Füße gespuckt hatte.

Wenige Monate später trug ich eine große rote Fahne in den Bauch gestemmt und faßte Schritt mit einem langen Zug von kampfentschlossen dreinblickenden Leuten — im Traum; aus dem ich jäh erwachte, um bestürzt festzustellen, daß ich den Sammeltermin für den 1.-Mai-Aufmarsch meines Betriebes verschlafen hatte. Ich machte seit einigen Wochen mein Baupraktikum in den „Hellerauer Werkstätten" bei Dresden, und die Arbeiter, anfangs mißtrauisch gegenüber dem studentischen Eindringling, hatten allmählich ihre Zurückhaltung aufgegeben. Sie jetzt zu enttäuschen, das Versprechen nicht einzuhalten, gemeinsam mit ihnen den Kampftag der arbeitenden Menschen zu feiern — welche Blamage! Sie würden denken, ich fürchtete mich vor den zu erwartenden Zusammenstößen mit politischen Gegnern, mit den „Störtrupps", die jetzt überall auftauchten, wenn die „Roten" marschierten!

Selten in meinem Leben war ich so wütend auf mich selbst wie damals. Fast heulend vor Wut und Scham lief ich kreuz und quer über die ausgestorbenen Sandstraßen von Hellerau, horchte in die Luft, ob nicht von irgendwoher Marschgesang zu hören wäre, und hatte die Suche schon fast abgebrochen, als ein Ponywagen mit den Kindern unseres Direktors daherkam. Nun ging es schneller, und schließlich holte ich wirklich die roten Fahnen ein — schweißtriefend, erschöpft und verdreckt, wie ich sonst nach Arbeitsschluß mit den anderen Männern und Frauen durchs Fabriktor nach Hause ging.

Am nächsten Tag fragte mich der Meister, warum ich denn nicht zum Maiaufmarsch gekommen wäre. Bevor ich noch antworten konnte, tat es ein Betonmischer von meiner Arbeitspartie: „Die ist mit *uns* mit...., bei euch Arschlöchern hat die nichts verloren!" Nach diesem drastischen Anschauungsunterricht über die Spaltung der Arbeiter in verschiedene „Rote", in Sozis und KPDler, war ich für den Betonmischer und gegen den Meister. Auch aus einem ganz persönlichen Grund. Er buhlte um das „Fräulein von", als wollte er mir zu verstehen geben, daß wir beide etwas „Besseres" seien in der Rangordnung des Betriebes, während er die andern Lehrlinge an den Ohren zog, zusammenbrüllte und sich den Arbeiterinnen gegenüber wie ein launenhafter Pascha benahm. Ich wollte aber nichts „Besseres" sein, sondern mich endlich einmal in eine arbeitende Gemeinschaft eingliedern, eine Leistung setzen, ohne das Sprungbrett einer gesellschaftlichen Vorzugsstellung zu benützen.

Die „Deutschen Werkstätten" in Hellerau, ein holzverarbeitender Betrieb, der außer Möbeln, innerarchitektonischer Ausgestaltung von modernen Bauten, Schiffen und so weiter auch Fertigteile für Holzhäuser herstellte, hatte sich im In- und Ausland einen so hohen technischen und künstlerischen Ruf erworben, daß er von der Weltwirtschaftskrise kaum betroffen wurde und von dem kleinen Ort die Arbeitslosigkeit fernhielt. Aber auch in anderer Hinsicht war Hellerau damals eine Oase.

Am Rande der Dresdner Heide gelegen, halb eingeschlossen von Föhrenwäldern, gab es hier sowohl die Luft der freien Natur, den Duft des gewachsenen und des geschlagenen Holzes, vermischt mit Leim-, Beize-, Farb- und Arbeitsgerüchen, wie auch die belebende Atmosphäre einer Künstlerkolonie: auf wenig Raum viel freien Geist, freie Lebensart, freie Gesinnung. Eine Reihe namhafter Verlage hatte sich hier angesiedelt, darunter der literarisch anspruchsvolle Jakob-Hegner-Verlag; Schriftsteller und Maler wohnten in den locker zwischen Sand und Wald hingestreuten farbigen Landhäusern, und von einem Hügel herunter leuchtete weiß und luftig der Festspieltempel der ehemaligen „Dalcroze-Schule für Musik, Rhythmus und Körperbildung", Geburtsstätte der rhythmischen Gymnastik, die später in der ganzen Welt begeisterte Anhänger fand.

Ein kleiner Fleck friedliches Deutschland. Nur der Weg dorthin zeigte schon, daß das andere Deutschland, vor dem man auf der Hut sein mußte, seine Bastionen hielt und ausbaute. Denn fuhr man von Dresden mit der Straßenbahn oder im Auto hier heraus, liefen zu rechter Hand die hohen Mauern eines riesigen Areals von Kasernen, Militärdepots und Schießständen eine weite Strecke mit. Und nachts balferten die Geschütze oder sonstwas in der Heide, was ich zuerst für eine seltsame Art von Donnergrollen hielt, bis ich darüber aufgeklärt wurde, daß es sich um Nachtübungen der Reichswehr handelte. Einmal weckte mich starkes Mondlicht, und als ich zum offenen Fenster trat, vor dem sich eine weite Sandfläche zum schütteren Föhrenwald hin ausbreitete, sah ich an ihrem Rande zwischen den Bäumen vereinzelt dunkle Gestalten, an denen ab und zu etwas metallisch aufblitzte. „Wolfslichter" — schoß es mir durch den Kopf, und ich lag die ganze Nacht wach, beklommen von dem absurden Gedanken, die Polizei könnte mich als „feindliche Ausländerin" aus dem Militärgebiet abschieben.

In den „Werkstätten" bin ich nach kurzer Zeit so heimisch geworden, daß ich bald jeden Winkel kannte und die Betriebsverbundenheit mitempfand, die alle Hellerauer von „unseren" Werkstätten sprechen ließ. Sie haben mir einige handgreifliche Fertigkeiten beigebracht: das Hobeln, Leimen, Furnierplattenaneinanderpressen, Betonmischen und -vergießen. Auch das Biertrinken aus der Flasche und das Hinhören auf Menschen, welche weit mehr von den Dingen wußten, die in meinem Kopf darum stritten, genau durchdacht zu werden. „Lies Karl Marx, Mä'chen! Da haste alles drin", sagte mir noch beim Abschiednehmen ein alter Tischler, mit dem ich die ganzen Monate über viel gesprochen hatte. „Der is een beßrer ‚Wegweiser' für dich als der olle Scho!" Er spielte auf das Buch von G. B. Shaw an, „Wegweiser für die intelligente Frau zum Sozialismus und Kapitalismus", das in Hellerau meine abendliche Lektüre geworden war.

Als ich im darauffolgenden Herbst nach Wien übersiedelte, um dort das Studium fortzusetzen, lag in meiner schwarzen Bücherkiste auch „Das Kapital" — ungelesen.

IV

Die Wegweiser

Ich brauchte drei Monate Aufenthalt in Wien, der „Hochburg der Roten", um das Entscheidende zu begreifen.

Nach diesen drei Monaten stand ich am Silvesterabend 1930 vor dem Ankleidespiegel eines Gastzimmers von Schloß Neindorf. Die Asseburg hatten mich eingeladen, und es war so gut wie ausgemacht, daß ich mich an diesem Abend mit Axel verloben würde, damit unsere Beziehung die „gesellschaftlich richtige Form" erhielte. Ich war dabei, mich festlich anzuziehen und im Abendkleid aus grauem Taft, eine Rose im Gürtel, in die Sicherheit eines Daseins zu entfliehen, wo die Forderungen der Zeit nur von ferne zu hören wären. Ich würde einen Mann lieben, der jetzt schwer am Stock daherhumpelte, weil er Ischias hatte, und der mir daher noch stärkere Zuneigung abgewann als vorher schon durch seine Schwerhörigkeit. Wahrscheinlich würde ich Kinder bekommen und den Asseburg einen Erben schenken, der wohl wiederum schwerhörig sein würde. Ein melancholischer Gedanke. Mir war nicht sehr freudig zumute, während ich vor dem Ankleidespiegel stand und mir in die Augen schaute.

Als es an der Tür klopfte, dachte ich, Axel hole mich zur Festtafel. Aber es war ein älterer Herr im Abendanzug, hochgewachsen und sehr gut aussehend, wie ich die älteren Herren liebte, für die ich seit jeher eine Schwäche gehabt habe. Mein Zimmernachbar, Kurt Freiherr von Hammerstein-Equord, General und Chef der Heeresleitung, der alte Freund des Hauses Asseburg, trat etwas verlegen herein (Will er mit mir anbandeln?) und griff in eine Lebensentscheidung ein. Er ging sofort in medias res: er hielte es für ein Unglück, wenn Axel und ich heirateten. Er habe den Jungen gern, fühle sich für sein weiteres Schicksal irgendwie mitverantwortlich, ich sei nicht die richtige Frau für ihn. Ich möge es mir noch einmal reiflich überlegen und auch bedenken, daß ich in einer solchen traditionsbewußten deutsch-nationalen Atmosphäre selber nicht glücklich sein würde. „Sie sind viel zu eigenwillig. Ein lebhafter, ungestümer Geist. Ich mag Sie, Sie gefallen mir, entschuldigen Sie, wenn ich mich in Ihr Leben einmische, aber ich hielt es für meine menschliche Pflicht, Ihnen das zu sagen." Dann nahm er mich in die Arme, küßte mich auf die Wange und ging hinaus.

Ich war wütend und betroffen. Wie kam der alte Reichswehrgeneral dazu, meinen Lebensweg mitbestimmen zu wollen? Sicher hat ihn der alte Asseburg vorgeschickt, der sich für seinen einzigen Sohn eine bessere Partie wünschte, vornehm, von gutem deutschem Adel, reich, „eine der Ihren". Das war ich nicht. Sie wollten kein Kuckucksei im Nest. So eine reaktionäre, frömmelnde blonde Gans wäre den Alten für den künftigen Neindorf-Erben lieber gewesen. Tant pis pour eux!

Es klopfte zum zweitenmal, und ein Hausmädchen brachte mir auf silbernem Tablett einen Expreßbrief. Er war von meinem Vater. Mit Glückwünschen für das neue Jahr und — zwischen den Zeilen — für die Entscheidung, vor die er mich gestellt glaubte. Ein Brief war beigelegt, mit einer Handschrift, die ich nicht kannte. Er kam aus Wien. Von einem Mann geschrieben, den ich nur einen Abend lang in einer fremden Gesellschaft erlebt hatte.

Die großbürgerliche Wohnung von Wolfgang Foges am Schlickplatz Nr. 4 in Wien war in teuflisches Rot und Schwarz verkleidet gewesen, wie es sich für eine Nikolofeier am 6. Dezember gehört. Ein Haufen junger Leute, vor allem viele junge Frauen, hatten sich hier eingefunden. Sie hockten auf dem Boden, gruppiert um einen jungen blonden Mann, der unentwegt sprach, geistreich, witzig, aggressiv, flirtig, der überlaut lachte und charmierte, seines Erfolges gewiß, Hahn im Korb. Der Mann gefiel mir und gefiel mir auch nicht: Ernst Fischer, Redakteur der „Arbeiter-Zeitung". Er spielte seine Rolle als Mittelpunkt dieses Kreises von jungen Linksintellektuellen genußvoll aus, und es erschien ihm selbstverständlich, daß ein hereingeschneites fremdes Mädchen sich alsbald zu seinen Füßen niederlassen, ihn bewundern, fasziniert an seinem Munde hängen würde. Ich hatte schon vorher von diesem Ernst Fischer gehört, dem Offizierssohn, der ein Roter geworden war, Idol junger Sozialisten. Man hatte mich neugierig auf ihn gemacht, und gerade darum war ich an diesem Abend nicht bereit, mich von dem hellen, frechen und bezaubernden Menschen bezaubern zu lassen. Siegessicherheit gegenüber Frauen machte mich immer aufsässig. „Dieser eitle Bursche wird mich nicht einfangen!"

Nach Mitternacht — ich saß abseits in einem großen Fauteuil, vom Trubel erschöpft, vom Alkohol müde, verärgert und mich einsam fühlend — suchte der Ernst Fischer ein Gespräch mit dem fremden Mädchen, das nicht bereit gewesen war, zu seinen Füßen zu liegen. Ich weiß nicht mehr, wie es dazu kam, aber allmählich steigerten wir uns in eine Intensität hinein, als hätten wir Versäumtes nachzuholen, einen Abend nur zu zweit wieder einzubringen, der sonst vertan gewesen wäre, und ich erzählte ihm, was ich empfunden hatte, als ich zum erstenmal von der Brüstung im Dôme des Invalides auf den rotmarmornen Sarg von Napoleon herunterblickte. Von der Aufgewühltheit, von dem hemmungslosen Weinen, von der Sehnsucht nach Größe, nach dem Außer-sich-Geraten, nach der Leidenschaft, die der wilde Rhythmus geschichtlichen Geschehens in uns zu entfachen vermag. Da fragte er mich, ob ich seine Frau werden wolle. Das hatte man mich schon oft gefragt, aber selten, ohne mich vorher geküßt zu haben. Ich lachte und er blieb ernst.

Nachher flirtete er noch die ganze Nacht hindurch mit anderen Mädchen, mit einem besonders, dem schwarzen, bildschönen Ding aus der böhmischen Provinz, meiner zärtlich geliebten Luxi, die sich sehr bemühte, reines Bühnendeutsch zu sprechen. Er war nahe dran, mit ihr zu schlafen, und ich mit meinem alten Teplitzer Freund Willy Riethof. Doch wenn wir uns ansahen, waren wir beide allein und hatten das Geheimnis miteinander, daß er mich gefragt hatte, seine Frau zu werden, und ich fast auf dem Sprung bereit, auf Teufel komm 'raus mein ganzes bisheriges Leben hinter mich zu werfen und diesem fremden und mit einemmal so hinreißend vertrauten Menschen ja zu sagen.

Nun las ich den ersten Brief von jenem Ernst Fischer, kämpfte mich durch die schwierig zu lesende, in winzigen Wellen vorwärts drängende Handschrift hindurch, hörte noch einmal: „Werden Sie meine Frau!" und die Warnung dazu, daß es ein Wagnis sein werde. Über die räumliche Entfernung hinweg sprang er mich an und stellte mir die Forderung: Entscheide dich! Für die Hitze und für die Kälte — gegen das Laue, das Behaglich-Sichere, gegen das Begrenzte, Konventionelle.

Ich versuchte mir den Mann vorzustellen, den ich nur eine Nacht lang gesehen hatte: groß, hundsmager, helle, dünne Haare fielen ihm beim lebhaften Sprechen und Gestikulieren über die hohe, doppelt gewölbte Stirn. Die schnelle Handbewegung, mit der er die lästigen Strähnen zurückstrich. Große braune, harte Augen. Das verhungerte Knabengesicht, Trotz um den zerfließenden, in der Bewegung reizvollen Mund.

Die provokant vorstehenden, unebenen Zähne, gute Rasse die schmal-
wandige, große Nase. („Verwedelt" werde ich sie einmal nennen.) Wie
eine Feder gespannt der ganze Körper und sogleich wieder lässig — ein
Erosbesessener, worttrunken.

In die muffelnde Luft des Neindorfer Gastzimmers wehte mit diesem
Brief der heiße Atem eines Menschen herein, der sich und mich zu dem
Abenteuer der einen, der großen, mit keiner anderen vergleichbaren
Liebe aufrief, zu dem Wagnis eines gemeinsamen Lebens in Leidenschaft
und Schönheit und Freiheit.

Ich steckte das Briefblatt, klein zusammengefaltet, in meine Abend-
tasche, zu der Puderdose von Axel, dem Zigarettenetui von Nico Diomataris, auf das Peter Medem eine goldene Krone hatte montieren lassen, und stopfte noch das altvenezianische Taschentuch von meinem
guten alten Bültz dazu, dessen Diamantenbrosche an meinem Ausschnitt
blitzte.

Die Silvestertafel zog sich so lange hin, daß zwischen den Gängen,
Zuprostereien und Belanglosigkeiten der Tischgespräche eine Lebensentscheidung Zeit hatte, sich in zwei Worten auszudrücken. Axel saß neben
mir, und ich mußte diese zwei Worte recht deutlich flüsternd wiederholen, bevor sie an sein Gehör und Bewußtsein drangen: „Heute nicht."
So wurde also beim Champagnerpfropfenknallen um Mitternacht keine
Verlobung gefeiert. Hammerstein blinzelte mir anerkennend zu, und als
wir später in unsere benachbarten Gastzimmer hinaufgingen, lud ich ihn
zu einem kleinen Speech ein, das unsere spätere (recht gefährliche)
Freundschaft begründete. Wir sprachen, konkret und gleichnishaft, über
die Jägerei — „Ein junger Jäger muß vom älteren lernen" —, über Rußland — „Mein Vater und ich wollen dorthin zur Jagd", „. . . die Russen
haben mich mehrmals eingeladen . . ." —, über „Was ist Tapferkeit?",
und schließlich forderte er mich auf, wann immer ich in Berlin sei, ihn
und seine Familie zu besuchen. „Sie würden sich gut mit meinen Kindern
verstehen!" Beim Gutenachtwünschen strich er mir über die Wange und
sagte „schade".

Das Wagnis lag mit schwerer Grippe zu Bett. Ich suchte und fand Ernst
Fischer in einer armseligen Untermietwohnung in Ottakring, einem Wie-
ner Bezirk, wo nur Proleten hausten, die bei den 1.-Mai-Aufmärschen
unter einem Wald von roten Fahnen einhermarschierten und aus voller
Kehle mit wütender Begeisterung brüllten: „Wir sind die Arbeiter von
Wien!" Er lag mit hohem Fieber unter einer scheußlichen, kratzigen

Pferdedecke und erkannte mich kaum. Auf dem Eßtisch daneben standen Speisereste von Tagen. Als ich mich zu seinem Kopf hinkniete und seinen Mund berührte, glaubte ich, er stürbe unter unserem ersten Kuß. Der nackte Körper, zum erstenmal gesehen, als ich ihn in eine verrottete, kaum je gereinigte Badewanne hob, um den Fieberschweiß abzuwaschen, ließ mich an das Isenheimer Altarbild Grünewalds denken. Erschreckt und ergriffen beugte ich mich über die Hinfälligkeit solchen Leibes — fest entschlossen, mit Orangen, Wein und Prager Schinken seine Wiederauferstehung zu bewirken, denn die große Liebe und Leidenschaft meines Lebens hatte ihren Anfang genommen.

Am Ende der roten Leine, die mich zum Studium nach Wien gezogen hatte, stand außer alten Freunden aus Teplitz, vor allem Hans Schlesinger, Fritz Kohner und Willy Riethof, auch eine Jugendfreundin meiner Mutter, die Baronin Netka Latscher-Lauendorf, Witwe nach einem der letzten Kriegsminister der Monarchie. Schon als junges Ding hatte mich ihre umstrittene Persönlichkeit angezogen. Sie machte kein Hehl daraus, daß sie den österreichischen Sozialdemokraten nahestand, vom roten Wien begeistert war und mit einem altösterreichischen General in einer Gemeinschaft lebte, die hinter ihrem Rücken als „wilde Ehe" oder „Rentenkonkubinat" bezeichnet wurde. Der altösterreichische General hieß Theodor Körner — ein Name, der in die österreichische Geschichte eingehen sollte. Beim Adel und den ehemaligen Angehörigen der alten Armee galten die beiden als Abtrünnige, der General als Verräter, da er sich beim Umsturz 1918 sogleich der Republik zur Verfügung gestellt hatte und ihr seither auf der Seite der habsburgerfeindlichen Sozialdemokratie diente.

Bei uns zu Hause dachte man auch in dieser Hinsicht liberaler, und daß der Lebensgefährte von Tante Netka den gleichen Namen trug wie der deutsche Freiheitsdichter aus den napoleonischen Tagen (der um sieben Ecken herum sogar zu den Vorfahren von Friedl Mayenburg gehörte), verlieh dem General Körner das Ansehen eines aufrechten Mannes, der für seine gewandelte Gesinnung geradestand und sich nicht zur Mottenkiste hinunterbückte, wo andere k. u. k. Offiziere des Kaisers Rock einnaphtaliert aufbewahrten.

Mein guter Vater hatte mir, bevor ich nach Wien ging, prophezeit, daß mich Tante Netka mit ihren „Fortschrittsideen", für die ich ja ohnehin recht anfällig sei, anstecken würde.

Netka Latscher nahm mich auch tatsächlich wie eine Tochter auf, die endlich in den Schoß der wahren Familie heimgefunden hat. In ihrer Wohnung in der Mahlerstraße nächst der Oper hingen zwar noch die ordensgeschmückten Brüste und zarten Dekolletés der eigentlichen Ahnen, die Feldmarschalleutnantswitwe jedoch hauste darin wie ein emanzipierter Junggeselle, von der Vergangenheit losgelöst und ganz hingewandt dem Neuen, das sich nach dem Zusammenbruch der Monarchie für sie in der Sozialdemokratie verkörperte. Die Nippestischchen zwischen dem mit Schonbezügen verhangenen feudalen Mobiliar waren vollgeräumt mit marxistischer Literatur, Broschüren über Sozial- und Schulreformen, mit fremdsprachigen sozialistischen Zeitungen und Zeitschriften. Und wenn sie sich in ihren Lobpreisungen der Gemeindebauten, der Volksbildungshäuser, der fortschrittlichen Kunstpflege erging, rötete die Magie, die damals von der roten Gemeindeverwaltung ausging, ihre adergesprenkelten Wangen.

Sie röteten sich auch bei einer anderen Gelegenheit, nämlich dann, wenn General Theodor Körner, der anfangs wie jeder andere Besucher an der Wohnungstür geläutet hatte, später, zum Beweis des Vertrauens, das sie bald in mich setzten, die diskret verhangene Tür benützte, die ihre auf der gleichen Etage gelegenen Wohnungen miteinander verband. Sobald die große, militärisch straffe Gestalt bei ihr eintrat, die hellblauen Augen sie anblitzten, der weißmelierte Knebelbart sich über ihre Hand neigte, wurde sie verlegen wie ein junges Mädchen. Von ihrem Verhalten zueinander ging die Bestrickung unwandelbar treuer Zuneigung aus, einer „edlen, großen Liebe, die nicht mit dem Tode stirbt" — so der einsam gewordene Bürgermeister von Wien und spätere Bundespräsident der Zweiten Republik nach 25 Jahren zu der „kleinen Ruthi" von einst, die wiederum seine Vertraute geworden war, wenn wir gemeinsam der „grand old lady" gedachten, die er ein Leben lang geliebt und schlicht „meine Hausfrau" genannt hat.

Ich habe zeitlebens für diese noble Frau, idealdenkende Sozialistin von der Art einer Lilly Braun, tiefe Verehrung empfunden. Theodor Körner hat mir das nicht vergessen. Er schrieb mir 1951 nach Durchsicht alter Papiere: „Ich habe den sehr klugen, charaktervollen Brief (kurz vor der Okkupation Österreichs 1938 geschrieben), aus dem ich Deine treue, aufrichtige Bewunderung für Tante Netka entnehmen konnte, unter meinen wenigen Kostbarkeiten aufgehoben.

...In alter Herzlichkeit, wirklich Dein väterlicher Freund. — Kann es anders sein in Gedenken an Tante Netka?"

In jenen beiden Abtrünnigen ihrer Gesellschaftsklasse begegnete mir zum erstenmal die Hingabe an eine soziale Weltanschauung. In der Alltagspraxis der Mahlerstraße wirkte sich das so prinzipiengeregelt und asketisch-nüchtern aus, daß einem bange werden konnte. Die Öfen wurden miserabel geheizt, zum Aufstehen in Allerherrgottsfrüh gehörte eine kalte Dusche. Alkohol- und Tabakgenuß eine Erbsünde. Es wurde kaum gekocht, sondern in der WÖK gegessen, den bescheidenen und billigen gemeindeeigenen Speisestätten. General Körner besorgte seinen kleinen Haushalt ohne jede weibliche Hilfe, trug im strengsten Winter weder Mantel noch Hut, und selbst Netka Latscher, die sich eines schweren Hüftleidens wegen nur mühsam fortbewegen konnte, unterwarf sich dem Ehrenkodex der Zugehörigkeit zu einer Partei der Arbeiterklasse, indem sie nicht einmal ein Dienstmädchen „ausbeutete". Angesichts solcher Leitbilder in sozialistischer Verhaltensweise trank ich abgestandenen Kaffee in der Küche und steckte eiligst mein goldenes Zigarettenetui weg.

Es war ein Maturageschenk meines väterlichen Freundes, des Dresdner Bankdirektors Viktor von Klemperer, dem die Weltwirtschaftskrise und das Elend der Arbeitslosen nur insoweit Sorgen bereitet haben, als er darin die Gefahr erblickte, daß die Roten zur Macht kommen und ihm seine prachtvolle Inkunabelsammlung wegnehmen könnten. (Das haben dann die Nazis besorgt, deren Machtstreben und Brutalität er derartig unterschätzt hatte, daß er ihnen, obwohl Jude, Parteispenden zugehen ließ.)

Wenn ich auch ehrlich um Anpassung bemüht war, ließ ich mich allerdings vom roten Puritanismus nicht so weit anstecken, das empfohlene Hofkabinett bei „einfachen, braven Schustersleuten" zu beziehen, sondern übersiedelte bald von der Mahlerstraße in die Döblinger Pension „Bettina", wo weniger puritanische Sitten herrschten, weise toleriert von der Mutter meiner Berliner Freundin Bettina Hönig-Rosenberg.

Ob und wann die österreichische Sozialdemokratie, wiewohl die stärkste Partei im Land, je zur Regierungsmacht kommen würde, hinge — so wurde mir erklärt — von den „wenigen Prozenten" ab, die ihr zur absoluten Mehrheit über alle anderen Parteien fehlten. Sie stand seit Jahren in Opposition gegen ein immer stärker zu faschistischen Tendenzen neigendes bürgerliches Regime, das eine jeweilig wechselnde Regierung bildete. Der General vertraute nicht so unbedingt auf diese wenigen fehlenden Prozente. Der Klassenkampf würde sich verschärfen, und bei der Verteidigung der Demokratie, der Errungenschaften der Arbeiterklasse, könnte es sehr wohl zu außerparlamentarischen Auseinandersetzungen revolutionären Charakters kommen. Dem Republikanischen Schutzbund — der militanten Parteigliederung der Sozialdemokratie — fiele somit eine entscheidende Rolle zu. Körner hatte seinerzeit nach dem Umsturz an der Aufstellung und Organisierung des Schutzbundes führenden Anteil gehabt, war später jedoch von der sozialdemokratischen Parteiführung daraus ausgebootet und mit einem Bundesratsmandat auf das parlamentarische Geleise geschoben worden. Soweit dieser gelassene und menschenfreundliche Mann überhaupt zu feindseligen Gefühlen fähig war, verabscheute er zwei Männer in der österreichischen Politik. Der eine im roten, der andere im schwarzen Lager: Julius Deutsch, damaliger Obmann des Republikanischen Schutzbundes, dem er jede Eignung dafür absprach, und Prälat Ignaz Seipel, jeweilig Bundeskanzler, ständig Drahtzieher aller reaktionären Kräfte. In ihm verkörperte sich für Körner der unheilvolle Einfluß der katholischen Kirche auf die Politik. Als ehemaliger Generalstäbler befaßte er sich beim Studium der marxistischen Lehre vor allem mit den militärwissenschaftlichen Schriften von Friedrich Engels und hielt sie für mindestens so bedeutend wie das klassische Werk von Clausewitz. Die Umsetzung der Engelsschen Erkenntnisse in die Praxis auf militärtheoretischem Gebiet wollte er für die Schutzgarde des österreichischen Proletariats angewendet wissen — „was dieser Dummkopf von einem Julius Deutsch niemals begreifen wird!"

Wie ein Trauma wirkte auch in ihm der 15. Juli 1927 nach, der Tag des Justizpalastbrandes. 87 Tote hatte es damals gegeben — Opfer der arbeiterfeindlichen Schober-Polizei, die in eine anfangs friedliche Massendemonstration gegen den Freispruch von Arbeitermördern im sogenannten „Schattendorfer Prozeß" hineinschoß. Selbst Körner, bis dahin überzeugt von der Möglichkeit, mit mehr oder weniger demokratischen Mitteln den breiten arbeitenden Massen ihre politischen Ansprüche zu sichern, war seither enttäuscht und beunruhigt von der Zwiespältigkeit der Politik seiner Partei zwischen Aufputschen und Kleinbeigeben; sie verfügte im Schutzbund über ein jederzeit einsatzfähiges Druckmittel, über einen mächtigen proletarischen Selbstschutzverband gegen die antimarxistischen Selbstschutzverbände des radikalisierten Bürgertums und ließ sich trotzdem mehr und mehr in die reine Verteidigung drängen.

Erst kürzlich, im Sommer 1930, hatte Julius Deutsch im Parlament den Antrag gestellt, alle uniformierten und bewaffneten Selbstschutzverbände aufzulösen. Das war als Antwort auf den „Korneuburger Eid" der Heimwehrverbände gedacht, wo es offenkundig geworden war, daß der Faschisierungsprozeß der österreichischen Reaktion immer schärfere Formen annehmen würde und zu einer „Front aller Antimarxisten" hindrängte. „Sie legen das Beil an ihren eigenen Baum, unsere Genossen, wenn sie so weitermachen!" meinte Körner zornig. Die Parlamentswahlen im November 1930, die ersten, die ich miterlebte, die letzten, die es in Österreich geben sollte, brachten allerdings der Sozialdemokratie einen fast unverhofften Sieg: mit 72 Mandataren zog sie als weitaus stärkste Partei ins Parlament ein und stellte damit eine so starke Opposition, daß die bürgerliche Regierung offenkundig außerparlamentarischer Hilfstruppen bedürfen würde, um der österreichischen Arbeiterschaft ihren Willen aufzuzwingen.

Der Anschauungsunterricht in Austromarxismus, sozialdemokratischer Parteipolitik und Antiklerikalismus, den ich in der Mahlerstraße erhielt, schloß eine Kraft aus, die ich bisher für die stärkste des Sozialismus gehalten hatte — Sowjetrußland. Aus der Familie der sozialdemokratischen Sozialisten schien der russische Arbeiter- und Bauernstaat ausgestoßen worden zu sein, wie ein Wechselbalg, von dessen Taten man nur mit Schaudern spricht. Wenn ich zaghaft — weil erdrückt von dem Mehrwissen in Marxismus und sozialistischer Arbeiterpolitik — von meiner geheimen Liebe für die Russische Revolution, für die völlig neue Welt der Diktatur des Proletariats zu sprechen anfing und, sicher unbeholfen und mit sachlich unfundierten Argumenten, das „Bolschewistische Experiment" zu verteidigen versuchte, wurde ich sofort auf den rechten Weg verwiesen. Nur der Weg des demokratischen Sozialismus sei der richtige; sei nicht gesäumt von Hunderttausenden Toten, in Bürgerkrieg, Hunger und Elend Umgekommenen. Die Vernunft der Arbeitermassen, ihre Einsicht in den Gang der Geschichte und ihre revolutionäre Kraft würden die einzige Partei, die — zumindest für Österreich — ihre Interessen vertrat, weiterhin so stärken, daß revolutionäre Gewaltmaßnahmen, wie Lenin und Trotzki sie praktiziert hatten und der internationale Kommunismus sie forderte, nicht notwendig sein würden. So politisch ungebildet ich damals war — ich konnte es nicht glauben!

Heimlich, als täte ich etwas Verbotenes, suchte ich einen anderen „Abtrünnigen" auf, von dem ich wußte, daß er sich in Wien befand: ein entfernter Vetter Mayenburg, Wechselbalg unserer eigenen Familie, von dem auch nur mit Schaudern gesprochen wurde. Die Familienmär bezichtigte den jetzigen Direktor der Chlorodont-Filiale in Wien einer höchst anrüchigen Vergangenheit. Um dieser Vergangenheit willen war er für mich zu einer geheimnisvollen Erscheinung geworden, die ich unbedingt ergründen wollte. Es hieß von ihm, er wäre früher jahrelang ein „Kommunistenführer" gewesen, hätte in Deutschland große Streiks organisiert und mit aufrührerischen Hetzreden gegen Kapital und preußisches Junkertum dem guten Namen Mayenburg eine Färbung gegeben, würdig der „Roten Fahne", nicht aber des Gothaischen Adelsalmanachs.

Als ich ihn aufsuchte, um mir das monatlich auszuzahlende Familienlegat von Onkel Ottomar zu holen, fand ich einen großen, schweren, asthmatisch schnaufenden Mann in den Vierzigern vor, der hinter gläsernen Wänden eines direktorialen Büros wie ein Schiffskapitän auf der Kommandobrücke Ausschau hielt, ob — so schien es mir — die Arbeiterinnen in der Werkshalle beim Abfüllen und Verpacken der pfefferminzduftenden Chlorodont-Tuben auch emsig genug wären. „Der soll ein Kommunist und Aufrührer gewesen sein, dieser dickwanstige Aufpasser?" fuhr es mir durch den Kopf, und ich mußte eine aufsteigende Empörung niederkämpfen angesichts dieses Glasverschlages, der mehr einem Ausspähsitz als einem Auslug glich. Noch Jahre später widerten mich solche Art Glasverschläge, selbst harmlose Portierslogen an, und ich brachte sie mit ganz bestimmten, häßlichen Verhaltensweisen des Menschen in Verbindung, die „der Kapitalismus in ihnen herausbildet".

Im Falle meines Vetters hatte es damit, wie ich dann später von ihm erfuhr, als ich ihn wirklich kennen und schätzen lernte, eine andere Bewandtnis. Der kommunistischen Arbeiterbewegung abtrünnig geworden, wollte er „die Verbindung mit den arbeitenden Menschen wenigstens auf diese Weise aufrechterhalten und sich nicht hinter den Polstertüren eines üblichen Direktorbüros verschanzen".

Bei meinen nachfolgenden häufigen Besuchen in seiner Villa in Wien-Mauer, wo er als biederer Bürger an der Seite eines keifenden Weibes mit Neureichenmanieren völlig zurückgezogen lebte, preßte ich allmählich aus dem schwammigen Koloß jene Vergangenheit heraus, die er in seiner jetzigen Stellung ängstlich zu verbergen trachtete. Er war tatsächlich nach dem Ersten Weltkrieg ein führender Funktionär der KPD gewesen und hatte für sie eine revolutionäre Landarbeiterbewegung aufgebaut — zum Schrecken des preußisch-deutschen Gutsbesitzerklüngels, der ohne den Schutz des Hohenzollern-Reiches nicht mehr so sicher auf seinen angestammten Gütern saß und sich vor Brandschatzung, Aufruhr, Lohnforderungen, Zusammenrottungen, vor „Mord und Totschlag auf dem Lande" zu fürchten begonnen hatte.

Wie war Herbert Mayenburg, der einzige Sohn aus wohlsituiertem, gutem Haus, zum Berufsrevolutionär geworden? Gerade diese Frage interessierte mich brennend. Seiner Erklärung nach — über einen Wurstzipfel! Die Großmutter, sehr geliebt und verehrt von dem Halbwüchsigen, hat den Zipfel eines Abends von der Wurst abgeschnitten und mit den Worten beiseite gelegt: „Den kriegt die Marie. Er kann giftig sein. Daß du mir niemals Wurstzipfel ißt, mein Bub!" Der Bub brauchte eine Nacht, um mit dem Einsturz einer Weltordnung fertig zu werden, in der es möglich ist, Dienstboten vergiftete Wurstzipfel zuzumuten, weil sie

„einen ordinäreren Magen haben als wir". Am nächsten Morgen brannte er von zu Hause durch und gesellte sich — als Lehrbub bei dörflichen Handwerkern und als jugendlicher Landarbeiter — zu den ordinären Mägen, um den eigenen zu füllen. In der Vorkriegssozialdemokratie begegnete ihm Karl Marx, und er vergaß ihn auch nicht während seines Kriegseinsatzes als „Schallbeobachter" bei der Artillerie — hellhörig auch für die Signale der russischen Revolution, die Aufrufe der „Linken", der USPD und der Spartakisten. Alles miteinander festigte in ihm die Erkenntnis, an Krieg, Armut und Unrecht sei der Kapitalismus schuld. Die Bourgeoisie. Der private Besitz von Produktionsmitteln. Und: Der Mensch kann diese Gesellschafts- und Wirtschaftsordnung ändern, dann wird es keine ordinären Mägen mehr geben und auch keine leeren mehr, sondern volle Mägen für alle. Die ganze Wurst, ohne giftige Zipfel, für jeden, dem der Appetit danach steht. So wurde er ein Wanderprediger des Kommunismus, des künftigen Heils; er sprach auf Hunderten Versammlungen der so gut wie rechtlosen Landarbeiterscharen, bei Wind und Wetter, unter freiem Himmel, in staubigen Scheunen, auf zugigen Waldlichtungen, bis er sich die Stimme kaputtgeschrien und die Lungen von einer Entzündung in die andere gejagt hatte. Völlig heiser geworden, taugte er nicht mehr für diese Arbeit, und die Partei setzte ihn hinter den Schreibtisch der neugegründeten deutsch-russischen Handelsgesellschaft, der „DERUTRA", in Hamburg. Von dort aus besehen, verlor der Kommunismus für ihn an Wunderkraft. Den sowjetischen Handelsleuten der zwanziger Jahre gefielen die kapitalistischen Schuhe so schnell um so vieles besser als das Barfußgehen in kommunistischen Idealen, daß es einen Mann verdroß, dem die Barfüßler in aller Welt am Herzen lagen. Enttäuscht von den sowjetischen Genossen und den Fraktionskämpfen in der KPD, wollte er selber kein Genosse mehr sein. So wandte er sich an seinen kapitalkräftigen Chlorodont-Vetter um ein Unterkommen in der bürgerlichen Geschäftswelt. Onkel Ottomar zeigte Verständnis. Er ließ die revolutionären Untaten des abtrünnigen Vetters auf sich beruhen und machte ihn zum Direktor der Chlorodont-Filiale in Wien.

Wir waren bald gute Freunde, mehr noch: geheime Komplicen. Wir durchwühlten gemeinsam seine heldisch-elende Vergangenheit nach Erinnerungen, nach alten Photos, auf denen historische Persönlichkeiten der 3. Internationale, Lenin und Trotzki, Klara Zetkin, die glotzäugige Krupskaja, Bucharin und Sinowjew zu erkennen waren — Gruppenbilder von den ersten internationalen Tagungen der Nachkriegszeit in Moskau, an denen er als Delegierter der KPD teilgenommen hatte —, nach vergilbten Zeitungen, Flugblättern, Aufrufen und sonstigen Dokumenten aus jener Zeit, da er der rote Agitator und Organisator gewesen war, dem die Landarbeiter von den Feudalsitzen der deutschen Barone und Grafen zuliefen wie vertrauensvolle Kinder.

Wenn diese seine Vergangenheit auf dem Tisch lag, mußten die Fenster geschlossen bleiben, die Vorhänge zugezogen, damit die Nachbarn nichts hörten und sähen, und unversehens paßte dann wieder die schmierige Mütze eines revolutionären Arbeiterführers auf den Kopf, der jetzt üblicherweise einen Homburghut trug.

Von diesem Namensvetter habe ich, obwohl er es gar nicht beabsichtigte, sondern mich im Gegenteil vor einem politischen Leben warnte, im Laufe der kommenden Jahre sehr viel gelernt. Seine tief eingewurzelte Skepsis gegenüber jeder Schattierung sozialdemokratischer Politik, also auch der austromarxistischer Prägung, lehrte mich zwischen Worten und Taten der Arbeiterführer schon zu einer Zeit unterscheiden, da ich noch kaum in die österreichische Arbeiterbewegung hineingerochen hatte. Die Möglichkeiten einer kommenden tragischen Entwicklung — der Untergang der europäischen sozialistischen Parteien, die Zerschlagung der Arbeiterbewegung, das siegreiche Heraufkommen des braunen und grünen Faschismus — hat er weit früher vorausgesehen als jeder andere Mensch, mit dem ich damals zusammenkam. Der Abstand von jeder Tagespolitik, das gewissermaßen „Außer-obligo-Sein", verhalf dem erfahrenen Marxisten und Revolutionär zu einer unsentimentalen, illusionslosen Klarsicht.

Das Jahr 1931 war das Jahr einer heute kaum mehr vorstellbaren Weltwirtschaftskrise. Von Woche zu Woche stieg die Zahl der Arbeitslosen und gleichfalls die der „Ausgesteuerten", das heißt derjenigen, die schon so lange arbeitslos gewesen waren, daß sie keinen Anspruch mehr auf staatliche Unterstützung hatten. Apokalyptische Namen wie „Totentanz des Kapitalismus" bezeichneten ein Wirtschaftssystem, das offensichtlich und die marxistischen Erkenntnisse bestätigend zum Untergang verurteilt war. Die Besitzlosen mußten zu Recht die Unfähigkeit der herrschenden Klasse, der Bourgeoisie, empfinden, der Wirtschaftskatastrophe mit vernünftigen Maßnahmen zu begegnen. In Österreich gab es einen Bankkrach nach dem andern, und schließlich brach die Creditanstalt, das führende Bankinstitut, zusammen; das heiligste Gut, das Geld, das Kapital erwies sich als eine teuflische Schimäre. Der einzige Ausweg konnte nur in der völligen Umgestaltung des herrschenden Systems erblickt werden, in der Sozialisierung der Produktionsmittel, in der Ergreifung der politischen Macht durch die legitimen Vertreter der Ge-

sellschaftsklasse, die nicht auf Profitstreben aus war, die kein privat-
wirtschaftliches Interesse hatte, sondern eine vernünftige Ordnung in das
Zusammenleben der Menschen bringen wollte durch Füreinander- und
Miteinanderwirtschaften. Dem Programm der österreichischen Sozialdemokratie, dem sogenannten Linzer Programm, das zum Unterschied
von denen anderer sozialistischer Parteien in Europa die Warnung an
das Bürgertum einschloß, gegebenenfalls mit Gewalt auf Gewalt zu antworten, hatten die bürgerlichen Parteien nichts anderes entgegenzusetzen
als wütendes Gebrüll, den offenen oder kaum verhüllten Ausbau bewaffneter Verbände. An ihrer Spitze standen politische Desperados und
Abenteurer wie der Fürst Starhemberg, dem die Nazibewegung Hitlers
in Deutschland und der italienische Faschismus vorexerzierten, was in
Österreich auch möglich sein müßte.

In Deutschland waren im Herbst 1930 die Nazis mit 107 Abgeordneten in den Reichstag eingezogen. In Österreich jedoch hatten ihnen die
Novemberwahlen kein Mandat gebracht. „Die braune Gefahr" schien
hier nur ein Phantom zu sein, weder von den Schwarzen noch von den
Roten ernst genommen.

Ernst Fischer und ich fuhren — zusammen mit Wolfi Foges, den alles,
was in der Welt geschah, brennend interessierte, unersättlich neugierig im
privaten wie politischen Bereich, lüstern nach Mädchen, Informationen,
Sensationen und nützlicher Betätigung — im März 1931 nach Berlin. Bei
einer Sportpalastkundgebung, auf der Josef Goebbels sprach, sahen wir
der braunen Gefahr ins Gesicht. „Wildgewordene Spießbürger" — „Das
ist nicht die deutsche Jugend — nichts als eine politische Entartung!"
beschrieb nachher Ernst in der „Arbeiter-Zeitung" seine Eindrücke von
dieser Massenversammlung, auf der ich meinen ersten Nazi, den vor
dem Dresdner Hauptbahnhof, zu Tausenden vervielfältigt wiederfand
— und gehörig erschrak! Aber wir in Österreich werden noch geraume
Zeit schreien: „Wer fürchtet sich vorm braunen Mann? — Niemand!"
Selbst in Berlin, „Stadt im Fieber", wollte man in dem linksintellektuellen Kreis, in den wir aufgenommen wurden wie etwas hinterwäld-
lerische Verwandte, die ungeheure Gefahr nicht wahrhaben, die von
den Hitler-Leuten ausging. Ich erinnere mich noch lebhaft an einen von
politischen Gesprächen erhitzten Abend in der Wohnung von Wieland
Herzfelde, dem Leiter des Malik-Verlages, bei dem sein Bruder John
Heartfield (dessen geniale Photomontagen in den politischen Kämpfen
mit allem Reaktionären, das das damalige Deutschland zu bieten hatte,
zu einer scharfen Waffe geworden waren) von einem Kleiderschrank
herunter, auf dem er mit baumelnden Beinen saß, dozierte, auch

die braune Spielart der Reaktion könne den weiteren Vormarsch der Kommunisten nicht aufhalten, der wahre Feind sei der „Sozialfaschismus", die SPD.

Nur Ernsts Freund, der Dichter und Dramatiker Ernst Toller, bei dem wir wohnten, war von furchtbaren Ahnungen gepeinigt. Schon damals tauchte bei ihm wie ein fernes Gespenst der Gedanke an Selbstmord auf. Er litt unter quälender, jedem Mittel unzugänglicher Schlaflosigkeit. Sie stellte sich jede Nacht nach einem kurzen, schon von Angstvisionen erfüllten Einschlafen ein, sozusagen als bedingter Reflex, wie Pawlow es definiert hat. Das schreckhafte Aufwachen war von wilden Schreien begleitet. An besonders schlimmen Tagen zerfetzte er sich das Hemd, riß sich ganze Haarbüschel aus der prachtvollen schwarzen, von weißen Haaren durchzogenen Mähne, und schließlich lag er schweißgebadet bis in die frühen Morgenstunden hinein wach — sein Bett und seine Seele zerwühlend. Er liebte Deutschland, die deutsche Arbeiterbewegung, die Revolution. Aber seine Träume von Licht und Freiheit waren schon einmal in seinem Leben furchtbar zerschlagen worden: bei der Niedermetzelung der Münchener Räterepublik 1919. Damals hatte er sich wochenlang bei einem Freund versteckt gehalten, in einem winzigen Raum, dessen einziger Zugang die Rückseite eines Kleiderschrankes war. Hinter diesem Schrank hockend, hatte er mehrmals die wüsten Hausdurchsuchungen miterlebt, die seinem Freund, vor allem jedoch ihm selber galten. Er hatte mit anhören müssen, wie die Häscher — in diesem Zusammenhang ist das pathetische Wort gerechtfertigt — Morddrohungen gegen ihn ausstießen und die Foltern ausmalten, die er zu gewärtigen hätte, wenn man ihn fände. Eines Nachts, als die Verfolgungen schon abgeklungen und seine Flucht aus dem Verlies bis ins Detail vorbereitet war, kamen sie unerwartet nochmals in die Wohnung, gingen direkt auf den Schrank zu, zertrümmerten die Rückseite und fanden Ernst Toller. Diese Minuten (von dem, was folgte — das Zusammenschlagen, die Mißhandlungen, über die Treppe hinunter in den Gefangenenwagen bis in die Gefängniszelle hinein —, wollte er nicht sprechen) prägten sich so unauslöschlich in sein empfindsames Gemüt ein, daß von da ab sein inneres Zeitgefühl davon bestimmt wurde. „Die Stunde, die jedem einmal schlägt" — für ihn schlug sie seit jener Nacht alle Nächte seines Lebens. Auch wenn eine Frau bei ihm war, und es war immer eine da, damals in Berlin und später auch, wenn er uns in Wien besuchte, kam er über diese kritische Nachtstunde nicht hinweg. Er hat die „Nacht über Deutschland", die er vorausgeahnt hat, noch um einige Jahre überlebt, in der Pariser Emigration, im spanischen Bürgerkrieg, in New York, immer mit dem Wort gegen die blutigen Nächte der Menschheit kämpfend, und ist ihnen dann doch erlegen. Im Mai 1939 beging er in seinem New-Yorker Untermietzimmer Selbstmord.

Die „Arbeiter-Zeitung" in der Rechten Wienzeile, wo vom Portier angefangen alles mit „Freundschaft!" grüßte, genauer gesagt, ein kleines Zimmer, in dem ihr jüngster Redakteur seine Glossen zum Tagesgeschehen, seine Buchkritiken und kulturpolitischen Essays mit „e. f." zeichnete (oder auch nicht), wurden zum Mittelpunkt meines Lebens. Hier strömte alles Zeitgeschehen herein, die enge und die große Politik, die Kämpfe im Parlament und auf der Straße, und bevor noch die Zeitung ausgedruckt war, brachte Ernst die neuesten Nachrichten in das nahe gelegene Café „Rüdigerhof", wo ich auf ihn zu warten pflegte. Noch saß „der alte Austerlitz", der „glanzvollste Journalist der deutschen Sprache", im Chefredakteurszimmer — trotzdem war die Zeitung nicht mehr das eigentliche Kampforgan, wie wir es uns wünschten. Der Atem des Angriffs selbstbewußter Klassenpolitik kam nur noch stoßweise zum Durchbruch. Karl Kraus eiferte in seiner „Fackel" gegen die „Arbeiter-Zeitung" — stärker noch als gegen die Politik der österreichischen Sozialdemokratie, die der Verbrutalisierung der bürgerlichen Welt nun nur mehr ihren Willen zur Verteidigung der parlamentarischen Demokratie entgegensetzte. Auch der Glanz Otto Bauers, seit Viktor Adler der geistige Führer der Linken, gefürchtet und gehaßt von den Rechten, geliebt und bewundert von den sozialistischen Arbeitermassen und jungen Intellektuellen, war zu der Zeit, da ich ihn kennenlernte, schon blasser geworden. Als hätte das Arbeiterblut, das am 15. Juli 1927 sinnlos verströmt ist, dunkle Flecken auf dem Mann hinterlassen, von dem man jahrelang geglaubt hatte, daß er hier im Herzen Mitteleuropas den Sozialismus zum Sieg führen würde.

Ignaz Seipel, sein einziger ebenbürtiger Widerpart im Parlament und in der gesamtösterreichischen Politik, bot ihm während einer Regierungskrise im Sommer 1931 den Vizekanzlerposten an, das heißt die Mitverantwortung für wirtschaftliche Maßnahmen, die eine weitere Herabsetzung des Lebensstandards der breiten Massen herbeiführen mußten. Wir zitterten, daß Otto Bauer das Angebot annehmen und damit dem rechten Flügel in der Sozialdemokratie, vor allem dem schlauen Fuchs Karl Renner recht geben würde, der mit seinen kompromißlerischen Vorstößen gegen die sozialistische Klassenpolitik den Lauen und Kleinmütigen aus dem Munde sprach. In Deutschland war ja zu sehen, wohin

diese Politik der Aufweichung der Klassenfronten, der Übernahme einer
Mitverantwortung für das kapitalistische Wirtschaftsdebakel geführt
hatte! „Der alte Austerlitz hat geschäumt vor Wut und wird seine ganze
Autorität beim Parteivorstand einsetzen, daß es nicht zu dieser Schande
einer Koalition kommt", berichtet Ernst aus der „Arbeiter-Zeitung", und
wenn mich meine Erinnerung nicht trügt, so datiert von jenem Zeitpunkt
an sein Heraustreten aus einer nur journalistischen und schriftstellerischen
Tätigkeit in politische Aktivität. Otto Bauer muß gestützt werden! Er
muß, auch organisatorisch innerhalb der Partei, eine festere Basis bekommen — nicht nur Jubel bei Parteiversammlungen und Konferenzen,
der letzten Endes der „besonnenen Rechten", zäh verankert im Partei-
und Gewerkschaftsapparat, zugute kam.

Der Faschisierungsprozeß in den bürgerlichen Parteien war zu jener
Zeit zu einem gewissen trügerischen Stillstand gekommen. Die Heimwehr zerfleischte sich in Machtkämpfen und war als ernst zu nehmender
Partner für die Bildung bürgerlicher Koalitionsregierungen recht suspekt
geworden. Was sich auf dem Ballhausplatz tat, schien auf demokratische
Selbstbesinnung hinzuweisen und auf ein parlamentarisches Fortwursteln
mit indirekter Hilfe der Sozialdemokraten. Wenn diese auch in scharfer
Opposition gegen das wirtschaftliche und politische Mißwirtschafts-
system standen, so waren sie in den Augen der Bevölkerung, vor allem
der Jugend, doch auch ein Teil dieses Systems, der kapitalistischen Unordnung. Grandiose Fackelzüge der Arbeiterjugend, kraftstrotzende Maiaufmärsche und die sportliche Begeisterung bei der Arbeiterolympiade in
Wien täuschten über einen Prozeß hinweg, der in der proletarischen und
in der intellektuellen Jugend im vollen Gange war.

„Krise der Jugend" lautete der Titel eines kleinen Buches, das Ernst
unter dem Eindruck vieler Gespräche und begabt mit dem ihm eigenen Instinkt für unterirdische Stimmungen und Wandlungen damals geschrieben hat. Schonungslos und blendend formuliert, deckte er darin den
politisch-moralischen Krankheitsprozeß auf, den die kapitalistisch-bür-
gerliche Gesellschaft verursacht hatte, zusammen mit der Unfähigkeit der
Linken, sozialistische Verheißungen in revolutionäre Taten umzusetzen.
Das Gefühl, daß alles Bestehende versagt hat, daß alle schönen Parolen
Schwindel sind, daß der Fortschrittsoptimismus der älteren Generation
in krassem Widerspruch zu den Realitäten des Alltags steht — keine
Arbeit, keine Existenz, kein „Obdach für die Liebe" —, ließ jede gültige
Weltanschauung fragwürdig erscheinen. Übrig blieb nur der Zweifel,
die Skepsis, ja die Resignation.

Das kleine Buch wurde unerwartet ein großer Erfolg. Es trug dem

Autor wenig an Honorar, dafür einen Haufen Einladungen von verschiedensten Organisationen der Sozialdemokratischen Partei ein, zu diesem Thema zu sprechen. Später, als es sich herumgesprochen hatte, über welch hinreißende Rednergabe dieser Ernst Fischer verfügte, bat man ihn, sich auch zu anderen Themen zu äußern. Neidisch murrten die lokalen Parteiredner: „Der Fischer tut's dem Otto Bauer nach" — eine Aura, die ihm anfänglich bei der Herauskristallisierung der Linkselemente innerhalb der Sozialdemokratie zugute kam. Dann aber, als sich eine eigene „Linke" um seine Person und seine politischen Freunde bildete, wurde es notwendig, eine schmerzliche, widerspruchsvolle Abgrenzung gegenüber Otto Bauer vorzunehmen, in dem sich für uns mehr und mehr die verhängnisvolle Inkonsequenz der Haltung der Partei zu verkörpern begann.

Das „uns" und „wir" bedeutet von jetzt ab auch, daß Ernst und ich Genossen wurden. Denn auf diesen ersten Vortrags- und Versammlungswellen schwamm ich mit äußerstem Linkskurs ins sozialdemokratische Parteileben hinein und holte mir das Mitgliedsbuch in der Döblinger Bezirksorganisation bei Genossen Karl Mark — den es noch heute gibt, etwas dick geworden und doch unentwegt festen Schrittes hinter den roten 1.-Mai-Fahnen einhermarschierend wie anno dazumal.

Bald darauf warf man mich aus der Hochschule hinaus. Studentenkrawalle, von rechtsextremistischen Studentengruppen provoziert und von den Magnifizenzen wohlwollend geduldet, waren an der Tagesordnung. Ich selbst war leider immer zu spät gekommen, wenn es einen Wirbel gab; aber diesmal platzte ich in eine wilde, brüllende Horde hinein, die mit dem Haßgeschrei „Juden 'raus, Ausländer 'raus, wir brauchen dieses Gesindel nicht auf unseren Hochschulen!" den Aufgang zu den Hörsälen blockierte. Genau die gleichen brutalen, fanatischen Gfrißer wie auf der Dresdner Hochschule! Es juckte mich, dreinzuschlagen und die Ehre der sozialistischen Studenten zu verteidigen, denen ich nur in der Gestalt eines schmalen Burschen begegnete, dem der Angstschweiß über die zerbrochene Brille rann, während ihn ein paar ordinäre Klacheln die Haupttreppe hinunterstießen. Die anderen waren wohl der Parteiparole gefolgt: „Laßt euch nicht provozieren!" So schluckte auch ich meine Wut hinunter, schrie nur beschämt, da mir nichts Gescheiteres einfiel, irgend etwas wie „So eine Schweinerei — eine Schande für das Rektorat!" und boxte mich zum Ausgang zurück.

Irgendein Spitzel mußte das berichtet haben, denn mein Inskriptionsansuchen für das Herbstsemester wurde mir mit der Bemerkung abgewiesen: „Ausländische Krawallmacher können wir auf unseren österreichischen Hochschulen nicht dulden: Sie haben das Rektorat beschimpft!"

So mir nichts, dir nichts auf die Straße gesetzt, tat es mir nachträglich doch leid, daß ich nicht einer gänzlich unsozialdemokratischen Parole gefolgt war: „Schlagt die Faschisten, wo ihr sie trefft!" Ein kräftiger Raufhandel, durchgestanden aus Solidarität mit den Verfolgten und Verfemten — welch entgangenes Alibi vor mir selbst! Für den Abbruch des Studiums (das mir ohnehin nicht mehr am Herzen lag, seitdem dieser Platz Tag und Nacht von etwas anderem eingenommen wurde) fehlt mir bis heute die heroische Verklärung. Übriggeblieben ist nur das Bedauern, daß ein halbes Dutzend Talente nicht imstande gewesen sind, ein Haus zu bauen, ein Kunstwerk zu schaffen, irgend etwas, das Bestand hat. Immerhin: ab und zu ließen sich die Talente verwerten. Bei den Reklametexten, die ich nach meinem Hinauswurf aus den edlen Hallen, wo allein der Geist und nicht die Gewalt regieren sollte, für Herrn Mendel schrieb, der auf dem Kohlmarkt, gleich neben dem revolutionären Adolf-Loos-Haus und der konservativen Konditorei Demel, sein Werbebüro hatte, schaute ein neuer Wintermantel für Ernst heraus, ein Skiurlaub für mich und auch eine Reihe marxistischer Bücher, die ich ernsthaft zu studieren begann. Zur Leidenschaft der Liebe gesellte sich die Leidenschaft des Lernens, zu beiden die des Diskutierens. Ich war frei, glücklich wie noch nie, das Leben aufregend. Die rote Sturmfahne voran, von den Forderungen der Menschheit, der Zeit bewegt, wurde das eigene Dasein sinnvoll. „Unsterblichkeit" — unser Lieblingswort!

Im Herbst 1931, in der Nacht vom Samstag auf Sonntag, den 13. September, putschten geradezu aus heiterem Himmel die steirischen Hahnenschwänzler, angeführt von dem Judenburger Rechtsanwalt Doktor Pfrimer.

Ich lag in tiefem Schlaf an der Schulter von Ernst, als das Telephon klingelte. Es war die „Arbeiter-Zeitung". Er sollte sofort den nächsten Zug nehmen und ins steirische Industriegebiet fahren, so weit er eben käme. In Bruck, in Mürzzuschlag und in anderen Orten marschiere angeblich die Heimwehr bewaffnet auf, verhafte die Staatsorgane, schicke sich an, „die Regierungsgewalt zu übernehmen". Es klang wie ein Aprilscherz. Ernst hängte auf und legte sich wieder ins Bett: der heilige Schlaf und die unheilige Liebe lagen ihm näher als das Geblödel von Redaktionskollegen, die nach dem Ausdrucken der Sonntagsausgabe offenbar eins über den Durst getrunken hatten, obwohl das Abstinenzlertum seit der neuen Chefredakteursära von Oscar Pollak, dem Nachfolger des im Sommer verstorbenen alten Austerlitz, auch dort seinen Einzug gehalten hatte. Doch das Telephon klingelte zum zweitenmal, das Geblödel war blutiger Ernst.

Der Heimwehrputsch des Herrn Dr. Pfrimer, der sich in einem Aufruf zum neuen „Staatsführer von Österreich" aufwarf und das Standrecht, die Aufhebung der Verfassung und die Beseitigung der staatsbürgerlichen Freiheiten verkündete, wurde noch am selben Tag liquidiert, besser gesagt, er verlief sich — nicht ohne bei den Herumschießereien den Tod zweier Arbeiter auf dem Gewissen zu haben. So albern operettenhaft dieser Putsch auch inszeniert worden war — nach dem Fallen des Vorhanges konnten alle Beteiligten gleichsam mit den Worten auseinandergehen: „Sagn ma, es woar nix, gehn ma hoam" —, so enthüllte er doch sehr beunruhigende Tatsachen. Der Austrofaschismus war keineswegs besiegt, wie es im 1.-Mai-Aufruf der Partei geheißen hatte, und die bürgerlichen Ordnungshüter, Gendarmerie und Bundesheer, hatten sich nur sehr gemächlich und anscheinend unwillig gegen die Putschisten in Bewegung bringen lassen. Es würde wohl in Hinkunft allein dem Schutzbund vorbehalten sein, die gefährdete Demokratie in Österreich zu schützen.

In dem drei Monate später abgeführten Hochverratsprozeß gegen Dr. Pfrimer und seine Mitputschisten im Großen Schwurgerichtssaal von Graz, an dem ich als Kiebitz teilnahm (von Ernst mühsam zur Ruhe verhalten angesichts des herausfordernd frechen Heimwehrauditoriums, darunter in vorderster Reihe Fürst Ernst Rüdiger von Starhemberg im Steireranzug, den Hahnenschwanzhut elegant übers Knie gestülpt und bald mehr Aufmerksamkeit für das hübsche Mädchen bekundend als für den Verhandlungsverlauf), zeigte sich etwas nicht minder Beunruhigendes: Die heilsame, weil vor faschistischen Abenteuern warnende Furcht, „der rote Hund beißt, wenn man ihn reizt", schien im Schwinden begriffen zu sein, wich — allmählich immer mehr, wie es die kommenden Provokationen bewiesen — der gefährlichen Sicherheit: „Hunde, die viel bellen, beißen nicht!"

Die sozialdemokratische Parteiführung bellte tatsächlich nur lauthals, anstatt den Hausfriedensbrechern an die Gurgel zu fahren! Sie empörte sich, drohte mit allem möglichen — und stimmte im Parlament den neuen Finanzvorlagen der Regierung zu, die eine weitere schwere Belastung für die ausgepowerten Volksmassen brachten. Es wäre unserer Meinung nach eine einmalig günstige Gelegenheit gewesen, den durch den Pfrimer-Putsch kompromittierten grün-weißen Faschismus aus der legalen österreichischen Politik hinauszubeißen und somit auch die demokratischen Kräfte im bürgerlichen Lager zu stärken. Aber Otto Bauer belehrte das murrende Parteivolk, alle taktische Kunst bestünde darin, die „*richtige* Stunde" wahrzunehmen, und empfahl „abwartende Bereitschaft". Den Schutzbündlern, die mit den Zähnen knirschten, gab General Körner hochinteressante militärwissenschaftliche Erfahrungssätze aus den letzten anderthalb Jahrhunderten plus dialektische Philosophie zu verdauen — was in meinen Augen den verehrten väterlichen Freund zum „Beschwichtigungsonkel" degradierte. War aus der Putschoperette der steirischen Heimwehr nicht der Kanonendonner des Februar 1934 herauszuhören?

Ich tanzte am Abend nach dem Prozeß im Hotel Wiesler mit dem linksrumwalzenden Hoteliersohn und wies charakterfest das Ansinnen des besoffenen Fürsten Starhemberg ab, mit mir bekannt zu werden. Er feierte im Extrazimmer mit seinen Heimwehrkumpanen den Freispruch der Putschisten. Dann diskutierten wir noch bis zum Morgengrauen mit Ernstens jüngstem Bruder Otto Fischer, was zu tun sei. Man muß die Parteiführung von unten her unter Druck setzen. Organisatorische Stützpunkte gewinnen, in den Betrieben, bei den Jugendgruppen. Otto war ein durch und durch politischer Mensch. Ein zäher, eigensinniger Kämpfer für die Sache des Proletariats. Das Wort „Unsterblichkeit" wäre nicht über seine Lippen gekommen. Breitschultrig, mit starken Knochen und Muskeln draufgepackt, wie bei einem Schwerarbeiter, stand er fest und besonnen auf dem Boden, aus dem Anführer hervorgehen. Den schönen, blonden Kopf mit der nobel gebogenen Nase und den hellen, scharfen Augen konnte man sich auch gut hinter dem Steuer eines Schiffes vorstellen, das meuternde Matrosen an Bord hat, die rote Flagge hochgezogen. Als blutjunges Bürschchen hatte er in der k. u. k. Kriegsmarine gedient. Ich fand ihn einen großartigen Kerl und bedauerte, keinen solchen Bruder zu haben.

Im Sommer 1932 heirateten wir. Im dunklen Anzug und mit einem Brautschleier aus Brüsseler Spitzen, der von meiner Urgroßmutter stammte und drei Meter lang war. Die Mayenburgsche Familie war nicht sehr beglückt, die Fischersche bei der Hochzeit in Teplitz nicht anwesend. Für uns beide war es eine notwendig gewordene Formalität, die der Komik nicht entbehrte, als wir im Salon vor dem schwarzen Blüthnerflügel standen und mein Konfirmationspfarrer Müns Ter uns feierlich das Jawort abnahm. Das Ja zueinander bedurfte keiner Zeremonie. Es hatte die Kraft, Zärtlichkeit, das Unverbrüchliche und immer wieder sich Bestätigende der Liebe, die eine Welt ohne Grenze und Maß einbezog: Eros und die Internationale, Eros und der Sozialismus, Eros und die Revolution, Eros im Kampf gegen den Faschismus — das eine nicht denkbar, nicht fühlbar ohne das andere.

Für die Hochzeitsreise hatte ich den Plansee bei Reutte in Tirol vorgeschlagen, und Ernst, der Sonnenanbeter, war einverstanden gewesen, diese einsame, düster-dramatische Gebirgswelt aufzusuchen, wo ich in dem romantischen Jagdhaus meines halb gelähmten Freundes „Bültz", des Freiherrn Fred von Bültzingslöwen, viele heiter-melancholische Stunden verbracht hatte — zu einer Zeit, da ich noch nicht wußte, woher und wohin. Hier hatte ich den Träumen nachgehangen, mit ihm, der mein Vater hätte sein können, auf und davon zu laufen, um auf seinen Zuckerrohrplantagen in Java oder auf der Farm am Kilimandscharo ein exotisches Leben zu führen. Für den unrastigen Weltmann, gequält von einem seltsamen Leiden, das ich zu Unrecht für Paralyse hielt, und einer Frau entfremdet, die sich der Anthroposophie in die Arme geworfen hatte, wurde ich eine Zeitlang „sein Alles": Geliebte, Tochter, Kamerad, vielleicht zukünftige Frau. Wenn ich ihm einen Abend lang geduldig und hingebungsvoll zu Füßen hockte, den Kopf an seine Knie gelehnt, und Beethovens Pastorale, die Brandenburgischen Konzerte, Schuberts Unvollendete, Musik, Musik, seine Leidenschaft und sein Trost, anhörte, dann konnte am nächsten Morgen unter der Frühstücksserviette ein Billetdoux liegen, ungelenk mit großen rundgeschwungenen Schriftzeichen bedeckt: „Ich liebe Dich, Darling, ich danke Dir, bleib bei mir." Manchmal lag auch ein kleines Bijou unter der Serviette, eine Brosche aus Diamanten, eine Perlenkette, ein goldener Tannenbruch, wie es einem Jagdgefährten zukam, auf den sich der ehemalige Großwildjäger auf zahmen Pirschgängen stützte, wenn ihm die Armkrücken ins Fleisch und in die Seele schnitten. Doch seine schönsten Geschenke waren Blumen — Orchideen, Parmaveilchen, Nelken von der Riviera —, an alle Adressen geschickt, die er ausfindig machte, wenn ich plötzlich verschwand und ihn ohne Nachricht ließ.

Nun wollte ich dem vom geliebten Bültz zum nur noch guten alten Bültz gewordenen Freund meine Liebe vorführen, zu der er in einer 100 Worte langen Telegrammepistel seinen Segen gegeben hatte, mit dem Schluß: „Werde glücklich!" Ich war es. Im Nebelziehen auf den Almen, wenn die felsigen Abgründe von milchigen Schwaden bedeckt sind, die Viehherden unruhig, die Stiere angriffslustig werden — seit jeher habe ich mich in den Alpen vor ihnen gefürchtet —, nahm mich

Ernst an der Hand, und wir kamen sicher und ohne abzustürzen zu den Seeforellen (blau, mit heißer Butter übergossen, ein Petersilienbüschel im toten Maul) und ins feuchtkalte Bett zurück, das sich bei den Zärtlichkeiten zweier Körper schnell erwärmte. Derweilen ruhte der Plansee, von Sonne, Mond und Schwimmern gemieden, in unergründlich dunkler Tiefe zwischen den steilaufragenden Bergen, denen eine verschollene Sprache seltsame Namen gegeben hat, die auf eine Verwandtschaft der Urbewohner mit den Basken und einigen Bergstämmen im Kaukasus hinweisen. Eine wilde Welt hat hier ein vorzeitliches Auge aufgeschlagen, und ihr strenger Blick gemahnt an Ewigkeit.

Wer seiner Liebe so sicher ist, wie wir es waren, der suche den Plansee in Tirol auf: Tamino und Pamina haben dann die erste Prüfung bestanden.

Auf der Rückreise nach Wien unterbrachen wir unsere Fahrt in Salzburg, um Stefan Zweig aufzusuchen. Schon vor einem Jahr hatte mich Ernst zu dem mönchisch abgelegenen Haus auf dem Kapuzinerberg hinaufgeführt, wo er im Gespräch mit dem Förderer junger schriftstellerischer Talente hundertfältige Anregung gefunden und darüber hinaus eine freundschaftliche Zuneigung, die das Verlangen rechtfertigte, Stefan Zweig sogleich in unsere Liebe einzuweihen. Die beiden hatten eine Art erotischer Kumpanenbeziehung zueinander, antikisch den alten Griechen nachgefühlt, die die hellen begabten Knaben liebten und von ihnen wiedergeliebt wurden, und als ich Ernst und Stefan Zweig zum erstenmal in ihrem beredten Aufeinandereingehen, heiter und ernst, leidenschaftlich und nachdenklich, erlebte, war alle Scheu von mir abgefallen, einem der bedeutendsten Repräsentanten europäischen Geisteslebens zu begegnen. Fast hätte ich mich damals in ihn verliebt.

Nun, da unterhalb des Kapuzinerberges die Festspielstadt brodelte, von der sich Stefan Zweig „übler Laune und voll Abscheu", wie er sagte, hinter die Unzugänglichkeit seiner Klostermauern zurückzog, von seiner Frau Friederike gegen zudringliche Besucher gut abgeschirmt, blieb nach dem mehrstündigen Gespräch eine unausgesprochene Entfremdung zwischen ihm und Ernst zurück. Von den Gefahren der politischen Entwicklung in Deutschland beunruhigt — 230 Naziabgeordnete waren in den Reichstag gewählt worden! —, vermochten wir kaum von etwas anderem zu sprechen; wir hofften, Stefan Zweig würde mit dem vollen Einsatz seines internationalen Ansehens seine warnende Stimme gegen die immer mehr fortschreitende Faschisierung erheben. Aber je geradliniger wir auf dieses Ziel zusteuerten, desto mehr wich er aus. Er setzte, seine eigenen Befürchtungen beschwichtigend, Vertrauen in die Papen-Regierung, in das „Kabinett der nationalen Konzentration", und meinte, sie werde die Nazibewegung aufhalten; auch in Dollfuß sah er nicht den Mann, dem autoritär-faschistische Abenteuer zuzutrauen wären. Seine Angst vor der Gewalt — ob von rechts oder links — erweckte in ihm so schreckhafte Vorstellungen, daß er sich selber um die Einsicht herumschwindelte, es stehe uns ein politischer Kampf auf Leben und Tod bevor. Nur nichts damit zu tun haben! Die öffentliche Bekundung — hineingeworfen in die blutigen Auseinandersetzungen zwischen Links und Rechts —, Stefan Zweig stehe auf der Seite der Demokratie, werde zu dem Mißverständnis führen, er ermutige damit die linksradikalen Kräfte, die ihm doch ebenso unheimlich wären wie die Nazis. All das wurde in feinsinnig-kultivierter Sprache vorgebracht, starke Worte meidend und lauten Ton. Beim Aufundabgehen legte er minutenlang beide Hände vor die Ohren, als wolle er nichts hören von der Welt und den leidenschaftlich vorgebrachten Argumenten, die ihm Ernst entgegenhielt.

Nachher, als wir beide noch ein aufmunterndes Glas Wein im Café Basar tranken und die Ängste und Schwächen Stefan Zweigs analysierten, das Unvermögen dieses von Ernst so geliebten Freundes, seine „Sternstunde" zu erkennen, den historischen Auftrag des Schriftstellers, das wache Gewissen seiner Zeit zu sein — wagte ich auszusprechen, was mich als dunkler Verdacht die ganze Zeit während des enttäuschenden Gespräches auf dem Kapuzinerberg bewegt hatte, bewegt und bestürzt: Der große Humanist befürchtete insgeheim, der Absatz seiner Bücher im Inselverlag (an dem er finanziell beteiligt war) könne darunter leiden, wenn er sich politisch exponiere. Ernst wollte es nicht recht wahrhaben. „Die Dinge liegen komplizierter..."

Daß wir vom Plansee voller Erwartungen zu Stefan Zweig hin- und nun enttäuscht von ihm wegfuhren, Richtung Wien, wo uns ein Leben im Kampf für die Arbeiterklasse erwartete — dies habe ich damals und später (als die Entfremdung zwischen Ernst und ihm schließlich zum völligen Bruch führte) stets als gleichnishaft empfunden.

Wir legten uns eine Wohnung zu, in einem biedermeierlich kleinen Haus in Ober-Sankt-Veit, ganz im Grünen, unweit vom Lainzer Tiergarten und neben der Villa von Hermann Bahr, und ein Mädchen für alles, Rosa geheißen, mit schielenden Kuhaugen und launischem Wesen. Mal sang sie, mal heulte sie. Ihre Arbeitsrechte und der soziale Anspruch auf straflose Abtreibung eventueller Leibesfrüchte wurden von sozial-demokratischen Frauenrechtlerinnen in dem Blatt „Die Unzufriedene" glühend verteidigt. Bei einer Herrschaft, die ihr dieses Blatt auf den Küchentisch legte, konnte es wenig Unbill geben. Das glaubte sie wenigstens die ersten paar Monate nach ihrem Einzug. Hernach verrammelte sie abends die Fensterläden, wenn wir nicht zu Hause waren, und stellte eine brennende Kerze ins Fenster ihrer Kammer — praktische und mystische Maßnahme zugleich, böse Geister fernzuhalten. Denn es gab mehrmals Anzeichen dafür, daß sie den exponierten Roten auf-lauerten. Eines Nachts, kurz nach Hitlers Machtantritt in Deutschland, bemerkte ich bei unserem Heimkommen noch rechtzeitig den verdächti-gen Draht an der Schnalle des eisernen Gartentores. Er führte am Zaun entlang zum nächsten Lichtmast hin, sein Ende hing über der Strom-leitung. Ein heimtückischer Mordanschlag. Rosa stellte seither neben die flackernde Kerze auch ein Heiligenbildchen, obwohl sie sich unter unse-rem Einfluß zu einer resoluten Genossin entwickelte und alle weiteren Feuerproben bestand.

Ich legte mir auch einen Hund zu, einen Pfeffer-und-Salz-Scotch-terrier, „Mäckie" geheißen, nach dem Messerhelden der „Dreigroschen-oper". Frauenliebling wie jener, scharf um die Ecke preschend, wenn er eine Beute witterte, eine Katze oder einen Hund, die sich in sein Revier wagten. Hinter der Gartenveranda stand eine hohe Birke mit einem Starkästchen. Eichhörnchen nisteten darin, die unsere Frühstückssemmel mitaßen. Ohne Tiere — ein Rest unausgefüllten Lebens!

Den Garten durften wir nur vorsichtig betreten. Er gehörte der Haus-frau, die ängstlich um ihre Blumenbeete und sonst nichts besorgt war. Dort fuhrwerkte zeitweilig ein schmächtiger, kleiner Mann herum, auf dessen dürrem Hals ein ausgemergelter Arbeiterkopf saß. Er hieß Karl Münichreiter. Von Beruf Schuster. Wenn wir miteinander sprachen, taten wir es verstohlen. Die Hausfrau sollte nicht wissen, daß ein Schutz-bündler ihren Flieder beschnitt. Sein vorspringender, von faltiger Haut überzogener Kehlkopf erinnerte mich an meine Kinderliebe, unseren Haustischler Zweigelt, dem ich das „Vergelt's Gott!" nicht verzeihen konnte. Wir wurden bald ebenso befreundet. Als ich ihn anagitieren wollte, politisch aktiv bei unserer „Linken" mitzutun, war er anfangs nicht recht dafür zu haben. Er sei nur ein einfacher Arbeiter, kein Poli-tiker. „Wenn's drauf ankommt, Genossin Fischer, dann bin i eh do!"

Heute trägt eine Straße im 13. Bezirk den Namen Münichreiter. Als es drauf ankam, war er da.

Die „Linke", für die ich jeden anzuagitieren versuchte, der seinen Groll
gegen die Hinhaltepolitik der Partei — „Abwarten — Gewehr bei Fuß!"
— kundtat, ob bei Sektionsabenden, Versammlungen oder im Gespräch
auf der Straße, war eine Linksopposition, sozusagen in letzter Minute.
Es verblieb zuwenig Zeit, etwas herauszubilden, was einem „linken
Flügel" ähnlich gesehen hätte, einer oppositionellen Fraktion gar, die
auf Parteitagen Kampfabstimmungen herbeiführt. Nichts von dem. Die
„Fischer-Linke", wie sie genannt wurde, weil die drei Brüder Fischer,
Ernst vor allem, dann sein Bruder Walter, Kassenarzt auf dem Laaer
Berg, einem rein proletarischen Vorwerk von Wien, wo er großes Ansehen genoß, und Otto in Graz, ihre Wortführer waren, bestand im
wesentlichen aus einzelnen Vertrauensleuten, Arbeiterfunktionären, Intellektuellen, die in ihrem Wirkungskreis eine revolutionierende Rolle
übernahmen, kleine Gruppen um sich scharten und bei Aktionen der
Partei die vorwärtstreibende Kraft darstellten. In zahllosen Diskussionen und Beratungen wurde letztlich das Ziel angepeilt, *innerhalb* der
sozialdemokratischen Partei — die in Österreich faktisch die gesamte
Arbeiterklasse umfaßte —, ohne ihre organisatorische Einheit zu spren-
gen, einen politischen Stoßtrupp zu schaffen, fähig und entschlossen, bei
den Kämpfen gegen „Reaktion und Faschismus" das Gesetz des Handelns
zu bestimmen. Das zu verwirklichen, was im „Linzer Programm" der
Partei zwar in Aussicht gestellt, jedoch nie ernsthaft unternommen worden war: notfalls den Angriffen des herrschenden Systems auch mit
außerparlamentarischen Mitteln zu begegnen. Zur „Kraft der großen
Zahl" sollte jetzt zusätzlich noch die Kraft einer revolutionären Elite
treten.

Ein Zweifrontenkampf zeichnete sich schon ab, als die Nazis im
April 1932 nach den Wiener Gemeindewahlen 15 Mann hoch in die rote
Hochburg einzogen. Sie hatten den Christlich-Sozialen eine empfindliche
Niederlage beigebracht und die übrigen bürgerlichen Parteien, vor allem
die Großdeutschen, fast aufgerieben. Seither gebärdeten sie sich wie ein
verlängerter Arm Hitlers. Unbehindert von der Regierung Dollfuß wagten sie es, im September zum erstenmal auf Wiener Boden eine Groß-
kundgebung zu veranstalten, auf der auch prominente deutsche Nazi-
führer — Goebbels, Göring und andere — sprechen sollten. Die Partei
predigte uns: „Laßt euch nicht provozieren!" Und tatsächlich gab es keine
Zusammenstöße zwischen den Roten und den Braunen während der
Nazikundgebung auf dem Karlsplatz, wo Ernst und ich uns unter die

Menge „brüllender und wahnwitzig gewordener Kleinbürger" mischten — betroffen, wie viele es waren!

An die Redner und Reden erinnere ich mich nicht mehr, aber an die Unheimlichkeit der wenigen Minuten, da das Deutschlandlied erklang und die begeisterte Menge plötzlich den Kopf entblößte: Ernst behielt den Hut auf. Weithin sichtbar stand da einer, zeigte: Ich gehöre nicht zu euch, ich bin euer Gegner. Ein Kerl riß ihm den Hut vom Kopf, das Maul voll mit Haydn und Haß. „Hut 'runter!" Ernst packte seinen Hut wieder und zog ihn fest über beide Ohren. „Schaut euch den an, der nimmt den Hut nicht ab! Dem werden wir's beibringen: Hut 'runter. Sonst erlebst du was!" Mit eisigem, hochmütigem Gesicht, blaß, ohne eine Bewegung der Abwehr, stand Ernst inmitten des Angreiferrudels, in das ich hineinschrie — einziger Gedankenblitz zwischen dunklen Angstvorstellungen —: „We are English, he can't understand you!" In die Verblüffung schob sich ein Mann, ein Kieberer, wie sich dann herausstellte, und bugsierte uns aus der Kundgebung heraus. „Gengans, Fischer, wie kennans Ihna denn unter die Nazis da hinstöln. Des is ja a reina Bleedsinn. De hättn Ihna vielleicht derschlagen!" Zum ersten- und letztenmal segnete ich die Wiener Polizei.

Wir sitzen, lauter junge Leute, um einen alten Mann mit wegstrebenden zerzausten Haaren und einem schmierigen Bart — den deutschen Dichter Erich Mühsam. Eine fast legendäre Figur aus den Tagen der Münchner Räterepublik. Er berichtet von Deutschland, von Hitler und von Thälmann, von dem General Schleicher, dem Hindenburg die Regierung anvertraut hat und der mit Notverordnungen die braune Flut eindämmen will. „Zwei Millionen Stimmen haben die Nazis verloren!" trommelte Erich Mühsam begeistert in uns hinein. „Wißt ihr, was das bedeutet? Die kommen niemals an die Macht! Das deutsche Proletariat läßt sich nicht unterkriegen. Die Revolution, Genossen, die Revolution ist eine heilige Sache der Menschheit. Wir spüren sie in unseren Adern, in unserem Mund — schreien wir sie hinaus, und diese braunen Horden werden zerstieben wie üble Spukgestalten! Glaubt mir, Genossen, ihr habt Waffen, nehmt sie und fegt euer Faschistenpack zum Teufel!" Seine Augen glühten, sein Atem rasselte. „Komm her, Mädchen", rief er mir zu, „lieben wir uns in die Revolution hinein!"

Wir wollten ihn nicht nach Deutschland zurückfahren lassen — ahnend, daß dieser reine Tor die tödliche Gefahr nicht überstehen würde, der er sich mit leidenschaftlichen, anarchistischen Reden von der

Freiheit des Menschen, von seinem Recht auf revolutionäre Taten entgegenstemmen wollte — blindgläubig vom Alkohol und seinen eigenen Wunschträumen. Als dann die KZ und nicht die Revolution in Deutschland Wirklichkeit wurden, haben sie diesen reinen Toren auf glühenden Herdplatten tanzen lassen — „Tanz nur, du russischer Bär, tanze!" —, bevor sie ihn erschlugen.

Hitler — deutscher Reichskanzler! Göring — preußischer Innenminister!

In ganz Österreich, von der Partei dazu aufgerufen, strömten die roten Massen auf die Straße, ihre Entschlossenheit bekundend, niemals den Sieg des Faschismus zuzulassen. Auf der Ringstraße wurde gegen „Hitler und Hunger", gegen den „Faschismus in aller Welt" demonstriert. Der Schutzbund marschierte in solcher Stärke und Geschlossenheit auf, als wäre der Mobilmachungstag des österreichischen Proletariats angebrochen.

Im Januar, noch vor Hitlers Machtantritt, hat es bei uns eine das Parteivolk und die internationale Öffentlichkeit alarmierende Affäre gegeben, den sogenannten Hirtenberger Waffenskandal. Dabei trat offen zutage, was ohnehin schon lange vermutet wurde: Österreich war zum Waffenumschlagplatz für den internationalen Faschismus geworden. Mussolini bediente sich für den Waffenschmuggel nach Ungarn, wo sein Gesinnungsfreund Gömbös saß, des Multimillionärs und obskuren Schiebers Mandl und des Fürsten Starhemberg, beide lüstern nach guten Geschäften und abzuzweigenden Gewehren und Maschinengewehren für die Heimwehr. Die Regierung Dollfuß kam dadurch vor aller Welt in eine höchst peinliche Situation. Denn österreichische Eisenbahner, das heißt Sozialdemokraten, hatten den Waffenschmuggel aufgedeckt, und als im Verlauf der Affäre bekannt wurde, daß an dem Obmann der Eisenbahnergewerkschaft, König, sogar ein Bestechungsversuch unternommen worden war, wäre es fast zum Sturz der Regierung gekommen, die nur mit einer einzigen Stimme die Mehrheit im Parlament besaß. Aber Dollfuß schwindelte sich geschickt über die Blamage hinweg. Die Ereignisse in Deutschland — der Reichstag brannte lichterloh, „die Kommunisten haben ihn angezündet", Massenverhaftungen, der braune Terror gegen die Arbeiterorganisationen — steiften ihm den Rücken. Was der Österreicher Hitler im Reich draußen zuwege brachte, wird im eigenen Land doch auch gelingen! Ein erfolgloser zweistündiger „Demonstrationsstreik" der Eisenbahner gegen die Regierungsvorlage, ihre monatlichen Bezüge in drei Raten auszubezahlen, wurde im Schicksalsmonat März zum auslösenden Faktor des Generalangriffs auf die lästige Demokratie.

Die Regierung forderte die Maßregelung und Bestrafung der „Schuldigen". Es kam zur Kampfabstimmung — und nun ereignete sich alles so schnell und undurchschaubar wie bei einem Taschenspielertrick: Als man die Stimmzettel auszählte, blieb die Regierung in der Minderheit; doch eine Stimme — die *eine* Stimme, die die Vorlage zu Fall gebracht hatte — war nicht persönlich abgegeben worden. Der dazugehörige sozialdemokratische Abgeordnete saß auf der Toilette! Die stellvertretende Stimmabgabe eines roten Kollegen wurde nicht anerkannt. Im daraufhin entstehenden Wirbel traten alle drei Nationalratspräsidenten, zuerst Karl Renner, zurück, und unversehens standen die Sozialdemokraten, die immer verfassungstreuen, vor der grotesken Situation, daß die Bretter ihres jahrelangen Kampfbodens einstürzten. Denn ohne Nationalratspräsidenten gibt es keine Sitzung des Parlaments, keinen, der sie einberufen, eröffnen und auch schließen kann. Die Sozialdemokratie versuchte zwar wenige Tage darauf nochmals einen Taschenspielertrick, behauptete, im Trubel sei die letzte Sitzung gar nicht geschäftsordnungsgemäß geschlossen worden, sei also eigentlich noch im Gange, und wenn diese Version von der Dollfuß-Regierung nicht akzeptiert würde, so gäbe es noch eine weitere: der dritte Nationalratspräsident, der Großdeutsche Strasser, hatte sich bereit erklärt, das Parlament einzuberufen. Jedermann wußte, daß die Regierung alles unternehmen würde, die Parlamentssitzung zu verhindern, gegebenenfalls mit Gewalt. So betrat eine halbe Stunde vor dem angesetzten Termin die sozialdemokratische Parlamentsfraktion auf leisen Sohlen den leeren Saal, Strasser eröffnete und schloß die Sitzung in einem Aufwaschen. Drei Minuten hatte das Ganze gedauert. Damit hatte zwar die Sozialdemokratie erreicht, was sie wollte: der Regierung Dollfuß den „Schwarzen Peter" zuzuspielen. Aber das Parlament blieb endgültig ausgeschaltet. Nur der Bundesrat, das letzte Überbleibsel der Demokratie, tagte noch dann und wann.

Wir, die wir in jenen Märztagen uns eins und entschlossen mit der Partei empfanden, mit den sozialistischen Massen, die spürten, „jetzt ist die Stunde gekommen, um ein autoritäres, faschistisches Regime zu verhindern; wenn man uns zum Kampf ruft, sind wir zu allem bereit!" Der Schutzbund lag in Bereitschaft, in den Sektionen und Bezirkslokalen warteten die Menschen mit ungeheurer Spannung auf das Kampfsignal, das doch jetzt kommen mußte — wir alle empfanden diese drei Geisterminuten als eine schmachvolle Komödie!

Der Austrofaschismus lachte sich ins Fäustchen, regierte von da ab mit Hilfe des sogenannten „kriegswirtschaftlichen Ermächtigungsgesetzes" aus dem Jahre 1917, erließ ein Versammlungsverbot, stellte die

Presse unter Vorzensur, führte Haussuchungen in Parteiheimen durch, kämmte den Schutzbund nach Waffen ab, nahm Verhaftungen vor. Am 30. März wurde der Schutzbund aufgelöst.

Es wäre ungerecht, zu sagen, daß die sozialdemokratische Parteiführung nicht auf ihre Weise versucht hätte, in die Waagschale des politischen Kräftemessens das zu werfen, was sie das „Gewicht einer großen, einigen Arbeiterpartei" nannte, die zu Klassenbewußtsein und Disziplin erzogen worden war. Aber sie wollte nicht wahrhaben, daß eine historische Stunde mehr von ihr verlangte: die Entschlossenheit, ihre Waffen zu gebrauchen und die revolutionäre Initiative in den Betrieben, im Schutzbund gegen den Austrofaschismus einzusetzen. Otto Bauers Parole „Wir werden mit dem Wort kämpfen" und die von Karl Seitz, dem Statthalter der roten Hochburg, „Die Gewehre sind uns heilig", erschienen uns angesichts des Angriffs auf alle staatsbürgerlichen Freiheiten, auf die Errungenschaften des österreichischen Volkes, als leere Phrasen.

„Wie lange werden wir uns das noch gefallen lassen müssen?" — fragten die Vertrauensleute der Partei, der Gewerkschaften, die Schutzbündler (sie mußten sich jetzt unter dem Namen „Ordner" tarnen). „Wann endlich wird die Partei uns zum offenen Kampfe rufen?" Sie tat es nicht — nicht einmal dann, als der Kampfwille der breiten sozialistischen Massen nur noch in einigen einzelnen Schutzbundgruppen lebte, die dann im Februar 1934 zu einem letzten Akt erbitterter Gegenwehr antraten.

In jenen Drunter-und-drüber-Wochen nach der Schreckensbotschaft: „Hitler ist deutscher Reichskanzler!", da jeder Tag und vor allem die Nächte eine neue Hiobsbotschaft brachten (so auch den späten Anruf aus Graz, daß „etwas mit Otto passiert sei"), hat ein falscher Hohenzollern-Prinz aristokratische Gelassenheit in unserer Wohnung verbreitet.

Ernst hatte ihn mir mit den Worten vorgestellt: „Du kennst doch die Söhne des deutschen Kronprinzen — hier ist einer, aus Deutschland geflohen, und Wieland Herzfelde bittet uns, ihn aufzunehmen." Seither war Harry Domela, Held der köstlichsten Köpenickiade, die das Nachkriegsdeutschland erlebte, unser Hausgenosse. Wie es dazu gekommen war, daß ein armseliger, verkommener Landarbeiter aus Ostpreußen, von Natur ausgestattet mit dem blaßblonden Flair eines homosexuellen Kadettenschülers, als „Kronprinzensohn inkognito" eine kurze Glanzzeit in höchsten Adels- und Korpsstudentenkreisen erleben konnte — mit dieser grandiosen Hochstaplergeschichte und dazu den Elendserzählungen aus seiner Jugendzeit und politischen Gesprächen verkürzten wir uns die langen Abende. Harry Domela schien sich recht wohl bei uns zu fühlen — fast zu wohl für Ernsts und meinen Geschmack. Als er anfing, im Café Museum auf unseren Namen hohe Zechen setzen zu lassen, war es angebracht, „Seiner Hoheit" einen Ortswechsel nahezulegen.

Die Lage spitzte sich zu. Der Chauffeur, der Ernst am Abend von der Redaktion nach Hause brachte, trug seit neuestem zur Sicherheit seines Fahrgasts eine Pistole. Die Nazis hatten einen Grund mehr gefunden, sich die Fischer aufs Korn zu nehmen. Seit März saß Otto im Grazer Landesgericht in Untersuchungshaft. Im nächtlichen Plakatkrieg, bei dem es darauf ankam, die eigenen politischen Plakate zu schützen und die des Gegners klebefrisch abzureißen, war es, wie schon häufig, zu einem tätlichen Zusammenstoß eines Nazitrupps mit linken Jungfrontlern gekommen. Dabei wurde der berüchtigte Nazirowdy und Messerstecher Joseph Kristandl erschossen, Otto als vermutlicher Täter verhaftet. Nach anfänglich hartnäckigem Leugnen gab er es zu. Unter Mordanklage gestellt, erwies sich seine Verteidigung, es habe sich um reine Notwehr gehandelt, als erfolgreich. Das Strafurteil wurde daher nur wegen „Überschreitung der Notwehr mit tödlichem Ausgang" ausgesprochen.

Für die Nazis wurde es der „Fall Horst Wessel" auf österreichischem Boden.

Brüderliche Kampfgemeinschaft trennte mich jetzt von jenem andern Schwager auf Schloß Rauenstein, dessen Geige nicht aufgehört hatte, in meinem Herzen weiterzuspielen. Konnten er und Fely, konnten meine vielen Freunde in Deutschland die grausigen Dinge gutheißen, den Teufelsspuk, der in wenigen Monaten offenbar über ein ganzes Volk die Oberhand gewann?

In nächtelangen Diskussionen und Gesprächen im engen Kreis warfen wir immer wieder die Frage auf, wie es zu einer solchen Massenhysterie kommen konnte. Mit einer marxistischen Analyse allein war das nicht zu erklären.

Ein junger Mann in unserem Freundeskreis, Elias Canetti, lag ständig auf der Lauer, dem Phänomen „Mensch und Masse" auf die Spur zu kommen. Seine Gedanken waren stets so originell und in einer Sprache formuliert, daß man bei jedem Gespräch mit ihm das erregende Erlebnis hatte, die menschliche Welt, die menschliche Gesellschaft von einer Seite her zu sehen, wie sie niemand außer ihm sah — gewissermaßen die Rückseite des Mondes. Breithüftig, klein und gedrungen, ein Schnurrbärtchen über dem gespanntesten Mund, den ich je an einem Menschen beobachtet habe, und die schärfsten Augen hinter einer großen Brille, schien er mit seinem großen runden Kopf geradezu physisch zu Geheimnissen vorzustoßen, die im Unbewußten des Menschen liegen und von denen wir glaubten, daß Freud sie in seiner Psychoanalyse, Alfred Adler in der Individualpsychologie schon aufgedeckt hätten. Er war ein Menschenfresser, und man hatte Mühe, nicht von ihm verschlungen zu werden. Die Großstadt war sein Jagdgebiet. (Ich weiß heute noch nicht, ob er jemals einen richtigen Wald betreten hat.) Da er den ganzen Tag und die halben Nächte auf der Jagd nach Menschen war, von Begegnung zu Begegnung, und zwischendurch dem Zufall vertraute, der ihm die verschiedensten Opfer über den Weg laufen ließ, hatte er immer etwas zu fressen. Man müßte die ausgefallensten Berufe, alle Altersklassen, sozialen Schichten, die Bildungsstufen vom Analphabeten bis zum Enzyklopädisten, die landläufigen und allerseltensten Krankheiten und Leiden physischer und psychischer Art aufzählen, um auch nur einigermaßen zu der Fülle von Menschenspezies zu kommen, die Canetti zu konsumieren imstande war. Oft gelang es ihm, mit einem einzigen Zubiß Herz und Nieren bloßzulegen, und er ergötzte sich sowohl am Knochenmark wie am Gehirn seiner Opfer. Dabei kam ihm die einzigartige Fähigkeit zustatten, in jedem das Gefühl zu erwecken, noch niemals so bis in die geheimsten Abgründe seiner Seele, bis in die letzte Faser begriffen worden zu sein wie von diesem Menschenjäger. Ja mehr noch: Canetti vermochte aus den Menschen Dinge hervorzuholen, Begabungen, Erlebnisse, Erinnerungen, Gedanken und geheime Wünsche, von denen jene gar nicht gewußt hatten, daß sie in ihnen vorhanden waren. So fühlten sie sich nicht nur durch seine gierige Aufmerksamkeit gehoben, sondern über sich hinausgehoben, in die berauschend dünne Luft hinein, in der nur ein einmaliges Wesen, zu solchem Höhenflug befähigt wie kein anderer Erdenwurm, zu atmen vermag. So merkten sie gar nicht, daß sie eben aufgefressen worden waren, sich selbst in den unersättlichen Magen des Menschenfressers Canetti gestürzt hatten, der sie nur um ihrer Wiederauferstehung willen — auf Notizblättern, die sich zu Büchern, Theaterstücken, wissenschaftlichen Darlegungen verdichteten — verschlungen hatte. So wenig Canetti sonst geizig war — seine Menschen hütete er vor anderen wie ein Geizhals Goldstücke. Er wollte beim Essen allein sein, wenn er die Beute langsam und behutsam abknabberte, und es galt unausgesprochen als besonderer Freundschaftsbeweis, wenn er einen an seinem Mahl teilnehmen ließ. Diese Völlerei im Menschenfraß brachte es leider dazu, daß man ihn oft als unverläßlich empfinden mußte. Er blieb manchmal wochen-, ja monatelang verschwunden, selbst wenn er hoch und heilig versprochen hatte, sich bei einem Treffpunkt einzufinden, in unser Haus zu kommen oder wenigstens zu telephonieren. Das geniale Untier strich unterdessen um irgendeine vollbusige Greißlerin herum, die er insgeheim des Mordes an ihrem Manne verdächtigte (es kann auch eine andere Sondergeschichte gewesen sein), oder um den verbummelten jungen Bildhauer Fritz Wotruba (damals eher genial begabter, aufsässiger Außenseiter denn professoral anerkannter Künstler), oder um den ehemaligen Alkoholschmuggler und Gangster de l'Eglise, der sich von Mexiko auf Oberranna, einem halbverfallenen Schloß in der Wachau, zu einem ruhigen Lebensabend zurückgezogen hatte und der im Geruch von unheimlichen Mordtaten stand — Canetti schwor darauf, daß er ihn einmal habe umbringen wollen —; oder er kreiste Anna Zsolnay ein, die Tochter Gustav Mahlers, die in bildschöner Blondheit, von weißen Gipstupfen übersät, in einem Hietzinger Atelier bildhauerte. Er lief auch hinter dem Rollstuhl eines gelähmten Kleinbürgerburschen her, dem er ungeheuerliche Talente, auch solche erotischer Art, an einer mitleidheuchelnden älteren Lehrerin praktiziert, nachsagte. Es gab nichts am Menschen, wonach es Canetti nicht gelüstet hätte — nicht einmal bodenlose Dummheit, wenn sie sich in Redeweisen manifestierte, die er zu verwenden gedachte. Ja auch nach den konventionellen, üblichen, den Tagein-Tagaus-Menschen, festgefahren auf totem Gleis, angerostet und ausgedörrt, auch nach denen leckte er sich die Lippen ab im Vorgefühl des Genusses, sich ihre Wörter, Stimmfälle, Assoziationen, ihre Gesichte und Geschichten einverleiben zu können.

In mir fand Canetti eine Kumpanin von ähnlicher Unersättlichkeit und Neugier, und ich in ihm den nächst Ernst vertrautesten Freund — gefährlichen Bruder auch, der zum Inzest verlockte.

Elias Canetti war sehr arm. Seine Frau Veza, eine Spaniolin von der poetischen Schönheit der Schwarzen Madonna von Czenstochau, zu der die Polen seit Jahrhunderten in zärtlicher Scheu aufblicken, und von der gleichen Ausstrahlung, trug die Hauptlast einer kärglichen Existenz. Er hatte nur *eines* verschwenderisch zu seiner Verfügung — Zeit —, und er verwendete sie nicht allein zum Menschenfraß, gleich gierig fraß er auch Bücher in sich hinein, war immer, meist früher als andere, der Literatur auf den Fersen, der Wissenschaft. Zum Marxismus allerdings hatte er so wenig Beziehung, daß Ernst ihn mißbilligend verdächtigte, Karl Marx überhaupt nicht gelesen zu haben — eine Unterlassungssünde, der er sich offenbar gerne schuldig machte, weil es ihm wichtiger schien, keine „Sünde wider den eigenen Geist" zu begehen. Trotzdem bin ich überzeugt, daß er Marx sehr wohl gelesen hat. Denn was las Canetti nicht alles für seinen Königsgedanken, für sein „Mensch und Masse", das Werk, dem er nach Jahren den erweiterten Titel „Masse und Macht" gegeben hat und das ihn neben dem Roman „Die Blendung" als bedeutenden Denker und Schriftsteller unserer Zeit ausweist. Schon damals haben diese Werke in seinem Kopf und teilweise auch auf dem Papier Gestalt angenommen. Er lebte mit ihnen, verlor sie keine Minute aus den Augen, auch nicht im Gespräch über anderes, hielt an ihnen fest, kehrte immer wieder zu ihnen zurück, erzählte von seinen Helden, als ob sie sich ihm dauernd mitteilten, las vor. Das Problem der menschlichen Eitelkeit umkreise er wie ein Hund seinen versteckten Knochen; beroch es von allen Seiten, scharrte es hervor, beobachtete die Menschen daraufhin, fand es — ungern, aber doch — in sich selbst und kämpfte in immer neuen Varianten um künstlerisch und gedanklich gültige Darstellung. Schließlich kam er auf einen „Baumeister, der sich sein Haus aus lauter Spiegeln baut". Wir haben gemeinsam nächtelang mit den Personen gelebt, die dann in „Blendung" Gestalt annahmen; haben mit Peter Kien Bücher aufgeschichtet, ihn zwischen ihnen sein seltsames Leben verbringen lassen und dem Haß der Haushälterin Therese immer neue Züge verliehen.

Beim Werden seiner Bücher und Stücke habe ich Canetti — und durch ihn wie nie zuvor den geistig schöpferischen Menschen überhaupt — lieben gelernt.

Im November 1933 proklamierte die Dollfuß-Regierung das Standrecht, das bedeutete die Wiedereinführung der Todesstrafe. Mit dieser Maßnahme, vordergründig gegen die Nazis gerichtet, und Hunderten Verordnungen auf Grund des kriegswirtschaftlichen Ermächtigungsgesetzes, verfassungswidrig und ungesetzlich ihrem Wesen nach, zielte Dollfuß darauf ab, die sozialistischen Massen einzuschüchtern und kampfunfähig zu machen, bevor es zu den letzten vernichtenden Schlägen gegen die Sozialdemokratie kommen würde. Nach außen war es ein Zweifrontenkrieg gegen die Roten und gegen die Braunen. Wie verhängnisvoll sich dieser Zweifrontenkrieg auswirkte, hat die Geschichte gezeigt. Die Nazis begegneten ihm mit Terrorakten, Überfällen auf jüdische Geschäfte, mit Anschlägen auf Fernleitungen, Eisenbahnbrücken — und mit weißen Wollstrümpfen, die sichtbar machen sollten, daß sie sich „nicht unterkriegen lassen". Die „Arbeiter-Zeitung" erschien immer häufiger mit großen weißen Flecken, Folgen der Vorzensur. Ihre Redakteure mußten lernen, anzugreifen ohne anzugreifen. Die Suche nach Schutzbundwaffen machte vor dem zentralen Parteihaus in der Wienzeile nicht Halt. Kein Tag verging mehr, ohne daß es nicht zu Verhaftungen von Arbeiterfunktionären, Betriebsräten, örtlichen Schutzbundführern, zur Schließung von Parteilokalen und Haussuchungen gekommen wäre. Die Heimwehr, zur „Hilfspolizei" avanciert, verhaftete in den Bundesländern rote Bürgermeister, terrorisierte die Bevölkerung — tat, als ob sie schon zur künftigen Alleinherrscherin in Österreich berufen sei. Als Dollfuß im Januar 1934 den Heimwehrführer Major Fey zum Sicherheitsminister machte, womit die Befehlsgewalt über Gendarmerie und Polizei einem Mann ausgeliefert wurde, der im Geruch stand, insgeheim mit den Nazis zu konspirieren, sahen sich die sozialistischen Arbeiter vor die Alternative gestellt, „jetzt oder nie"; entweder es gelingt, noch in letzter Minute mit der geballten Kraft der Partei den grünen und den braunen Faschismus zu schlagen, oder aber die österreichische Arbeiterbewegung geht ebenso schmählich unter wie die in Hitler-Deutschland.

In den letzten Monaten vor den entscheidenden Februarereignissen verloren wir, und mit uns Tausende Sozialisten, jedes Vertrauen zur Parteiführung. Sie war unfähig, der Zermürbungstaktik eines Dollfuß, dieses „Mini-Metternich", etwas anderes entgegenzusetzen als nebulose Drohungen mit irgendwelchen Aktionen („Wenn man sie uns aufzwingt, dann...") — pathetische Bekundung eines bloßen Verteidigungswillens, da es kaum mehr etwas zu verteidigen, sondern nur noch zurückzuerobern, zu erkämpfen gab, mit den altbewährten Waffen des Proletariats: Generalstreik, bewaffneter Aufstand. Uns erschien diese Haltung als Preisgabe des eigenen politischen Konzepts, als verächtliches Zurückweichen vor Konsequenzen, die die Partei zwar auf ihre Fahnen geschrieben hatte, denen sie aber offensichtlich aus Angst vor der großen Verantwortung nicht ins Auge schauen wollte.

Auf zwei großen Parteikonferenzen — dem außerordentlichen Parteitag Mitte Oktober und der Wiener Konferenz Ende November — war die tiefe Beunruhigung über die Abwartepolitik der Partei durch Sprecher der „Linken" zum Ausdruck gekommen. Sie forderten klare Kampfparolen, Beendigung der nervenzermürbenden Bereitschaft, die Organisierung einer Gegenoffensive. Vergeblich! Nicht einmal General Körner, der nach der Auflösung des Parlaments die letzte verfassungsmäßige Bastion des parlamentarischen Systems, den Bundesrat, verteidigte und jede Chance zu einem Ausfall gegen das autoritäre Dollfuß-Regime nützte, fand sich bereit, die Anträge und Resolutionen der „Linken" zu unterstützen.

Auch er kritisierte zwar die Taktik des Parteivorstandes und fürchtete für die „Moral der Truppe"; doch in mehrfachen Gesprächen, die ich, gemeinsam mit Ernst, damals mit ihm führte, berief er sich auf die Notwendigkeit eiserner Disziplin selbst dann, wenn die Führung Schwächen zeige.

Für uns wurde in jenen letzten Monaten ein Mann, ein unbekannter kleiner bulgarischer Kommunist, zum Inbegriff alles dessen, was wir bei unserer eigenen Parteiführung vermißten: Mut, Initiative, Unerschrockenheit, politische Schläue und Zielsicherheit, Vertrauen in die eigene und in die Kraft des internationalen Proletariats. Das alles verkörperte jetzt Georgi Dimitroff, der Held im Leipziger Reichstagsbrandprozeß! Sein Name schrieb sich in unser Gewissen ein.

Die Solidaritätskampagne für Torgler, Dimitroff und die drei mitangeklagten Bulgaren hatte bei uns einen ungeheuren Widerhall gefunden. In all den Versammlungen, die unter Polizeiassistenz doch noch irgendwie stattfanden (wenn wegen allzu aufrührerischer Reden die Versammlung aufgehoben werden sollte, setzte der jeweilige Polizeivertreter sein Kappel auf: das war das Zeichen zum Auseinandergehen; die disziplinierten Arbeiter gingen dann auch, meist unter höhnischem Gelächter, auseinander), löste der Name Dimitroff Begeisterungsstürme aus. Sein Auftreten vor dem Reichsgericht, selbst- und klassenbewußt, angesichts der zu erwartenden Todesstrafe, falls er nicht seine Unschuld und die seiner Genossen am Reichstagsbrand vor aller Welt glaubhaft machen konnte, wurde von all den einfachen Arbeitern als beispielgebend empfunden, und ihre Bewunderung für den Angeklagten, der im Verlaufe des Prozesses zum Ankläger wurde, ließ sie darüber hinaus die politische Lage, in der sie sich selbst befanden, klarer erkennen.

Ich habe damals, nicht mit großer Freude, aber aus Solidaritätsempfinden in meinem Bezirk für die sogenannten „Trutzabonnements" der „Arbeiter-Zeitung" geworben und oft von Parteienttäuschten zu hören bekommen: „An Dimitroff tät ma brauchen, dann wär alles anders ..."

Als dann der Aufstand losbrach, der seit Monaten in der Luft hing wie ein Gewitter, dessen Entladung wir erwarteten, brach er trotzdem unerwartet — für diesen Montag, den 12. Februar 1934, unerwartet — über uns herein. Am Abend vorher waren wir im Kino — zum erstenmal nach vielen Wochen und nach Tagen, in denen sich die Ereignisse überstürzten. Polizei war in das Zentrale Parteihaus in der Rechten Wienzeile eingedrungen, hatte das ganze Gebäude nach Waffen durchsucht, alles von unterst zuoberst gekehrt und trotzdem nichts gefunden. In

Schwechat hoben sie ein großes Waffenlager aus. Die Schutzbundführer Major Eifler und Hauptmann Löw waren daraufhin verhaftet worden.

Am frühen Vormittag kam ein Telephonanruf aus der „Arbeiter-Zeitung" — der letzte. Ernst plötzlich sehr blaß: „Ich muß sofort hinein — in Linz sind schwere Schießereien um das Arbeiterheim im Gange. Bernaschek hat losgeschlagen. Die Schutzbündler lassen sich nicht mehr zurückhalten... Ich glaube, es geht los." Ernst nahm seinen Hut und stürzte weg. Er ist nie wieder in diese Wohnung zurückgekehrt.

Ich zog meinen Wintermantel an, nicht ahnend, welche guten Genossendienste er mir noch erweisen würde. Dann rannte ich nach Unter-Sankt-Veit hinunter zur Wohnung von Karl Münichreiter. Er sollte seine Schutzbundgruppe mobilisieren, er wußte, wo die Waffen lagen. „In Linz haben sie losgeschlagen, Genosse Münichreiter. Wir glauben, es ist so weit..." Er sagte nur: „Ihr könnt euch auf mich verlassen, Genossin Fischer."

Es waren die letzten Worte, die ich von ihm hörte.

Dann rannte ich weiter, am Tennisplatz vorbei, in die Auhofstraße hinüber, zu einem alten Genossen, einem revolutionären Haudegen aus den Umsturztagen 1918. Er schlief seinen Rausch vom Sonntag aus und war kaum aus dem Bett zu bringen. Noch einmal, zum letztenmal, in die Wohnung zurück. Unterwegs, zwischen zwei Haltestellen, stand eine verlassene Straßenbahn.

Der 12. Februar war feucht, kalt und grau.

Rosa heulte, Ernst hätte angerufen, er käme nicht mehr nach Hause, ich möge sofort ein Taxi nehmen und in das Café an der Hietzinger Brücke kommen. In ein Café — jetzt? Ist alles abgeblasen — nur ein Scheinalarm? Der Hund wollte mit, bellte an der Gartentür hinter mir her. Zwei Monate später erst wird er wieder an mir hinaufspringen, selig, daß es das Frauerl doch noch gibt.

Die Straßenbahn stand noch immer verlassen zwischen den Haltestellen. Im Café herrschte normaler Betrieb. Die Leute tranken ihren Kaffee, lasen die Zeitungen. Sogar die „Arbeiter-Zeitung": „Generalstreik in Frankreich!" Es war ihre letzte Nummer in Wien. Elfeinhalb Jahre wird es dauern, bis sie wieder erscheint.

Wir tuscheln in einer Ecke mit ein paar Genossen. Was tut die Partei? Ist der Generalstreik ausgerufen worden? Der Schutzbund mobilisiert? Ernst war nicht bis zum Parteihaus durchgekommen. Die Polizei hatte schon den ganzen Häuserkomplex zerniert. Trotzdem wußte er einiges. Generalstreik — ja. Schutzbund — ja. Nur werden offenbar die Schutzbündler, noch während sie die versteckten Waffen hervorholen, von der

Polizei angegriffen, Gemeindebauten und Arbeiterheime unter Beschuß genommen. Im Reumannhof sind angeblich schwere Kämpfe losgebrochen. Dort in der Nähe ist auch die zentrale Kampfleitung. Ernst wird versuchen, durch die Polizei hindurch zu ihr vorzudringen. Vorher wollen wir ein Flugblatt für unsern Bezirk herausbringen. Arpad Haas, ein kommunistischer Freund, weiß in der Nähe eine Schreibmaschine, Matrizen und einen Abziehapparat. Warum haben wir nie daran gedacht, daß so etwas einmal notwendig sein würde! Ernst schreibt in fliegender Hast zwischen Kaffeelachen — ich besorge das übrige in einer düsteren Hofwohnung, wo völlig ratlose Menschen beisammenhocken und warten. Worauf? Einen Packen Flugblätter stecke ich zwischen den Maulwurfbesatz und das Stoffutter meines Wintermantels. Wir lachen, wie hoch mein Busen anschwillt. Die Genossen sind plötzlich voller Aktivität. Sie rennen auseinander, andere Sektionen aufzurufen: „Der Kampf beginnt!" „Unterstützt den Schutzbund!" „Hinaus auf die Straße!" Ein Taxi bringt mich wieder nach Unter-Sankt-Veit zurück, die altgewohnte Strecke. Polizei stoppt den Wagen. „Aussteigen! Weitergehen nur auf eigene Gefahr!" Also stimmte es doch, das Gerücht, das uns aufgeschreckt und mich veranlaßt hat, noch einmal hierherzukommen zu dem Tennisplatz, wo zwischen den beiden Spielfeldern die Holzbaracke stand, in der wir unsere Sektionsabende abhielten.

Der Kampf mußte eben zu Ende gegangen sein. Ich kam gerade noch dazu, als sie die Toten und Verwundeten wegschleppten. Pulvergeruch lag über dem baumumstandenen Platz, auf den gelben Sandflächen zerflossen Blutlachen. In Rettungs- und Polizeiwagen wurden Menschen verladen. Ich machte kehrt, wie auf schlechter Tat ertappt.

Karl Münichreiter und seine Schutzbundgruppe hatten der Polizei und Heimwehr einen verzweifelten Kampf geliefert. Beim Hervorholen der Waffen, beim Aufbrechen der Gewehr- und Munitionskisten, die unter dem Bretterboden der Holzbaracke verborgen lagen, wurden sie schon umzingelt, beschossen, zur Übergabe aufgefordert. Zwischen den hohen Drahtgittern eingeschlossen, wie in einem Käfig, kapitulierten sie nicht. Trotz der Aussichtslosigkeit der Gegenwehr. Karl Münichreiter fiel dem Gegner schwerverwundet in die Hände. Er lag auf der Krankenbahre, als ihn am Tag darauf das Standgericht zum Tod verurteilte. Der erste Februarkämpfer, dem sie die Schlinge um den Hals gelegt haben, konnte unter dem Galgen nicht aufrecht stehen. Aber er hatte noch die Kraft für ein allerletztes Wort: „Es lebe der Sozialismus! Freiheit!"

Auf der Fahrt nach Ottakring fielen schon kalte abendliche Nebeldünste auf die Straßen und Gassen. Je näher wir zum Arbeiterheim kamen, unserem Ziel, desto weniger Licht in den Häusern und kaum mehr hastige Gestalten an den Mauerwänden entlang. Wir hörten ein paar Schüsse knallen, einige Männer liefen uns entgegen und hielten das Taxi auf: „Nicht weiterfahren! Sie belagern das Arbeiterheim — alles ist abgesperrt, ihr kommt nicht mehr durch!" Ein Schutzbündler berichtete, daß Albert Sever, der alte sozialdemokratische Bezirksobmann, die Kampfleitung übernommen habe, daß seine Frau schwer verletzt sei. „Der Sever! Dieser alte Reformist und Bremser — das hätte ich nicht von ihm erwartet...", sagte Ernst.

Bis zum Morgen des 13. Februar dauerte der Kampf zwischen Militär und Schutzbund um das Ottakringer Arbeiterheim an. Die Regierungstruppen setzten Gebirgskanonen, Haubitzen, Minenwerfer und schließlich sogar einen Polizeitank ein, bevor sie in das völlig zerstörte Gebäude eindringen konnten. Die überlebenden Schutzbündler entkamen durch das unterirdische Kanalsystem.

In Elias Canettis Wohnung in der Ferdinandstraße im 2. Bezirk jenseits des Donaukanals haben wir die erste Nacht verbracht. Ich war zu Fuß dorthin gelaufen, durch die Innere Stadt. Am Ring riegelten sogenannte spanische Reiter, hinter denen schwerbewaffnetes Militär stand, die großen Einfallsstraßen ab. Aber einzelne Fußgänger, noch dazu harmlose Frauen wie mich, ließen sie passieren.

Der Menschenfresser hatte sichtlich keinen Appetit auf uns. Die Gegend sei unsicher, die Wohnung vielleicht bespitzelt. Mir schien, ihn gelüstete es nach Helden, die im Morgengrauen an einer Wand stehen und todesmutig in Gewehrläufe blicken, und nicht nach zwei zufluchtsuchenden Freunden, denen die Angst vor einer unabwendbaren Katastrophe in den Knochen saß. Wir wollten es uns nicht recht eingestehen, doch die Tatsache, daß es zu keinem Generalstreik gekommen war, die roten Massen sich nicht gemeinsam mit den Schutzbündlern zum bewaffneten Aufstand erhoben hatten, ließ schon in den ersten zwölf Stunden das befürchten, was nach drei Tagen tragische Wirklichkeit wurde.

Wir horchten in die Nacht hinaus, orientierten uns am fernen Kanonendonner, welcher Gebäudekomplex nun im Kampf stand. „Das ist der Karl-Marx-Hof... das kann nur der Schlinger-Hof sein... ist das nicht der Nordbahnhof?" Aus dem Radio erfuhren wir, daß es in großen Teilen des ganzen Landes, in der Steiermark, im Salzburgischen, in den oberösterreichischen Industriegebieten zu erbitterten Kämpfen gekommen war, „...die an einzelnen Stellen noch anhalten". Jedoch: „Die Regierung ist vollkommen Herr der Lage!" Und: „Otto Bauer und Julius Deutsch sind geflohen!" Wir glaubten es nicht. Aber daß die

Schutzbündler auf sich allein gestellt waren, ohne zentrale Führung, deren Aufgabe es gewesen wäre, den Kampf auf Leben und Tod politisch und militärisch zu koordinieren — die Ereignisse selbst bestätigten es sichtbar, hörbar, spürbar, von Stunde zu Stunde mehr. Am Morgen erschienen die Zeitungen. Nicht einmal die Setzer streikten, die sozialistische Arbeiterelite! Ich lief kreuz und quer durch die fremden Gassen des Bezirks und trommelte ein paar Genossen von der Linken zu einer Sitzung zusammen. Walter Wodak war dabei, der heutige österreichische Botschafter in Moskau. Sein intelligentes Mausgesicht, grau und erschreckt, steht mir noch vor Augen. Wir formulierten ein neues Flugblatt: „Verschanzt euch nicht in den Häusern!" Mit der Matrize unterm Maulwurfsbesatz fuhr ich nach Favoriten hinaus, in den größten Arbeiterbezirk, wo es viele Anhänger unserer Linken gab.

Auf dem Laaer Berg, in der großen geschlossenen Gemeindesiedlung, hatte die Linke den stärksten Zusammenhalt und, wie es sich erwies, unter Führung von Walter Fischer und Ing. Brüll auch die richtige militärische Taktik: Die Schutzbündler verbarrikadierten sich nicht in den Häusern, sondern hoben gegen die Stadt zu Schanzen aus und hielten sie, größere Kampfstärke vortäuschend, besetzt, so daß die Regierungstruppen vorerst zögerten, den Angriff zu eröffnen. Mit einer halben Heeresmacht, an der Spitze General Schönburg-Hartenstein, der Heeresminister, sind sie dann gegen den Laaer Berg, das letzte „rote Bollwerk", vorgegangen. Nur auf ein allgemeines Amnestieversprechen hin räumten die Schutzbündler am dritten Kampftag ihre Stellungen.

Es gelang mir, noch vor den ausbrechenden Kämpfen unseren Genossen Brüll in seiner Gemeindewohnung bei der „Spinnerin am Kreuz" zu erreichen und ihm die Matrize für das Flugblatt zu bringen. Er sagte: „Die Eisenbahner lassen uns im Stich. Ihr müßt drinnen alles tun, daß die Eisenbahner in den Streik treten. Wenn die Züge stillstehen, werden wir siegen!"

Doch die Züge fuhren. Die Eisenbahner konnten ihre Niederlage vom März 1933 nicht vergessen.

Am Nachmittag des 13. Februar sehe ich uns in einem Kreis von ausländischen Journalisten sitzen — im Café Museum. Unweit der Oper, weit vom Schuß und in nächster Nähe von Polizei und Militär. Sie hätten den Fischer leicht schnappen können. Über drei Tische hinweg rief ihm die Lyrikerin Klara Blum zu: „Ich muß dringend mit dir reden, Genosse Fischer! Bei meinem letzten Gedicht hat sich die ‚Arbeiter-Zeitung' etwas Unglaubliches geleistet..." Ich stürzte zu ihr hin: „Halten Sie den Mund, Sie Kuh! Haben Sie jetzt nichts anderes im Kopf als

Ihre blöden Gedichte?" Die Journalisten wissen, wer von den führenden Parteileuten schon verhaftet wurde. Unser Bürgermeister Karl Seitz, General Körner — ich muß mich um Tante Netka kümmern, aber es wäre unsinnig, jetzt in die Mahlerstraße zu laufen, später, wenn's noch möglich ist ...

Elfeinhalb Jahre später war es wieder möglich. Doch da wohnten schon andere Menschen drin.

Herbert Mayenburg nahm uns ohne viel Gerede für die nächsten zwei Nächte und Tage auf. In seiner abgelegenen Villa in Mauer warteten wir das Ende ab — ich noch immer von einer vagen Hoffnung genährt, die Tschechoslowakei würde eingreifen. Wir glaubten, ein Flugzeug gesehen zu haben, das Flugblätter abwarf. „Haltet durch — wir bringen Hilfe!" Eines von den vielen Gerüchten, die durch die Stadt geisterten, während das normale Leben weiterging und in den Außenbezirken die letzten Schüsse fielen.

Aus dem Radio erfahren wir, was mit Otto geschehen ist. Ein Telephongespräch mit Graz bestätigt die Nachricht. Bei den ersten Kampfhandlungen am Montag schon fiel er schwer verwundet dem Gegner in die Hand, wie Münichreiter. Man hat ihm das Bein amputieren müssen, bis zum Knie. Auch ihm droht jetzt das Standgericht, der Strick um den Hals. Ob sie es wagen werden, noch einen Schwerverletzten unter den Galgen zu bringen?

Der deutsch-nationale Professor Walzel bewahrte Otto vor dem Standgericht, indem er sich weigerte, den Frischoperierten aus dem Grazer Landeskrankenhaus der Justiz auszuliefern. Und Otto selbst trug das Seine dazu bei. In der entscheidenden Nacht, als zwei Polizeidetektive vor der Tür seines Krankenzimmers wachten, um ihn am nächsten Morgen abzuführen, spielte er, auf den Rat eines jungen Arztes hin, den Wahnsinnigen. Spielte sich und den Horchern an der Wand die grausigste Szene vor: die letzten Minuten des Todeskandidaten unter dem Galgen, das namenlose Entsetzen, das Sichklammern an den letzten Fetzen Leben.

Nach dem Abbruch der Kämpfe in Wien fuhr ich nach Prag. Erste Klasse Schlafwagen, mit meinem tschechischen Mädchenpaß und ohne Gepäck. Ernst mußte sich weiter in Wien versteckt halten, untergeschlüpft bei meinen alten Freunden Hans Schlesinger und Cilly Wang, bis ich ihm einen Paß aufgetrieben hatte, mit dem er sicher über die Grenze fuhr. Als er drei Wochen später auf dem Masarykbahnhof aus dem Zug stieg, Haare und Augenbrauen schwarz gefärbt, mit einem englischen Bärtchen, erkannte ich ihn kaum.

Die Zeit der falschen Pässe, der illegalen Ein- und Ausreisen, der gefährlichen Fahrten durch die europäischen Länder war angebrochen. Meine erste Fahrt ging wenige Wochen später wieder nach Österreich zurück: als Mitglied der Kommunistischen Partei Österreichs, nach dem Zusammenbruch der Sozialdemokratie nun unsere einzige Hoffnung, den Kampf weiterzuführen. Zu ihr, der unbedeutenden, kleinen Partei, stießen jetzt mit uns auch Hunderte von den Tausenden Schutzbündlern, die in die Tschechoslowakei — teils sogar mit ihren Waffen und Fahnen — geflüchtet waren. Die tschechischen Arbeiterorganisationen haben sie als Helden aufgenommen; die tschechischen Behörden sahen in ihnen nur eine Massenemigration, die man unter guter Kontrolle halten und in Lager stecken muß.

Ernst und ich waren noch einige Tage in meinem Elternhaus in Teplitz gewesen. Mama umfing mich: „Mein armes Kind." Mein Vater: „Ihr werdet jetzt einiges brauchen — wieviel für den Anfang?" Meine älteste Schwester Xilly mit kühl verschlossenem Gesicht: „Du kannst einen Pack Strümpfe von mir haben, die ich der Emmy geben wollte." Emmy war ihr Stubenmädchen. Mein Bruder Wolfi gab widerwillig einen von seinen zwei Dutzend Anzügen heraus. „Muß das sein? Wozu haben sie eigentlich ihre Genossen?"

Ich fuhr nach Wien, um die ersten illegalen Verbindungen aufzunehmen, Ottos Flucht aus dem Grazer Inquisitenspital mit vorzubereiten und meinen Hund zu holen. In diesen zwei Wochen illegalen Aufenthaltes in Wien und in Graz hat mir das Leben einen Schnellkurs eigentlich in allem erteilt, was für das Durchstehen der kommenden Jahre von Nutzen wurde. Zwischen einigen Rendezvous, die jetzt „Treffs" hießen, mit sozialistischen und kommunistischen Genossen, wagte ich mich wie ein Dieb zu unserer Wohnung. Die Fensterläden geschlossen, die Eingangstür nach der Haussuchung polizeilich versiegelt. „Können Sie auch in der Nacht einen Möbeltransport durchführen?" rief ich die größte Speditionsfirma, Schenker & Co., an. „Ja, warum nicht, wenn die Nachtarbeit bezahlt wird. Wann würden Sie denn den Möbelwagen brauchen und wie viele Leute dazu?" — „Heute um Mitternacht. Ober-Sankt-Veit. Veitlissengasse 3. Schicken Sie genug Leute, damit es schnell geht!" — „Wohin geht die Rechnung?" Ich nannte einen Nobelrechtsanwalt der Innenstadt, zu dem ich kurz vorher die Verbindung aufgenommen hatte, damit er die Verteidigung von einigen Genossen übernehme, die sich in Haft befanden.

Der Streich gelang. Fast unter den Augen der Polizei, die Wachstube war gleich um die Ecke, räumten Rosa und ich, assistiert von ein paar handfesten, mit Würsteln und Bier bewirteten und zu äußerstem Leisesein angehaltenen Kerlen die Wohnung ratzekahl aus. Bei Sonnenaufgang rumpelte der Möbelwagen um die Ecke, wo unsere jüdische Milchfrau ihr Geschäft besaß, das sie dann nur noch wenige Jahre führen konnte, bis sie nach Auschwitz abtransportiert und vergast wurde.

In Graz fand ich meine Schwägerin Phini genau so wieder, wie ich es von ihr erwartet hatte: tapfer, findig, aktiv, alles daransetzend, die Flucht von Otto glücken zu lassen. Ich hatte sie schon früher besonders gerne gehabt und unter ihrem leicht kleinbürgerlichen Gehaben einen Menschen gespürt, mit dem man, wenn es darauf ankommt, Pferde stehlen kann: verläßlich, verschwiegen, in jeder Gefahr, in jeder Lebenslage besonnen und wissend, was zu tun — ein Prachtkerl. Sie setzte sogar durch, daß ich, zwischen Gittern, mit Otto einige Minuten sprechen konnte. Er verbarg seine Verblüffung, mich zu sehen, und ich meine Erschütterung, ihn als Krüppel wiederzufinden, ausgezehrt von der Haft. Mir war eine politische Botschaft an ihn aufgetragen worden. Unverständlich für den Aufpasser: „Wir sind vom zweiten in den dritten Stock übersiedelt, wegen der besseren Aussicht." Otto verstand die harmlose Mitteilung sofort richtig und nickte zustimmend. Sie bedeutete unseren Übertritt von der Zweiten zur Dritten Internationale — von der Sozialdemokratie zum Kommunismus.

V

Gefeiert, geworben, getrennt

Der Sonderzug, vollgepfercht mit 300 aufgeregten Schutzbündlern, durchfuhr die Strecke von Brünn bis an die polnische Grenze, als flatterte ihm eine weltweit sichtbare rote Fahne voran: „Die Helden des Februar fahren in die Heimat aller Werktätigen!" Auf den Bahnhöfen Menschenansammlungen, Betriebsdelegationen; Blumen werden uns in die Fenster gereicht, Transparente entrollt: „Proletarischen Gruß dem heldenmütigen Schutzbund!" „Es lebe der Sozialismus, es lebe die Sowjetunion!" In Polen werden die Waggons plombiert, bewaffnete Posten fahren auf den Trittbrettern mit. Dem Pilsudski-Regime wäre es wahrscheinlich am liebsten gewesen, wir hätten uns in einen Geisterzug verwandelt, der unbemerkt durch das Land fährt, in dem die rote Fahne verboten ist. Trotzdem säumten außerhalb der Stationen Menschengruppen die Geleise und winkten uns nach. Auch die polnischen Eisenbahner bekundeten ihre geheime Solidarität mit den Männern, die es gewagt hatten, sich dem Faschismus entgegenzuwerfen. Nach ödem Niemandsland endlich Negoreloje, die sowjetische Grenzstation! Hier, wo zwei Welten aneinanderstoßen, wird sogar der Schienenstrang gekappt. Auf breiterer Spur, in großräumigeren Waggons werden wir in den Sozialismus hineinfahren. Die ersten Menschen, die wir zu sehen bekommen, sind wachäugige Grenzer, denen es schwerfällt, eine Amtsmiene aufzustecken: „Brüder, Genossen — willkommen!" Dann irgendwelche Funktionäre, Leute aus Moskau, die uns entgegengefahren waren, Russen, Österreicher, Deutsche. Übernächtige, graue Gesichter — die einen schon mit diesem ernsten, wichtigtuerischen Ausdruck, dem wir später so oft begegneten, die anderen strahlend unter dicken Tränen.

Begrüßung, Ansprachen, ein paar noch winterlich vermummte Leute zwischen den Grenzeruniformen auf dem Bahnsteig. Je weiter wir jetzt ins Land hineinfahren, desto mehr werden es dieser eingemummten Leute, bald scheint es so zu sein, als ob die unendliche, im Abenddunst verschwimmende Weite alle ihre Bewohner hergeschickt hätte an den Rand des Bahnkörpers, um uns bis nach Moskau zu begleiten. In tiefer Nacht, im Morgengrauen, im heraufsteigenden Tag stehen sie rechts und links, wie dunkle Mauern. Der Weißrussische Bahnhof. Die blauen Hemden formieren sich zu einem Zug. „Brüder, zur Sonne, zur Freiheit!" und „Wir sind die Arbeiter von Wien". Vor dem Bahnhof ein rot ausgeschlagenes Podest. Die Lautsprecher werfen kreischend die Reden zurück. Ein junger, kräftiger Russe brüllt auf die Menge ein, dann spricht Heinz Roscher, der helle, blonde Riese, Schutzbundkommandant von Floridsdorf, in unser aller Namen. Ich habe nichts von den Reden verstanden, nur auf die schweigende Masse vor mir hinuntergeblickt, Kopf an Kopf Zehntausende, ein dunkelgrauer, unbeweglicher Menschenblock.

Der erste 1. Mai auf dem Roten Platz. Über Nacht — Sonne, blauer Himmel, die Menschen in grelle Farben getaucht. Viele Stunden mußten wir warten, eingeklemmt zwischen dem Moskauer Volk, das uns vor Jubel und Begeisterung erdrückt hätte, wäre nicht die Miliz dagewesen. „Schutzbundowzi!" Sie tasteten uns ab wie Wundertiere: „Schaut — die österreichischen Helden!" In militärisch geschlossener Formation, zwei Frauen vor den Reihen der Männer, marschierten wir als erste nach der Militärparade an der Ehrentribüne vorbei, umrauscht von einem Beifallssturm, wie ich ihn nie gehört hatte. Es waren die stolzesten Augenblicke meines bisherigen Lebens. In diesen wenigen Minuten glaubte ich mich von nun ab zu allem berufen, was ein „heldisches Leben" ausmacht, und während der Marschtritt mich vorwärtsstieß, klopfte in meinem Herzen ein Schwur, den ich nicht in Worte fassen konnte.

Moskau war zu jener Zeit eine aufregende Stadt. Im buchstäblichen und übertragenen Sinn innerlich aufgewühlt, trug es sein Herz auf der Zunge. Vom Bolschoitheater bis zur Gorkistraße breitete sich ein schmutziggrauer See aus, über den schwankende Bretter gelegt waren: der eben begonnene U-Bahn-Bau zeigte noch freimütig seine technischen Schwierigkeiten. Zwischen Schutthalden und eingefallenen Holzhäusern stampften fröhliche Bauernweiber in Gummistiefeln herum und protzten bei Männerarbeit mit Männerkräften. Woher diese Zerstörungs- und Aufbauwut ihre Kraft hernahm, konnte wohl nur einem Bourgeois verborgen bleiben, der nicht an die „schöpferische Kraft des Proletariats" glaubte und, betroffen von ihrer Häßlichkeit, blind in die blinden Augen der Gipsbüsten hineinblickte, die Marx, Engels und Lenin darstellen sollten. Von roten Tüchern umhangen, setzten sie den Vorbeigehenden davon in Kenntnis, daß sich hier ein Laden befand, in dem es vielleicht etwas zu verkaufen gäbe. Wir glaubten an diese schöpferischen Kräfte und ließen uns von nichts Befremdendem abschrecken, diesen Glauben weiter zu festigen — nicht von der Armseligkeit des äußeren Bildes, der Desorganisiertheit, den langen Schlangen vor den Lebensmittelgeschäften. Aus den Massenquartieren, den verrotteten Häusern einer überwundenen Epoche drang der Gestank von Kraut, schlecht verdautem schwarzem Brot und zerlumpter Kleidung — für uns roch es nach den Blumen des Paradieses einer künftigen klassenlosen Gesellschaft, frei von Ausbeutung des Menschen durch den Menschen. Die Idee überstrahlte die sowjetische Wirklichkeit von 1934.

Daß diese Idee in voller Reinheit nur im Leninismus, im Marxismus sowjetischer Prägung enthalten war — das uns einzuhämmern, mit Hunderten Argumenten, schienen alle Leute bemüht zu sein, die uns leiblich und politisch betreuten. (Die deutschen Emigranten taten sich da besonders hervor.) Wir hatten zwar nach dem ruhmlosen Exodus der deutschen Arbeiterbewegung die revolutionäre Ehre des europäischen Proletariats wiederhergestellt, aber der letzte Rest von Sozialdemokratismus in den Köpfen der Blauhemden sollte der Einsicht weichen, daß alles, was sie bisher gedacht und wonach sie gehandelt hatten, unzulänglich und falsch gewesen wäre, vor allem ihre Langmut einer reformistischen Führung gegenüber, die die Niederlage im Februar herbeigeführt habe.

Die Februarereignisse wurden wie eine große heroische Wunde beleckt. Von uns selbst, die wir unsere Erlebnisse niederschrieben, Resolutionen und Aufrufe verfaßten, im Radio sprachen, bei Meetings und Zusammenkünften mit russischen Arbeitern davon berichteten, und von all den anderen: großen und mittleren Leuten der kommunistischen Internationale, mit legendären, an Revolution, Bürgerkrieg und Rätemacht erinnernden Namen; von Schriftstellern, deren Bücher wir gelesen hatten, wie Tretjakow, Gladkow, Pasternak und anderen. Die Wunde wurde beleckt, solange sie noch frisch war. Friedrich Wolf schrieb gleich an seinem Theaterstück „Floridsdorf", Dutzende Emigranten- und Sowjetschriftsteller schrieben Geschichten über unsere Geschichten. Wären wir dem Rat des ungarischen Schriftstellers Béla Illes gefolgt, der seine

Manuskripte eigenhändig vervielfältigte und an die vielen kleinen Provinzzeitungen als Originalbeitrag verschickte, wir hätten monatelang wie er von einer einzigen Erzählung leben können. „Das ist sozialistische Arbeitsweise!" beschwichtigte er uns.

Von der Gloriole einer heroischen Niederlage war damals auch noch Béla Kun umgeben. An den Kinderschreck aus der Zeit der ungarischen Räterepublik erinnere ich mich respektlos als eines Mannes, der wie ein dicker, aufgeblasener Frosch inmitten der antiken Möbel seiner Wohnung auf bevorzugtem Platze thronte und politische Sentenzen von sich gab, selbstüberzeugt und rechthaberisch gleich den Deutschen und doch von anregenden Gedanken durchspickt. Seine Frau Irene, schön, still, von eigenartiger Damenhaftigkeit, die an eine Revolutionärin aus Petersburger Aristokratenkreisen denken ließ, schien Ängste zu kennen — um ihren Mann, um seine Gesundheit (wie sie sagte) oder um seine Stellung in der Komintern, in der Partei. Etwas Bedrückendes ging von dieser Béla-Kunschen Atmosphäre aus, und sie löste sich erst, als der Sohn hereinkam, ein Bursche von vierzehn, fünfzehn Jahren, das Pioniertuch um den Hals, die Hand zum Pioniergruß erhoben, als schwänge er einen Dolch. Ich bin nie wieder einem so schönen Knaben begegnet. Wie ein Erzengel der Revolution stand er plötzlich da.

Im Haus des österreichischen Gesandten Otto Pohl, in das wir (Hochverräter im Sinne des Dollfuß-Regimes) mehrere Male eingeladen wurden und wo „tout Moscou" zu verkehren schien, war nichts Düsteres zu spüren. Hier lebte noch kultivierte, fast altösterreichische Heiterkeit. Die Atmosphäre von Internationalität, Kultur und Bildung war zwar auch von der Welt- und Sowjetpolitik elektrisch aufgeladen, jedoch nur so weit, daß sie nicht dieses gewisse Insichruhen einer großbürgerlichen Familie, in der gutem Geschmack und künstlerischem Lebensstil eine große Rolle zugewiesen wurde, mit starken Spannungen belud. Otto Pohl galt als der klügste Kopf der westlichen Diplomaten, der früher als alle anderen die Bedeutung der Sowjetunion erkannt und ihr bei den außenpolitischen Bemühungen um internationale Anerkennung entscheidend geholfen hatte. Schon Tschitscherin hat sich seines Rates vor Abschluß des Rapallovertrages bedient und später Litwinow, dem die Aufnahme der Sowjetunion in den Völkerbund gelang. Während seiner langjährigen Amtszeit in Moskau war er so etwas wie eine graue Eminenz für das sowjetische Außenkommissariat.

Seine Stieftochter Lotte Schwarz, ein wildschönes, erotisches und geistiges Temperament versprühendes Frauenzimmer, bewegte sich in dieser Atmosphäre, als fahre sie in der romantischen Troika über das russische „Neuland unter dem Pflug" dahin — hintenauf das ganze intellektuelle Gepäck von Prag und Wien und neben sich die süße kleine Tochter Anjuta, nach deren Vater niemand fragte. Otto Pohl und Lotte Schwarz wurden für uns die besten Mentoren, wenn es darum ging, die Sowjetunion in ihrer Widersprüchlichkeit zu erkennen. Sie redigierten gemeinsam die kulturell und politisch bedeutungsvolle Zeitschrift „Moskauer Rundschau", die im Ausland um Sympathien und Verständnis für das erste Land des Sozialismus warb. Es gab sicher kaum einen der sowjetischen Intellektuellen, ob in der Kultur oder in der Politik, der die Pohl nicht gekannt, nicht bei ihnen verkehrt hätte. Von Lunatscharsky bis Bucharin, von Meyerhold, Wachtangow, Tairow bis zu den Brüdern Umansky, die für die sowjetische Außenpolitik zu Ansehen gelangten.

Außer bei Tee und Sakuski war der Kreis um die Pohl auch bei Badeausflügen in die Umgebung von Moskau zu finden, an denen wir, erste schamhafte Anwandlungen überwindend, ebenso in voller Nacktheit teilgenommen haben wie die übrigen. (Ein Anblick höchster Sittenverderbnis für die Russen, die erstaunlich prüde sind.) Selbst der gewaltige Froschbauch von Béla Kun glänzte bei solcher Gelegenheit an den Ufern der Iskra und der in der deutschen Jugendbewegung zu „kräftig-schönem Wuchse" aufgeschossene Körper des Schriftstellers Alfred Kurella. Ein kommunistischer Siegfried, dem man leicht das Stottern nachsah, weil er noch nicht dem engstirnigen Kulturfunktionär der DDR von heute glich, sondern sich mit nacktem Freimut zu heiklen Problemen des Sozialismus äußerte, sobald der deutsche Kominternmann Fritz Heckert (Friede seiner Asche in der Kremlmauer! Ansonsten ein unangenehmer, anmaßender Patron) weghörte und nur Aug und Ohr für seine Gattin hatte, die neckische Schleiertänze zum besten gab.

Daß der blanke Schild des Marxismus-Leninismus sich schon geraume Zeit mit dunklen Flecken bedeckt hatte, daß es erbitterte Meinungskämpfe innerhalb der bolschewistischen Partei darum gegeben hat, wer eigentlich die Reinheit der Lehre bedrohte — Stalin und seine Anhänger oder die alte Parteigarde, die noch zu Lenins Zeiten an der Spitze stand —, war uns nicht unbekannt gewesen, auch nicht die abgründige Feindschaft zwischen Stalin und Trotzki, der seit Jahren vom Ausland her einen wütenden Kampf gegen seinen Widersacher entfesselte. Nun aber, da wir alles von der Nähe besehen konnten und bei den Diskussionen in diese theoretischen Auseinandersetzungen einbezogen wurden, wurde uns erst so recht bewußt, daß auch nur die mindeste Berufung auf Trotzkis Andenken, der freiwillige oder unfreiwillige Gebrauch von trotzkistischen Formulierungen höchst gefährlich war und den Betreffenden sofort zum Sowjetfeind hätte stempeln können. Wir haben uns dem schleunigst angepaßt, ohne irgendwelche politische Skrupel, denn Trotzkis Lehren von der „permanenten Revolution" und von der Unmöglichkeit des „Sozialismus in einem Lande" hatten sich niemals in unserem Kopf festgesetzt. Ernst hatte sogar vor Jahren ein Stück geschrieben (es wurde im Wiener Carltheater aufgeführt), worin Lenin der positive, Trotzki der negative Held war. Fraktionskämpfe, wie es sie innerhalb des internationalen Kommunismus gab, waren uns etwas Fremdes.

Die Tatsache, daß Karl Radek als Hauptredner in einer Massenversammlung für die Schutzbündler auftreten sollte, schien auch darauf hinzuweisen, daß die alten Anhänger und Freunde Trotzkis gleich ihm so weit wieder auf die offizielle Parteilinie eingeschwenkt waren, daß an ihrer Aufrichtigkeit nicht mehr gezweifelt werden konnte. Die Analyse des Februaraufstandes und die daraus zu ziehenden Konsequenzen aus dem Munde Karl Radeks zu erfahren, erschien uns daher als ein Höhepunkt in der Reihe der offiziellen Meetings, die den Schutzbündlern zu Ehren veranstaltet wurden. Radek sprach deutsch — und enttäuschend. Pathetisch-phrasenhaft, entbehrte seine Rede der Brillanz politischer Gedanken und Formulierungen, die ihn als Redner weit über die Sowjetunion hinaus berühmt gemacht hatten. Mitten in seiner Rede gebrauchte er plötzlich ein Wort, das mir wegen seiner Ungewöhnlichkeit und Bildhaftigkeit aus einer Broschüre in Erinnerung geblieben war, die ich gleich nach den Februarkämpfen in Prag in die Hand bekommen hatte. Ihr Autor war Leo Trotzki, und sie enthielt eine für meine Begriffe vollkommen falsche Beurteilung des Februaraufstandes mit falschen Schlußfolgerungen daraus. Daß Radek dieses Trotzki-Wort „Flugsand" verwendete, genau in jenem Zusammenhang, wie es in der Broschüre verwendet worden war, erschreckte mich so, daß ich Ernst ganz aufgeregt zuflüsterte: „Er ist ein Trotzkist, hörst du das nicht? Er hält uns eine trotzkistische Rede. Weil er deutsch spricht, nimmt er sich nicht in acht!" Der innere Schwur auf dem Roten Platz am 1. Mai vertrug sich nicht mit dem Pathos, hinter dem ich eine verborgen gehaltene Lüge zu spüren vermeinte, eine gemeine Heuchelei. Da muß es noch immer geheime Fäden zwischen den Trotzkisten hier und draußen geben, die sich durch ein einziges gemeinsames Wort verraten! Als dann im selben

Jahr Kirow ermordet wurde, der Freund Stalins, als Parteisekretär der Leningrader Organisation geliebt und verehrt auch von den Schutzbündlern, denen er bei dem so schwierigen Hineinwachsen ins Sowjetleben, in den Arbeitsprozeß große Hilfe erwies, schlich sich nicht der leiseste Zweifel in meine Empörung über diese „schändliche Tat der Trotzkisten" ein.

Von allen anderen damaligen Begegnungen mit führenden Kommunisten gab es eine einzige, die den unauslöschlichen Eindruck von einem großen Menschen, von einer überragenden Persönlichkeit hinterließ — die Begegnung mit Georgi Dimitroff, der kurz vorher aus dem nazideutschen Gefängnis in die Sowjetunion entlassen worden war. Sie fand in einem kleinen Kreis mit Schutzbündlern statt und hatte den Charakter einer brüderlichen Aussprache zwischen Kampfgenossen. Der eine, dem noch die Spuren der Haft anzusehen waren, mit dem leuchtenden Namen eines Helden des internationalen Proletariats, die anderen einfache österreichische Arbeiter. Einer von ihnen fragte Dimitroff: „Wie wird man zu einem solchen Kommunisten, wie du es bist, Genosse Dimitroff?" Dimitroff lächelte und sagte dann in seinem harten Deutsch: „Ein Kommunist, ein guter Kommunist, in jeder Lage, der nie aufgibt den Kampf, muß haben diese drei: Das zuerst", er legte die Hand auf sein Herz, „dann das", er schlug sich auf die Stirn, „und auch das", er wies mit dem Zeigefinger auf die Nase. „Die Nase, liebe Freunde, sie hat mir sehr geholfen in Leipzig! Ohne sie — ich weiß nicht, ob mein Herz und mein Kopf hätten ausgereicht, damit ich sitze jetzt hier unter euch!" Wir haben sehr gelacht. Es war eine so eindrucksvolle Lehre, daß die Bewegung mit dem Zeigefinger an die Nase von da ab zu einer oft gebrauchten Geste wurde, wenn sich Herz und Kopf in irgendeiner schwierigen Situation befanden. Dimitroff war damals auch der einzige, der — schon in jener für uns so unvergeßlichen Aussprache — die neuen politischen Gedanken entwickelte, die eine Wendung in der Haltung der Kommunistischen Internationale bewirkten, als er zu ihrem Wortführer wurde: „Einheitsfront — Weltfront gegen Faschismus und Krieg" — die große Parole des VII., des letzten Weltkongresses der Komintern. Millionen Menschen weit über das Lager der Kommunisten hinaus anfeuernd, mobilisierend, hat diese Parole in den Jahren der Hitler-Herrschaft die aktivsten Antifaschisten zu gemeinsamem Handeln bewogen.

Der österreichische Schutzbundaufstand, einziger und letzter Kampf gegen den Faschismus mit der Waffe in der Hand vor dem spanischen Bürgerkrieg, und die darauffolgenden Terrormaßnahmen des Dollfuß-Regimes hatten ein weltweites Echo gefunden. Wer immer, noch Monate

darauf, aus Kreisen der westlichen Intelligenz in die Sowjetunion ein-
reiste, André Gide, John Priestley und andere, wollte auch eine Begegnung mit einem Februarkämpfer zu seinen Reiseerlebnissen zählen.
Im Café Krasnij Mak, einem der wenigen Lokale in Moskau, wo man
ungezwungen herumsitzen und etwas halbwegs Trinkbares zu sich nehmen konnte, trafen wir mit André Malraux zusammen. Er hatte, wie
man uns sagte, ausdrücklich nach der Frau verlangt, deren Bild er bei
sich trug: das Titelbild einer illustrierten Zeitung, das „eine der heldenmütigen Frauen, die mit den Schutzbündlern Schulter an Schulter im
Kampf standen", zeigte. Die propagandistische Übertreibung meiner
Rolle während der Kampftage in Wien war mir unangenehm, aber ich
muß noch heute zugeben: es war ein wirkungsvolles Photo. Aufgenommen während des 1.-Mai-Aufmarsches auf dem Roten Platz, war
es in alle Welt verschickt worden, was mir später manche Sorgen bereitet
hat. Ernst entschlossen blickte ich darauf in unbestimmte Ferne (wie auf
dem Jungmädchenphoto, das meine Mutter zu Tränen gerührt hat), und
man konnte sich gut und gern (statt des Eispickels) geladene Pistolen
oder eine Handgranate im Gürtel dieser jungen Frau mit dem Gesicht
eines Renaissancekondottiere vorstellen. Schon Canetti hatte immer in
mir einen „weiblichen Cesare Borgia" gesehen — Seide auf der Brust für
eine Frau, die Macchiavellis „Il principe" verschlungen, Karl Marx nur
teilweise gelesen hatte. Malraux war von der Wirklichkeit, die ihm in
Gestalt einer kleinen Person entgegentrat, die französisch sprach und kein
Gewehr trug, so enttäuscht, daß er mich danach weder eines Wortes noch
eines weiteren Blickes würdigte. Ich fand das sehr komisch, und doch
kränkte es mich auch ein wenig. Ich hätte den berühmten französischen
Schriftsteller und nachmaligen Kulturminister in der Regierung de Gaulle
weit lieber für mich eingenommen als den unscheinbaren, uns einigemal als Führer dienenden Bruder des von mir so geliebten Gei-
gers Bronislav Hubermann, ein melancholischer polnischer Emigrant, der
anscheinend bei der GPU untergeschlüpft war und ihr als polyglotter
Touristenführer diente. Einmal, als er uns durch das alte Chinesenviertel
hinter dem Roten Platz begleitete, das eben vor dem Abbruch stand,
sprang mich ein kleiner, zerlumpter Wicht, acht, neun Jahre alt, von
hinten an und wollte mir die Handtasche entreißen. Ich hielt sie fest,
und er zerrte wütend daran, ein paar russische Worte hervorspuckend,
aus denen eines zu verstehen war: „Syphilis". Hubermann verscheuchte
das kleine Kerlchen mit dem ebenso verständlichen Wort „Schutzbundowzi" und erklärte uns dann auf eindringliches Befragen, daß der
Bub ein „Besprisornij" sei, eine noch immer vorhandene Landplage aus

den Jahren des Bürgerkriegs und Hungers, und gedroht habe: „Gib die Tasche her, sonst beiße ich dich in die Hand — ich hab' die Syphilis!" Schon ein Österreicher, Dr. Franz David, der seit Jahren in der Sowjetunion lebte, hatte uns viel von seiner Erziehungsarbeit unter den Besprisornij, den herumstreunenden Jugendlichen in der Ukraine, erzählt. Später hat dieses soziale Problem in Makarenkos „Pädagogischem Poem" und im Film „Weg ins Leben" künstlerischen Ausdruck gefunden. Ich wäre am liebsten dem kleinen Kerl nachgelaufen, um ihm ein paar Rubel zuzustecken und ihn auszufragen. Leider ließ das Hubermanns polnische Kavaliersseele nicht zu: „Der beißt Sie wirklich! Das sind Raubtiere — keine ‚armen' Kinder, wie Sie glauben! Davor muß ich Sie beschützen, Madame, pardon, Genossin! In Moskau gibt es leider noch viele ‚Kriminale'! Gehen Sie nie bei Dunkelheit alleine aus!"

Die „Kriminalen" lernten wir bald darauf persönlich kennen — in der Musterstrafkolonie, nach ihrem Schöpfer Dsershinskij benannt, in Bolschewo. Man wollte uns dort die modernen, kühnen Methoden vor Augen führen, mit denen versucht wurde, Schwerverbrecher durch Arbeit und Umformung ihres Bewußtseins in nützliche Mitglieder der neuen sozialistischen Gesellschaft zu verwandeln. Dieser Besuch gehört zu meinen nachhaltigsten Erlebnissen der Sowjetwirklichkeit, wie sie sich uns damals darstellte. Es ist mir noch jetzt unfaßbar — trotz dialektischem Denken, das für alles Bestehende den ihm inneseienden Widerspruch mit einbezieht, seine Negation —, daß die gleichen Tschekisten, die gleichen GPU-Organe, die hier 1934 beim Strafvollzug „die Sorge um den Menschen" walten ließen, human, großzügig, ausgerüstet mit der wissenschaftlichen Erkenntnis von der Veränderlichkeit der Welt, also auch des Menschen, in den folgenden Jahren zu grausamen Vollstreckern des Stalinschen Gewaltregimes werden konnten.

Die Siedlung war zwar eingezäunt und bewacht, aber so, daß man es kaum bemerkte, und die Häftlinge lebten größtenteils mit ihren Familien zusammen. Sie erhielten freien Ausgang in die Stadt — nur gegen das Versprechen, pünktlich wieder zurückzukehren. Was sie auch taten. Es soll kaum einen Fall gegeben haben, daß jemand die Flucht ergriff und nicht wieder freiwillig in die Strafkolonie zurückgekehrt wäre. Ihre Freizeitgestaltung unterschied sich nicht von der eines normalen Sowjetbürgers: sie trieben Sport, musizierten, hatten ihren Chor, spielten Schach und andere Spiele. Sie druckten eine eigene Zeitung, fanden sich zu literarischen und politischen Zirkeln zusammen. Das wichtigste jedoch: sie konnten sich zu qualifizierten Arbeitern ausbilden, sogar für intellektuelle Berufe. Unvergeßlich ist mir ein Mann geblieben. Schwer, klobig, mit einem groben, pockennarbigen Gesicht — wie man sich gemeinhin einen Gewalttäter vorstellt. Er zeigte uns fachkundig das medizinische Laboratorium, wo er als Gehilfe des Leiters arbeitete, und gab sich dem durchaus realen Traum hin, einmal Medizin zu studieren. Der Dolmetscher flüsterte uns zu: „Ein dreifacher Raubmörder!" Womit er das oberste Gebot der Lagerordnung verletzte — die Schweigepflicht. Niemand durfte hier über seine Vergangenheit sprechen, niemand daraufhin angesprochen werden. „Wir versuchen, neue Menschen aus ihnen zu machen. Wie können sie das werden, wenn sie untereinander ihre Verbrechen breittreten oder wir sie ihnen vorhalten wollten", hatte uns gleich eingangs der Lagerkommandant erklärt. So wurde auch erst nach einigem Hin und Her die Frage eines Schutzbündlers aus unserer Delegation zugelassen, die der Dolmetscher ironisch lächelnd übersetzte: „Hast du Gewissensbisse, bereust du, daß du Menschen umgebracht hast?" Der Raubmörder kaute an dem ihm offenbar fremden Wort herum: „Bereuen... bereuen?" Dann ging ihm das Licht auf. Seine Augen begannen zu strahlen, und sein Gesicht überzog sich mit einem freundlich breiten Lächeln: „Arbeit verzeiht alles!" (Ich mußte an meinen Vater denken, an seine Maxime: „Die Menschwerdung des Menschen beginnt mit der Arbeit.")

Zwischen Gefeiertwerden und Stunden kollektiver Erholung fiel eine Stippvisite von Leningrad, die wir uns eigens auserbeten hatten, weil wir die Eremitage sehen und den Geruch der Stadt einatmen wollten, in der die Große Revolution zum Siege geführt wurde. Ich ging durch die Stadt wie im Traum. Heruntergekommen und doch — welche Schönheit! Endlich waren wir allein. Keine Delegation, keine Bevormundung, keine politischen Erläuterungen. Die „weißen Nächte von Sankt Petersburg" — so weiß und aufregend wie eh und je! Ich verschlief keine Nacht und verachtete Ernst, der sich die Decke übers Gesicht zog. Puschkins Newa — wie mag ihr Eisgang wirklich aussehen? Jetzt fließt sie dunkel glitzernd unter unserem Fenster dahin — gleich könnte Raskolnikow um die Ecke kommen. Jeder Name läßt Bilder auftauchen, weckt Assoziationen an Gehörtes, Gelesenes, an Dichtung und Wahrheit. Von der Eremitage und vom Winterpalast geht der Blick zur Peter-Pauls-Festung hinüber. Dort also hat Fürst Krapotkin gegen die Grabesstille angesungen, Dostojewskij um Schreibzeug gebettelt, um in seiner Kerkereinsamkeit nicht wahnsinnig zu werden. Ich stelle noch die Schlüsselburg dazu, mit den zwanzig Jahren, die Vera Figner darin verbracht hat, und habe meine russischen Freunde beisammen, die mich gelehrt haben, Gefängnisse zu verabscheuen und die Freiheit zu lieben. All die großen Rufer und Aufrufer — hier in Leningrad zupfen sie einen am Ärmel: „Vergiß uns nicht! Nicht unsern Kampf, nicht unsere Leiden, nicht unsere Gedanken und Träume!" Daß es so viele Leonardos in der Eremitage gibt, hatten wir nicht erwartet. Es verschlug uns den Atem. Auch unten in dem Gewölbe, wo das alte Skythenreich einiges von seinen Geheimnissen preisgibt — goldfunkelnd wie Tut-ench-Amuns Grab. Das Pendel Galileo Galileis! Von der riesigen Kuppel der Isaakskathedrale hängt es herab, mitten hinein in den gewaltigen Raum, einer Säulenpracht aus Lapislazuli und Malachit, dem Ikonen und Mosaikheilige sakralen Glanz verleihen. In weitausholenden, gemessenen Schwingungen streicht die goldene Kugel an seinem Ende über die Zeitkerben einer in den Marmorboden eingelassenen kreisrunden Platte, die ketzerische Wahrheit bezeugend: „Und sie bewegt sich doch!" Ich stand davor wie vom Heiligen Geist berührt. Vom suchenden, schöpferischen, unruhigen Geist des Menschen, der nach den Sternen greift, die Welt erkennt und verändert. Angesichts der feierlichen Pendelbewegung wird jetzt ebenso ehrfurchtsvoll geflüstert wie zu der Zeit, da noch Gebete und Weihrauchdämpfe zur Kuppel emporstiegen. Ernst raunte mir zu: „Ein genialer Einfall!"

Mir fielen dauernd die Filzschlapfen von den Füßen, als wir über das Spiegelparkett der zweiten Katharina rutschten. Ihr Schloß in Djetskoje Sjelo ist von solch weißgoldener Anmut, daß man ununterbrochen tanzen möchte! Die Festtafel gedeckt — es fehlten nur Kaviar und Champagner. Vor dem schmalen Bett, in dem Katharina ihre Liebhaber empfing, entrüsten sich die andern Besucher. Warum hätte sie nicht lieben sollen? Die Liebe ist kein Klassenprivileg. Die feudale Welt — sobald sie einmal überwunden ist — hat etwas sehr Vergnügliches an sich. Seit langem war ich nicht so beschwingt und ausgelassen... Außer im sogenannten Bernsteinkabinett. Dort wurde man plötzlich wieder an die deutsche Barbarei erinnert. Friedrich der Große hat es Katharina der Großen geschenkt — im Austausch gegen zweihundert „Lange Kerle". Russische Bauern als preußische Leibgarde, stumm und dumm. Das war ihm das viele blankpolierte Baumharz wert, braungelb wie SA-Hosen.

Die Schloßkapelle ist mit antireligiösen Plakaten und Spruchbändern ausstaffiert. Aber der Kastellan aus der Zarenzeit ließ uns nicht davor verweilen. „Propaganda!" sagte er derart verächtlich, daß dieser Ausspruch für uns zum geflügelten Wort wurde, wenn wir ihr in ähnlicher Primitivität wieder begegneten. Lenin bedrohte Plünderer mit Erschießen auf der Stelle. Im Alexanderschloß liegt und steht daher alles noch so, wie es der letzte Romanow und seine Familie verlassen haben. Hier wird der zwangsläufige Nieder- und Untergang eines verfluchten Geschlechtes auf so untragische Weise sinnfällig, daß sogar das Jahr 1917 etwas von seiner revolutionären Größe einbüßt. Ein ängstlicher Kleinbürger, zum Selbstherrscher aufgepumpt, muß in diesen Räumen gehaust haben! Kitschiger Krimskrams, wohin man schaut! Im Badezimmer ein Thronsessel, darüber hingeworfen, mit Nägeln in der ursprünglichen Lage festgehalten, der Zaren-Bademantel. Drei Schritte davon ein schäbiger, kleiner Schreibtisch, in Kopfhöhe darüber der Einschuß im Fenster vom letzten Attentatsversuch. Zum nächtlichen Beischlaf kroch Nikolaus II. über eine hölzerne, kleine Stiege, die den trennenden Korridor zwischen den Schlafzimmern überquert. Darunter sind die Wachen auf und ab gegangen und haben wohl verlegen weggeblickt, wenn der hohe Herr seine Frau aufsuchte. Das Wohn-, Eß- und Spielzimmer, mit Mahagonimöbeln angeräumt wie bei einem Wiener Zahnarzt mit wohlhabender Klientel, wird von einem seltsamen Ungetüm beherrscht. Es windet sich von der Decke als eine Art Wendeltreppe ohne Stufen bis zum Eßplatz hin: die Rutschbahn des Zarewitsch, dem die spanischen Urmütter die Bluterkrankung vererbten und der sich daher beim Spiel nirgends anstoßen durfte. Das Mitleid verhuscht sofort im Bannkreis der Zarin. Er ist in geradezu orgiastischer Fülle mit Photographien ausgesteckt. Nicht Hunderte — Tausende Photos in allen Größen und Rahmen starren den Eintretenden an, von den Wänden, von den Tischchen, auf Paravents zu Fächern aufgeblättert, wie eine Hand voll Bridgekarten; sie sitzen in den Vorhängen, hinter Sofakissen, überm Bett neben dem Gekreuzigten, in Lebensgröße auf Staffeleien. Gekrönt und ungekrönt, mit Tennisrakett und hoch zu Roß, Orden und Dekolletés, Diademe im Haar, Perlenketten um den Hals, mit Hunden und ohne, den Fuß auf einem toten Tierleib, im Hintergrund die ernste Jägerschar. Inmitten der gespenstischen Bedrängnis sind — wie mit Zeitlupe — die hastigen Bewegungen einer Frau zu sehen, die zu einem ungewissen Ziel aufbricht. Jede Phase angespießt von unzähligen Stecknadeln. Sie springt aus dem Bett, verliert auf dem Weg zum Toilettetisch einen Pantoffel, verstreut hellrosa Puder, sucht ihre Wäsche, die Kleider zusammen, verliert Taschentuch und Handschuh, läßt alles in Unordnung zurück. Was hat sie noch eiligst nähen wollen? Die Nadel baumelt an einem langen weißen Seidenfaden neben Rasputins Bild in Postkartengröße. Eine Nähnadel! Welche Kostbarkeit! Selbst siebzehn Jahre nach der Großen Revolution. Plünderern hätte sie einst sofort in die Augen gestochen. Mehr als jeder andere Gegenstand im Hause des letzten Zaren.

Was wird jetzt aus uns? Gehen wir in die Tschechoslowakei zurück, wo wir schon eine Wohnung gefunden haben, wo wichtige politische Arbeit zu leisten wäre, mit Verbindungen ins Land hinein, von der Partei betraut mit all den Aufgaben, die Berufsrevolutionäre — eine Schriftstellerexistenz in der Emigration haben wir uns schon damals nicht mehr vorstellen können — zu erfüllen haben? Oder wird man uns hierbehalten wollen, in Moskau?

Ein Österreicher, offensichtlich nicht ganz zu dem Kreis der KPÖ-Genossen gehörend, ja von ihnen förmlich respektvoll gemieden, suchte engeren Kontakt zu mir. Wir sprachen einigemal intensiv miteinander über politische Fragen, über die Sowjetunion, auch über meinen eigenen Entwicklungsweg zum Kommunismus. Seine Persönlichkeit flößte mir ein Vertrauen ein, politisch und menschlich, wie ich es für keinen anderen „Namenlosen" empfand, dem wir hier in Moskau begegneten. Er hatte auch keinen Namen außer einem Vornamen, ein Adjektiv vorangesetzt, das seinen Wuchs charakterisierte. Er hieß „der kleine Karl". (Erst nachdem sie ihn erschossen hatten, erfuhr ich seinen wirklichen Namen.) Blonde, buschige Augenbrauen waren über einer griechisch-geraden Nase zusammengewachsen — das „Selbstmörderzeichen", wie es das abergläubische einfache Volk nennt. Mit seinem hübschen kleinen Mund, den Mäusezähnen dahinter und den breiten, ausgearbeiteten Händen sah er meiner Jugendliebe Hansi Herder ähnlich. Er hätte ein Herrenreiter sein können, wäre er kein Bolschewik gewesen. Ein Mann von der seltenen Art Kommunisten, die auch beim andern zuerst aufs Herz, dann auf den Kopf und schließlich auf die Nase schauen. Erfahren und gestählt in einer mir damals unbekannten illegalen Tätigkeit, die ihn durch ganz Europa jagte. „Wärst du bereit, nach Deutschland zu gehen und eine wichtige Aufgabe zu übernehmen?" fragte er mich eines Tages. Ich sagte bedenkenlos ja. „Gegen Hitler — alles!" — „Wissen deine Verwandten und Bekannten dort, daß du Kommunistin geworden und jetzt in der Sowjetunion bist?" — „Vermutlich ja. Aber sie werden es nicht ausposaunen. In ihrem eigenen Interesse und auch meinetwegen."

Ernst war nicht beglückt. „Du hättest dich zuerst mit der Partei und mit mir beraten sollen, bevor du dich da in so eine dunkle Sache einläßt!" Er hatte daraufhin eine lange Unterredung mit dem kleinen Karl, von der er sehr ernst und beunruhigt, irgendwie erbittert zurückkam. „Sie wollen dich in ihren Militärapparat einbauen! Dafür bist du zu schade! Ich halte nichts von solchen Abenteuern! Ich weiß, du neigst dazu. Aber das ist auch deine Gefahr. Du kannst ebensogut bei einer anderen Arbeit etwas leisten, die für unsere Sache, für die Partei wichtiger ist. Ich rede gar nicht davon, was es für mich bedeuten würde, dich in ständiger furchtbarer Gefahr zu wissen. Wir werden das noch in Prag mit den Genossen besprechen, ob sie dich überhaupt freigeben wollen." Diese seine Haltung hat sich auch später nicht geändert, als sich aus der ersten spontanen Zusage das Hineinwachsen in eine Aufgabe entwickelte, die mir in den folgenden Jahren im Rahmen der 4. Abteilung des Generalstabes der Roten Armee anvertraut wurde.

Noch war es nicht soweit. Wir fuhren mit falschen Pässen nach Prag zurück, jedoch im Parteiauftrag und ohne Zutun eines Apparates, der eine „Kaderfrage der Komintern" diktatorisch auf seine Weise hätte regeln wollen. Ich selbst war schwankend geworden. Sobald in Prag die Parteiaufgaben an uns herantraten, vergaß ich fast, daß es da einen kleinen Karl gab, der mir ein ungeheuer verlockendes Angebot gemacht hatte. Verlockend, weil der illegale Kampf an der Hauptfront des Faschismus, gegen Hitler und dieses ganze verhaßte Nazisystem jedem einzelnen Antifaschisten weit mehr Unerschrockenheit und Selbstbewährung abforderte als die politische Betätigung eines österreichischen Kommunisten in der Emigration; außerdem hoffte ich auf Grund meiner Herkunft und meiner gesellschaftlichen Beziehungen in deutsche Kreise vorzustoßen, die anderen unzugänglich waren.

Die Tschechoslowakei war damals, unter der Benesch-Regierung, mit einer starken sozialdemokratischen und kommunistischen Arbeiterbewegung, eine Oase relativer Freiheit in Mitteleuropa. Druckereien zu finden, die illegales Material, Zeitungen, Broschüren, Flugblätter druckten, und tschechische Eisenbahner, die es über die Grenze nach Wien transportierten, war für uns relativ einfach. Auch das Hin und Her von Kurieren zwischen Prag und Wien, von Parteileuten, die ins Land fuhren und aus dem Land kamen, stand nicht unter der tödlichen Gefahr wie bei den Deutschen, nicht unter dem Druck zu erwartender Folterungen, unabsehbarer KZ-Jahre. Der Nazimord an Dollfuß, der vorübergehend den Braunen ihre illegale Existenz erschwerte, brachte den Roten indessen keine spürbare Erleichterung. Das Schuschnigg-Regime — „Faschismus gemildert durch Schlamperei" — konnte es sich trotzdem in den Wochen und Monaten nach dem Dollfuß-Mord nicht leisten, durch herausfordernde Terrormaßnahmen gegen die unterirdisch tätige Linke — gespalten in „Revolutionäre Sozialisten" und Kommunisten — die Sympathien aufs Spiel zu setzen, die ihm plötzlich wieder vom Ausland her zuflossen. Für uns blieb dieses Regime gleich hassenswert, und daß die ehemals roten Arbeiter da und dort sogar bereit waren, mit den illegalen Nazis gemeinsame Sache gegen Schuschnigg zu machen, zeigte sich auch auf dem ersten Parteitag der KPÖ nach den Februarereignissen, dem zwölften seit ihrem Bestehen. Seiner Vorbereitung und Organisierung waren Wochen intensiver Arbeit vorangegangen, bevor wir uns im Spätherbst in einem schlecht beleuchteten Kellerlokal in Prag — es ist wohl ein bierdunstiger Tanzboden gewesen — zusammenfanden. Wir, die „Emigranten", empfingen für unsere politische Arbeit von denen, die aus dem Land gekommen waren, mindestens ebenso viele Impulse und Lehren wie diese von den Genossen, die das „Glück hatten, direkt von der Komintern beraten zu werden" und den internationalen Abwehrkampf aller antifaschistischen Kräfte zu überblicken.

Die KPÖ hatte vor 1934 sage und schreibe ungefähr 400 Mitglieder in Wien, vorwiegend Arbeitslose und Intellektuelle, auch fragwürdige Existenzen. Nach dem Februar gelang ihr ohne eigenes Zutun, einfach durch ihr Vorhandensein, der Einbruch in die sozialdemokratische Arbeiterschaft. Die organisationserfahrenen, klassenbewußten Arbeiter wurden ihr von den Ereignissen gewissermaßen in den Schoß geworfen. So wie diese nun lernen mußten, Kommunisten zu werden, so mußten die alten Kommunisten lernen, eine wirkliche Arbeiterpartei aufzubauen, aus einem Familienbetrieb, wo jeder jeden kennt und betratscht, eine schlagkräftige revolutionäre Organisation zu schaffen. Das Abwerfen des Sektiererballastes fiel ihnen sichtlich schwer — schwerer allerdings noch die Einsicht in die politische Notwendigkeit, auf Grund des radikal veränderten Parteigefüges die bisherigen Führungskader auszuwechseln oder wenigstens entscheidend zu ergänzen. Danach sah auch das neugewählte ZK aus: ein abgetragener, alter Hut, mit zwei, drei neuen Federn aufgeputzt. Eine davon war Ernst — grün und blau schillernd vor Ärger über die „politische Idiotie einer Zwergpartei, die unfähig ist, ihre historischen Chancen wahrzunehmen!" Wie sollte eine solche KPÖ im Lande selbst und bei den Verhandlungen mit den Revolutionären Sozialisten über gemeinsame Aktionen attraktiv wirken, politisches Gewicht haben, wenn nach wie vor Leute an ihrer Spitze standen, die jahrelang ihren Führungsanspruch nicht unter Beweis stellen konnten? Hier Johann Koplenig — dort Otto Bauer, beide vom Mißerfolg gezeichnet, und doch, welch ein eklatanter Unterschied im Bewußtsein der Arbeiter, die es für die Weiterführung des politischen Kampfes unter den schwierigen Bedingungen der Illegalität zu gewinnen galt. Die historische Chance, in einer gleichwertigen Partnerschaft die besten, die entschlossensten Kräfte des österreichischen Proletariats für das gemeinsame Anliegen zu mobili-

sieren und den internationalen Einheitsfrontbemühungen einen beispiel-
haften Auftrieb zu geben, schien verspielt. Damit war nach dem Parteitag eine geheime Hoffnung vieler ehemaliger SP-Funktionäre und
Schutzbündler zunichte geworden. Denn aus verschiedenen Äußerungen
und selbstkritischen Manifestationen über die Ursachen der Niederlage
im Februar hatten sie auf einen politischen Gesinnungswandel Otto
Bauers schließen dürfen, der zu den Fragen „Demokratie oder Diktatur des Proletariats" eine offensichtlich neue Stellung bezogen hatte.
Verhandlungen „auf höchster Ebene" mit der Sowjetunion, mit der
Komintern waren daher durchaus denkbar. Aber über das Trittbrett
Johann Koplenig wird ein Otto Bauer keinen Zug nach Moskau be-
steigen! Nun, da Engherzigkeit auf der einen, Ressentiments auf der
andern Seite die politische Haltung bestimmen würden, tat sich auch
innerhalb der österreichischen Arbeiterklasse die unselige Kluft auf, die
in Deutschland so katastrophale Folgen gehabt hat.

Wir waren niedergeschlagen und enttäuscht. Ernst bezichtigte sich
mangelnder Durchschlagskraft, daß er für die Anhänger der „Linken",
die auf seine Initiative hin großteils zur KPÖ gestoßen waren, nicht
mehr Einfluß auf die Kaderpolitik der Partei herausgeholt hatte, als es
der Fall war. Die „neuen" Kommunisten fühlten sich irgendwie hinein-
gelegt, überfahren — mit genau den Methoden, die vor dem Februar
1934 zu der Isolierung und Einflußlosigkeit der KPÖ geführt hatten.
Der Gegensatz zwischen alten und neuen Kommunisten schwärte von
da ab noch geraume Zeit fort, bis das Einigende überwog. Besonders in
den sogenannten „Kaderfragen" behauptete sich die alte Führung mit
der Hartnäckigkeit einer verschworenen Gemeinschaft, die aus Schmal-
hans-Küchenmeister-Tagen das Recht ableitete, zu bestimmen, wer an der
größer gewordenen Tafel oben, wer unten zu sitzen hat und wem das
Wort erteilt wird.

Offen gestanden — mich persönlich scherte das wenig. Ich hatte keinen
politischen Ehrgeiz in dem Sinne, irgendeine „Funktion" anzustreben.
Überdies mochte ich die alten KPler samt und sonders. Es hat schon
eine gehörige Portion Charakterfestigkeit und Gesinnungstreue erfordert,
angesichts einer glanzvollen sozialdemokratischen Arbeiterpartei nicht
klein beizugeben und am 1. Mai unentwegt im verachteten Fähnlein der
sieben Aufrechten über die Zweier-Linie zu marschieren, während die
roten Massen zuhauf über die Ringstraße zogen. Zweihundert Schritt
entfernt und doch unerreichbar. Dem kleinen Schuster Johann Koplenig
aus Kärnten, der trotz Einheirat in die Wiener Professorenfamilie
Oppenheimer an proletarischen Gewohnheiten festhielt, fürs Schreiben

einer Rede, eines Artikels die Konzeptpapiermenge einer kompletten Zeitungsredaktion verbrauchte, bis sich ein journalistisch versierterer Genosse seiner erbarmte — ihm und nicht Otto Bauer hatte die Geschichte letztlich recht gegeben.

Im Zusammenhang mit diesen Fragen fiel mir regelmäßig die altkluge Logik des sieben- oder achtjährigen Buben von Wieland Herzfelde ein. Charlie, das genialste Kind, dem ich je begegnet bin und mit dem ich kurz nach der Machtergreifung Hitlers 1933, als die Herzfelde aus Berlin zuerst nach Wien emigriert waren, ein politisches Gespräch führte, sagte damals zu mir: „Es ist gut mit dir zu reden, Ruth! Du bist eine wirkliche Genossin. Aber ihr seid doch keine richtigen Genossen — oder?" Ich: „Natürlich sind wir Genossen, das weißt du doch, Charlie!" — „Warum seid ihr dann bei der SP? Gibt es hier keine kommunistische Partei?" Ich: „O ja, es gibt sie schon. Aber sie ist klein und schlecht." Charlie nach einer Weile des Nachdenkens: „Wenn ihr hineingeht, du und der Ernst, dann ist sie schon etwas größer und besser. Und wenn ihr alle eure Freunde mitnehmt, dann wird sie noch größer und noch besser. Du solltest dir das überlegen. Kommunist sein ist eine feine Sache!"

Nun waren wir also in der kleinen Partei, und es lag an uns, sie besser zu machen!

Mangelhaft gerüstet mit halbvergessenen Stenographiekünsten, habe ich gemeinsam mit Hilde Koplenig das Parteitagsprotokoll geschrieben. Trotzdem ist mir nicht mehr genau in Erinnerung, ob auch die neuartigen theoretisch-politischen Gedanken zur Sprache kamen, die in den folgenden Jahren als ausgeformtes Geschichtsbild von der KPÖ konsequent verfochten wurden. Eines müßte man der Partei — und vor allem zwei ihrer führenden Köpfe, Alfred Klaar und Ernst Fischer — als historisches Verdienst um die Republik Österreich zubilligen: die geschichtliche Untermauerung der Eigenstaatlichkeit Österreichs, des selbständigen österreichischen Nationalcharakters, herausgebildet in einer langen Entwicklungsperiode, die bis zur Abwehr der Türkeninvasion zurückreicht; und — folgerichtig — die Verneinung der Ideen des „Großdeutschtums", die·sich immer verhängnisvoll auf die politische Praxis der österreichischen herrschenden Klassen und der sozialistischen Arbeiterbewegung ausgewirkt haben. Erbteil der Revolution von 1848, wo das großdeutsche Denken noch einen gewissen fortschrittlichen Charakter aufwies, war es seither von den sozialdemokratischen Arbeiterführern weitergepflegt worden, die, wie Viktor Adler, Pernerstorfer, Karl Renner, Karl Seitz, Otto Bauer und auch Theodor Körner, aus den

138

deutschsprachigen Gebieten Böhmens stammten, das heißt aus den geradezu klassischen Heimstätten der Deutschtümelei im mitteleuropäischen Raum. Das Großdeutschtum hatte nicht nur seinen Niederschlag in jeweiligen Parteiprogrammen und -deklarationen gefunden, sondern auch als politische Denkgewohnheit im österreichischen Proletariat Wurzel gefaßt — als Unkraut, das fälschlich für ein Heilkraut angesehen wurde. Nahm man in der gegebenen politischen Situation noch den alteingesessenen Antisemitismus hinzu, den sozialdemokratischen Antiklerikalismus und den Haß gegen das austrofaschistische Regime, so wurde die Gefahr erschreckend groß, daß sich die Türen der roten Gemeindehäuser und die Tore der Betriebe der unterirdischen „Heim-ins-Reich"-Propaganda der Nazis öffneten. Dadurch aber, daß die aktivsten Antifaschisten rechtzeitig einen österreichisch-nationalen Standort bezogen und mit ihrer Geschichtsauffassung untermauerten, wirkten sie Hitlers „Ein Volk, ein Reich, ein Führer" entgegen, brandmarkten sie vorweg, was später Wirklichkeit wurde. Im März 1938 war kein „Anschluß" und auch keine historisch bedingte „Einverleibung" erfolgt, sondern nackte Okkupation. Auch wenn kein Schuß der Gegenwehr fiel.

Unter den vielen Österreichern, die ihrer Gesinnung wegen ins KZ gesperrt wurden, war auch Alfred Klaar. 1945 haben ihn die Nazis umgebracht. Als bewußten Kommunisten *und* als bewußten Österreicher.

In unserer engsten Familie waren inzwischen alle freigekommen. Ottos Flucht aus Graz, für die wir die abenteuerlichsten Pläne gewälzt hatten, war schließlich auf echt österreichische Weise gelungen: vorübergehend enthaftet, um sich die Beinprothese anpassen zu lassen, stieg er in den nächsten Zug, und während man die jugoslawische Grenze nach ihm absuchte, fuhr er mit seinem legalen Paß unangefochten über die Grenze in die Tschechoslowakei und von dort nach Moskau. Und auch Walter Fischer, nach den Kämpfen am Laaer Berg verhaftet, vor Gericht gestellt und zu mehrmonatiger Freiheitsstrafe verurteilt, mußte mit seiner Familie aus Österreich, wo ihm die Ausübung des Arztberufes aberkannt wurde, nach der Sowjetunion emigrieren.

Es verging kaum eine Woche, daß wir nicht Besuch aus Österreich erhalten hätten. Besuch von Freunden und Genossen, die es auf sich nahmen, an dem zerrissenen Netz die Fäden wieder zusammenzuknüpfen und neue zu spinnen — unerläßlich für das Funktionieren einer illegalen Organisation, die sich durch kein „Hochgehen" entmutigen und davon abhalten ließ, die gerechte Sache der Arbeiter unter allen Bedingungen zu verfechten. Unsere Einzimmerwohnung in dem modernen Haus in der Verdunská 17, dem sogenannten elektrıčısky dom, wurde zu jener Zeit zu einem Umschlagplatz für alles, was Halb- und Vollillegalität so mit sich bringt. Hier gab es Besprechungen, Zusammenkünfte, hier wurden Material und Geld aufbewahrt und weggeschickt, hier war eine Anlaufstelle für Ankömmlinge aus dem Land und die letzte sichere Station vor der Abreise ins Land. Die Speditionsfirma Schenker & Co. hatte sich meines Auftrages im April gut entledigt. Die Möbel, Bücher, der Brautschleier aus Brüsseler Spitzen, die Thümensche Renaissancetruhe, die silbernen, porzellanenen und damastenen Relikte aus der kaum vergangenen Gründerzeit unseres Hausstandes kontrastierten augenfällig zu dem Provisorischen, dem jederzeit Abbrechbaren, das zum Inhalt unserer Existenz geworden war. In diesem Widerspruch steckte ein eigener Reiz. Wir hatten gleichsam die Geschichte überlistet. Und ich hatte wieder meinen Hund, Mäckie, auch hier bald der Allerweltsliebling! Mit obrigkeitsfeindlichem Instinkt begabt, verachtete er seit den Februarereignissen gestiefelte Beine so sehr, daß er an tschechischen Verkehrspolizisten sein eigenes hob. (Später einmal habe ich Dimitri Manuilsky eine solche Szene geschildert und leider keinen Lacherfolg damit gehabt — er trug selber Stiefel an den Beinen.)

Mäckie hat in Prag außer diesem noch drei Kunststücke zuwege gebracht. Er, der beharrliche Nichtschwimmer, lernte in der Moldau schwimmen wie ein Seehund. Er entkam einer vollbusigen, mit allerhand Geklimper behängten Zigeunerin, die ihn stehlen wollte, indem er ihr nur seinen Maulkorb überließ. Und schließlich verschaffte er mir die weitere Gültigkeit meines österreichischen Reisepasses auf dem Prager Konsulat, obwohl wir ausgebürgert waren. Allerdings machte ich ihn dabei bewußt zu meinem Komplicen. Wer schließt schon von einem Rassehund auf rote Herkunft? Der damalige Konsul hieß Dr. Egon Hilbert — ein Name, in der Musikwelt international bekanntgeworden als der des langjährigen Intendanten der Wiener Staatsoper nach 1945. Hilbert zeigte sich wirklich so entzückt von dem unverfrorenen Scotti, daß er dessen nicht minder unverfrorener Besitzerin ohne viel Akten- und Federlesens den Paß um fünf Jahre verlängerte.

Solche kleinen Nebenerfolge haben mir einen Höllenspaß gemacht und mein Grundgefühl gestärkt: „Mir kann nichts schiefgehen!" Um Ernst hingegen sorgte ich mich immer, wenn er in die Sphäre der Illegalität eintauchte. Seine Selbstsicherheit und Unbekümmertheit trugen Züge von Hochmut, und er vertraute dieser Haltung, ohne die vielen kleinen verfluchten Dinge zu bedenken, die einen Untergrundmenschen zu Fall bringen können. Als er im Winter 1934/35 mit dem tschechischen Paß unseres Freundes Walter Taub — der jetzt auch in Deutschland bekanntgewordene tschechische Schwejk-Darsteller war ihm so unähnlich wie Sancho Pansa dem Don Quichotte — zum erstenmal nach Österreich zurückfuhr, um eine Funktionärskonferenz in den Bergen vorzubereiten, lief ich schamlos vor Angst auf die Karlsbrücke zum heiligen Genossen Johann von Nepomuk und leckte ihm die blankgewetzte große Zehe ab. Wenn es nichts nützte, so konnte es auch nicht schaden. Immerhin neigt sich der Schutzpatron von Böhmen schon seit Hunderten Jahren zu den Mühseligen und Beladenen, den Furchterfüllten und Hilfesuchenden hinunter, und wer immer über diese schönste aller mittelalterlichen Brükken geht, dem streckt er seinen steinernen Fuß zum Kuß hin, auf daß er getröstet sei und seine Bitten erfüllt werden. Für eine Ungläubige waren meine Bitten unverschämt groß. „Laß ihn wohlbehalten zurückkehren! Geht er hoch — laß nicht zu, daß sie ihn schlagen! Schlagen sie ihn — laß nicht zu, daß er schwach wird!" Nepomuk kennt den Schmerz der Standhaftigkeit aus eigener Erfahrung. Er starb den Martertod, weil er das Beichtgeheimnis seiner Königin nicht verriet.

Ernst kehrte tatsächlich nach mehreren Wochen wohlbehalten zurück. Er war nicht im Schneesturm umgekommen, der die Teilnehmer der illegalen Konferenz von der Alpenhütte ins Tal hinunterfegte, nicht der Polizei in die Hände gefallen, nicht verraten worden. Trotzdem übernahm ich bei späterer Gelegenheit die Rolle des heiligen Nepomuk lieber selbst. Dem eleganten Reichenberger Kaufmann, der auf dem Masarykbahnhof in die erste Klasse stieg, für seine Geschäftsreise nach Wien im Herbst 1935 mit einem funkelnagelneuen Paß ausgestattet, traute sicherlich niemand zu, daß er unter falschem Namen reise. Ernst war eben vom VII. Weltkongreß der Komintern in Moskau zurückgekommen, wo er eine international sehr beachtete Rede gehalten und viele interessante Kontakte mit führenden Leuten gehabt hatte. Er war voll Optimismus, ja Enthusiasmus; nun fuhr er ins Land, um zu illegalen Gewerkschaftsgruppen, Revolutionären Sozialisten und anderen Gegnern des austrofaschistischen Ständestaates Verbindung aufzunehmen, den Zusammenschluß der antifaschistischen Kräfte zu bewirken. Unterwegs, in Iglau, sollte er einen Zug überschlagen und Otto Bauer treffen. Vielleicht würde es jetzt endlich gelingen, einen Spitzenfunktionär der 2. Internationale für die neue Einheitsfrontpolitik zu gewinnen.

Kaum war der Zug in der Nacht verschwunden, wurde mir der Paß verdächtig. Der I-Mann hatte ihn Ernst kurz vor der Abfahrt ausgehändigt — eine Leichtfertigkeit, die mich empörte. Ich hatte nur wenige Minuten Zeit zur Überprüfung, ob alles stimmte: die Seitenzahl und ihre fortlaufende Numerierung, die Stempel am richtigen Platz, die Verknotung der Seidenfäden, das Photo eingenutet. Der I-Mann war beleidigt gewesen, daß ich dieses Glanzstück von einem echten Dokument noch einmal auf seine untadelige Sauberkeit hin besah. Der Bahnsteig wurde leer. Irgend etwas fehlte dem Paß! Was nur? Was? Die Unterschrift des Inhabers fehlte! Ernst hatte den Paß nicht unterschrieben! Das konnte seine Verhaftung an der Grenze bedeuten. Der Stationsvorstand, den ich in meiner Verzweiflung um Hilfe anging, wußte Rat: „Es geht noch ein direkter Schnellzug nach Brünn. Wenn Sie Glück haben, erreichen Sie dort den Wiener Schlafwagen."

Jene Nachtstunden im ratternden Zug durch das böhmische Land, die Stirn an die kalte Scheibe gepreßt, haben mir die Minuten vorgezählt. In Brünn — kein Schlafwagen. Endlich fand ich ihn abgestellt auf einem Nebengleis, trommelte an die verschlossene Tür. Als der verschlafene Schaffner öffnete und ich an ihm vorbei in den dunklen Gang vordrang, überschwemmte mich plötzlich ein Glücksgefühl, als ob ich eben dabei sei, einen Ertrinkenden aus dem Wasser zu ziehen. Ernst wollte seinen Augen nicht trauen, als er mich sah. Ich fiel ihm um den Hals und flüsterte in sein Ohr: „Hast du den Paß unterschrieben?" Nein, natürlich nicht. Im Coupé konnten wir dann noch ein paar Minuten zusammensitzen, und Ernst küßte mir lachend die Tränen ab.

Unter den vielen Menschen, die den winzigen Lift in unserem „elektrischen Haus" benützten, gab es nur sehr wenige, die hier das beständige Element vertraten, die dem Kommen und Gehen, Auftauchen und Wiederverschwinden eine geregelte Lebensweise entgegensetzten. Zur personifizierten Beständigkeit in der Verdunská 17, jetzt aus unerfindlichen Gründen in Thälmannstraße umbenannt, wurde bis zum heutigen Tage die Hausmeisterin, Frau Lydia Kučerová. Sie überlebte dort die Protektoratszeit, die Beschlagnahme des Hauses für Gestapobeamte und nach 1945 für den Narodni Vybor, schlief sechs Jahre auf meinem unter ihrer Matratze verborgengehaltenen Silberzeug, in der weisen Voraussicht, „der Hitler halt sich nix, die Fischers kummen zruck", und schrieb nach der Befreiung Österreichs 1945 an den Staatskanzler der provisorischen Regierung Dr. Karl Renner folgenden Brief:

„. . . sagen Sie bitte Ihrem Staatssekretär Ernst Fischer, wenn er der Fischer ist, der in der Verdunská bei mir gewohnt hat, ich habe seine Möbel aufgehoben und auch das Silber und kann er alles abholen. Hochachtungsvoll Lydia Kučerová. PS: Was macht Mäckerle und Frau Fischer?"

Politisch unsere „Feindin", glühende Kramař-Anhängerin, tschechisch-nationalistisch-rechtsstehend, drückte sie trotzdem den unruhigen und beunruhigenden Emigrantenklüngel an ihr warmes slawisches Herz, vor allem unseren Freund Fritz Brügel, den Dichter des Liedes „Wir sind die Arbeiter von Wien". Ebenfalls aus Wien geflohen, fristete er nun hier ein recht kärgliches Schriftstellerdasein, das nur dadurch erleichtert wurde, daß er perfekt Tschechisch sprach. Anfangs hielt er jedem Menschen einen grauen, verbeulten Hut unter die Nase, den er angeblich während der Kämpfe um den Karl-Marx-Hof aufgehabt hatte und der einen „Einschuß" aufwies. Wir hielten das heroische Loch für den nachträglichen Einstich mit der Nagelschere, die er ständig bei sich trug, um seinen kralligen Nägeln ein manikürtes Aussehen zu geben. Seine lyrische Empfindsamkeit mußte ihn wohl zu dem ängstlichen Menschen gemacht haben — dem ängstlichsten, der mir neben Hugo Huppert, dem bekannten Majakowski-Übersetzer, untergekommen ist —, und er konnte durch kein noch so hartnäckiges Beteuern seiner Heldenrolle im Februar glaubhaft machen, daß er tatsächlich hinter Sandsäcken hervor auf die Dollfuß-Polizei geschossen habe.

Für mich wurde Fritz Brügel eine Art Prager Canetti-Freund. Sein Raucherhusten, schon von der Treppe hörbar, das Gejeier frühmorgens, schlecht geschlafen zu haben, und die mit weinerlicher Stimme vorgebrachte Mixtur von politischen und literarischen Gedanken, gaben mir, wenn ich nach langen Abwesenheitszeiten in die Verdunská zurückkehrte, ein Gefühl des Zuhauseseins. (Die wiedererstandene tschechoslowakische Republik ernannte ihn wegen seiner politischen Verdienste um die Londoner Exilregierung Benesch zuerst zu ihrem Vertreter in der Interalliierten Militärkommission in Berlin, dann zum dortigen Gesandten. Nach dem tödlichen Fenstersturz seines Freundes Jan Masaryk im Jahre 1948 beging auch er Selbstmord.)

In aller Eile muß ich an dieser Stelle noch unseres Hausherrn gedenken. Halb Prag, soweit es der deutsch-tschechischen Intelligenz, den hin und her politisierenden jungen Leuten angehörte, nannte den großnasigen, vigilanten Burschen aus reichem Haus „den Loisl". Alois Engländer stand nur auf seiner Visitenkarte. Dem täglichen Leben, seinen Bekannten, Freunden und Verwandten gegenüber führte er sich auf wie heutzutage eine Funkstreife. Unerwartet oder herbeigerufen, immer in fliegender Eile, verläßlich-unverläßlich, aus dunklen Kanälen Nachrichten beziehend und weitergebend, fuhr er mit lautem Signalhorn durch Ereignisse und Menschen hindurch — „Freund und Helfer" und Störenfried zugleich. Mir stand er häufig als rettender Engel bei, der meistens, gottlob nicht immer, zu spät kam. Da ich ihn weiterhin in meinem Leben herumtrage und ihn Tausende kennen, von New York bis Sofia, vom jetzigen Praha bis Hollywood und Wien, geht es nicht an, ihn im Gedränge der Menschen zu übersehen, die in entscheidender Zeit da und dabei gewesen sind.

Eine merkwürdige Erinnerungslücke klafft in meinem Kopf, wann und wie eigentlich der geliebteste Mensch aus jener Wohnung weg-gegangen ist, um nur noch nach Jahren auf kurze Zeit dahin zurück-kehren, bis wir sie gemeinsam auf immer verließen. Ich weiß nur, er wurde irgendwann nach Moskau in die Komintern berufen. In diese Lücke dringen andere Menschen, Gesichter und Erlebnisse ein, mein Leben ohne ihn. Ein Weihnachten zu Hause bei den Eltern in Teplitz, wo die fremdgewordene Tochter Beunruhigung in eine behagliche Familienatmosphäre hineinträgt, einen Freund mitbringt, den Maler Axl Leskoschek, auch so einen verdächtigen Österreicher, der ein undurch-sichtiges politisches Tun unter dem heiteren Charme seiner Künstler-persönlichkeit versteckt. Er flirtet mit meiner Schwester Xilly, macht ihr einen Holzschnitt für ein Ex libris, das sie in ihre Bücher kleben kann, nicht ahnend, daß ihre Bibliothek sich später um „Mein Kampf" vermehren wird. In diese Lücke setzen sich die tschechischen Schriftsteller Majerová, Karel Čapek, die politischen Kabarettisten Voskovec und Werich, das Brüderpaar Wieland Herzfelde und John Heartfield, die in einem seltsamen Haus in der Innenstadt hausten — in dem es eine hohe gläserne Kuppel gab über einem feudalen hölzernen Treppenauf-gang, von dessen Balustrade man auf hochgestapelte Bücher, ein wüstes Durcheinander rasant improvisierter Verlagstätigkeit hinunterblickte, den in die Emigration gegangenen Malik-Verlag — und die zum geistigen Mittelpunkt der deutschen Emigration in Prag wurden. In diese Lücke schieben sich Kaffeehausbesuche, wo Fritz Brügel neben mir und ein unzertrennliches Freundschaftsdreieck gegenüber saß, das Ehe-paar Dubsky und Květa Milcová. Ihm, dem Winkeladvokaten Dubsky, verdankte ich außer manch anderer Gefälligkeit, wie das Beschaffen verschiedener fleckenlos sauberer Dokumente, Pässe und dergleichen, die schnell und schmerzlos durchgeführte Scheinscheidung von Ernst, die 1935 aus konspirativen Gründen durchgeführt werden mußte. Ihr, der Vera Dubská, den Anblick eines der süßesten tschechischen Mädchen, das auf Marlene-Dietrich-Beinen über den Graben stelzte, „rosiges gesponnenes Glas" sagte Fritz Brügel von seiner damaligen Geliebten und künftigen Frau, und Květa Milcová — von der blassen, unirdischen Schönheit, die den Bucklig-Verwachsenen oft eigen ist —, die Verkörperung tschechischer Bildung und Kultur in einer liebenswerten Frau, die den Marxismus sehr buchstäblich nahm und aktiv für die KPČ tätig war. Sie hat die letzte Botschaft von meinem Vater empfangen, zu einer Zeit, da ich für ihn schon unbekannten Aufenthaltes gewesen bin. Er schrieb ihr kurz vor seinem Tod 1940: „Sollten Sie jemals meine geliebte Tochter Ruth wiedersehen, dann sagen Sie ihr, daß mich alten Mann die Ereignisse so denken gelehrt haben, wie sie gedacht hat!"

An Květa Milcová müßte sich auch Marschall Tito erinnern. Als der jugoslawische Staatschef vor seiner Ächtung auf dem Hradschin gefeierter Ehrengast war, wurde sie ihm als Betreuerin beigegeben. Er schenkte ihr zum Abschied ein kostbares Schmuckstück. Dieses und ihre unverhohlene Verehrung für den großen Partisanenhelden stempelten sie zur „Titoistin". Fazit: Absturz ins parteilose Niemandsland.

Die Lücke in meinem Kopf schließt sich mit jenem Tag, da es an der Tür klingelte und der kleine Karl vor mir stand. Mit ihm trat die Frage auf mich zu: Bist du bereit? Ich war es. Fast vergessen, nur manchmal erwartet, wenn in der Nacht die Ungeduld aufstieg und das Unzufriedensein mit einer lahmen Parteiarbeit, an der ich nach den ersten stürmischen Monaten nur noch so am Rande teilnahm.

Hitler-Deutschland vor Augen zu haben, diese unfaßbare Gewaltherrschaft nur zwei Autostunden von Prag entfernt zu wissen, in Zinnwald oben auf dem Kamm des Erzgebirges, das wir dutzend- und aber dutzendmal friedlich passiert hatten, bevor dieses lächerliche Monstrum zur Macht gekommen war, das ließ mir alles, was unseren Kampf gegen das Schuschnigg-Regime ausmachte, als klein und nebensächlich erscheinen. Das Gezänk zwischen den Revolutionären Sozialisten und Kommunisten; die albernen kleinen, unterirdischen Machtkämpfe innerhalb unserer Partei, zwischen den alten und neuen Kommunisten; Sitzungen über Sitzungen, in verstunkenen Lokalen abgehalten mit zusammengesteckten Köpfen, wie eine Verschwörerbande, die auf Attentate sinnt, wobei es doch meistens nur um Textierungen, um Parolen auf dem Papier ging, um Parteitratsch, zu wichtigen Kaderfragen aufgebauscht: dieser politische Provinzialismus, von der Geschichte blutig angestrichen, mit Gefängnissen und KZ ausgestattet, aber doch Provinzialismus, sobald er nicht von außen, von den eigentlich bewegenden Kräften, der Komintern und der Sowjetunion, einen neuen Anstoß erhielt — mit diesem ganzen Drum und Dran von Wichtignehmen und ehrlichem Bemühen fühlte ich mich innerlich nicht mehr wirklich verbunden. Ich beneidete die deutschen Emigranten um ihre Aufgabe, den braunen Pestkordon zu durchbrechen, ob mit auf Seidenpapier gedruckter Schmuggelware oder solcher aus Fleisch und Blut — unerschrockene Genossen, Parteiarbeiter, die ins Land zurückgingen und selten wiederkehrten. Vom Menschenverschleiß der KPD wurde in Prag teils mit Bewunderung, teils mit Besorgnis gesprochen.

Unsere Partei ging behutsamer mit ihren Kadern um. Widerstrebend, nur unter dem Vorbehalt der Befristung auf ein Jahr, gab sie mich frei. Und Ernst? Wann umarmten wir uns zum letztenmal? So angestrengt ich auch auf dem Grund herumwühle, wo die Erinnerungsbrocken durcheinanderliegen, die jener Zeit zugeordnet sind — die Trennung von ihm bleibt unfaßbar. Sie muß sich unmerklich vollzogen haben. Ohne Abschiedspathos.

VI

Apparat und Alabama

Der kleine Karl schlug in Prag unter einem Namen, den nicht einmal ich kannte, seine Residenz auf. Wenig später kam auch seine ebenso kleinwüchsige und hübsche Frau Erna mit dem Sohn Ulli nach, einem blonden Bürschchen, dem Vater wie aus dem Gesicht geschnitten. Über der Hermesnase das Selbstmörderzeichen. Die Familie, getrennt wohnend, vermittelte den Eindruck einer illegalen Zelle, jener engen Gemeinschaft, in der einer um den anderen besorgt ist und sich darauf verläßt, daß von jedem die ungeschriebenen Regeln der Konspiration unbedingt beachtet werden. Auch Ulli, der Wicht im Volksschulalter, war schon ein perfekter Konspirator. Er verbarg die Gesinnungswelt, in der er aufwuchs, nannte auch seinen Vater in Gegenwart anderer niemals Papa, bevor ihm nicht seine Eltern dazu die Erlaubnis gaben.

Kurz nach ihrer Ankunft erlebten wir seinetwegen eine große Aufregung. Erna hatte ihn ins Kino geschickt, während sie selbst zum Friseur ging. Sie verspätete sich etwas, der Bub stand nicht wie verabredet vor dem Kino. Stunden vergingen mit Absuchen des Häuserblocks, Befragen von Passanten, Herumtelephonieren. Da er weder seinen Paßnamen wußte noch die Adresse der Pension, wo sie wohnten, wäre die tschechische Polizei, hätte man ihre Hilfe in Anspruch nehmen müssen, vielleicht noch auf einiges Verdächtige gestoßen. Schließlich tauchte er nach Einbruch der Dunkelheit von selbst auf. Müde, durchgefroren und erstaunt, welche Aufregung es um ihn gegeben hatte: „Aber Mami, ihr wißt doch, daß ich nichts Falsches tue!" Darauf geschult, daß längeres Warten bei einem „Treff" auffällig und daher gefährlich sei, war Ulli zu Fuß, immer der Route der Tramway folgend, deren Num-

mer er sich gemerkt hatte, durch die halbe Stadt in die Pension zurück-
gegangen. Vorher aber hatte er seiner Mutter eine Nachricht hinterlassen,
die sie in ihrem Schrecken, ihn verpaßt zu haben, nicht bemerkte. An
dem Schaukasten des Filmtheaters steckte noch tags darauf ein Zettel:
„Ich bin nach Hause gegangen."

Ich liebte den Buben vom ersten Tag an. Mäckie wurde sein einziger
Spielkamerad. Seine Mutter erzählte mir, daß er sich bisher tatsächlich
in Situationen, die für ein Kind ungewöhnlich waren, immer richtig
verhalten habe. Einmal war die Familie monatelang getrennt gewesen.
Über bestimmte Kanäle war das Wiederzusammenfinden an einem bestimmten Tag zu bestimmter Stunde in einem Café ausgemacht worden.
Karl war nicht da. Erna wartete unruhig. Plötzlich sagte der Kleine:
„Siehst du denn nicht den Mann hinter der Zeitung, dort in der Ecke?
Papi will uns nicht sehen. Er wird schon wissen, warum. Gehen wir
einfach weg — er kommt sicher nach." So war es auch. Karl hatte sich
beobachtet gefühlt und wollte nicht sofort auf seine Familie zugehen.

In solchen und ähnlichen familiären Episoden erschien mir wie in
einem Brennspiegel der Alltag von Menschen eingefangen, die ständig
auf Abruf leben, nirgendwo sicher, überall in Enklave, selbst in dem
Land, als dessen geheime Botschafter und Kundschafter sie die Sache
des Sozialismus verfechten, den Kampf gegen Faschismus und Krieg
führen.

Die Ergebenheit, die unbedingte Treue gegenüber dem einzigen Arbei-
terstaat der Welt in mir zu festigen, komme was da wolle, wurde der
Hauptinhalt der politisch-moralischen Erziehungsarbeit, die der kleine
Karl offenbar für das Wichtigste hielt, um einem neuen Mitarbeiter des
Apparates die Befähigung zur Erfüllung seiner Aufgabe zu geben. Ich
habe weder von ihm noch von irgend jemand anderem je das erhalten,
was man eine „Spionageausbildung" nennt. Die Arbeit in den „Dunkel-
kammern des Geheimdienstes" ist mir genauso fremd geblieben wie all
die speziellen Schliche, das Herummanipulieren mit Menschenleben, von
denen die Enthüllungen solcher Art von Tätigkeit voll sind. Der verlängerte Arm der Roten Armee, bis ins Lager des Feindes hinein-
gestreckt, hatte für mich an seinem Ende die warme Hand des Genossen. Daran klebte kein Schmutz, sie hielt kein Geld, sie drohte nicht.
Für jeden, der den „kleinen Karl" näher kennenlernte, blieb er unvergessen — als Mann unerschütterlicher Gesinnung, mit bestechender Intelligenz und Überzeugungskraft begabt, eingeschworen auf die kommunistischen Ideale und die Sowjetunion. Das Wort „Spionage" existierte
nicht in unserem Vokabular.

Ich müßte über Karl und Erna, außergewöhnliche Menschen in jeder Hinsicht, ein eigenes großes Kapitel schreiben, um nur einigermaßen ihren Werdegang, ihr Leben und Schicksal aufzudecken, verflochten und verfilzt mit der Geschichte der revolutionären Arbeiterbewegung. Gäbe es einen Adelsalmanach der rotblütigen Aristokratie, so gehörten sie hinein, zusammen mit einer weitverzweigten deutschen und österreichischen Sippe, deren Herkunft sich in geschichtslosen böhmischen und brandenburgischen Dörfern verliert. In den Arbeitervierteln von Wien und Berlin sind die Ahnen schon recht lebhaft nachweisbar bei den Gründungen der ersten Arbeiterbildungsvereine im vorigen Jahrhundert, den Demonstrationen gegen Bismarcks Sozialistengesetze, den blutigen 1.-Mai-Feiern und politischen Streiks zur Erlangung des Wahlrechts. Zu Hause wird die Sprache gepflegt, der Alkohol gemieden und viel gelesen. Das kommunistische Manifest ist das Brevier einer neuen Weltanschauung, der Marxismus die Philosophie der Praxis.

Aus solchen Nobelfamilien der Arbeiterklasse stammten die beiden und setzten die Tradition fort. Erna ist bis zu deren Ermordung die Sekretärin von Karl Liebknecht und Rosa Luxemburg gewesen, schrieb die erste Nummer der „Roten Fahne". Beim 3. Weltkongreß der Komintern in Moskau 1921 hielt ihr Stenogramm in deutscher Sprache die große Rede Lenins fest, die Ansprachen von Lunatscharsky, Alexei Tolstoi und Klara Zetkin.

Auf diesem Kongreß begegneten sie einander — der kleine Karl, zwanzig Jahre alt, österreichischer Delegierter in der Funktion des Redakteurs der Zeitung „Der Rote Soldat". Begründet in den Umsturztagen 1918/19 von Egon Erwin Kisch (dem später weltberühmten „rasenden Reporter"), wurde dieses revolutionäre militärpolitische Blatt von bibliophilem Seltenheitswert gewissermaßen Karls Offizierspatent. Der Oberst und spätere General der Roten Armee hat den Dienst für die UdSSR schon als Halbwüchsiger angetreten. Im Verlauf seiner militärischen Karriere engte sich das Operationsfeld mehrmals zur Größe einer Gefängniszelle ein, in Rumänien, in der Türkei und in anderen Ländern. Immer lag es außerhalb der Grenzen der Sowjetunion, wie jetzt hier in Prag.

Bevor ich einen Decknamen erhielt, der mit dem Namen eines sibirischen Flusses übereinstimmte, und — angeblich im Rang eines Majors der Roten Armee — die „besondere Aufgabe im Rahmen der Vierten" zu erfüllen trachtete, fuhr ich als einfacher Zivilist im Auto meines Vaters über die Grenze nach Hitler-Deutschland hinein.

Es war eine Erprobungsfahrt — Erprobung auch meiner selbst —, in niemandes Auftrag unternommen. Karl fuhr unterdessen Ski im Böhmischen Riesengebirge. Ad hoc um die Weihnachtszeit 1934/35 hatte ich mich dazu entschlossen, aus Neugier und aus der raschen Überlegung, daß es in Hinkunft recht nützlich sein könnte, erst einmal bei harmlosen Verwandten- und Bekanntenbesuchen festzustellen, ob man mir jetzt mit Mißtrauen und Ablehnung begegnete. Die meisten wußten wohl, daß ich am Schutzbundaufstand teilgenommen hatte, vielleicht sogar, daß ich in Moskau gewesen war. Werde ich mich verstellen müssen? Wird man mir den Haß am Gesicht ablesen? Wird sich die widerliche Visage Hitlers unerbittlich zwischen alte Freundschaftsbeziehungen schieben?

Die vereinsamte Grenzstelle oben am Erzgebirgskamm war jetzt mit einem Schlagbaum abgesichert. Dahinter wehte die Hakenkreuzfahne. Früher waren wir manchmal nur mit einem Herauswinken an den Grenzposten und Zöllnern vorbeigefahren. Sie kannten schon den Mayenburgschen Tatra, der so oft den Weg nach Rauenstein und nach Dresden nahm. Jetzt taten sie wichtig, prüften die Pässe, guckten in den Gepäcksraum. Ringsum Stacheldrähte, wo früher Ziegen weideten. Dann aber, als ich die roten Vogelbeerbäume sah, die kilometerweit die sächsischen Landstraßen säumen, die ersten semmelblonden, auch im Winter sommersprossigen Bauernkinder, auf billigen Brettln über den Schnee rutschend, die schmale, eiserne Rodel hinter sich her ziehend, den jüngsten Bankert der nie ganz satten Familienschar daraufgepackt — da klopfte mein Herz plötzlich in Wiedersehensfreude. Sachsen hatte doch immer das „rote Sachsen" geheißen. Das konnte sich nicht so schnell geändert haben. Gibt es irgendwo die Zeichen der Treue, der Auflehnung, das Nein zu Hitler, mit Kreide an eine Hauswand gemalt — drei Pfeile, Sichel und Hammer oder sonstwas?

Die Häuser blieben stumm — die Menschen redeten weit mehr, als mir manchmal lieb war. Alle, die ich sprach, wollten Genaueres über die Februarereignisse erfahren, über die Vorgänge um den Dollfuß-Mord, fragten, was man im Ausland über das Dritte Reich denke, ob die Niederschlagung des Röhm-Aufstandes am 30. Juni wirklich „draußen solchen verheerenden Eindruck" gemacht habe („wir kriegen ja hier keine ausländischen Zeitungen zu lesen"), kurz, ausgehungert nach nichtvorgekautem Nachrichtenmaterial, lockerte sich die Zunge. Die Nazilügen hatten sichtlich ein kurzes Bein. Daß ich die alte geblieben, meine Antinazigesinnung nicht geändert hatte, wurde bei allen Gesprächen als selbstverständlich vorausgesetzt. Ich brauchte mich nicht zu verstellen, nicht wie die Katze um den heißen Brei herumzuschleichen, weder in Rauenstein (wo zwischen den dicken Burgmauern ein jetzt sehr leibhaftiges Gespenst die Gemüter beunruhigte, nämlich die schwarze SS, der es vor einem halben Jahr gelungen war, die braune SA im eigenen Blut zu ersticken, was dem Führerglauben des kleinen SA-Mannes Friedy Herder einen schweren Schlag versetzte) noch in Dresden, wo der Pestfloh keinen von meinen alten Freunden gebissen hatte. Heinz von Plato konnte ich von Leningrad und Zarskoje Sjelo, seinem Geburtsort, erzählen, ohne Gefahr zu laufen, daß er den Boten aus der bolschewistischen Unterwelt an die Nationalsozialisten auslieferte. Auf dem Chlorodont-Schloß Eckberg, wo seit dem Tode von Onkel Ottomar mehr denn je protestantisch gebetet wurde, dachte man bei „... und erlöse uns von dem Übel..." an Adolf Hitler; in der Wiener Straße versuchte Friedl Mayenburg ihren verfolgten Freunden zu helfen, Juden und Künstlern. Sie gab mir die Adresse von Eberhard Hanfstaengl in Berlin, Direktor der Gemäldegalerie im Kronprinzenpalais, weil er „zu den wenigen mutigen Leuten" gehöre, die „die Bestände an moderner Kunst vor der völligen Vernichtung zu bewahren suchen". (Möglicherweise irre ich mich im Zeitpunkt. Tatsächlich bekam ich, ein als vertrauenswürdig empfohlener Galeriebesucher, dort versteckt gehaltene Werke von Paula Modersohn, Liebermann, Lovis Corinth, Käthe Kollwitz, Kolbe u. a. zu sehen. Noch heute bin ich Hanfstaengl für das Katakombenerlebnis dankbar.)

Trotz der Unbekümmertheit bei der Wiederaufnahme alter menschlicher Kontakte verblieb ein spürbarer Rest von Schweigen und Verschweigen. Meine Freundin Erika Asseburg, mit dem Berufsoffizier Lutz von Müller verheiratet, sagte mir viel später, sie wären schon bei meinem ersten Auftauchen in Dresden überzeugt gewesen, daß ich im „roten Geheimdienst" stünde, jedoch ebenso davon, daß ich sie nicht in irgendwelche dunkle Dinge hineinziehen würde. In der Tat, unser Vertrauen beruhte auf Gegenseitigkeit. Dennoch gehörte von ihrer Seite eine bemerkenswert große Portion menschlicher Anständigkeit dazu, auch in den folgenden Jahren, unter dem ständig wachsenden Druck der SS- und Gestapoherrschaft, dem Trommelfeuer der Nazipropaganda, den weiteren Umgang mit einem so „gefährlichen" Menschen nicht abzubrechen.

Von dieser ersten Tour durch Feindesland nach Prag zurückgekehrt, brachte ich einen Grundstock an Beobachtungen, Begegnungen und neuen Erfahrungen mit. Er reichte aus, um den „kleinen Karl" davon zu überzeugen, daß ich gleich wieder umkehren, diesmal auf längere Zeit hinübergehen könnte. Ich baute schnell und gründlich die Verbindungen zur Partei ab, vor allem aber die zu deutschen Emigrantenkreisen. Dort waren die Einbruchsstellen für Gestapospitzel. Mied die Lokale, wo in jeder Ecke irgendeine politische Gruppe saß, auch sehr zwielichtigen

Charakters, wie die um Willy Schlamm oder um Otto Strasser (dessen Bruder Gregor Strasser, einst zweiter führender Mann in der Nazipartei, mit so vielen anderen unliebsam gewordenen Kampfgefährten des „Führers" am 30. Juni ermordet worden war). Oppositionelle Nazis, die mit dem Revolver herumfuchtelten; ehemalige Kommunisten, die jetzt mit trotzkistischem Haß ihren früheren Genossen und der Sowjetunion in den Rücken fielen; politische Desperados, Geheimdienstler aller Art — Prag war voll davon. Mit ihnen zu verkehren bedeutete Gefährdung jeder ernsten illegalen Arbeit. Mäckie steckte ich nach Teplitz, wo er in der Jagdhündin meines Vaters seine große Liebe gefunden hatte.

Man muß mir zugute halten, daß die politische Illegalität, die stets aufs neue fragwürdige Existenz sozusagen von heute auf morgen, eine bestimmte Art von Gedächtnis herausbildet. Es bewahrt Daten, Namen, Örtlichkeiten nur so lange auf, als es für den Augenblick und für die nachherige Berichterstattung notwendig ist. Die Aufzeichnung geschieht so kurzfristig wie möglich, dann wird das Band gelöscht. Das Vergessen wird zu einer Schutzmaßnahme. Der Feind kann mich halbtot prügeln — ich kenne die Straße nicht mehr, wo ich die Flugblätter empfing, nicht die Adresse der Wohnung, wohin ich sie brachte. Gleichzeitig aber wächst das langfristige Erinnerungsvermögen für Eindrücke und Erlebnisse, die nur mittelbar mit der Sache selbst verbunden sind, gewissermaßen neben dem bewußten, zielstrebigen Agieren einherlaufen. Ich weiß nicht, ob das jedem so ergeht — mir erging es so, oder besser gesagt, ich schulte mich darauf. Ich konnte lange Gespräche, aufgeschnappte Bemerkungen, irgendwelche Hinweise, die mir wichtig erschienen — und mir erschien im Zusammenhang mit meiner Arbeit alles wichtig —, mit der Präzision einer Grammophonplatte wiedergeben. Heute, setze ich die Nadel auf, geben nur wenige Rillen da und dort eine Passage her, am seltensten das, was ich mir nicht merken wollte. Die Nebeneindrücke und -erlebnisse hingegen sind recht lebendig. Lebendig wie die kleine graue Maus, die mir den Dezember 1936, den Zeitpunkt der Verkündung der neuen Sowjetverfassung, sofort in Erinnerung bringt. In dem zerlemperten Badezimmer unseres Erholungsheimes in Suchumi, der Hauptstadt von Abchasien an der Küste des Schwarzen Meeres, wo ich mit Ernst zwei, drei Urlaubswochen verbrachte, schoß sie aus ihrem Schlupfloch, um gefüttert zu werden. Ebenso flink und vordrängend wie sie sind nebensächliche Erscheinungen da, wenn das Gewissen nach zeitlicher und örtlicher Genauigkeit ruft, Wichtiges von Unwichtigem trennen will.

So mag es also auch nicht verwundern, daß die drei folgenden Jahre ineinandergeschachtelt sind, zu einem Komplex zusammengefügt, aus dem ich nur jeweils einige markante Teile herauszunehmen imstande bin. Alles in allem war diese Zeit von einem heroischen Grundgefühl durchzogen. Selbst in der nüchternen und abwägenden Rückerinnerung, die einen dazu verleitet, sich zu fragen, inwieweit das Ergebnis den Aufwand rechtfertigte. Doch wer fragte damals danach? Nicht die Tausenden Namenlosen gleich mir, die im Bewußtsein des geschichtlichen Auftrags dem Unerreichbaren nachjagten: den Faschismus zu schwächen, zu unterminieren, bevor er noch den furchtbaren Weltbrand entzünden konnte.

Einmal brachte mich mein Vater nur bis an die deutsche Grenze. Von dort wollte ich allein weiterfahren. Wir verabschiedeten uns vor dem Schranken, hinter dem das Ungewisse begann. „Muß das sein?" fragte er mich und ließ meine Hand nicht los. „Es muß sein!" — „Ich warte, bis du durch bist!" rief er mir nach.

Wochen planvoller Kreuzundquerfahrten durch Hitler-Deutschland, Dutzende Städte ertrinken in diesem Erlebnis.

Beim Aufbruch zu dem Alleingang, der mir bevorstand und noch öfter bevorstehen sollte, sangen der kleine Karl und ich den alten amerikanischen Soldatenschlager: „Ich kam aus Alabama übern großen Teich daher . . . oh, Susanna, das Leben ist nicht schwer, drum wein dir nicht die Augen aus, wenn ich nicht wiederkehr' . . ." Es war ein gutes Abschiedslied für Leute, die der Nachbarn wegen leise singen mußten und außerdem nicht sicher waren, ob sie je wiederkehren würden. Eine Geheimcodemelodie, mit dem Kennwort Alabama für Angst und Adieu. Die „Internationale" mit ihrem „Auf zum letzten Gefecht" war dafür ungeeignet. Das Alabamalied blieb unser Lied.

Trotzdem sang ich einmal aus purem Übermut „Völker, hört die Signale!", während ich mich auf einer einsamen Skitour in den Grenzalpen zwischen Hitler-Deutschland und Schuschnigg-Österreich befand, um sichere Grenzübergänge auszukundschaften. Es konnte gegebenenfalls notwendig werden, die Ausreise aus dem Dritten Reich per pedes anzutreten. Auf einem Gipfel, von dem aus man sowohl ins eine wie ins andere Land hineinbrüllen konnte, packte mich die Lust, ein Echo zu provozieren. Von weither und unsichtbar, wie ein Echo ist, kam es auch auf mich zu — jedoch verwandelt in eine männliche Stimme! Echo und Antwort zugleich, rief sie mich zum Weitersingen auf. Über die Berge hinweg klang das halbe Repertoire unserer Lieder: „Brüder, zur Sonne und Freiheit!" und das Einheitsfrontlied, das rote Fliegerlied „. . . und höher und höher . . . wir schützen die Sowjetunion . . ."

Unten im Kleinen Walsertal lag das Jagdhaus der Asseburgs, in dem auch der deutsche Kronprinz öfter zu Besuch weilte. Als ich dann, noch atemlos von der Skiabfahrt, Axel umarmte, den wiedergefundenen Freund, hatte ich ihn im Wechselgesang mit einem Unbekannten betrogen, schwamm in Glücksgefühlen, die nicht ihm galten. Es gab also doch noch die Stimme des „andern Deutschland"! Die Stimme des Genossen! Der Naziterror hat sie nicht völlig zum Verstummen gebracht!

Noch Jahre pumpte ich aus diesem Erlebnis innere Kraft und eine Hochstimmung, deren Wirkung auf die Menschen, die ich gewinnen wollte, mir ebenso wichtig erschien wie die gezielter politischer Argumentation und Agitation.

Mein erster Besuch in Berlin galt dem Generaloberst Kurt Freiherrn von Hammerstein-Equord. Seither ist die Familie von Hammerstein-Equord insgesamt in die Zeitgeschichte eingegangen. Zwei Söhne, Ludwig und Kunrat, beteiligten sich an der Militärverschwörung gegen Hitler am 20. Juli 1944. Sie überlebten das mißglückte Stauffenberg-Attentat mit seinen verheerenden Folgen durch Flucht und Untergrunddasein. Die Mutter, Maria von Hammerstein, geborene von Lüttwitz, Tochter des Generals von Lüttwitz, der 1919 den Spartakusaufstand niederschlug und 1920 die militärische Führung beim rechtsradikalen Kapp-Putsch innehatte, überlebte mit ihrer Tochter eine monatelange KZ-Haft. Der Name des Vaters ist mit dem Aufbau der Reichswehr und mit ihrer Militärpolitik in der Weimarer Zeit verbunden. Hervorragender Generalstäbler, integre Persönlichkeit und souveräner politischer Kopf, nahm Hammerstein in entscheidenden Phasen der deutschen Entwicklung bis zu Hitlers Machtantritt — und darüber hinaus — kraft seiner Stellung bestimmenden Einfluß auf den Ablauf der Geschichte.

Es war die Antrittsvisite eines illegalen Majors der Roten Armee beim außer Dienst gestellten Chef der Deutschen Heeresleitung, den man so lang den „roten Hammerstein" nannte, als er noch die Möglichkeit hatte, legale freundschaftliche Beziehungen zur Roten Armee zu pflegen. Im Januar 1934 hatte er seinen Abschied bekommen. Dem Führer, seit Hindenburgs Tod im August 1934 nun auch Herr über die Wehrmacht, hat er keinen Treueid geleistet. Beziehungen zur Roten Armee wiederaufzunehmen, stand eigentlich nichts entgegen, außer daß dies jetzt ihm und mir den Kopf kosten konnte. Sein persönlicher und politischer Freund General von Schleicher, letzter Reichskanzler vor dem Halunken, der den Mordbefehl gab, war erst vor wenigen Monaten mitsamt der Ehefrau meuchlings über den Haufen geschossen worden. Es schien ein Wunder, daß Hammerstein das 30.-Juni-Gemetzel überlebte. In Moskau, als wir die ersten Nachrichten darüber erhielten, dachte ich sofort in Sorge an den Asseburgschen Hausgast, der mir in Neindorf den wohlgemeinten Rat gegeben hatte, Axel in kein Eheabenteuer hineinzuziehen.

Der General in Zivil war etwas erstaunt, die kleine Person nach Jahren wieder mit Alexander-Edzard beisammen zu sehen und noch dazu im eigenen, jetzt aus politischen Gründen gemiedenen Haus; zwar lediglich auf kurzen Besuch, so wie zwei junge Leute eben vorbeikommen, die einen Berlinausflug unternehmen — und doch machte es ihn stutzig. „Will die was hier?" glaubte ich einem Seitenblick abzulesen. Ja, ich wollte etwas. Vorerst aber sollte er Klarheit über meine politische Einstellung erhalten, und ich darüber, ob seine Hitler-Gegnerschaft jetzt Grenzen kannte, die er nicht überschreiten würde. Das eine gelang auf Anhieb. Während Axel mit seiner Frau sprach, sagte ich ihm leise: „Wir in Österreich sind gegen Dollfuß auf die Barrikaden gestiegen. Ich war dabei. Warum hat hier in Deutschland nicht wenigstens die Reichswehr was gegen den Kerl unternommen?" — „Das hätte zum Bürgerkrieg geführt." — „Na und?" — „Ich bin gegen Bürgerkrieg. Putschen? — Nee! Aber Sie scheinen mir ja 'ne janz Tolle zu sein." Hammerstein lachte kurz auf. „Sie bringen meinen Mann zum Lachen — kommen Sie doch öfter mal zu uns!" Für die Hausfrau bedeutete der Asseburg-Sohn offenkundig ein Unterpfand meiner Vertrauenswürdigkeit. Wer damals über ihre Schwelle trat, wurde recht genau in Augenschein genommen. Seit der Ermordung Schleichers bangte sie um ihren Mann, fürchtete auch, Gestapospitzel könnten unter dem Deckmantel gesellschaftlichen Umgangs in die Familie einsickern. „Wozu? Die wissen doch, wie ick denke..."

Wie Hammerstein über die Naziparteidiktatur dachte, über ihre Taten und Untaten und was davon für Unheil noch für Deutschland und Europa herauskommen würde, „wenn die Kerle sich nicht beizeiten gegenseitig abmurksen, was ja zu hoffen wäre...", in solchen und ähnlichen, mit lakonischer Kürze vorgebrachten Bemerkungen blieb tatsächlich nichts ungesagt von dem, was er dachte. Aber — das wurde die Frage für mich (und sicherlich auch für die Gestapo) — arbeitet dieser bedeutendste Kopf der alten Reichswehr an einem militärischen und politischen Generalstabsplan gegen das Hitler-Regime? Hat er Verbündete, sucht er Verbündete? Ist oder wäre er imstande, weiter (oder wieder) Beziehungen zu Nazigegnern — Militärs, ehemalige Politiker, führende Leute der Wirtschaft — aufzunehmen? Oder begnügt er sich mit der Rolle des Resignierten, der nur noch als feindlicher Beobachter an allen Vorgängen teilnimmt und im übrigen auf die Jagd geht?

Und wie steht's um die in Amt und Würden, um Reichswehrminister Generaloberst von Blomberg, um General von Fritsch, den Nachfolger von Hammerstein als Chef der Heeresleitung? Hat der SS- und Gestapoterror preußische Generale das Fürchten gelehrt? Oder gehen sie Hitler doch ins Garn, widerwillig, weil er ein großrednerischer Plebejer ist, ein Emporkömmling aus der politischen Gosse, jedoch „fanatisch entschlossen, das Reich zu Größe und Macht führen"? Eben hat er einseitig die Rüstungsbestimmungen des Versailler Friedensvertrages gekündigt, die allgemeine Wehrpflicht wiedereingeführt. Ein Jahr später wird er das Rheinland remilitarisieren. Die geheime Aufrüstung ist in vollem Gange. Die braunen Machthaber steuern auf Krieg zu. Kommt das nicht denen zupaß, die die militärische Kommandogewalt haben?

Jener Antrittsvisite folgten — anfangs spärlich, zwischen Fahrten durch halb Deutschland hineingeschoben, dann immer häufiger — Besuche in dem einschichtigen Haus draußen in Dahlem, unweit der Bekenntniskirche von Pastor Niemöller. Wenn ich aus dem Ausland zurückkam, meldete ich mich sogleich zur Stelle. Ich studierte ihn auf ein Ziel hin.

„Was halten Sie von der Dolchstoßlegende, Herr von Hammerstein?" — „Nichts!" — „Andere denken aber anders. Sogar reichlich viele Millionen." — „Millionen denken nicht — denen wird's nur eingeredet." — „Und der Schmachfriede von Versailles? Das beste Zugpferd im Nazistall?" — „Det lahmt!" — „Na, es hat ganz schön gezogen..." — „In die Jauche." Wenn's um die Nazis ging, nahm er sich kein Blatt vor den Mund. Ansonsten ruhte er — „wie in einer Hängematte", spottete ich — gelassen und schweigsam in seiner Intelligenz. Kein noch so stürmisches Ereignis warf ihn heraus, ließ ihn nach einem Halt suchen. Seine Fähigkeit, mit wenigen Worten Menschen zu charakterisieren, den Kern der Sache zu treffen, reduzierte inhaltsreiche Gespräche auf ein Zeitminimum. Ich war an endlose politische Debatten, an Diskussionen und Zurschaustellung kunstvoller Gedankenarbeit gewöhnt — bei einem Mann wie Hammerstein mußte ich nun eiligst lernen, daß ein Satz vielsagend ist. Wie ein Luchs mußte man aufpassen, um die Tragweite von Randbemerkungen zu erkennen. Bis zu dem Tag, da Hammerstein mir über die Wange strich und zum Abschied (von dem wir nicht wußten, daß es der letzte sein werde) eine Warnung aussprach. Orakelworte, an denen ich noch heute herumrätsle, obwohl doch unterdessen so vieles aufgedeckt wurde, was damals „Geheimnis" war. Ich möchte sie nicht vorwegnehmen, denn im Augenblick bin ich noch unterwegs. Ohne ihn und mit ihm — der bald zum Ranghöchsten meiner irdischen Heerscharen aufrückte. Für ihn einen Rufnamen zu finden, war schwer für mich, denn schließlich konnte ich ihn nicht gut „Papus" nennen, wie es seine sechs Kinder taten, auch nicht kurz und bündig Kurt. Nach gemeinsamer Absprache wurde „Hako" draus, eine phonetische Zusammenziehung beider Familiennamen, auch beim Siezen in der Öffentlichkeit verwendbar.

Mit ihm, im buchstäblichen Sinn, war ich selten unterwegs. Das eine Mal fuhren wir im gleichen Zug, Hammerstein, der alte Zigarrenpaffer, im Nichtraucherabteil, ich Raucher. Er hatte überempfindliche Augen und ständig Lidentzündungen, die die hellen Wimpernstummel verpickten. Wir schalteten auf illegale Fahrt, kannten uns nicht, stiegen in verschiedenen Hotels in einem Kurort ab, ich glaube es war Bad Homburg. Jedenfalls eines von den altmodischen deutschen Bädern mit Kurpromenade, Richard Wagner, Tschaikowskij und älteren Herrschaften, die wechselseitig über ihre Leiden klagen. Eine durchaus unpolitische Atmosphäre. Kein Jauchegestank. „Gib mal acht, ob sie mich beschatten. Ich treffe hier jemand, dem könnt's unangenehm sein, wenn sie's erführen." Es war das einzige Mal, daß ich an ihm eine Art konspiratives Verhalten bemerkte. Ich vermutete damals, daß er Verbindungen zu den Engländern habe. Hammerstein, der sich wohl auch auf interne Informationen stützen konnte, die ihm nach wie vor zuflossen, durchschaute die Täuschungsmanöver der obersten Naziführung, glaubte weder an deren „Friedenswillen" noch an die Beteuerungen von „Nichteinmischung und Anerkennung der Gleichberechtigung der Völker". Mehrmals äußerte er sein Mißfallen über die Toleranzpolitik der britischen Regierung. Das Frühjahr 1935 war durch eine außerordentlich spektakuläre und für Hitler erfolgreiche außenpolitische Aktivität gekennzeichnet gewesen. Nach wochenlangen Verhandlungen kam im Juni das „deutsch-britische Flottenabkommen" zustande, wonach Deutschland 35 Prozent der Gesamttonnage des Commonwealth zugebilligt wurden. Innerhalb dieses Volumens 45 Prozent für den U-Boot-Bau. Das Abkommen leitete eine Appeasementpolitik ein, die in den Augen aller Hitler-Gegner Großbritannien zum Hauptschuldigen an der Erstarkung und Ausweitung des Dritten Reiches stempelte. Hammerstein meinte dazu: „Die Gentlemen sollten umstecken, bevor's zu spät ist." Es erschien mir daher naheliegend, daß er seine Warnungen über bestimmte Kanäle beim Foreign Office anbrachte. Höchste Zeit, ihn wissen zu lassen, wo seine wahren Freunde sind.

Wie und wann — das bedurfte genauester Überlegung. Auch der Absprache mit Moskau. Die Gelegenheit, mit Hammerstein unter vier Augen und nicht nur im Familienkreis zu sprechen oder bei Anwesenheit von Gästen, fand sich auch in Berlin. Trotz der Proteste seiner Frau, die ihn ungern nachts allein auf der Straße sah und befürchtete, SS-Banditen könnten ihm auflauern, ließ er es sich niemals nehmen, mich zur letzten U-Bahn oder zum Omnibus zu begleiten. Den Revolver in der Manteltasche, höhnte er: „‚Auf der Flucht erschossen‘ — det jibt's bei mir nicht!" Bei diesem Gang über das menschenleere, kaum beleuchtete Gelände, das hinter dem Garten begann, feldein bis zum Verkehrsdamm hin, führten wir unsere vortastenden und schließlich sehr offenen Gespräche.

Das Sammeln von Informationen rein militärischen Charakters gehörte nicht unbedingt zu meinem eigentlichen Aufgabenbereich. Vielleicht verlockte es mich gerade deshalb zu Fleißaufgaben auf diesem Gebiet. Der kleine Karl durfte mir auch darin völlig freie Hand geben, nur sollte ich mich nicht gefährden. „Vergiß nicht, daß wir im Augenblick niemanden im Land haben außer dir!" Sicherlich eine Lüge. Aber es war eine Wegzehrung, aus der mein Bewußtsein die Nahrung bezog, die einsame Helden brauchen: Es kommt nur auf dich an!

Manchmal kam es auch auf ein Pferd an, häufig auf ein Auto. Als ich am Plansee im Jagdhaus von meinem guten alten Bültz erfuhr, daß sein Rittergut in der Oberlausitz geradezu eingekeilt sei von irgendwelchen geheimnisvollen militärischen Operationen, die nachts vor sich gingen, im Heideland, vorübergehend zum „Sperrgebiet" erklärt, das man nicht betreten dürfe — da fand ich einen Pirschgang im Auto 1000 Kilometer nach Norden reizvoller als das Weiterverbleiben im Tiroler Jagdgebiet. (Obwohl ich da mit einem Hamburger Ehepaar bekannt geworden war, nachbarliche Freunde von Bültz, die mir noch sehr wichtig werden sollten.)

Der Pirschgang endete in einem Bauernwagen, den ich in das Heideland hineinkutschierte, das sich — nun wieder friedlich — in scheinbar endloser Weite ausbreitete. Im Gasthaus sprachen noch die Leute davon, daß sie vor lauter „Herumrasseln" nicht hätten schlafen können. Der Heide- und Sandboden zeigte Spuren, wie ich sie nie gesehen hatte. Breite, tiefe Raupenspuren, kreuz und quer. Auch Bäume hatten dran glauben müssen. Die Höhe und den Durchmesser der Strünke und die

Raupenspuren maß ich mit meinem Ledergürtel und dem „Völkischen Beobachter" aus.

In Moskau stieß der Bericht, Hitlers Aufrüstung sei schon bis zum Panzerbau gediehen, vorerst auf den Unglauben, den eine Sensationsmeldung auslöst. Im Westen war noch nichts darüber durchgesickert. Später ließ man mir durch Karl die Anerkennung aussprechen, den ersten authentischen Nachweis für das Vorhandensein von Panzern in der neuen deutschen Wehrmacht geliefert zu haben. Die Auswertung der Spurenmaße hätte es bestätigt.

Daraufhin brachte mir der kleine Karl die sogenannte „Weichfilmmethode" bei, um in Hinkunft eine Kamera benützen zu können. Da ich das aber nicht tat, sondern mich lieber auf meine unverdächtigen Augen und Ohren verließ, habe ich auch vergessen, welches chemische Bad nötig ist, um die hauchdünne belichtete und entwickelte Oberschicht eines Films vom Zelluloidstreifen abzulösen. Das winzige Röllchen paßt dann leicht in eine Nähseidenspule.

Die kleine Handfertigkeit wurde für mich seine einzige Hinterlassenschaft. Denn als ich das nächstemal nach Prag in die Verdunská zurückkehrte, erwartete mich eine bestürzende Nachricht: Karl abkommandiert in ein anderes Land! Er müßte mich abgeben, ich bekäme von jetzt ab einen Verbindungsmann nicht außerhalb, sondern in Hitler-Deutschland selbst, mit dem ich weiterzuarbeiten hätte. Wer, das wußte Karl nicht. „Du wirst dich schon mit ihm verstehen!" beruhigte er mich. „Sie schicken nur einen erstklassigen Mann, auf den du dich verlassen kannst." Mein Sicherheitsgefühl war gestört. Bisher hatte ich mich auf mein eigenes Verhalten stützen, mich nach freiem Ermessen im Alleingang durch Hitler-Deutschland bewegen können. Die neue Direktive verstieß auch gegen unsere früheren Abmachungen: keine Apparatverbindung im Land. Jetzt würde da jemand sein, ein Unbekannter, der meine Kontaktleute und mich selbst einfach schon durch seine Existenz gefährdete. Und wann würde ich den kleinen Karl und seine Familie wiedersehen? Wir waren Freunde geworden, wie es wenig andere Freunde gibt. Auf Gedeih und Verderb revolutionäre Kampfgenossen. Uns verbanden der Haß und die Liebe, das Bewußtsein, einer gerechten Sache zu dienen. Irgend so ein Apparatmensch würde mir das niemals geben.

Zum Abschied sangen wir noch einmal das Alabamalied: „. . . oh, Susanna, das Leben ist nicht schwer, drum wein dir nicht die Augen aus, wenn ich nicht wiederkehr' . . ." Der kleine Karl kehrte nicht wieder. Seine Familie erst nach zwanzig gestohlenen Jahren.

Mit der Hälfte einer Visitenkarte, einem Losungssatz im Kopf und einem gelben Frühlingskostüm im Koffer, an dem mich der Unbekannte in der Siegesallee im Berliner Tiergarten erkennen sollte, reiste ich noch vor dem 1. Mai 1936 — Hitlers verlogenem „Tag der Arbeit" — wieder ins braune Reich hinein. Wenn alles gutging, mindestens auf ein halbes Jahr. Elias Canetti hatte mein Interesse für Ethnologie geweckt. In der Verdunská 17 ließ ich eine ethnologische Handbibliothek und eine nicht beendete autodidaktische Arbeit über die frühen afrikanischen Königreiche zurück. Dummerweise auch den Großteil meines Schmucks, der dann ein unrühmliches Schicksal erfuhr.

An der Berliner Universität wollte ich nun Vorlesungen über Ethnologie und Anthropologie hören. Nicht einmal nur der Tarnung wegen, auch um die Stimmung unter den Studenten kennenzulernen und vielleicht Bundesgenossen zu finden.

Während sich der Zug der tschechisch-deutschen Grenze näherte, packte mich die Angst. Wiederholt war ich doch schon hin- und hergeflitzt im Schutz des Mayenburgschen Wagens oder mit der Eisenbahn. Unter meinem richtigen, unter fremden Namen. Und jetzt plötzlich saß mir dieses scheußliche undefinierbare Urwesen im Genick und ließ sich nicht abschütteln. Es schnürte mich gleich Polypenarmen ein, daß mir die Luft wegblieb. Saugte sich am Magen fest, preßte das Herz zusammen. Mir wurde buchstäblich schlecht. Ich wollte die Angst unter Kontrolle bringen, mobilisierte die ruhige Überlegung. Mein Paß war in Ordnung, der Name rein arisch-deutsch trotz des angehängten ... ová. Wenn sie mich nicht auf einer ihrer Listen hatten, das verräterische Photo aus Moskau vom Roten Platz, ein Signalement von Prager Gestapospitzeln, konnte eigentlich nichts geschehen. Trotzdem blickte die Angst mit zum Fenster hinaus auf die vorbeifliegende Landschaft, zur Elbe hinunter, auf der kein munteres Schiff, nur vereinzelt ein dunkler Schleppkahn stromabwärts zog — widerwillig, wie mir schien, und mißgelaunt, weil seine Fracht für Hitler-Deutschland bestimmt war. Keine Menschenseele zeigte sich auf den schwarzen Planken. Ab Tetschen-Bodenbach, wo uns das tschechische Zugpersonal und die Mitreisenden mit der spürbaren Erleichterung verließen, nicht weiterfahren zu müssen, bis Bad Schandau, wo die brutale Gewalt hereintrampeln würde, drückte die Angst dann so stark auf meinen Kehlkopf, daß ich meinem gesprächigen Visavis nur noch mit einem verheißungsvollen Lächeln unter halbgeschlossenen Lidern antworten konnte.

Der ältere Herr aus Budapest, ein Horthy-Mann oder gar ein Pfeil-kreuzler, hatte mir schon seit Prag vehement den Hof gemacht. Im Niemandslandtunnel nahm er die Gelegenheit wahr und küßte mich auf den gelähmten Mund. Der Zugriff an der Kehle wurde lockerer, und als wir in die Helligkeit hineinfuhren, konnte ich schon richtig lachen. Der ungarische Kavalier sollte mir noch weitere gute Dienste erweisen. Im Augenblick, da sich die Coupétür öffnete, in ihrem Rah-men hintereinander stiefelbewehrte Uniformen auftauchten, die Pässe verlangten und lästige Fragen stellten, bedeckte sein „Pester Lloyd" (eine der wenigen ausländischen Zeitungen, die die Nazis damals noch hereinließen) meine Handschuhe auf dem Fenstertischchen. Der rechte davon war mir besonders teuer: In Daumen und Zeigefinger steckten 500 Dollar. Ein Notgroschen allenfalls für Bestechungszwecke. Devisen-hinterziehung für Hitler. Darauf stand KZ.

Die Angst hatte ich mir umsonst aufgehalst. Weder blieb der ange-speichelte Finger an einer Stelle der mehrseitigen Namensliste stehen, noch fanden sie überhaupt etwas Verdächtiges an den beiden vergnügten Berlinreisenden, von denen der eine einen Diplomatenpaß vorwies und dann ungeniert eine dicke Salamiwurst auspackte, Scheiben herunter-schnitt und seiner Dame zwischen die Lippen schob. „Heil Hitler — Guten Tag." Eine „Moskauer Agentin" war neuerlich unangefochten durch ihren Pestkordon geschlüpft.

Sie traf mit der Pünktlichkeit der Illegalen um fünfzehn Uhr fünf Ecke Siegesallee-Charlottenburger Chaussee auf den zweiten Abgesand-ten der „Vierten", einen baumlangen, dürren Mann in den Vierzigern. Blaß und von erschreckendem Ernst, provinziell gekleidet — schlottern-der grauer Covercoatanzug zu gelben Schuhen, den Regenmantel überm Arm und auf dem Kopf einen breitrandigen Hut, den er linkisch lüftete — wirkte er wie ein enttäuschender Ehekandidat, der auf eine Heirats-annonce hin zum ersten Rendezvous erscheint. Die beiden ungleichen Offiziere der Roten Armee zeigten ihre Visitenkarte, sprachen ihren Losungssatz und wußten weiter nichts miteinander anzufangen. Bis zur nächsten Zusammenkunft verblieben vier Wochen Zeit. Ich werde sie nützen, so gut ich kann. Er (Paul nennt er sich) folgte mir in immer län-gerem Abstand zur Brandstätte des Reichstagsgebäudes. Den Tatort wollte ich wenigstens einmal gesehen haben. Sie glauben sich jetzt sicher, die Verbrecher an der Macht. Sie täuschen sich. Auch wenn wir Ängste ausstehen und nur zu zweit hintereinander hergehen. Eine gewaltige Armee steht hinter uns. In der ganzen Welt. Ihr werdet daran zugrunde gehen, ihr Hunde.

Aus der Zeit der illegalen Arbeit erinnere ich mich noch dreier solcher vehementer Überfälle von Angst. Mein ungarischer Reisegefährte hatte mir nebst der Salami und köstlichem Marillenschnaps („Barack") auch seine bisherige Untermietwohnung in der Lietzenburger Straße angeboten, weil er von nun ab in der ungarischen Botschaft wohnen würde. Ecke Schlüterstraße, unweit vom Kurfürstendamm und Olivaerplatz gelegen: Das war genau die Gegend, im Westen Berlins, die ich mir für einen längeren Aufenthalt wünschte. Ich kannte sie gut von früher her. Meine Schwippschwägerin Mira Gräfin Holtzendorff, Schwester von Friedy und Hansi Herder, hatte hier herum ebenfalls ihre Nobelsuite, wo sie mit stundenlangen brühheißen Bädern ihrem Fett zu Leibe rückte und Abendgesellschaften gab, die ihren Glanz im silbernen Tafelservice, ihre oberflächliche Konversation im mürrischen Gesicht des Hausherrn widerspiegelten. Der unansehnliche sächsische Gesandte rechnete seinen Gästen und seiner Frau — silberblond und von der grazilen Üppigkeit einer Watteau-Dame — insgeheim die Kosten vor, die sie ihm verursachten. Selbst für die Liebe in den Armen der Gattin mußte er, dem Tratsch nach, regelmäßig seine 20 RM berappen. Jetzt würde ich den verwandtschaftlichen Kontakt mit den Holtzendorff zwar meiden, ihrer und meiner Sicherheit wegen, dennoch gäbe es notfalls einen Unterschlupf ganz in der Nähe. Aristokraten rennen nicht gleich zur plebejischen Gestapo.

Die Wohnung hatte zwei Stiegenausgänge auf die beiden Straßen, mein Schlafzimmer einen Extraausgang auf die Haupttreppe. Der heilige Stephan, Schutzpatron von Ungarn, konnte gar nichts Günstigeres für eine gläubige Tochter der bolschewistischen Kirche in Reserve gehalten haben, die in der Höhle des wahren Antichrist nach Bekehrungswilligen fahndete.

Auch die beiden ältlichen Vermieterinnen machten einen vertrauenerweckenden Eindruck. Sie verkehrten nach wie vor gutnachbarlich mit der jüdischen Familie von nebenan, die ständig, Tag und Nacht, ein erschrecktes Auge hinter dem Gucklicht ihrer Wohnungstür bereithielt, wenn jemand die Treppe heraufkam. Das furchtsame Auge verfolgte mich bis in den Schlaf. Damit es sich beruhigt schließe, pfiff ich beim Heimkommen regelmäßig das Alabamalied. Das Signal wurde sichtlich verstanden. Künftighin blickte mich nur das leere Glasauge an.

Mehrere Tage nach meiner Ankunft klopfte es frühmorgens: „Die Polizei ist da und fragt nach Ihnen!" hörte ich die Wirtin durch den Türspalt flüstern. „Stehen Sie schnell auf — der Herr ist ungeduldig!" Ich blieb liegen. Mit einem Satz war mir die Angst auf die Brust gesprungen und drückte mich flach in die Kissen. Wieder dieser verdammte Druck auf der Kehle, der gelähmte Mund. „Hören Sie nicht? Die Polizei holt Sie ab!" Draußen mischte sich eine scharfe Männerstimme ein. Die arme Alte, sie wird mich verfluchen. Welchen Fehler habe ich gemacht? Hat der ungarische Faschist mir eine Falle gestellt? Auf dem Rout in der ungarischen Botschaft habe ich mich für eine junge Dame allzu politisch orientiert gezeigt. War in Hochform und frech. Das mußte in der Herrenrunde auffallen. Auch die Trinkfestigkeit. Fehler. Was sonst?

Die Juden nebenan! Juden und Kommunisten Wand an Wand, das paßt in ihr Teufelseinmaleins. Durch die Tapetentür in den Hausflur und abhauen? Unsinn! Das wäre ein Eingeständnis, ohne den Kampf aufgenommen zu haben.

Mit der Bettdecke warf ich auch die Angst ab. Die grüne Uniform, ungeduldig auf und ab gehend, sah sich einem chinesischen Schlafrock gegenüber — und ich mich dem Polizeibeamten der Ausländerstelle, der mein Gesuch um Aufenthaltsbewilligung entgegengenommen hatte. Verlegen und nach meinem Busen schielend, nestelte er an seinem Uniformrock herum, holte meinen Paß und ein Papier hervor und sagte: „Ick hab's Ihnen mitjebracht. Sie brauchen jarnich mehr bei uns vorbeikommen. Auf sechs Monate hab' ick's Ihnen ausgestellt — det is ne große Ausnahme, müssen Se wissen! Aber ick hab's jemacht, weil Sie so 'n nettes Mä'chen sind! Nu — er zog mich auf die Knie — verdien' ich mir nich jetzt een bißken Dank? Ick dachte, vorm Dienst langt's noch für ne hübsche Stunde . . ."

Die hübsche Stunde langte nur für ein kräftiges Frühstück zu zweit. Dabei erfuhr ich allerhand Wissenswertes. Wie die Ausländer überwacht werden; ob regelmäßig oder nur stichprobenweise, ob es da besondere Vermerke in der Kartei gibt; ob er dahin Zutritt hätte, wenn ich das mal brauchte („man möchte doch nicht mit dem komischen Gefühl herumlaufen, da ist irgendwo ein Zeichen — und schon haben sie ein Auge auf dich wegen nichts und wieder nichts, bloß weil man aus der Tschechei ist"); ob man sich verdächtig macht, wenn der Paß viele Grenzübertritte aufweist („wissen Sie, ich bin so ein reiselustiger Mensch"); und noch manches andere. Der alte Schupo und jetzige Staatssicherheitsmann wußte nicht viel, aber genug für den Anfang. Er duftete stark nach Marillenschnaps, als er zum Dienst wegeilte.

Dramatischer war die Szenerie, wo mich zum zweitenmal die Angst ansprang. Irgendein Spätherbstabend im Berliner Norden — oder war's um die Frankfurter Straße herum? —, jedenfalls ein richtiges Proletenviertel, wo es mich manchmal ziellos durch die Straßen trieb, um eine

Geste des Widerstandes gegen das Hitler-Regime zu entdecken, eine rote Losung an Mauerwänden, an Bretterzäunen, vielleicht ein Flugblatt, das im Wind daherwehte. Hinter der rostigen Häßlichkeit der Hausfassaden mußte es doch Menschen geben, die dem Terror trotzten. Im März 1933, bei den letzten Reichstagswahlen, angesichts der verkohlten Trümmer der Demokratie, hatte die gesamte Linke noch mit über 11 Millionen Stimmen gegen das Naziunheil protestiert!

Ich kam gerade aus einer Arbeiterkneipe, wo ein paar Männer schweigend ihre Molle tranken. Die mißtrauischen Blicke des Thekenwirtes hatten mich schnell hinausgeekelt. Unschlüssig und verloren stand ich auf der fremden Straße und fror. Plötzlich Rufe und Gebrüll, schwarze Schatten springen aus einem Überfallswagen, der sich querstellt: eine SS-Razzia. Wenn sie mich anhielten — womit sollte die Tschechin ihre Anwesenheit in dieser Gegend erklären? Dutzende Ausreden tobten mir durch den Kopf, während ich ruhig weiterging, die Angst im Genick. Leute hasteten vorbei, verschwanden in den Häusern. Ich werde einfach das gleiche tun. Nach vier, fünf Stockwerken las ich an einer Tür „Schweiger". Ein guter Name. Auf das Klingeln öffnete mir eine jüngere, verschlampte Frau. Ich bat, ihre Toilette benutzen zu dürfen, mir sei nicht wohl. Sie ließ mich zögernd ein und grinste dann: „Machen Se man keene Umstände ... pusten Se sich erst mal aus ... det is alles halb so wild." Aus dem Vorzimmer drang fahles Licht durch das Oberfenster. Ich brauchte einige Zeit, um mein Herzklopfen zu beschwichtigen. Da wisperte es an der Tür: „Zerreißen Se das Zeuch in janz kleene Stücke — sonst verstopft's mir den Abfluß!" Die Frau glaubte, ich hätte illegales Material bei mir. Noch nie bin ich in einer so scheußlichen Umgebung so selig gewesen! Wir tranken dann zusammen Kaffee in der Küche, und sie erzählte mir, daß ihr Mann gleich nach dem Reichstagsbrand „hopsgegangen" wäre, seither ginge sie arbeiten und, „wenn's ihr danach ist", auf den Strich. „Bevor ick mir'n Hund zuleje — verdien ick mir lieber ehrlich meine zwanzig Mark!" Da ich sie nicht gleich verstand, führte sie mich zum Hoffenster, und wir schauten in den Schacht hinunter, wo gegenüber ein tiefergelegenes helles Viereck ins Dunkel hineinschnitt. Dahinter balgte sich im zerwühlten Ehebett ein fettes Weib mit einem Schäferhund herum. Neid sprach aus dem Flüstern: „Jeden Tach kriegt das Vieh sein Pfund Pferdefleisch! Den Ollen haben se ihr totjeschlagen — den dreckigen Kohlenladen haben se ihr jelassen. Glück muß der Mensch haben!" Sie knuffte mich in die Seite: „Sie haben ja ooch Glück gehabt — aber seien Se man vorsichtig, es hat ja doch keen Zweck!"

Das drittemal überfiel mich die Angst im Schlaf.

Kurz zuvor war in der Goebbels-Presse anläßlich eines sensationellen Militärspionagefalles die Spionenhysterie ausgebrochen. Zwei junge Frauen der besten Gesellschaft Berlins, Benita von Falkenhayn und Renate von Natzmer hatten, aus rein politischen Motiven — so glaube ich — Kundschafterdienste für den polnischen Militärattaché Major von Sosnowski übernommen, waren dessen überführt und hingerichtet worden. Von der Hauptangeklagten wurde berichtet, sie habe sich noch angesichts des Scharfrichters mit „unglaublicher Frechheit" verhalten. Das hieß für mich und die wenigen Menschen, mit denen ich offen darüber sprechen konnte, wie eine Heldin. Mir ging der Fall nicht nur menschlich nahe, er beunruhigte mich auch. Mitten in der Nacht wachte ich mit dem Gefühl auf: das Haus wird beobachtet, jemand steht auf der Straße und blickt zu meinen Fenstern herauf. Das Gefühl verdichtete sich zur Sicherheit einer Wahrnehmung. Ich blieb im Dunkeln liegen und versuchte klar und ruhig zu überlegen, mit wem ich in letzter Zeit beisammengewesen war und was dabei gesprochen wurde. Da waren einmal die beiden Töchter von Hako, Esi und Helga Hammerstein-Equord. Helga arbeitete im Kaiser-Wilhelm-Institut, in einer Art Geheimabteilung. Aus Holz wollen sie Zucker herstellen, das wäre eine kriegswichtige Entdeckung. Dort arbeiten auch Japaner. Mit einem ist sie sehr befreundet. Ich habe Helga zwei-, dreimal im Institut abgeholt. Esi lernt doch auch Japanisch? Wir sind zusammen mit Helga, Esi, zwei Japanern und einem Deutschen zuerst ins „Esplanade", später in eine obskure Privatwohnung gegangen. Haben die halbe Nacht politische Gespräche geführt — alle als Nazigegner. Alle? Waren die Japaner nicht etwas zurückhaltend gewesen? Die Mädchen sollen Kommunistinnen sein. Haben sie noch eine, jetzt angestochene Parteiverbindung? Die Wohnung und der Deutsche sahen mir danach aus. Aber Esi hatte mein Mißtrauen beschwichtigt. Das Hammersteinsche Haus? Zweifellos wird es bespitzelt. Dort ist immerhin eine Einbruchstelle gegeben.

Beim Gedanken an Hako preßte mir die Angst schon den Schweiß aus den Poren. In der gespenstischen Stille hörte ich von der Straße herauf ein Räuspern und dann das scharrende Geräusch, wenn sich einer kurz die Füße vertritt. Worauf wartet der Kerl? Daß ich das Licht andrehe? Auf die andern, den Abholtrupp im Morgengrauen?

Wen habe ich noch besucht? Frieda, die Schwägerin des kleinen Karl. Im „Roten Block". Dort haben sie Nacht für Nacht die Leute aus den Betten geprügelt. Doch das ist schon lange her. Steht Frieda unter Beobachtung? Sie leugnet es, aber es wäre möglich. Ihr verstorbener Mann war ein bekannter Kunsthistoriker. Hat im Ullstein-Verlag die Herausgabe der „Propyläen-Kunstgeschichte" besorgt. Jahrelang sind sie mit dem Apparat verbunden gewesen. Jetzt bin ich die einzige, die den Kontakt wiederherstellte. Privat, freundschaftlich. Niemand ist mir gefolgt, als ich von Frieda wegging.

Die Postkarte von Ilka Vitzthum mit der idiotischen Anschrift „Ruth Fischer"? Der Briefträger hat mein Zögern bemerkt, ob ich sie annehmen soll oder nicht. Die Wirtin war erstaunt: „Fischer? Wieso Fischer?" Und noch dazu Ruth Fischer — dieser verfluchte KPD-Name!

Unter der Bettdecke drehte ich an meinem Wappenring. Er saß wirklich so fest, daß er sich, ohne den Finger einzuspeicheln, nicht abziehen ließ. So sollte es auch sein. Unter dem Golddeckel war Zyankali. Mit den Zähnen den Deckel aufbeißen, das Gift herauslecken — aus. Nur in äußerster Not würde ich es tun. Ein Revolutionär schleicht sich nicht kampflos aus dem Leben. „Wenn du hochgehst, können wir dir nicht helfen", hatte Karl beim Abschied gesagt. „Du bist allein auf dich gestellt — wir werden dich sogar verleugnen. Es ist eine politische Frage, wie alles." Ich war mir dessen bewußt, hatte keine Angst davor gehabt. Und jetzt habe ich Angst. Wovor eigentlich? Weil ich spüre, einer steht unten auf der Straße und beobachtet das Haus? „Liebe Sowjetunion, gib mir die Kraft! Nur vom Bett bis zum Fenster, die paar Schritte hilf mir! Ich bitte dich, laß mich nicht allein mit meiner Angst — hilf mir!"

Auf den Knien rutschte ich in der Dunkelheit vorwärts, bedacht, nirgends anzustoßen, und schob Millimeter für Millimeter die geschlossene Jalousie in die Höhe, bis ein winziger Spalt entstand. Wahrhaftig — da stand einer schräg gegenüber an die Litfaßsäule gelehnt! Die baumelnde Lampe über der Straßenkreuzung veränderte seinen Schatten. Mal kurz, mal lang, mal kurz, mal lang. Für Sekunden verschwand der Schatten, wenn der Mann um die Säule herumging, bevor er sich wieder anlehnte und zu mir heraufblickte. Er schien allmählich ungeduldig zu werden — ich bemerkte eine Armbewegung, als ob er auf die Uhr schaute. Langsam zog der Morgen herauf. Die Lietzenburger Straße blieb so still und menschenleer wie zuvor. Mit einer Pistole hätte ich den Mann jetzt leicht abschießen können. Ob er auch daran denkt, daß er eine gute Zielscheibe abgibt? Den Spaß mach' ich mir noch zu guter Letzt und erschrecke ihn!

Mit lautem Gerassel ging in einem Ruck die Jalousie hoch. Licht stürzte ins Zimmer. Vom Fensterbrett aus sah ich nur noch zwei Hosenbeine und einen Trenchcoatrücken um die Ecke verschwinden.

Die Wirtin wunderte sich, daß ich in aller Herrgottsfrüh das Frühstück verlangte und so vergnügt war. „Sie haben wohl was Nettes vor, Frau von Mayenburg?" — „Nein — hinter mir!"

Der für einen Jagd- und Waffenkundigen angesichts eines sich anbietenden Objektes sehr naheliegende Gedanke des „Abschießens", an jenem Morgen gleichsam nur beiläufig nach der überstandenen Angst in den Kopf gekommen, nahm bei einer anderen Gelegenheit die Kraft einer zwingenden Vorstellung an: Im August 1936 auf der Berliner Olympiade. Von der Diplomatenloge aus, wo mir der ungarische Kavalier einen Platz verschafft hatte, und auch von dem Dauersitz, den mir Hammerstein zuschanzte, war die Führerloge auf Schußnähe einzusehen, wie ein Wildwechsel. Tausende Feldstecher richteten sich auf Adolf den Großen, wenn er im Rudel der Naziprominenz erschien, die Rechte hochwarf und sein frenetisch tobendes Olympiavolk zu Begeisterungsstürmen hinriß — todsicher, im wahrsten Sinn des Wortes, hätte ich den Kerl abknallen können! Warum ist es einem prinzipientreuen Kommunisten in jedem Fall, unter allen Umständen verboten, ein Attentat auch nur zu erwägen? Wir sind grundsätzlich gegen „individuellen Terror", auch das unterscheidet uns von den Anarchisten. Das hatte ich gelernt und fand es richtig. Aber die einmalige Chance vor Augen, wurde mir die Pistole wichtiger als das Prinzip. Tagelang schlug ich mich mit dem Problem herum, ob wir schafsfromm und bestenfalls fuchsschlau die Wolfsherrschaft hinnehmen sollten, in der vagen Hoffnung, die deutsche Arbeiterklasse werde sich aufraffen, anstatt den Massenmörder umzulegen ...

Mein Berliner Verbindungsmann Paul zeigte für solche abwegigen Attentatsgelüste keinerlei Verständnis. Auch er hatte einen Dauersitz bei der Olympiade. Unter der Tarnung eines Sportjournalisten aus der Slowakei im Pressesektor. Wir sahen beide den Zwischenfall, der einen Augenblick lang wie ein Anschlag auf den „Führer" aussah. Eine große dicke Frau stürzte auf ihn zu, die Schutzkette der SS durchbrechend, und begrub Adolf Hitlers Haupt unter einem breitrandigen, wackelnden Sommerhut. Jetzt hat's ihn erwischt! Mir stockte der Atem. Kein Schuß — ein Dolchstoß mußte es sein! Hitler schwankte bei dem Anprall, taumelte zurück. Die Frau wurde überwältigt und abgeführt. Es war eine Holländerin. Von dem unbändigen Verlangen getrieben, den Mann zu küssen, der dreieinhalb Jahre später ihr friedliches Tulpenland mit Krieg überziehen, ihre Landsleute drangsalieren, die Städte ausrotten wird. Die Tarnkappe der Olympiade, buntbewimpelt, mit den Fahnen gutgläubiger Völker bestückt — für den Feindbeobachter trug sie den Sehschlitz der Panzer, den Schlund der Kanonenrohre.

Auf einer Abendgesellschaft bei Hammerstein kam eine weitere Erst-nachricht zustande. Es muß Hakos Geburtstag gewesen sein. Herbst 1936. Ich brachte einige Dutzend Krebse mit, frisch gefangen mit eigenen Hän-den und denen meines Begleiters, der mich gerade zehn Tage lang über die weitverzweigte Wasserstraße der Havel gesegelt hatte. Bei Wind-flaute den Bordmotor zu Hilfe nehmend, damit ich nur ja recht viel von den weithingedehnten Seen, verzweigten Kanälen und Schleusen zu sehen bekäme.

Von nordischer Rasse und Art, das heißt zwei Meter groß, blond, blauäugig, das Parteiabzeichen (die „Pletschn" auf gut österreichisch) sogar auf dem Blazer, interessierte sich der Leiter einer Forschungs-abteilung der Leuna-Werke weniger für Politik als für Chemie und den allgemeinen Fortschritt. In der Aufrüstung, versteht sich. Bei ihm war alles „streng geheim". Er hatte einen Merkspruch, für den ebenso die Wasserpolizei, in Schnellbooten vorübersausend, wie die jetzt uniform-mierten Schleusenwärter herhalten mußten: „Sind wir stark — gibt's keen Krieg. Gibt's Krieg — sind wir stark." Ich fand das sehr logisch. Auch die Geheimhaltung von Produktionszahlen und wehrwichtigen Vorhaben befand ich als eisernes Muß. Daß das einmalige Genie von einem Führer die gesamte deutsche Wirtschaft auf Autarkie einfuchste, die Produktionssteigerung von synthetischem Stickstoff, Benzin, Gummi und so weiter mit allen Mitteln vorantrieb, „Buna-Reifen" und „Leuna-Benzin", wenn auch minderer Qualität, das deutsche Volk und die Wehr-macht stark und unabhängig machten, mußte selbst der blutigste Laie für eine nationale Tat halten. Die Begeisterung untermauerte der for-schungsbeflissene Leuna-Mann ungeachtet des „streng geheim" mit reich-lich konkreten Angaben. Er fühlte sich ein Herz und eine Seele mit dem Segelkumpan, und das gab ihm den Freimut, die daheimgebliebene Frau hochzunehmen. Sie habe ihn vor mir gewarnt. Wer weiß, ob ich nicht eine tschechische Spionin wäre? „Du wirst lachen — bin ich!" Er lachte sich schief, und wir philosophierten über die Exzesse weiblicher Eifer-sucht.

Nur nachts einmal wurde die fröhliche und ergiebige Kumpanei rauh unterbrochen. Wir lagen verankert im Schilf. Der Leuna-Mann schnarchte in seinem Schlafsack in der Kajüte. Ich war herausgekrochen, vom Mond angelockt und von der wohltuenden Stille rundum, der das Wasser-glucksen an der Bordwand, das leise Fröschequaken nichts von ihrem großen Frieden nahm. Eine Nacht der Besinnung und inneren Ruhe, sanft schaukelnd wie eine Kinderwiege. Plötzlich hörte ich näher kommendes Motorengeräusch. Scharfe Scheinwerferstrahlen suchten das Schilf ab, blieben an unserem Segelmast hängen. Fahrzeug- und Personenkontrolle eines Sonderkommandos der Flußpolizei. „Kommen Sie mal da 'raus!" Selbst der Leuna-Mann erschrak. Aber er watete dann tapfer durch das Schilf zu ihnen hin, zeigte seine Papiere. Ich hatte mich im hintersten Winkel der Kajüte zusammengerollt, eine Decke übergeworfen. Die Schärfe der Kommandostimme drang trotzdem durch: „Sind Sie allein? Da war doch noch jemand." — „Irrtum! Ich segle immer ohne Weib. Mal muß der Mensch ja seine Ruhe haben!" Sie grölten, als wär's der beste Witz. Es stellte sich heraus, daß freies Vorankergehen im gesamten Havelfluß und -seengebiet neuerdings verboten war und die Boote durchsucht werden müßten. Dem strammen PG sahen sie es großmütig nach.

Rote Krebse brachten Eleganz in das echt preußische Festmahl der Hammerstein: Kaßler Rippenspeer, zerkochte Kartoffelklöße und süße Backpflaumensoße dazu. Mir wird noch heute übel, wenn ich daran denke. Lauter fremde Leute. Viel Geschirr in der Abwasch. Ich war müde, zerzaust von der langen Segeltour, nicht konversationsfreudig. Hako lotste mich an seine Seite, ohne sein auffallend intensives, halblaut geführtes Gespräch mit einem Gast zu unterbrechen. Seit langem hatte ich ihn nicht so animiert gesehen. Der Gast, ein höherer aktiver Offizier im zivilen Abendanzug, mußte eben nach langer Abwesenheit aus Japan zurückgekehrt sein. Anscheinend war er deutscher Militärattaché in Tokio. Er schien beunruhigt von dem, was Hammerstein ihm hinwarf an politischen Analysen der Weltsituation, der innerdeutschen Vorgänge aus der Sicht des Hitler-Gegners. Volksfrontregierung in Frankreich; Volksfrontregierung in Spanien, gegen die General Franco den Bürgerkrieg entfesselte; das italienische Abessinienabenteuer; der Austritt Deutschlands aus dem Völkerbund; die Hetze gegen Sowjetrußland; das Hitler-Mussolini-Intrigenspiel; und hier? Wildgewordener Nationalismus, Rassenquatsch, Judenhetze, Großmannssucht, frischfröhlich-festedruff aufrüsten! Der Gast hingegen erläuterte sichtlich erregt den notwendigen Abwehrkampf gegen den Weltbolschewismus, und im Zusammenhang damit die japanisch-deutsche Interessengemeinschaft, Ähnlichkeiten der beiden Länder in ihren politischen und wirtschaftlichen Bestrebungen. „Wir arbeiten drüben an einem engen Bündnis zwischen uns und den Japanern..." Hako: „Pakt gegen die Russen?" Nach einem schnellen Blick zu mir hin wich der Gast aus, sie könnten ja später mal unter vier Augen weitersprechen. Hako verstand den Wink, ging zum

Konversationston über. Wie lange er in Berlin bliebe, ob er Urlaub mache und so weiter. Etwas behelligt von Gewissensbissen, in einem befreundeten Haus ein Gespräch belauscht zu haben, beschäftigte mich die mögliche politische Tragweite des eben Aufgeschnappten. (Am 25. November 1936 wurde tatsächlich der „Antikominternpakt" zwischen Deutschland und Japan geschlossen.)

Da drang das Wort „schwere Artillerie" an mein Ohr. Hako sprach es so erstaunt aus, daß ich die Skrupel zum Teufel schickte. „Sie müssen sich irren — *schwere* Artillerie, det haben wir noch nicht!" — „Doch, doch..." Der Gast kramte in seiner Brieftasche und las von einem Zettel den Namen des Ortes ab, in dessen Nähe das Übungsfeld läge und wohin man ihn auch im Wagen von Berlin aus bringen würde. Es dürfte eine ganz verlorene Gegend sein, irgendwo im Schleswig-Holstein-schen, ein Nest, das er nicht auf seiner Karte habe finden können. Hako wiederholte den Namen, dachte kurz nach: „Kenn' ich nicht! Muß 'ne ganz neue Anlage sein..." Er schien ehrlich verwundert.

Der Verbindungsmann Paul war es auch. Zu meinem Entsetzen mußte er sich den Ortsnamen aufschreiben, weil er noch immer nicht genügend Deutsch konnte, um sich ungewöhnliche Eigennamen zu merken. Zwei Wochen später brachte er mir die Bestätigung, daß die Information stimmte. Er hatte sich — mir die Gefahr abnehmend — an Ort und Stelle selbst davon überzeugt. Wiederum zwei Wochen später übergab er mir höchst bedeutungsvoll einen geschlossenen Brief. Darin lag — zu meiner fast schreckhaften Verblüffung — ein schmeichelhaftes persönliches Schreiben von Marschall Woroschilow in russischer Sprache, das er mir mühsam übersetzte. Beim Anblick der zyrillischen Buchstaben — heilige Schrift für Millionen Analphabeten, bemüht um Wissen und die Veränderung ihrer Welt zum friedlichen Wohlstand hin — nahm ich die Vernichtung des Naziregimes vorweg, den Triumph unseres Kampfes, den Sieg. Während wir den Brief in winzige Stücke zerrissen und dem Wannsee überließen, heulte ich im Vorgefühl des Glücks.

Der kleine Karl hätte das verstanden. Oft hatten wir darüber gesprochen, daß der Alleingänger in einem dauernden inneren Spannungsfeld lebt, aus dem er bei irgendeinem gegebenen Anlaß ausbricht. Der ohnmächtige Haß, die ständige Verstellung, das Nichtaussprechenkönnen, was er denkt und empfindet, erzeugen in ihm einen größeren Druck als in einem anderen Illegalen, der im Kreis von Gleichgesinnten auf die gemeinsame Sache eingeschworen ist.

In beiden Fällen, da mich ein solcher Ausbruch überwältigte, steht Axel vor mir. Axel im Frack und Axel im Jagdanzug. Zwischen Alleinsein und Mit-anderen-unterwegs-Sein fanden wir uns immer wieder zusammen. Wir wollten ins „Esplanade" tanzen gehen und traten, beide im Abendornat, von unserer Pension auf die Joachimsthalerstraße hinaus. Dunkel und winterlich, keine Passanten. Ich erschrak, als ein Mann auftauchte und sich uns in den Weg stellte. Doch mein wild anspringender Herzschlag beruhigte sich, als er seinen Bauchladen vor uns öffnete. „Wollen die Herrschaften so gütig sein, ach bitte, die gnädigste Dame, ein Paar Schnürsenkel, Nadeln vielleicht, ach bitte, bitte!" Er flehte uns an, der große, breitschultrige Mann, und war doch kein Bettler. Die Not, die nicht anders zu bewältigende Not mußte ihm diesen Bauchladen umgehalst, zu den Fremdwörtern „gütigst" und „gnädigst" erniedrigt haben! „Sind Sie nicht ein Arbeiter?" fragte ich ihn. „Warum betteln Sie? Es heißt im Ausland, hier in eurem Dritten Reich ist die Arbeitslosigkeit abgeschafft?" Er stotterte herum ... „Ich war Betriebsrat ... sie stellen mich nicht wieder ein ... zwei Jahre geht das schon so ..." — „Warum wehren Sie sich nicht?" — „Och ... was wissen denn Sie, meine Dame ... Die lassen einen glattweg verrecken, mit Frau und Kindern!" Er beugte sich zu meinem Ohr herunter: „Ich war so 'n Roter, verstehen Sie — jetzt bin ich 'n Dreck! Der Bauchladen ist ooch verboten, bei denen ist alles verboten. Aber den dürfen sie mir nicht nehmen! Wenn den einer anrührt, den bring' ich um!" Er richtete sich hoch auf und klappte im nächsten Augenblick zusammen, von Schluchzen geschüttelt: „Man will doch nur 'n Mensch sein, nur 'n Mensch — keene Kreatur, wie die 's wollen ..." Axel steckte mir einen Geldschein zu, und ich stopfte ihn zwischen die Gummibänder und Sicherheitsnadeln. Das ganze Elend der deutschen Arbeiterklasse spürte ich in Rotz und Tränen auf meiner Hand zerfließen. Ihre einstige Würde, ihr Stolz, ihre Gesinnung. Was haben sie aus euch gemacht, ihr frechen, intelligenten Arbeiter von Berlin? Schlagfertig wart ihr, mit dem Maul und mit der Faust! Auf den Bauchladen seid ihr gekommen, wie die Bettler vor den Kirchentoren.

Ich war völlig außer mir. Schrie heraus, was ich dachte, und heulte in Axels Frackhemd hinein, was ich empfand. Tränen der Wut, Erbitterung, des Mitleids und der Scham.

Ich heulte noch weiter an Axels Schulter, während wir auf den Kurfürstendamm zugingen. Seine Umarmung war fest, freundschaftlich und ohne Lüge. Obwohl man von einem Herrn im Frack schwer verlangen kann, daß er die Erschütterung begreift, die von einer geschlagenen Arbeiterbewegung ausgeht.

Axel im Jagdanzug. Da schiebt sich zuerst das Fettmassiv von Hermann Göring dazwischen. Reichstagspräsident. Ministerpräsident von

Preußen. Oberbefehlshaber der Luftwaffe. Reichsjägermeister. Herr auf Karinhall. Einen Löwen zum Haustier. Die Ehefrau zeigt sich den Gerüchten nach Bittstellern und Leuten, die zugunsten Verfolgter intervenieren, zugänglich. Ich spürte den Weg zu einer Friseuse auf, die sich rühmte, das blonde Haar der gottsöbersten Nazisse zu pflegen und bei der Gelegenheit von „Übergriffen" zu berichten.

Wir, Axel und ich, fuhren im silbernen Steyr-Super-Kabriolett von Berlin auf den Darß, eine 77 Quadratkilometer große Halbinsel, die an der Ostsee nordwestlich von Stralsund liegt und nur über einen schmalen Landstreifen zwischen Meer und Bodden vom Festland aus zu erreichen ist.

Der Darß ist ein Wunder. Ein Wunder an Wald- und Wildreichtum, an grandioser Naturschönheit, an urweltlicher Einsamkeit. Göring (Reichsforstmeister ist er auch gewesen) gab dem Drängen des dortigen Forstmeisters Franz Mueller nach und erklärte den Darß zum Naturschutzgebiet. Aus dem riesigen Wald- und Wildreservat wurde der einfache Mann verbannt. Neugierige Augen simpler Sommerfrischler bekamen das Wunder kaum mehr zu sehen.

Daß es, wie allenthalben jedes Wunder, Geheimnisse barg und von ihnen umgeben wurde, drängte sich auch dem Uneingeweihten auf, der schau- und abenteuerlustig zum erstenmal das Fischland entlangfuhr — Schranken auf, Schranken zu, Schranken auf, Schranken zu, Uniformen aller Art, der Hitler-Gruß und kärgliche Menschenleere rundum. Die Höhle des Löwen. Der als Schoßhund fungierende Wüstenkönig hieß ganz harmlos „Bubi". Die grausamen Pranken hatte sein Herr. Ich sah ihn, vorneweg und hintennach schwarz eskortiert, im offenen Wagen vorbeifahren. Später einmal die kalte Bläue seines Siegfriedblicks über einem lächerlichen Aufzug: halb Lederstrumpf, halb Falstaff. Er gab sich leutselig, während ich an Dimitroff dachte und an das berühmte Lindenblatt.

Man glaubt gar nicht, wie viele bildhafte Vorstellungen zwischen zehn Lidschlägen Platz haben, wenn Haß, Abscheu, ein leichter Schrecken und lauernde Beobachtung sie in Bewegung bringen. Breitbeinig, die Fäuste in die Hüften gestützt, war er in brüllender Ohnmacht als Zeuge vor dem Leipziger Reichsgericht gestanden, indes dieser hier, „Hermann heeßt er...", kleiner und schwabbliger denn jener, komisch in seinem theatralischen Kostüm und daher fast ein Mensch, die fremden Darß-eindringlinge mit einem kurzen Gespräch auszeichnete.

Görings Jagdhaus, hineingesetzt in den Wald zwischen Meer und windzerzausten Schirmföhren, habe ich nie zu Gesicht bekommen. Nur seine verkohlten Trümmer Jahre später. Dahin das Nazi-Halali: grüne Wildnis war über den Platz gewachsen; den einstigen Jagdherrn hatte die unter Bauchfalten verborgengehaltene Giftphiole vor dem Galgentod bewahrt. (Merkwürdigerweise erinnerten sich in Ahrenshoop ein paar Leute, daß „zur Nazizeit eine Frau auf einem weißen Pferd aus dem Wald aufgetaucht und eilends wieder verschwunden wäre, wie eine Geistererscheinung". Ich hatte mir schlicht Zigaretten gekauft, und das Reitpferd war nicht weiß.)

Die nämliche grüne Wildnis hielt mit forstmeisterlicher Gewalt und Kunst besagter Franz Mueller in Ordnung, bevor auch für ihn „Horn und Geläut verklungen". Bei ihm waren wir zu Gast. Anfangs in Born, wo die Forstmeisterei ihren halbfeudalen Hauptsitz hatte, der von den Asseburg zur Jagdzeit oft besucht wurde, und dann in seiner komfortablen Jagdhütte tief drinnen im gebändigten Urwald. Abends lud sie am offenen Kamin zu langen Gesprächen ein, nachts zu kurzem Schlaf. Denn im heraufdämmernden Morgen, wenn der Wald lebendig zu werden beginnt, ging's auf die Pirsch. Den vielfältigen Spuren des Darßer Wildes nach: Hirsche, Rehe, Sauen — von jedem Kaliber und Lebensalter. Die Hauptattraktion: Elche aus dem Norden, Wisente aus Kanada. Hätte sich diese natürliche, friedliche Welt nicht in den Gemarken des Dritten Reiches befunden, wäre das Glück, nach Jahren wieder auf freier Wildbahn durch urigen Wald zu streifen, vollständig gewesen. So aber ließen sich die fernen Karpaten, die wolfsumheulte Jagdhütte meines Vaters, die Bären in den Brombeersträuchern und die aufgebaumten Auerhähne meiner jägerischen Jugendzeit nicht ohne inneren Widerstand in meine Erinnerung zurückholen, und der Anblick von Gattern und hohen Drahtzäunen mitten im „freien Wald" verstärkte ihn in solchem Maße, daß Wild und Wald in „Schutzhaft" genommen schienen. Das KZ Hitler-Deutschland — selbst hier drängte es sich einem auf. Axel mit der umgehängten Büchse, der ihm beigegebene Jagdgehilfe mit dem witternden Hund an der Leine — sie waren aufs Töten aus, auf Mord an lebendiger, nichtsahnender Kreatur. Blut oder Schweiß. Der Unterschied liegt nur im heuchlerischen Wort.

Meine alte Jagdpassion konnte nicht richtig aufleben. Die Jagd auf Menschen schuf zu viele bedrückende Assoziationen.

Auf der Abendpirsch sollte Axel zum Schuß kommen. Ein Hirsch war ihm freigestellt, kein allzu „kapitaler". Die waren für prominentere Jagdgäste reserviert. Für Generale und andere gewaltige Herren aus der Reichshauptstadt. (Das Gästebuch des Forstmeisters spiegelte unter anderem auch die jeweilige politische Machtveränderung wider. Ebenso den

Gesinnungswandel und die Anpassungsfähigkeit der an der Macht Teil-
habenden. Es bereitete ein Höllenvergnügen, zwischen die Heilhitlerei
und deutschnationalen Waidmannsdanksagungen auch die einer wasch-
echten Roten einzuschieben.)

Der Abschuß des nicht allzu kapitalen Hirsches fand im Gatter statt.
Axel war, wie es in der Jägersprache heißt, „spitz abgekommen". Er
hatte nicht das Blatt getroffen, nicht das dahinter schlagende schreckhafte
Herz des großen, schönen Tieres. Es brach nur kurz in die Knie,
„zeichnete" den plötzlichen Schmerz auf den Waldboden. Dann bäumte
es sich auf, warf das Haupt zurück und rannte auf das Gatter zu, auf
und ab, daran entlang. Keine Hilfe. Kein Ausweg. Zum Tod verurteilt.
Bis der zweite Schuß fiel. Eine furchtbare Ewigkeit lang blickte mich das
dunkelfeuchte Auge an.

Ich hätte schon vorher geschrien: „Nicht schießen!" — Axel sagte es
mir verärgert und vorwurfsvoll, während er darauf wartete, daß ich,
als die in den Waidmannsbräuchen Erfahrene, nun einen Tannenzweig
brechen, in den Schweiß des Hirsches tauchen und ihm auf den Hut
stecken würde. Er mußte den Ehrendienst dem Jagdgehilfen überlassen.
Denn ich heulte. Heulte zu Gottes und des Jägers Erbarmen: „Er lief
um sein Leben!"

Danach hatte ich ausgeheult für viele Jahre.

Im Schutz der geschützten Natur und darüber hinaus in den kaum be-
siedelten und wegarmen Gebieten des nördlichen Vorpommern, wo die
buchtenreiche Küste die Topographie verwirrt, nistete sich die deutsche
Luftwaffe ein. Während ihr Schirmherr Göring jagen ging, wurden
Bombenabwurfplätze geschaffen, Fliegerhorste, Schießstände, Unter-
künfte fürs Bodenpersonal. Das „streng geheim" des Leuna-Mannes, der
mich mit und ohne Frau auf den Darß brachte, von dort nach
Zingst und schließlich bis Usedom, wurde von Motorengeräusch und lärmender militärischer Geschäftigkeit übertönt. Da es lästig wurde, für
meine Neugier immer eine Ausrede zu finden, suchte ich mir einen anderen Begleiter. Einen, der gut bei Fuß und gut bei politischem Verstand
war, von Natur aus mit scharfem Beobachtungsvermögen ausgestattet
und mit einem Gemüt, das ihn für religiös-pazifistische Gedankengänge
empfänglich machte: ein Kunstmaler. Schön wie ein Gott und hoch-
begabt. Nur von Gigantomanie und Geschwätzigkeit befallen, so daß
er für Notizen Zeichenblätter benötigte, für seine Bilder Ausmaße von
zwei mal drei Meter, wenn nicht mehr, und für sachliche Mitteilungen

die Verhandlungszeit eines wissenschaftlichen Symposions. Er sah in mir einen roten Engel, in der Sowjetunion das Gelobte Land, in Karl Marx einen Propheten. Hitler? — Luzifer! Ich hielt bis zuletzt vor meinen Apparatleuten seinen Namen geheim, damit er — prädestiniert zum Opfer — nicht durch mich zugrunde ginge. Das hat dann höchstwahrscheinlich eine Bombe des Zweiten Weltkriegs besorgt. Das Atelierhaus Ecke Olivaerplatz war dem Erdboden gleich, als ich ihn dort wiederzufinden hoffte. Weder sein Name noch seine Bilder sind jemals irgendwo aufgetaucht.

Was suchte ich in Lübeck, der Familienheimat Thomas Manns, der Buddenbrooks? Die Mädchen im schmalen Hurengäßchen verweigerten sich dem Arbeitsdienst und anderen Zwangsarbeiten für das Nazireich mit Hohn und Brachialgewalt. Für sie war die Nachricht, daß der große Sohn ihrer Stadt ins Ausland emigriert war, eine Sensation, die sie von Tür zu Tür weitertrugen. Zur Revanche gaben sie mir einen first class Stimmungs- und Lagebericht. Aus intimster Kenntnis der männlichen Bevölkerung von unten bis oben.

Was in Kiel, der Handels-, Reichskriegshafen- und Großwerftenstadt, Sitz des Marinekommandos der Ostsee? Von einem ahnungslosen Vetter durch die Straßen geschleift und ins Offizierskasino eingeschleust, bekam ich erstens Bammel und zweitens den Eindruck, daß hier jede Liebesmüh vergeblich war. Es wimmelte, wie wohl zu Kaisers Zeiten, von frisch ausgefaßten Uniformen verschiedenen Zuschnitts, vermehrt um die des Dritten Reiches, in alten und in neuen Farben, von Weiß bis Schwarz. Hier roch es auf hundert Meilen gegen den Seewind nach frechem und düsterem Kriegstreiben, zu Lande, zu Meere und in der Luft. Der devisenbringende Außenhandel liegt darnieder — was tut's? Der Führer führt uns zu neuer Größe, zu noch größerer Größe denn je! Deutschland, Deutschland über alles... Der Nationalsozialismus brüllte hier aus voller Kehle. Man machte sich lustig über die Briten, diese „Krämerseelen", die den Flottenproporz zu Buche schreiben wie altmodischredlich denkende Hauptbuchhalter. Aus dem Augengezwinker und Hohngelächter in weinbeschwingter später Stunde sprach die Betrugsabsicht. Sowjetrußland war weit — England nah. Kampf gegen den Weltbolschewismus klare Sache. Aber die „Imperialisten", die mußte man in Sicherheit wiegen!

Mochte der Intelligence Service hier nach dem Rechten sehen. Das war nicht meine Angelegenheit. Mit Kriegsschiffen, U-Booten und Wasserflugzeugen werden sie doch nicht vor Leningrad aufkreuzen?

Was in Hamburg und Bremen? Die alten Hansastädte hatten offenbar aus der Konkursmasse der demokratischen Freiheiten einiges gerettet, was als versteckte Aufsässigkeit weiterwirkte, als zäher Widerstand gegen alle Versuche der Nazis, den freien, weltoffenen Hansageist mit Brutalität abzutöten oder durch besondere Zugeständnisse einzuschläfern: Der Abstecher nach Bremen brachte Ausbeute. Vor allem durch die Wiederbegegnung mit einem führenden Mann von Kaffee-Haag, von dem ich wußte, daß er in der Vor-Hitler-Zeit ein Freund linker Künstler gewesen war. Er vertraute mir, der Freundin des ehemaligen Bremer Opernchefs Peter Hermann Adler (ein Landsmann von mir, jetzt langjähriger NBC-Dirigent in New York). Nach allgemeinen Klagen über den Niedergang der Kunst nach ihrer Gleichschaltung, über die Dürre des arisierten Kulturlebens mündete das Gespräch dort, wo es informativen Charakter annahm: Stimmung, Wirtschaftslage, Widerstand, Machtverschiebungen und Cliquenkämpfe innerhalb der Partei, Aufrüstung. Vom antifaschistischen Kampf in der Welt wußte er so gut wie nichts. Dabei lag Bremen nicht so ganz außerhalb, wie sich frühmorgens auf der Taxifahrt zum Bahnhof zeigte. Eine Menschentraube bis auf die Fahrbahn versperrte den Weg, löste sich auf und bildete sich wieder, von einem großen Schaufenster angezogen. Darauf stand in riesiger weißer Kreideschrift „Nieder mit Hitler".

Dem alten Taxifahrer in Hamburg, dem ich das nachts darauf erzählte, um seine Gesinnung abzutasten, schien die Losung nicht unvertraut. Ich hatte die Gewohnheit, fremde Städte zuerst bei Nacht kennenzulernen; entweder zu Fuß oder im Taxi. Kam ich untertags an, blieb ich im Hotel und studierte gründlich den Stadtplan. Jenem Hamburger Taxifahrer verdankte ich einen politischen Lagebericht, wie ihn ein KPD-Illegaler, der notgedrungen in seiner Übersicht eingeengt war, kaum hätte geben können. Der so heftig interessierten Ausländerin gegenüber, freigebig mit Schnaps, Mollen und Trinkgeld, auch sonst ein „seltenes Exemplar von Dame", wie er staunend versicherte, wurde er gesprächig, sammelte seinen hanseatisch-hellen Verstand. Als ob er mir alles, was in Hitler-Deutschland vorging und insbesondere in Hamburg, Teddy Thälmanns einstiger Wirkungsstätte, erklären müßte: Die Einstellung der Bürger und Arbeiter zum Regime, die Gestapomethoden, die Rivalitäten zwischen dem alten Stadtsenat und den braunen Eindringlingen, die Widerstandszentren. Zur Krönung seiner politischen Kriminalstory, folgerichtig nach einem fast marxistischen Modell gebaut, zeigte er mir die berüchtigte „Polizeiwachstube 13" auf Sankt Pauli, neben der Reeperbahn. So viel Blut, wie hier geflossen, so viele Knochen, wie hier zerschlagen worden wären, das könne sich ein normaler Mensch nicht vorstellen! „Kieken Se sich die Bullen an — det is Hamburch unterm Führer!" Er schob mich in einen halbdunklen bestialischen Mief, vergrölt und verqualmt, hinein: „Heil Hitler." Eine Schrecksekunde lang dachte ich, er wollte mich anzeigen. Aber dann gebrauchte er irgendeine Ausrede, und wir stolperten aus der Bluthöhle in die Nacht zurück. Einsilbig geworden, fuhr er mich dann geradewegs zum „Atlantic".

Die Wolfslichter unter der schmalen blonden Stirn, die mich aus dem Hintergrund der Polizeiwachstube 13 nur für einen Augenblick angestarrt hatten, waren für Bültzingslöwen Freunde, bei denen ich nach jener ersten Eskapadennacht mehrere Tage zu Gast blieb, Teil des gehaßtesten und gefürchtetsten politischen Alltags. Die Patriziervilla in Uhlenhorst gab sich den Anschein ruhiger und vornehmer Zurückgezogenheit. Geschlossene Jalousien, wenig Aus- und Eingehen. Dennoch hatte die Gestapo den Hausherrn am Zug. Zweimal war der Großkaufmann in den vergangenen Jahren verhaftet worden und stand seither zweifellos unter Beobachtung. Den eigenen Chauffeur entlarvte er als Gestapospitzel, feuerte ihn und die mitspitzelnde Wirtschafterin hinaus. Die zwei schulpflichtigen Kinder wurden über die Eltern ausgeholt. Die Hausfrau — eine wunderschöne Person aus alter holländischer Familie — erzählte es mir mit allen Anzeichen psychosomatischer Verstörung. In liberal-humanistischen Traditionen aufgewachsen, verabscheute und fürchtete sie das deutsche Gewaltregime. Eigens aus Amsterdam hatte sie einen Elektriker kommen lassen, der das Haus nach versteckten Mikrophonen absuchte.

Hier war zwischen Chintz und Palisander ein Widerstandsnest hanseatischer Großbürger. Die Fäden liefen nach England, Holland, Skandinavien. Durch mich nach Sowjetrußland. Hitlers Kriegspolitik, die Wirtschaft in die rasante Aufrüstung rigoros einbeziehend, legte den Hafen trocken, die Handelsgeschäfte lahm. Der Kapitalsinteressen bemächtigte sich die Schizophrenie: Hier Autarkie — hier internationale Friedenswirtschaft. Was für die einen Profit bedeutete, war für die anderen Verlust. Unter dem autoritären Regime stellten die Köpfe verschiedene Rechnungen auf. Die politische Position hing nicht zuletzt von den Ziffern im Hauptbuch ab. Devisenvergehen galten als Kavaliersdelikte. Die Widerstandssolidarität der Hanseaten hatte kapitalistische Charakterfestigkeit. Für mich eine fremde Welt — sympathisch nur, weil sie gegen das Nazisystem konspirierte.

Die Schutzmaßnahme „Vergessen!" hat in meinem Kopf die Namen meiner mitverschworenen Gastgeber ausgelöscht. Obwohl ich ungefähr nach Jahresfrist durch eine Todesanzeige aus Amsterdam an die Prager

Adresse wieder an sie erinnert wurde. Der Selbstmord der „so liebenswerten Gattin und Mutter" war darin unmißverständlich politisch motiviert.

So sehe ich, vergegenwärtige ich mir die Opfer, in ihrer Reihe eine namenlose, wunderschöne Frau, die unter Hitler nicht leben wollte. Am letzten Abend unseres Beisammenseins besuchten wir ein philharmonisches Konzert, das Wilhelm Furtwängler dirigierte. Der preußische Staatsrat von Hitlers und Goebbels Gnaden, neben Gerhart Hauptmann und Richard Strauss einsamer Stern am verdunkelten Kulturhimmel, hatte sich vorher zu einem öffentlichen Protest gegen die Verfolgung seiner jüdischen Kollegen aufgerafft. Das ehrte ihn. Und das Hamburger Publikum fand spontan die Ausdrucksform, zugleich Beifall und Beileid zu bekunden: als sich die hohe, vornüberhängende Gestalt durch das Orchester zum Pult hin bewegte, erhob sich der ganze Saal, ohne zu applaudieren, verharrte schweigend Aug in Aug mit dem Künstler, der seine Menschenwürde zurückgewonnen hatte. Bevor er zum Stab griff, verbeugte sich Furtwängler ehrfürchtig-tief vor seiner stummen Musikgemeinde.

Das war mein einziges Musikerlebnis in der Alabamazeit, und auch mein einziges Literaturerlebnis war mit einer feinsinnigen, die Hitler-Herrschaft verabscheuenden Frau verbunden.

Der Zufall hatte uns im „Kempinski" zusammengeführt. In dem einst weltberühmten Schlemmerlokal am Kurfürstendamm machten sich jetzt die braunen und schwarzen Führerlinge breit, und statt der Waldschnepfen und Langusten, die den jüdischen Besitzern in die Emigration gefolgt waren, hatte nun der nationale Eintopf den Ehrenplatz auf der Speisekarte inne. Die Tischunterhaltung der neuen arischen Freßgilde war ordinär und laut — laut genug, daß ich manchmal etwas Wissenswertes aufschnappen konnte. Darum ging ich des öfteren in das nunmehr vaterländisch umbenannte Restaurant.

Einmal waren alle Tische besetzt; nur an der Seite einer älteren, gutaussehenden Dame war noch ein Sitz frei. Während sie aufs Essen wartete, las sie in einer Zeitschrift. Es war die „Neue Rundschau", das allerletzte Literaturorgan, das noch aus der Vor-Hitler-Zeit übriggeblieben war und in dem noch immer Beiträge von Leuten erschienen, deren Stimme sonst schon verstummt war. Wer diese Zeitschrift las, der konnte kein Nazi sein!

Meine Nachbarin gestattete mir, einen Blick hineinzuwerfen. Da war ein Artikel von Hermann Broch! „Haben Sie seine ‚Schlafwandler' gelesen?" fragte ich. Nein, sie kannte weder das Buch noch den Autor. Nicht einmal dem Namen nach, ihn, den „größten Schriftsteller unseres Jahrhunderts", der unbeachtet, abseits von dem lauten Literatentreiben an seinem gewaltigen Romanwerk arbeitete, neben Musils „Mann ohne Eigenschaften" das bedeutendste, das die österreichische Literatur hervorgebracht hat.

Ich freilich kannte Hermann Broch. Als ich ihn zum erstenmal sah, war ich augenblicks gefangengenommen von dem schönen Kopf mit der prononciert starken Nase und den tiefliegenden Augen. Ich saß ihm in seinem düsteren Arbeitszimmer in der Gonzagagasse in Wien gegenüber, Zuhörer bei einem literarischen Gespräch, das Ernst und der Hausherr führten. Mehr als der Inhalt des Gespräches — nachdenklich eher denn intensiv — berührte mich die erstaunliche Tatsache, daß Ernst unter dem Eindruck einer geistigen Persönlichkeit, die sich offenbar von selbst lautes und von heftigen Gesten begleitetes Reden verbat, sehr gesammelt und fast bescheiden sprach. Auf Brochs Schreibtisch lag ein großer Packen Druckfahnen. Ich blätterte darin und sah auf einer Seite rechts oben vermerkt: „D'Annunzio — Das Feuer". Wenig später wollte der wohlerzogene Hermann Broch auch die anwesende junge Dame ins Gespräch ziehen. „Ich sammle Druckfahnen von Büchern anderer Schriftsteller", sagte er unvermittelt. „Es ist gar nicht leicht, sie aufzutreiben; aber ich bin geradezu leidenschaftlich dahinter her. Für mich sind es die reizvollsten ‚Erstdrucke'. Wollen wir doch sehen, ob das charmante Mädchen einen Schriftsteller nach seinem Stil oder vielleicht auch das Werk erkennt, wenn sie eine Fahne in die Hand bekommt. Lesen Sie ein paar Zeilen und sagen Sie mir dann Ihre Meinung." Ich gab vor, den Text zu studieren, zögerte mit der Antwort, tat, als riete ich hin und her, und gab schließlich mein Urteil: „Das müßte von d'Annunzio sein, vielleicht ‚Il Fuoco'?" Broch war hellauf begeistert. Das Gespräch mit Ernst interessierte ihn offenbar überhaupt nicht mehr. Als wir schließlich gingen, forderte er mich auf, ihn doch einmal allein zu besuchen und das Spiel mit den Druckfahnen fortzusetzen. „Kommen Sie zu einem alten, müden Mann, der viel allein ist, und machen Sie ihm die Freude." Von da an bin ich Hermann Broch geflissentlich aus dem Weg gegangen, wie als Schulkind einem gewissen Herrn Schwarz, der die Papierhandlung besaß, wo wir unsere Hefte und Bleistifte kauften, und dem ich einmal einen Heller schuldig geblieben war ...

Dies alles erzählte ich meiner Nachbarin, erzählte ihr von Ernst, und daß ich aus Wien käme — ohne mich in genauere Einzelheiten zu ver-

lieren. Zwischendurch sagte sie: „Bitte, leise!" Ich stimmte ihr zu; auch
ich hätte ein Interesse daran, leise zu sein. Sie stellte sich vor: sie sei
Lyrikerin und heiße Alice Berend, eine Schwägerin des Malers Lovis
Corinth. Ich machte ihr Andeutungen, daß ich ihr meinen Namen nicht
sagen könne, um während meines Aufenthalts in Deutschland niemanden
zu gefährden.

Schließlich ließen wir eine Flasche Wein kommen, und später noch
eine Kupferberg Gold. Wir sprachen über Kunst und Literatur — sie
liebte Hofmannsthal und Stefan Zweig —, von Dichtern und Malern,
die noch vor kurzem die Großen unserer Zeit und nun vertrieben und
verstummt waren, ihre Werke verbrannt, verboten, versteckt... Jeden
Donnerstag könne ich sie hier im „Kempinski" treffen, sagte mir Alice
Berend, als wir uns leicht beschwipst voneinander verabschiedeten. Und
immer wenn ich nach Berlin kam, ging ich hin. Im Gespräch mit Alice
Berend lebten die Gespräche wieder auf, wie ich sie in Wien zu führen
gewohnt war, und die es im Goebbels-Deutschland nicht mehr gab. Ich
habe Alice Berend nur einige wenige Male getroffen. Eines Tages kam
sie nicht mehr; der Oberkellner wußte nichts über ihren Verbleib. Ich
habe sie nicht wiedergesehen.

Während der vielen einsamen Stunden in Berlin widerstand ich der Ver-
lockung, den Spitzenreiter meiner Mädchenzeit, Hansi Herder wiederzusehen. Seit Jahren hatten wir uns aus den Augen verloren. Fely hatte
mir angedeutet, es wäre besser, ihn aus politischen Gründen zu meiden.
Irgend etwas Undurchschaubares müßte sich ereignet haben, man könnte
nur Vermutungen darüber anstellen, jedenfalls hätten sie seit langem
keinen Kontakt mit ihm. Eines Tages stand er auf dem Kurfürstendamm
plötzlich vor mir. Ein Ausweichen war nicht möglich. Wie werde ich ihm
meine Anwesenheit in Nazideutschland erklären? Die Scheidung von
Ernst, das Weggehen von Wien? Für neugierige Frager hatte ich
immer eine sehr plausible Ausrede parat: Ich müßte mein Familienlegat
wegen der Hitlerischen Devisenbestimmungen im Lande verbrauchen.
(Das war übrigens richtig. Die Tatsache, daß ich über eigenes Geld für die
illegale Arbeit verfügte, erleichterte es, mir die monatliche Zahlung von
300 Dollar zur Abdeckung aller sonstigen Spesen auf Auslandskonten
anzuweisen, wodurch dem raffinierten Ausländerüberwachungssystem
eine wichtige Spur verlorenging.)

Hansi Herder hatte sich vieles bewahrt, was die Traumliebe von einst
rechtfertigte: den hintergründigen Charme, die menschliche Unmittel-

barkeit. Ein Mann, bei dem man die scharfen Morgen- und Nachtwinde spürte, die er sich zeitlebens hat um die Nase wehen lassen, und hinter der weißen Stirn den liebenswerten Träumer vom besseren Selbst. Nur ernster war er geworden, irgendwie gedrückten Wesens, als habe er Schweres durchgemacht.

In dem kleinen Café, wo wir uns unbelauscht glauben konnten, sprach ich ihn darauf an: „Hast du Sorgen, Hansi? Persönliche... oder politische?" Er mußte auch einiges über mich gehört haben, denn wir brauchten uns nicht lange zueinander vorzutasten — zwei, drei Sätze genügten, dann war das alte Vertrauen wieder da.

Bei Gott, was lag hinter ihm! Als Alptraum nachwirkend, zerstörte Existenz, furchtbare Enttäuschung: die Bartholomäusnacht des 30. Juni! Er war davongekommen; an der Mordstätte, wo Hunderte seiner SA-Kameraden und Freunde im Schnellverfahren zu Tode befördert wurden. Wegen angeblicher Teilnahme an der angeblichen „Röhm-Revolte".

Seine Schilderung war von solch grauenhafter Authentizität, daß es gar nicht der allen Herder eigenen Erzählergabe bedurfte, um dem Zuhörer den Atem stocken zu lassen: wie die SS ihn bei Nacht aus dem Hoppegartner Haus herausgeholt, in den Wagen verfrachtet und im Kronprinzenpalais abgeliefert hatte, der von außen her unverfänglichen Hinrichtungszentrale; wie er sich dann im Hausinnern einem unerklärlichen Hin- und Herkommandieren ganzer Gruppen von verstörten Männern, treppauf, treppab, gegenübersah und noch immer nicht begriff, was da eigentlich vor sich ging, trotz Maschinengewehrgeknatter im Hof, dem pausenlosen Widerhall von Schüssen; wie er schließlich in einen großen Saal, vollbesetzt mit hohen SS-Leuten, hineingestoßen wurde und seinen Namen hörte, den einer brüllte, ein anderer von der Proskriptionsliste laut ablas und abstrich, und wie er dem Genickschuß entkam.

Über die Massengrube trugen ihn seine Pferde hinweg. Als er mit einem Trupp („Lauter bekannte Gesichter, die alte Führergarde, es war nicht zu fassen!") durch Säle, über lange Korridore zur Treppe eskortiert wurde, die in den Hof führte, packte ihn plötzlich eine SS-Wache, schob ihn schnell hinter eine angelehnte Flügeltür und raunte, sich breit davorstellend: „Sind Sie nicht der Rennreiter Herder? Auf Ihre Pferde hab ick beim Wetten janz schönes Geld jewonnen! Det vergeß ick Ihnen nich! Bleiben Se hier stehen, bis der Zauber sich 'n bisken legt — dann hab'n Se vielleicht 'ne Schangse, hier wegzukommen."

Die Chance ergab sich erst bei hellichtem Tag. Sein politischer Kopf nützte die Wartezeit. In der tödlichen Gefahr, jeden Augenblick ent-

deckt und abgeknallt zu werden, wie dié Hunderte, die in jenen Nachtstunden mit „Heil Hitler" zum letztenmal ihren Führer grüßten, weil
sie glaubten, auch er, der Einmalige, befände sich in der Macht der SS,
sattelte der SA- und Herrenreiter mählich das braune Pferd ab. Am
Morgen passierte er unangefochten das Haupttor auf die Straße hinaus, während die mordmüden SS-Leute vollauf damit beschäftigt waren,
die Leichen wegzutransportieren.

Hansi Herder hat sich dann monatelang auf Landgütern verborgen
gehalten, bis ihm der Polizeipräsident von Berlin, Graf Helldorf, die
Sicherheit verbürgte. (Der berüchtigte SA-Kämpe entwickelte sich später
zum Widerstandskämpfer und wurde nach den Ereignissen des 20. Juli
1944 hingerichtet.)

Wir trennten uns nach diesem Gespräch wie zwei Illegale, die routine-
mäßig zu konspirativem Verhalten zurückfinden. Jeder ging in verschiedene Richtung, ohne sich umzusehen. Es war unsere letzte
Begegnung.

Das Frankreich der Volksfront hatte weder das Deuxième Bureau an-
getastet noch die Stundenhotels. Im Süden, über die Pyrenäen herüber
drang der Bürgerkriegslärm aus Spanien, vom remilitarisierten Rheinland her das kriegslüsterne Nazigebrüll. Trotzdem hielt man in Paris
an der „Nichtinterventionspolitik" fest, als ob Wölfe auf Sanftmut reagierten. Immerhin wurde am Quai d'Orsay der Beistandspakt mit der
Sowjetunion bewahrt. Paris wimmelte von Emigranten und Geheim-
dienstlern aller Art, so wie Prag. Für den Waffenschmuggel waren goldene Zeiten angebrochen, für die Sûreté schwierige. Zwischen Augen-
offenhalten und Augenzudrücken schoben sich die Imponderabilien der
großen Politik. Was heute falsch war, konnte morgen richtig sein.

Die Vierte in Moskau war jedenfalls vorsichtig, als sie mich im Spätherbst 1936 nach Paris schickte; ich durfte immer nur eine Nacht im
selben Hotel verbringen — die Pässe wechselnd wie Strümpfe:
täglich. Die ständige Metamorphose wäre enervierend geworden, wenn
nicht anfangs das Glücksgefühl, endlich wieder frei aufatmen zu können,
vergnügt und unternehmungslustig durch die vertraute Stadt zu flanie-
ren, überwogen hätte. Selbst der trockene Düsterling Paul, der mich hier
erwartete und konspirativ betreute, wurde davon angesteckt. Zum
erstenmal sah ich ihn lächeln und hörte aus dem verkniffenen Mund
menschliche Worte: Das einzige Lebewesen, das er liebe und um dessent-
willen er hoffe, heil nach Moskau zurückzukehren, sei seine Schwester,

die dort auf der Kunstakademie Bildhauerei erlerne. Sonst habe er niemanden auf der Welt.

Wir gingen ins Rodin-Museum, verschlangen Austern und Zeitungen und redeten von „unserer Sache" nur das Allernötigste. Nachts, allein im Bett, überfiel mich die Sehnsucht nach Ernst und gleichzeitig das Verlangen, nach Spanien durchzubrennen, wo der *offene* Kampf gegen den Faschismus im Gange war. Die Sowjetunion unterstützte ihn mit Waffen, Lebensmitteln und Spezialisten. General Franco schlagen bedeutete, auch dem Gefreiten Hitler eine Niederlage beibringen. Jeder Kopf, jedes Herz, jede Kugel wurde jetzt auf seiten der kämpfenden Republikaner gebraucht! Aus allen Ländern kamen die freiwilligen Helfer zu den Pariser Anlaufstellen. Doch wir wollten uns in keiner Weise exponieren. Es war fast beschämend, einen großen Bogen um die linken Agitationszentren, um das „Humanité"-Gebäude der KPF und die sowjetische Botschaft machen zu müssen oder sofort ein Café zu verlassen, wenn deutschsprechende Emigranten am Nachbartisch diskutierten.

„Der Mensch lebt nicht vom Brot allein", gibt Karl Marx den plumpen Materialisten zu bedenken. Der Hunger nach dem Gleichgesinnten, nach dem Genossengespräch, nach Gemeinsamkeit — in Hitler-Deutschland in notwendiger Askese bewältigt —, hier in Paris brach er angesichts der rot ausstaffierten Schaufenster vehement durch. Mit den Krümeln, die mir der knausrige Paul hinwarf, war er nicht zu stillen. Genausowenig mit den schmalen Happen, nach denen ich in Brüssel schnappte (der Belgier im abgerissenen Mantel, der zwischen zwei Zügen Instruktionen erwartete, schien mir eher ein Ganove denn ein Genosse zu sein), und noch weniger mit den kühlen Blicken zweier Bankbeamter in Zürich (angeblich verläßliche Nazigegner), über die ich Geldmanipulationen abwickelte. Dem berechtigten Zweifel an der Echtheit der funkelnagelneuen Dollarnoten, unter das Schalterfenster geschoben, gaben sie zwar keinen Ausdruck; auch nicht dem Erstaunen, dasselbe Frauengesicht in kurzen Intervallen unter verschiedenen Paßnamen wiederzusehen. Aber das erzeugte bei mir noch kein Genossengefühl. Der Hunger blieb ungestillt. Napoleons marmorroter Sarkophag, unendlich allein unter der Kuppel des Dôme des Invalides, entließ den nunmehrigen Offizier der Roten Armee ebenfalls ungelabt. Einsame Größe war jetzt keiner Tränen wert. Ich sehnte mich nach Tuchfühlung und Liedern, wie ein Posten in der Nacht, der auf seine Ablösung wartet.

Sie kam in Gestalt eines Codebefehls. Abberufung nach Moskau!

Der Abschied von Paul vollzog sich in der Maupassant-Atmosphäre eines besseren Stundenhotels in der Nähe des Place Pigalle. Auf zwei Stunden hatten wir das Zimmer gemietet, um ungestört sprechen zu können. Ein riesiges Bett, davor ein Bidet. Rotschummriges Licht. Sonst nichts. Der Kellner, der auf einem Servierwagerl das Champagnersouper hereinschob, musterte Paul auf die offensichtlich versagende Männlichkeit hin, denn das Bett blieb unberührt, und über das Bidet hatte ich das Kopfkissen gestülpt, um einen Sitzplatz zu haben. Die Letten müssen ein unmusikalisches Volk sein: Paul war nicht imstande, das Alabamalied mitzusummen.

Welcher Paß mich auf der Fahrt von Paris nach Konstantinopel begleitete, weiß ich nicht mehr. Jedenfalls gab er mir genügend Sicherheit, beim Einsteigen in den Orientexpreß unbeschwerte Reiselust zu empfinden. Der winzige Lebensraum allerdings, den Wagon-Lits seinen Singlepassagieren zugesteht, schnürt einem bald die Kehle ab. Nachts wachte ich mit dem Schrecken eines Scheintoten auf, der den Sargdeckel nicht zu heben vermag, und schrie um Hilfe. Für den Schaffner schien die Platzangst nichts Ungewöhnliches zu sein. Mit verschlafener Geduld saß er an meinem Bett, bis der Morgen hinter den schmutzgrauen Scheiben heraufdämmerte. Tagsüber kam nie die Langeweile nicht enden wollender Bahnfahrten auf: ich ließ mir in Gedanken einfach von meinen vielen Bekannten Gesellschaft leisten, vor allem von solchen, die zu der Reise quer durch das Balkaneuropa bis zum Goldenen Horn in assoziativer Beziehung standen. Ich dachte an Fely und ihre Platzangst — sie traute sich kaum mehr aus Rauenstein heraus — und erinnerte mich des liebestollen Jugoslawen; sah Nico Diomataris vor mir (entsinnt man sich noch des griechischen Tabakhändlers aus Dresden, meines ständigen Begleiters unter vielen anderen, weniger beständigen?), dem die Befreiung seiner Heimatinsel Chios vom Türkenjoch ein unauslöschliches Kindheitserlebnis war; befragte Elias Canetti nach seinem halb türkischen, halb bulgarischen Geburtsort Rustschuk, den der Orientexpreß leider links liegen ließ; hockte mit dem kleinen Karl im Türkensitz auf nacktem Steinboden. Das Gefängnis von Konstantinopel, wo er Monate hindurch Folterungen und Verhören standhielt, der Todesstrafe oder langjähriger Sklavenarbeit gewärtig, wenn sie ihm draufgekommen wären, daß er das war, was ich jetzt auch war — das erschien mir sehenswerter noch als die Hagia Sophia, der Sultansserail voller morgenländischer Schätze oder der Große Basar.

Für solch abwegige Schaulust hatte der Cook-Mann, tagelang von der emanzipierten Dame in Trab gehalten, kein Verständnis. Wenn er mich morgens vom „Pera-Palace" abholte und ich ins Besichtigungsprogramm das Zentralgefängnis aufnahm — bei Allah! —, so wurde noch eine Moschee und noch eine daraus, ein Dampfbad dazu, römisches Gemäuer und übelriechende, wenig lukrative Basarbesuche. Das Gefängnis bekam ich nicht zu sehen.

Schließlich mußte ich den Cicerone entlassen, mußte — bestaunt und belästigt — eigene Wege suchen, denn mir ging das Geld aus. Das Geld und die Geduld, Tag um Tag länger auf den versprochenen Mittelsmann zu warten, der mich weiterzubefördern hatte. Warum klappte die Verbindung nicht? Warum ließ man mich hängen? Hatte ich umsonst die zitternde Vorfreude, Ernst in die Arme zu fallen? Unsere Liebe hatte doch tapfer die lange Trennung ertragen! Bei unzähligen Schälchen türkischen Kaffees kam ich mir allmählich wie in der Wüste ausgesetzt vor. Schon die zweite Woche spielte ich die Vergnügungsreisende, und noch immer kein Anzeichen einer Kontaktaufnahme. Die sowjetische Botschaft unweit der Großen Perastraße befand sich spürbar im Dunstkreis sorgsam beobachteter Halblegalität. Wenn ich das strikte Verbot durchbrechen und zu ihr vordringen wollte, hätte ich sofort die muselmanische Gestapo am Hals. Überdies würden mich die mißtrauischen Genossen glatt 'rausschmeißen. Was also tun? Ich hatte keine Anlaufadresse und verfluchte innerlich mein leichtgläubiges Vertrauen in die Organisationskünste eines Apparates, von dessen Methoden ich strenggenommen herzlich wenig wußte. Die Hotelrechnung konnte ich nicht mehr bezahlen. Zechprellerei, ein falscher Paß — bald würde ich das Gefängnis von innen zu sehen bekommen. Der nette Schaffner von Wagon-Lits? Seinen Turnus hatte ich mir gemerkt. Ich werde ihn beschwatzen, mich im „Pera-Palace" auszulösen und zurück in die Schweiz mitzunehmen. Dort lag Geld auf den Züricher Konten. Dann zurück zur illegalen Arbeit. Sie war notwendig und sinnvoll. Keine Fata Morgana.

Als spätabends das Telephon klingelte, eine Stimme in gutem Französisch mich sofort die Koffer packen und ins Hotelfoyer hinunterkommen hieß, dachte ich zuerst an eine Provokation. Dann ging alles wahnsinnig schnell, wie bei einem Kidnapping. Die Rechnung war bezahlt, 'rein ins Taxi, umsteigen in eine schwarze CD-Limousine, Fahrt zum Bosporus hinunter, am dunkel plätschernden Wasser entlang weiter und weiter, Lagerschuppen, Ankerketten, irgendwelche Zollgebäude, totale Finsternis, an aufblitzenden Taschenlampen vorbei, ein großes Gittertor öffnet und schließt sich hinter dem Wagen durch Geisterhand, noch eine Strecke weiter, dann halt. Die Abblendlichter gehen aus. Ich sehe überhaupt nichts mehr. Höre nur russisches Geflüster, gleich darauf gedämpftes Aufschlagen von Holz, als ginge eine Laufbrücke nieder. Der schweigsame Monsieur — die ganze Fahrt über hatte er kein Wort gesprochen — zog mich aus dem Wagen, über einen schmalen Laufsteg auf schaukelnde Planken: Ich stand auf Sowjetboden. Endlich.

Was tut unsereiner in einem solchen Fall? Man umarmt den Kapitän und spuckt in den Bosporus hinunter. Hernach trinkt man russischen Wodka und schläft und schläft und schläft. Bis Odessa. Bis Moskau.

Am Bahnhof — kein Ernst. Hingegen ein schweigsamer Towarisch, der mich sogleich wieder kidnappte.

Es gibt eine russische Einrichtung, auf der Gottes und Gorkijs Segen liegt: die Babuschkas. Wer niemals eine von den behäbigen, stillen, immer freundlichen und immer tätigen Frauen aus der Tiefe und Weite des russischen Volkes erlebt hat, ihre Wärme und Weisheit zu verspüren bekam, der sollte sie wenigstens in der Literatur aufsuchen, denn sonst weiß er sein Lebtag nicht, was eine Urmutter ist. Die Mutter aller Mütter, von Anbeginn der Welt bis in alle Ewigkeit — falls sie nicht ausstirbt. Das ist kaum anzunehmen: Wie sie die Sintflut und die Große Revolution überlebte, zeitlos im Zeitlichen, dürfte sie selbst die Atombombe überleben.

Die Frau, die mich in dem für ausländische Apparatleute bereitgehaltenen Zweizimmerabsteigquartier irgendwo in der Nähe des Arbat empfing, war eine solche Babuschka.

An ihrem stummen Busen verwand ich fürs erste den Schlag, den mir am selben Abend der Leiter der Europasektion, ein gewisser Steinbring, versetzte. Der gebürtige Ungar, im Rang eines Obersten, gedunsen, blaß von Wodka und vieler Nachtarbeit, war zu meiner Begrüßung in das Enklavequartier gekommen. Nach brüderlichem Kuß auf beide Wangen, festem Händeschütteln und der Versicherung, welche Freude und Ehre es für ihn sei, einen so außergewöhnlichen Mitarbeiter endlich von Angesicht kennenzulernen, welche große Bedeutung man meinen Berichten und den kommenden Beratungen beimesse, ließ er sich am gedeckten Tisch nieder, als ob nun in aller Gemütlichkeit das erste vorfühlende Gespräch beginnen könnte.

„Warum greifen Sie nicht zu, Genossin? — Ja, was ich Ihnen noch sagen muß … wir haben jedenfalls Ihren Mann von Ihrem Kommen verständigt. Sie sind enttäuscht, daß er Sie nicht vom Bahnhof abholte und auch jetzt nicht hier ist, ja? Das liegt nicht an uns … er hat eine andere Frau. Sie erwartet sogar ein Kind von ihm …“

Der Schlag saß. Mitten im Zentrum meines Lebens.

Aber der Schläger durfte nichts davon merken. Immer schon wollten sie mich unwiderruflich von Ernst trennen. Der Apparat sollte meine einzige Bindung sein. Mit Haut und Haar, Herz und Kopf. Schicksal schlechthin. Nein! — Ich lächelte und log: „Ach, das weiß ich schon längst! Ernst hat es mir geschrieben. Ich finde es ganz natürlich. Er konnte ja nicht wissen, ob ich je zurückkehre... Das bringt uns nicht auseinander, wie man vielleicht bei Ihnen gehofft hat."

Tags darauf, als Ernst mich in die Arme schloß und wir uns dann im ersten langen Gespräch wiederfanden, verschwieg ich ihm, daß ich schon als Schlag empfangen, was er mir nun, bedacht, mich nicht zu verletzen, nahebrachte.

Meinem Wesen wie auch den Verhaltensregeln eines Apparatmenschen widersprach es, Neugier für Hierarchie und Kompetenzen zu bekunden; und so fiel es mir schwer, mich in der Vierten zurechtzufinden — ein knappes Jahr darauf war es noch schwieriger. Die Zeiten der großen politischen Prozesse und Verfolgungen waren angebrochen. Dem Führungskader der Roten Armee erwuchs in der GPU ein Gegner, vor dessen Auslandsapparat, „Nachbar" genannt, mich der kleine Karl einmal gewarnt hatte: „Laß dich niemals vom Nachbarn kapern! Wir sind ehrliche Kämpfer gegen die Feinde der Sowjetunion. Für uns gibt es Ideale, für die wir den Kopf hinhalten. Aber die Leute vom Nachbarn bespitzeln die Freunde. Eine scheußliche Sache — nur nichts zu tun haben damit!"

Nun, die Männer, denen ich in der Zentrale begegnete, hatten auch nicht gerade die Ausstrahlung von „Idealisten"! Alte, erfahrene, durch den Fleischwolf des Bürgerkriegs und illegaler Arbeit im Ausland durchgedrehte politische Offiziere verschiedener Nationalität, vor allem Letten und Polen.

Das niedrige altrussische Patrizierhaus hinter der Markthalle am Arbat, etwas abseits vom Gebäudekomplex des Volkskommissariats für Verteidigung, beherbergte den Stab. An der Spitze (1936) der „Alte", General Bersin, eine imponierende, gewichtige Persönlichkeit, die Vertrauen und Respekt einflößte, nach ihm (1937) General Atusow, undurchsichtig und weniger väterlich als Bersin, der mich zur ersten Berichterstattung einlud.

Bersins, des „Alten", Väterlichkeit bestand unter anderem darin, daß er die Jüngste in der Runde auch — damals ketzerische — Meinungen aussprechen ließ, ohne ihr übers Maul zu fahren. Zum Beispiel die, daß immer breitere Massen die Hitler-Herrschaft guthießen und die Politik ihres Führers unterstützten. Das Schreckgespenst „Bolschewismus" spuke sogar in sonst vernünftigen Köpfen. Die Annahme, das deutsche Proletariat werde sich nicht in einen Krieg gegen die Sowjetunion hineinziehen lassen, sei eine gefährliche Illusion. Wenn überhaupt, dann sei Widerstand aus Kreisen der Wehrmacht zu erwarten, und von den Teilen der Bourgeoisie, die aus ideologischen Gründen, zum Beispiel religiösen, oder wegen ihrer parteipolitischen Entmachtung die braune Diktatur ablehnten. Von der illegalen Arbeit der KPD sei so gut wie nichts zu bemerken. Die Aufrüstung ginge mit Hilfe der Arbeiter ungehindert und rapid vonstatten. Vorgestern Sozialdemokraten und Kommunisten, gestern Resignierte, seien sie heute schon mehr oder weniger führergläubig.

„Sie glauben nicht an die revolutionäre Kraft der deutschen Arbeiterklasse?" — „Nicht mehr! Weil ich zwei Jahre Hitler-Deutschland erlebt habe. Die Deutschen sind von Natur aus Nazis." — „Ist das nicht eine schwere Beleidigung der heroischen Widerstandskämpfer?" — „Im Gegenteil! Sie sind größere Helden als irgendwo sonst! Sie trotzen nicht nur dem Terror, sondern ihrer eigenen Natur als Deutsche." Ich hatte mir vorgenommen, der Vierten völlig ungeschminkte Berichte zu geben. Mit konkreten Angaben, der Wiedergabe von Gesprächen und dem ganzen Drum und Dran von Eindrücken und Erlebnissen. Ungeschminkt auch in der Hinsicht, das Vokabular zu verwenden, das leicht über die Zunge ging, und nicht das „Parteichinesisch", bei dem man am Ende nicht weiß, was gemeint ist. Die Berichte waren anscheinend aufschlußreich genug, daß Marschall Woroschilow, der Volkskommissar für Verteidigung, mich persönlich zu sprechen wünschte. Die Zusammenkunft fand im kleinsten Kreis in einer Privatwohnung statt, wie sie höheren Funktionären zugewiesen wurde, in einem Hochhaus jenseits der Moskwa.

Woroschilow, einer der engsten Gefährten Stalins. Seinen Händedruck spüren, in seine hellen Augen blicken, das war, als schautest du geradewegs ins Antlitz der großen bolschewistischen Partei Lenins, die die Revolution zum Sieg führte, die Rote Armee schuf und den Sozialismus aufbaute. Als ich ihm für seinen persönlichen Brief dankte, schien er erstaunt. Der Übersetzer fügte dann einige russische Sätze hinzu — und plötzlich tat er so, als ob er sich erinnerte. Meine Gutgläubigkeit schmeichelhaften Botschaften gegenüber war auf immer dahin...

Im Mittelpunkt des Gesprächs stand Hammerstein. Woroschilow sprach von ihm mit großer Wertschätzung, ja mit Wärme. Er erzählte Manöveranekdoten und erkundigte sich eingehend nach seinem Befinden, auch in materieller Hinsicht. Ein ferner Kamerad, von dem man mutige Taten erwartet. Als vage Möglichkeit wurde vorweggenommen, wozu es schließlich, nach der Verwüstung Europas und Millionen Toten, mit fatalem Ausgang kam — der Aufstand der Generale am 20. Juli 1944. Hammerstein war dabei eine führende Rolle zugedacht. Ich sollte nach meiner Rückkehr zur Apparatarbeit in Hitler-Deutschland Hammerstein gegenüber mein Inkognito lüften, ihm die persönlichen Grüße Woroschilows übermitteln und in Erfahrung bringen, wie er sich dazu stellte. Es wurde auch eine andere Alternative erwogen: Hammerstein aufzufordern, mit seiner gesamten Familie in die Sowjetunion zu emigrieren. „Er kann auch hier auf die Jagd gehen", meinte Woroschilow. Einem preußischen Offizier von dem Format Hammersteins zuzumuten, er könnte, bei aller Ablehnung des Naziregimes, sein Vaterland verlassen, sich in Sicherheit bringen oder gar der Roten Armee mit Rat und Tat beistehen, das erschien mir, schlicht gesagt, dumm. „Eher ließe er sich von den Nazis umlegen, als daß er so etwas täte!" — „Dann ist General von Hammerstein doch kein solcher Hitler-Gegner, wie Sie behaupten?" Eine Logik, die ich nicht begriff. Sichtlich auch nicht mein Betreuer Uritzky, der dabei als Übersetzer und diplomatisch kluger Gesprächsteilnehmer figurierte. Er unterstützte mich in der Polemik, und schließlich wurde der Vorschlag fallengelassen.

Nach einem gemeinsamen Urlaub mit Ernst an der transkaukasischen Küste des Schwarzen Meeres und in Tiflis, als Galgenfrist erlebt und genossen, wäre wieder das Alabamalied fällig gewesen.

Über Polen nach Prag zurück fuhr ich im Lichtschatten grauer Fehwolken. Sie hüllten duftig und üppig die beiden Frauen Lion Feuchtwangers ein, eben noch gefeierter Schriftstellergast in Moskau. Bis zur Grenze durfte er sich wie in einem Sonderzug fühlen, begleitet von Autogrammjägern, Photographen und letzten Interviewern. Dann ging er sofort an seine Arbeit. Pausenlos klapperte die Schreibmaschine im Nebencoupé. Ich fragte mich, ob die beiden Frauen insgeheim gegenseitig abwogen, welche von ihnen mehr an russischen Fehpelzchen erhalten hatte. Der Muff der Sekretärin war zweifellos größer. In Prag mußte ich der Feuchtwanger wegen auf der verkehrten Seite aussteigen, weil zu ihrer Begrüßung wiederum Photographen und zudringliche Interviewer erschienen waren. Publicity ist nichts für einen Illegalen. In der Verdunská lag Staub auf den Möbeln. Als ich den Koffer umpackte, um auch für die kommenden Frühlingsmonate unterm Hakenkreuz gerüstet zu sein, griff ich nach der Schmuckkassette. Das rote Lederding war leer. Die böhmische Bedienerin Selma war keine russische Babuschka. Während unserer vielen Abwesenheiten hatte sie die bourgeoisen Restbestände dem Zuhälter ihrer Tochter ins Maul gestopft.

„Ich zeig' Sie an! Ich geh' zur Polizei!" schluchzte sie, während ich das Geständnis aus ihrem dünnen Haarzopf herausbeutelte. Wir lasen dann gemeinsam ihre Haarnadeln vom Boden auf und versöhnten uns wieder. Mit der Polizei wollte keine von uns etwas zu tun haben.

Des wichtigsten Auftrags, den ich wochenlang wie eine Zeitbombe mit mir herumtrug, ohne ihn loswerden zu können, entledigte ich mich nicht im faschistischen Deutschland, sondern im faschistischen Italien. In Berlin bot sich keine Gelegenheit, Hammerstein in Ruhe zu sprechen. Hitler festigte unterdessen seine Macht an allen Seiten. Die Ciano-Gespräche hatten eine Politik der Übereinstimmung zwischen Mussolini und Hitler eingeleitet, die im Herbst 1937 durch den Beitritt Italiens zum Antikominternpakt besiegelt wurde.

Italienische Truppen fochten an der Seite der Franco-Falangisten gegen das republikanische Spanien, gegen die Internationalen Brigaden, in denen viele Österreicher, befreundete Genossen, darunter auch mein Schwager Walter Fischer, kämpften. Ein wahrer Aufschrei ging durch die ganze zivilisierte Welt, als im April 1937 deutsche Bombenflieger über die kleine Stadt Guernica im Baskenland Zerstörung, Brand und den Tod Hunderter friedlicher Bewohner brachten. Hitlers „Legion Condor" operierte in Spanien hinter dem Rücken des deutschen Volkes. Die Intervention zugunsten Francos wurde erst Jahre später offiziell zugegeben. Das faschistische Europa probte den Weltkrieg — das übrige, bis auf die Sowjetunion, schaute gebannt zu, wer da wohl hinter den Pyrenäen der Stärkere bliebe.

Keine zehn Pferde hätten mich jetzt nach Italien gebracht, aber die Zeitbombe tickte: „Du mußt mit Hako sprechen! Ist die deutsche Kriegsmaschine noch aufzuhalten?" Alles andere ist daneben unwichtig.

Daß es zu der entscheidenden Unterredung in der Gegend Südtirols kommen würde, wo einst meine Vorfahren beheimatet waren, nahm ich als gutes Omen: Hammerstein fuhr nach Bozen-Meran. Zur Erholung, wie er sagte, was ich ihm nicht recht glaubte. Vor seiner Abreise fragte er mich, ob ich nicht ein paar hübsche Frühlingstage dort verbringen wolle. „Oder wagst du es nicht, durch Österreich zu fahren? Du weißt, du kannst dich jederzeit an meinen Vetter Hans Hammerstein wenden, wenn du mal in Schwierigkeiten kommst." Der Vetter Hakos war Österreicher, offener Nazigegner und hatte unter Schuschnigg die Leitung der Kulturpropaganda im Bundeskanzleramt übernommen.

Auf einem Spaziergang durch die blühende Landschaft — von fern

sahen wir die Burgruine Mayenburg, und ich erzählte Hako zur psycho-
logischen Vorbereitung, daß die Mayenburg um ihres bedrohten Glaubens willen einst Haus und Hof verließen und in die Fremde gingen —
ließ ich leicht und nebenbei, wie ein Taschentuch, die Bombe fallen:
„Marschall Woroschilow läßt dich herzlich grüßen. Ein Major der Roten
Armee hat die Ehre, dem Generaloberst von Hammerstein die Grüße des
Volkskommissars für Verteidigung persönlich zu überbringen."

Eine Weile gingen wir schweigend nebeneinander her. Das preußische
Offiziersgesicht, von der Seite gesehen, zeigte keine Bewegung. Alles
daran war mir vertraut: die breite, helle Stirn, an den Schläfen ab-
geflacht im rechten Winkel; der schmale, von dem kurz und energisch
vorspringenden Kinn zurückgedrängte Mund; die feine kleine Nase zwischen den rotgesprenkelten Wangen; und dann die merkwürdige Ge-
schwulst vor dem linken Ohr, die sich zum Hals hinunterzog. Nach
Zeiten längerer Abwesenheit fand ich sie von Mal zu Mal größer geworden. Wenn ich ihn aber triezte, das „Ding" doch ernsthaft unter-
suchen zu lassen, wurde er ungeduldig: „Laß doch! Ne harmlose Sache
— Drüsenschwellung." (1943 starb Hammerstein an dem Krebsgeschwür,
das sein Arzt nicht im Frühstadium erkannt hatte.)

Hammerstein brach zuerst das Schweigen: „Warst du drüben?" —
„Ja." — „Die Russen denken, ich könnte was tun, stimmt's?" — „Ja." —
„Fährst du wieder 'rüber?" — „Ja." — „Was ich mit dir spreche, geht
nicht über die Berliner Botschaft hinüber?" — „Nein." (In meinem Kopf
starb Paul eines schnellen Todes.)

Der lakonischen Einleitung folgte ein Zweitagegespräch über Gott
und die Welt, das, je weiter es fortschritt, immer näher an die Kluft
herankam, die zwischen dem konservativen und dem revolutionären
Denken liegt — überbrückbar nur mit gegenseitiger Achtung, Sympathie
und einem gemeinsamen Feind.

Den Gedanken an eine putschartige Übernahme der Macht durch Teile
der Wehrmachtsführung hielt Hammerstein für hirnrissig. Den eventuell
richtigen Zeitpunkt dafür hätten General von Schleicher und er selbst
bewußt verpaßt, als die Regierungskrise vor der Ernennung Hitlers zum
Reichskanzler auf ihrem Höhepunkt war. Er habe sich seither oft innerlich gefragt, ob man nicht damals hätte handeln müssen. Aber er habe
Hitler unter- und Schleicher überschätzt. Ihm selbst wäre es darum gegangen, die Reichswehr aus den politischen Machtkämpfen, aus dem
parteipolitischen Intrigenspiel herauszuhalten.

In diesem Zusammenhang erzählte er mir einige aufregende Details
aus jenen Tagen um den 30. Januar 1933, von dem Verhalten Hinden-

burgs und dessen Sohn Oscar, von Franz von Papen und anderen, die er allesamt als „Halunken" und „Gauner" bezeichnete. Ich redete ihm zu, das schriftlich festzuhalten, und erbot mich, einen Bericht von solcher politischer, ja historischer Bedeutung sicher aus dem Land zu bringen. „Damit ihr so was veröffentlicht, wenn's euch paßt — nee!" Natürlich protestierte ich. Hako klopfte auf meine Hand: „Sei beruhigt, Kleine. Wenn ich schon was schriftlich niederlege — das geht nicht verloren. Das liegt sicher!" (Der englische Tresor, in dem der Bericht Hammersteins damals schon lag, öffnete sich erst nach dem Krieg.)

Sollte es allerdings wieder zu einer Krisensituation wie der des 30. Juni 1934 kommen und die Wehrmacht darin verwickelt werden, dann wäre es durchaus möglich — räumte Hammerstein ein —, daß gewisse Leute der Generalität die Machtübernahme der Militärs befürworten, ja vielleicht sogar versuchen würden. Viel wahrscheinlicher wäre jedoch, daß die paar, die politisch dächten, eher ihren Abschied nehmen würden, als dann für den „Sauladen" verantwortlich sein zu wollen. „Nimm doch mich", sagte Hammerstein wörtlich. „Wenn die deutsche Hammelherde sich schon so 'nen Führer wählte — dann soll sie's auch ausbaden." Diese bittere Erfahrung dürfe man den Deutschen nicht ersparen, sonst würden sie niemals klüger. „Du kneifst, du ziehst dich auf die Position eines Aristokraten zurück!" sagte ich ihm auf den Kopf zu. Hammerstein lächelte: „Das ist das einzig Kluge, was ein Gentleman jetzt tun kann. Ich bin kein ‚Held' — du irrst dich in mir. Ich stehe meinen Mann, wenn's nottut. Aber ich drängle mich nicht zum Rad der Geschichte wie ihr!" Und dann kam etwas völlig Entwaffnendes: „Dazu bin ich zu faul!"

Die nachfolgende Erläuterung, welch gute Eigenschaft die Faulheit wäre, daß sie den Menschen zur Ausbildung seiner Vernunft, zu bedachtem Handeln befähige, kulminierte in dem Ausspruch: „Man hat Zeit, zu denken. Fleiß ist da nur störend." Der berühmte Fleiß der Deutschen erhielt von einem Weltbürger und preußischen General somit einen politischen Aspekt: Sie werden fleißig an den Krieg herangehen — und ihn wieder verlieren.

Für die Russen hatte sich Hammerstein einige handfeste Ratschläge zurechtgelegt: Sie sollten alles daransetzen, ihre Beziehung zu den Engländern zu verbessern — der Pakt mit Frankreich werde ihnen nichts eintragen; die gründlichere Ausbildung der unteren und mittleren Kader der Roten Armee wäre jeder Mühe wert; „alles auf Räder stellen" — ohne maximale Motorisierung hülfe ihnen „der ganze Clausewitz wenig".

Im übrigen müßte er seine alten Freunde enttäuschen. (Hako las mehr als Enttäuschung von meinem Gesicht ab.) „Was soll ich dir noch sagen...? Sag ihnen: Hammerstein-Equord erwidert die Grüße von Marschall Woroschilow. Ich dächte nicht anders als zu der Zeit, da wir uns gut standen und zusammengearbeitet haben. An einem Krieg gegen sie würde ich nicht teilnehmen."

Ich wartete, ob er noch etwas zu sagen habe, weil eine Überlegungspause darauf hindeutete. „Sag ihnen — nein, das ist alles. Mehr kann ich nicht versprechen."

Beim Abschied umarmte er mich und fragte: „Kommst du zurück nach Berlin?" Ich spürte sein Herz klopfen, die ungeschickt streichelnde Hand auf meinem Haar. Aus dem Abgrund von Traurigkeit, in den alles versank, was da rundherum vorging — der Bahnhofslärm, die hastenden Menschen, selbst der Mann, der mir so nahestand —, holte mich seine Stimme herauf. Begleitet von ein paar heftigen Herzschlägen, eine Warnung: „Hüte dich vor Tuchatschewskij!"

VII

Warnungen

Der unsichtbare Mitreisende auf der Fahrt von Bozen nach Verona, durch den Gotthardtunnel bis Zürich trug vier Rhomben am Kragen seines Uniformrockes und den glanzvollsten Namen der Roten Armee: Marschall Michail Nikolajewitsch Tuchatschewskij. Wenn der ehemalige Chef der deutschen Heeresleitung Hammerstein diesem Namen ein „Hüte dich!" voranstellte, dann mußte er gewichtige Gründe dafür haben, die eine solche ungeheuerliche Warnung rechtfertigten. Welches dunkle Geheimnis verbarg sich hinter den wenigen Worten? Undenkbar, daß Hako sie leichtfertig auf irgendein Gerücht hin ausgesprochen hatte! Den Boten warnend, wollte er zugleich den Volkskommissar für Verteidigung Woroschilow vor seinem Stellvertreter warnen: Oder war Tuchatschewskij nicht mehr stellvertretender Volkskommissar? Von Differenzen in der roten Armeeführung und schwelenden Konflikten mit Stalin hatte mir der kleine Karl schon in Prag einiges mitgeteilt. Warum aber sollte ich mich vor dem Mann hüten, der offenbar am klarsten von allen sowjetischen Armeeführern Hitlers militärstrategische Absichten durchschaute? Sein Buch „Die Kriegspläne des heutigen Deutschland", 1935 herausgekommen, hatte große Diskussionen ausgelöst. Es enthielt eigenwillige Auffassungen über die gesamtpolitische Lage der Sowjetunion, da gab es Analysen und Schlußfolgerungen, die darauf hinwiesen, daß Tuchatschewskij mit einem plötzlichen, durch nichts provozierten Überfall von seiten Hitler-Deutschlands rechnete. Der bei Manövern gezeigte Masseneinsatz von Fallschirmjägern im Rücken des gedachten Feindes; die Verfechtung der modernen Militärtheorie, daß in einem künftigen Krieg Massenarmeen, mit den neuesten technischen Waffen ausgerüstet, gegeneinander operieren würden; sein Eintreten für verstärkten Panzer- und Flugzeugbau, das alles machte ihn bei den fortschrittsgläubigen Sowjetmenschen so populär wie keinen anderen der jüngeren Feldherren. Tuchatschewskij — das schien gleichbedeutend mit der Unbesiegbarkeit der Roten Armee.

Auch äußerlich eine glänzende Erscheinung, sprachenkundig und gesellschaftlich gewandt, repräsentierte der rote Marschall adeliger Herkunft die Sowjetunion bei den Beisetzungsfeierlichkeiten für Georg V. im Januar 1936 in London. Wir hatten damals die Delegierung Tuchatschewskij als einen wohlbedachten Schachzug der Sowjetdiplomatie gewertet. Die Zeitungen berichteten, welche Furore er bei dieser Gelegenheit auf dem internationalen Parkett gemacht, wie überlegen er die Hitler-Deutschen an die Wand gespielt habe. Und nun sollte dieser Abgott der Roten Armee so suspekt sein, daß man sich vor ihm hüten müsse?

War er Mitglied einer Militärverschwörung gegen Partei und Regierung, gegen Stalin? Wollte die Rote-Armee-Führung die Macht erobern, den Sozialismus liquidieren, den Kapitalismus restaurieren? Hatte er sich vom englischen Geheimdienst einfangen lassen? Gingen noch Verbindungsfäden von ihm zur Deutschen Wehrmacht, ohne daß Stalin darum wußte? Machte er solcherart Geheimpolitik auf eigene Faust, um den Krieg zu verhindern, oder seinerseits das zu versuchen, was ich durch Hammerstein zu erreichen getrachtet hatte — eine deutsche Militärverschwörung gegen Hitler? Über die Köpfe der politischen Führung hinweg die Herstellung eines Bündnisses zwischen deutschen und roten Generalen? Erpreßte ihn aus irgendeinem Grund die deutsche Abwehr — war er schlechtweg zum Landesverräter geworden? Nur dann konnte ich etwas von Tuchatschewskij befürchten: die illegalen Mitarbeiter der Vierten wären dem Verrat ausgeliefert.

Wie ein spitzkantiger Stein lag die Warnung Hammersteins in meinem Kopf. Was immer ich drumherum zu denken versuchte, ich stieß mich daran wund. Nichts paßte zusammen. Alles schien unglaubwürdig. Zwei Versionen unter den vielen Erwägungen glaubte ich für möglich zu halten. Die eine: Trotzkisten oder andere der Sowjetunion feindliche Kräfte versuchten, dem sowjetischen Generalstab eine Verdächtigung Tuchatschewskijs zuzuspielen, um einen der fähigsten Köpfe der Roten Armee zu vernichten. Hammerstein — in Unkenntnis solchen teuflischen Planes — konnte also im guten Glauben zum Zwischenträger einer „vertraulichen" Mitteilung geworden sein, die ihm von irgendeiner Seite zuging. Die zweite: Hammerstein hatte von einer noch bestehenden Verbindung Tuchatschewskijs zu hitlerdeutschen Militärstellen erfahren, woraus er den vielleicht trügerischen Schluß zog, daß es sich dabei nur um illegale, auch für den sowjetischen Generalstab illegale Beziehungen handeln könne. Daher seine Warnung.

Für mich stand jedenfalls eines fest: Ich mußte so schnell als möglich nach Moskau. Keinem Nachrichtenkanal durfte ein Geheimnis von solcher Tragweite anvertraut werden.

Hinter den Schaltern der Bank in der Zürcher Bahnhofstraße, wo ich mein Geld abzuholen pflegte, waren diesmal die schweigsamen Gesichter der beiden hilfreichen Angestellten verschwunden. Mehrere Tage hintereinander ging ich wie suchend ein und aus, wechselte sinnlos Geld hin und her — an die Konten kam ich nicht heran: Mein tschechischer Paß lautete auf einen andern Namen. Nur von Berlin oder Prag aus hätte ich eine Überweisungsorder geben können. (Das Geld liegt dort bis zum heutigen Tag, richtiger, die Konten wurden wie die von den Tausenden Verschollener, Vergaster und Vergessener nach so langer Zeit gelöscht.)

Zum erstenmal nach vielen Ein- und Ausreisen ging es jetzt auch an der schweizerisch-deutschen Grenzstation nicht so glatt wie sonst. Dem Gestapofritzen in Zivil schien die einreisende Tschechin nicht zu gefallen. Er holte mich aus dem Coupé auf den Gang heraus. Die Ausfragerei nach Woher, Wohin, nach früheren Reisen, die aus den verschiedenen Paßstempeln hervorgingen, führte bis zu topographischen Details über Prag. Als bezweifelte der Kerl, daß ich die Goldene Stadt an der Moldau je gesehen, geschweige denn zum Wohnsitz hätte. Eine tschechische Fremdenführerin konnte da kaum besser mit slawischem Akzent Rede und Antwort stehen. Aber plötzlich um meine Wohnadresse befragt, gab's eine Schrecksekunde. Wo wohnte ich, zum Teufel? „Weit, weit draußen... ewig mit der Straßenbahn... ohne Telephon in Untermiete...", und dann kam ein langer tschechischer Name mit ová am Ende, wie es sich für irgendeine Prager Straße gehört, auch wenn sie nicht existiert.

„Rot darfst du werden", hatte mir einmal der kleine Karl gesagt, „aber niemals blaß! Blässe ist für jedes geübte Polizeiauge verdächtig." Erst als ich den kostbaren Paß wieder in der Handtasche, das rhythmische Stoßen des fahrenden Zuges unter dem Sitz spürte, wich allmählich das Blut aus meinen Wangen. Warum war ich dem Gestapokerl aufgefallen?

Als eine Art Vorwarnung empfand ich den Zwischenfall erst, als in

Berlin Paul beim verabredeten Treff ausblieb. Vergeblich wartete ich auf dem Bahnhof Wannsee zwei Minuten. Den nächsten Tag eine Stunde später wiederum zwei Minuten. Den dritten Tag um die gleiche Zeit am Bahnhof Zoo. So war es ausgemacht. Hatte ihn die Vierte plötzlich abberufen? Hängte er mich ab? War er hochgegangen?

Niemals wieder habe ich die lange, stockrige Gestalt gesehen, auf die Sekunde pünktlich auftauchend, zwischen fremden Menschen verschwindend. Einsamer Genosse für ein Jahr.

Wenige Wochen darauf wurde der einzige Passagier, der von der rumänischen Grenzstation vor Tiraspol in die Sowjetunion einreisen wollte, wiederum einem langen Fragespiel ausgesetzt. Wer fuhr damals schon über das halbfaschistische Rumänien in das verruchte Land des Sozialismus, zu den verhaßten Bolschewisten? Doch der miedergestützte Grenzoffizier, umgeben von schmuddligen Gaffern und einer Wolke von Parfum, Schnaps und Bestechlichkeit, glaubte der alleinreisenden Schweizerin, daß sie sich „die Welt anschauen" wolle. Zu guter Letzt warnte er mich in holprigem Französisch, weiterzufahren: Furchtbare Dinge gingen dort vor sich! Das Land befinde sich in vollem Aufruhr gegen die Bolschewistenherrschaft, gegen die blutige Diktatur Stalins. Eben habe man in Moskau einen Haufen hoher Kommandeure der Roten Armee hingerichtet!

Zum Beweis für die Glaubwürdigkeit seiner Behauptung zog er eine Zeitung hervor, übersetzte mir die Schlagzeilen und Kommentare.

„Marschall Tuchatschewskij zum Tod verurteilt — erschossen!" Mit ihm mehrere Militärkreiskommandeure: Jakir, Uborewitsch und andere. Namen, die ich nicht kannte. Sie alle hätten sich für schuldig erklärt. Verschwörer, Verräter, Agenten. Triefend von Sowjetfeindlichkeit, delektierte sich die rumänische Zeitung an der Sensationsmeldung aus Moskau.

„Hüte dich vor Tuchatschewskij!" — Hako hatte recht gehabt . . .

Wie unrecht Hammerstein tatsächlich mit seiner Warnung hatte, wie sehr er anscheinend selber einem grausigen Verleumdungsmanöver erlag, stellte sich erst Jahrzehnte später heraus, als einiges von den Geheimnissen gelüftet wurde, welche die Strafurteile aus der Stalin-Zeit umgeben. Angaben in unterdessen erschienenen Memoirenwerken, Enthüllungen von ehemaligen Hitler-Agenten und nachträgliche Untersuchungen in der Sowjetunion lassen es als gewiß erscheinen, daß Tuchatschewskij und seine Mitangeklagten einer mörderischen Machination des deutschen Sicherheitsdienstes zum Opfer fielen.

Auf persönlichen Befehl Hitlers wurde von Heydrich und seinen Fälschergehilfen ein „Dossier" fabriziert, das folgendes beweisen sollte: Der Marschall und seine Freunde hätten sich verschworen, die Sowjetmacht zu stürzen und stünden in geheimer Verbindung mit Generalen der deutschen Heeresführung. Ein handgeschriebener Brief Tuchatschewskijs war das wichtigste „Dokument". Die Schrift und sogar der charakteristische Stil des mehrseitigen Falsifikats waren so gut nachgeahmt, daß der tschechoslowakische Staatspräsident Dr. Benesch, dem das ganze Dossier in Photokopien zugespielt wurde, an der Echtheit der „Beweismittel" keinen Zweifel hegte und sie an Stalin weiterleitete. Damit war das Ziel Hitlers erreicht. Mit dem Mißtrauen Stalins rechnend, hatte der braune Diktator, bevor er noch den Weltkrieg entfesselte, den roten auf infernalische Art überrundet: Die Rote Armee wurde mit einem Schlag ihrer besten Köpfe beraubt! Bei den im Mai 1937 einsetzenden Säuberungen wurde ein Großteil der führenden Offizierskader vernichtet — vom Obersten Militärsowjet drei Viertel, von 19 Armeeführern 13, von 135 Divisionskommandeuren 110. Tausende höhere und mittlere Kommandeure wurden verhaftet, verschickt, erschossen.

Hundertemal habe ich seither die Umstände gesegnet, die verhinderten, daß ich durch das Weitergeben der Warnung Hammersteins an dieser blutigen Tragödie mitschuldig wurde. Es lag keineswegs an mir: mir brannte diese Nachricht auf der Seele. Da jedoch der Verbindungsmann Paul nicht zu dem verabredeten Treff kam, war ich gezwungen, auf eigene Faust Wege zur Einreise in die Sowjetunion zu suchen. So verzögerte sich um Wochen, was sonst in Tagen gelungen wäre. Inzwischen war in Prag schon eine Meldung durch die Zeitung gegangen, die aufhorchen ließ: die beabsichtigte Entsendung Tuchatschewskijs zu den Krönungsfeiern für Georg VI. in London sei „krankheitshalber" abgesagt worden. War der Vierten schon von anderer Seite eine Warnung zugekommen?

In Moskau fand ich den Apparat sehr verändert vor. Gleich herzlich und gelassen blieben die Babuschka und mein Betreuer Oberst Uritzky. Die wenigen übrigen — fremde Gesichter ohne Namen, verschlossen, zu keiner offenen Aussprache einladend. Bevor mich der neue Chef, General Atusow, nach wochenlangem Warten zu einer Unterredung befahl, gab mir Uritzky den Rat, die Tuchatschewskij-Affäre im Zusammenhang mit dem Hammerstein-Bericht nicht zu erwähnen, falls man mich nicht direkt danach fragte. Atusow wisse ohnehin Bescheid.

Mitten in der Nacht brachte mich eine Ordonnanz durch die Torsperre des Verteidigungsministeriums über dunkle, ausgestorbene Wege zu dem kleinen Gebäude, das ich schon kannte. Zum erstenmal war mir unheimlich zumute. Welche schrecklichen Geheimnisse verbargen sich hinter den vielen Fenstern, an denen ich vorbeigeführt wurde? Nur ab und zu drang gedämpftes Licht in die Dunkelheit. Dazwischen eine helle Fensterfront, als ob dahinter eine große Beratung vor sich ginge. Hier also sind die Verschwörer ein und aus gegangen, der Verrat!

Plötzlich war ich nicht mehr ich, sondern fühlte mich in Anonymität gestürzt, den Decknamen übergestülpt: „Lena" — ein sibirischer Fluß, auf dem Eisschollen schwimmen. Aus dem eisigen Wasser wird Gold herausgewaschen. Schon unter dem Zaren waren es Verbannte, Strafgefangene, Zwangsarbeiter. Graue namenlose Gestalten. Vergessen, aus dem Leben gestrichen. Warum hatte ich mich nur in die Gewalt eines „Apparates" begeben? In die Macht wechselnder Gesichter? Unbekannte Männer unbekannter Vergangenheit und Zukunft, Denkweise und Taten? Sie genießen das Vertrauen der Partei, sonst säßen sie nicht am Hebel. Aber wie lange noch? „Laß dich nicht in etwas verstricken, worauf wir keinen Einfluß haben!" Wie oft hatte es mir Ernst gesagt. Besessen davon, mein Teil zum antifaschistischen Kampf beizutragen, hatte ich seine Warnungen in den Wind geschlagen. Ich hätte ihm sagen müssen, wohin ich mitten in der Nacht befohlen wurde . . .

Atusow empfing mich allein. Zwischen uns stand ein Schreibtisch, darauf eine Lampe, drei Telephonapparate. Der Schreibtisch war leer. Kein Blatt Papier, kein Federhalter zeigte an, daß hier ein Mensch arbeitete. Wir blieben beide im Schatten der Lampe. Saßen einander gegenüber wie Höhlentiere. Stumm fragend: Wer bist du dort in der Dunkelheit? Sein Gesicht war fast nicht zu sehen. Bei einer späteren Begegnung habe ich es kaum wiedererkannt.

Der Bann brach, als ich mich mit „Lena" angesprochen hörte. Zu aufdringlich war die Inszenierung „Geheimdienstchef empfängt Meisteragentin", als daß nicht der falsche Name an eine zugewiesene Rolle in einem Schauerstück erinnert hätte. Des Partners Part verlangte slawisch gefärbtes Deutsch und autoritären Ernst, der meinige anfangs nur gespanntes Zuhören und knappe Antworten. Wobei der eine den größeren Abstand, der andere die intimere Kenntnis von dem besaß, worüber geredet wurde: Hitler-Deutschland.

Atusow entwickelte im Verlauf des Gespräches ein völlig neues Konzept. Von Kreisen der deutschen Bourgeoisie, die saturierte oder kaltgestellte Generalität inbegriffen, wäre kein ernst zu nehmender Widerstand zu erwarten. Hingegen gäbe es Anzeichen dafür (welche?), daß es innerhalb der Naziführung zum neuerlichen Ausbruch von Rivalitäten kommen werde, zu Macht- und Meinungskämpfen, mit der Möglichkeit weittragender militär- und außenpolitischer Folgen. Die Erkundung der Widersprüche, worauf sie basierten und wer ihre Träger seien, wäre eine äußerst wichtige Aufgabe. Ob ich gewillt sei, eine solche Aufgabe zu übernehmen? Wenn ja, müßte ich allerdings mein politisches Gesicht nach außen radikal verändern, als eine vom Nazismus Bekehrte auftreten und — ehestens einen Deutschen heiraten, der mir das Eindringen in Nazikreise erleichtern würde. „Sie sind doch geschieden von Ihrem Mann . . .“

Daß die Scheinscheidung von Ernst einmal als Druckmittel gegen mich verwendet werden könnte, fand ich, gelinde gesagt, unstatthaft. Denn nur wegen meiner Arbeit für die Vierte und auf deren dringendes Anraten hin hatten wir vor zwei Jahren diese Scheidung in Prag durchführen lassen. Ausschlaggebend war dabei das gewichtige Argument gewesen, daß die politische Aktivität von Ernst für die KPÖ im Rahmen der Komintern meine Sicherheit gefährde und mich bei einem eventuellen Hochgehen zusätzlich belasten würde, falls wir uns nicht öffentlich und dokumentarisch belegbar trennten. Mir den Schein jetzt als vollendete Tatsache zu präsentieren — welch plumpes Manöver! Auch die frischaufgewärmte Geschichte von der „anderen Frau“ (sie hatte unterdessen einen Buben zur Welt gebracht, den Ernst, ohne sonstige väterliche Gefühle zu bezeigen, alimentierte) schmeckte abscheulich nach psychologischer Giftmischerei. An meiner Reaktion las Atusow seinen Fehler ab und steckte sofort um: er appellierte nun an die „Hingabe für unsere Sache“, an „Opferbereitschaft“, an „Kühnheit und Mut“. Da war ich verwundbar. Dennoch ging ich diesmal nicht gleich in die Knie, wie ich es sonst getan hätte.

Die gestellte Aufgabe, erwiderte ich, erfordere außer Mut und Hingabe an unsere Sache eine Kunst, in der ich mich nie geübt hätte, die mir überdies zeitlebens zutiefst verhaßt sei: Heuchelei. Perfekte Heuchelei. Selbst beim besten Willen, den Interessen der Sowjetunion, der Sache des Sozialismus zu dienen, wäre ich, zu welchem Zweck immer, außerstande, für das Dritte Reich und seinen Führer Begeisterung zu heucheln. Das überstiege meine Kräfte. Ich sei keine Nachrichtenmaschine, sondern ein politisch handelnder Mensch. Ein Kommunist, dessen eigentliche Stärke nicht darin bestünde, seine Überzeugung zu verhehlen, sondern andere dafür zu gewinnen. Keiner meiner Bekannten und Freunde würde mir je den plötzlichen Gesinnungswandel glauben. Meine Mitarbeit sei übrigens von vornherein zeitlich befristet und auf eine Sonderaufgabe begrenzt gewesen. „Hat man Ihnen das nicht mitgeteilt, Genosse General?"

Atusow nahm diese offene Erklärung schweigend zur Kenntnis. Aber ich spürte, daß sich etwas Feindliches, Drohendes zwischen uns erhob, und bekam Angst. Unbestimmbare Angst.

„Den Zeitpunkt Ihrer Freigabe bestimmen wir! Sie wollen Ihre Arbeit liquidieren? Ich warne Sie, Sie und Ihren Mann. — Er ist gegen uns. Wir wissen es. Solange Sie gute Arbeit für uns geleistet haben, sahen wir darin keine Gefahr. Wir können unsere Meinung ändern."

Hiermit war ich entlassen.

Wochen darauf, im Frühherbst 1937, fand wiederum eine Besprechung statt, die über mein weiteres Schicksal entscheiden sollte: diesmal in Georgi Dimitroffs Wohnung im Moskauer Regierungswohngebäude.

Der „Löwe von Leipzig", seit dem VII. Weltkongreß Generalsekretär der Komintern, hatte Ernst und mich zusammen mit Atusow und weiteren führenden Leuten des Militärapparates eingeladen. Die Aussprache, in die gelockerte Atmosphäre eines kleinen Abendessens eingebettet, war auf Betreiben von Ernst zustande gekommen. Er kämpfte um mich. Nicht nur unseres gemeinsamen Lebens wegen. Er sah Gefahren, wo ich sie nicht sehen wollte — im Militärapparat selbst. Der undurchschaubare Mechanismus erschien ihm noch weit anfälliger für Verrat von innen her als der Kominternapparat und die von der Moskauer Zentrale kontrollierten, im Untergrund arbeitenden Parteien. Wenn sich in den höchsten Stellen der Roten Armee Verschwörer und Verräter befunden hatten, die mit dem faschistischen Feind konspirierten, um wieviel eher dann dort, wo unkontrollierbare vielfältige Kontakte bestanden? Wo Doppelagenten ihr verfluchtes Spiel treiben konnten? Wie eine giftige Dunstglocke lag Mißtrauen über Moskau, über der Sowjetunion, seitdem ein Schau- oder Geheimprozeß dem andern folgte. Nur nicht anstreifen an russische Machtapparate jenseits der Kominternsphäre!

Dimitroff schätzte Ernst und verstand seine Besorgnisse. Darüber hinaus wurde es zu einer ernsten Kaderfrage, ob die Frau eines politisch und propagandistisch so stark in Erscheinung tretenden Kominternfunktionärs weiterhin für den Auslandsapparat der Roten Armee arbeiten dürfe. Wenn ich in Deutschland oder anderswo hochginge, so wäre damit auch zweifellos eine Bloßstellung der Komintern gegeben, eine Kompromittierung der KP. Denn die Nazis warteten ja nur darauf, Beweise für ihre Behauptung in die Finger zu kriegen: „Jeder Kommunist ein Sowjetagent!"

Der Rangelei um meine Person sah ich mit gemischten Gefühlen entgegen. „Wenn du nicht willst, können sie dich zu nichts zwingen!" mahnte Ernst, während wir die Treppe zu Dimitroffs Wohnung hinaufstiegen. Wollte ich wirklich nicht mehr?

Ein wunderschöner Sommer lag hinter mir. So schön und erholsam, daß ab und zu schlechtes Gewissen aufkam, wenn ich an Ernst dachte, der seiner Arbeit wegen in Moskau zurückgeblieben war und unterdessen um seinen „Bull", sein „Pony" — seine Frau kämpfte. An seiner Stelle war mein Schwager Otto als russischkundiger Reisebegleiter in den Krimurlaub mitgefahren, den mir die Vierte vergönnte. Atusow, so hieß es, wolle mir „Zeit zu ruhiger Überlegung geben".

Seit einem seltsamen Traumerlebnis, das vor Jahren schon dem Namen „Jalta" magischen Klang verlieh, hatte ich mir immer gewünscht, einmal die weiße Stadt am Schwarzen Meer zu sehen. Die Wirklichkeit enttäuschte mich nicht.

Wie auf eine Insel der Seligen versetzt, wo Wein und Honig fließen, die Tomate ein halbes Kilo wiegt und die Eingeborenenmiliz keinen Anstoß an Ausländern nimmt, lebten wir nahezu unbekümmert um die übrige Welt in den blauen Tag hinein. Genossen das verbotene Wildbaden im Meer, die linden, südlichen Nächte auf der Terrasse unserer tatarischen Wirtsleute und priesen die Sowjetmacht. Ihr verdankten die Krimtataren nationale Freiheit, den Besitzlosen schenkte sie die zaristischen Sommerpaläste und Palmengärten. Welcher Unterschied zur französischen Riviera! Kein Spielkasino für gelangweilte Müßiggänger, keine Toilettenprotzerei, keine schmuckbeladenen Greisinnen, denen der teure Verstorbene sein zusammengestohlenes Vermögen hinterließ; sondern „Artek"-Paradies für blasse Arbeiterkinder, weiße Schiffchen auf dem Kopf, das rote Pioniertuch um den Hals. Erholungsuchendes Volk in gestreiften Pyjamas auf den Promenadewegen, liedergrölende Ausflügler in klapprigen Autobussen. Wir mieden sie zwar, aber es war gut, daß es das gab. Unbegreiflich, daß André Gide nach einem Krimaufenthalt nur die Unzulänglichkeiten des sozialistischen Landes anzuprangern wußte! Um sein und der Sowjetmenschen christliches Wohl besorgt, hatte er offenbar nur zum leeren Himmel hinaufgeblickt anstatt vor die

Füße — blind für den Weg der Menschheit in ein neues, besseres Zeitalter!

Noch lagen die Überreste der alten Epoche, offen und versteckt, auf dem Weg. Mag sein, daß die Diktatur des Proletariats sie allzu brutal wegräumte. Fast täglich veröffentlichte die Lokalzeitung auf der ersten Seite lange Namenlisten von Sowjet- und Parteifunktionären, denen politische oder sonstige Verbrechen vorgeworfen wurden. Allesamt verhaftet, erwarteten sie schwerste Strafen, gar den Tod. Die vielen tatarischen Namen ließen vermuten, daß es gerade unter ihnen, den ehemaligen Mohammedanern, zahlreiche geheime Feinde des Sowjetstaates geben mußte. Wird man uns in Moskau ankreiden, daß wir in Jalta bei einem Tataren wohnten? Otto schien so seine Erfahrungen zu haben... Aber er packte mich behutsam in Watte — wie eine „Tote auf Urlaub". Wir nannten die innerpolitischen Vorgänge „Klassenkampf in anderen Formen" und fanden somit marxistisch-leninistische Erklärungen für sonst Unerklärliches. Kein bleibender Schatten fiel auf dieses riesige Stück rote Erde, wenn man Einsicht und Nachsicht walten ließ.

Auf die innere Frage, ob es politisch und moralisch zu rechtfertigen wäre, gerade jetzt die Rote Armee zu verlassen, in dieser Notzeit, da sie zur Verteidigung der Sowjetunion aller treuergebenen Kader bedurfte — darauf wußte ich noch immer keine sichere Antwort, als ich, sonnengebräunt und voll frischgewonnener Energie für neue Aufgaben, nach Moskau zurückkehrte.

Nun sollte also an diesem Abend die Entscheidung fallen. Wollte ich wirklich nicht mehr?

Dimitroff empfing Ernst und mich herzlich und unzeremoniell. Er schien gealtert. Weit mehr weiße Strähnen durchzogen die schwarze Mähne als ein Jahr zuvor. Man sah ihm die Sorgen an. Eigentlich war es zuviel verlangt, ihm zu seiner schweren politischen Bürde auch noch unser Problem aufzuhalsen. Ein freier Abend weniger. Aber wider Erwarten stimmte ihn seine Mittlerrolle bei dem nicht alltäglichen Konflikt anscheinend heiter. Ja noch mehr: sie bewegte ihn. In der Art: „Dem liebenden Paar muß man zueinander verhelfen!" Später würde ich Ernst sagen: „Hast du's bemerkt? Der Alte war richtig gerührt!"

Er schob uns in zwei Polstersessel hinein und betrachtete dann von oben die beiden, als säßen sie auf der Armensünderbank. Schöne Kommunisten... mobilisieren Gott und die Welt, finden hundert politische Argumente bloß um ihrer Liebe willen! Ich genierte mich nicht, Ernst zu küssen, seine Hand zu halten. Wir werden beisammen bleiben. Dimitroff wird mir eine andere Aufgabe geben. Ich kann mein Gewissen beruhigen. Was immer wir tun — wir helfen damit auch der Roten Armee. Der Sowjetunion.

Die Vierte hatte ihr Gefecht verloren, bevor sie noch einrückte. Mit fliegender Fahne war ich zu Dimitroff übergegangen. Zum Teufel mit Atusow und seinen absurden Drohungen! Der sich nicht einmal genau anhörte, was ihm sein Kundschafter aus dem Lager des Feindes zu berichten wußte.

Dimitroff hörte es sich an. Es muß ihm so wichtig gewesen sein, einen Genossen zu sprechen, der zu jener Zeit einer beispiellosen Bolschewistenhatz und -hetze Beobachtungen aller Art angestellt, mit Menschen aller Schichten politische Gespräche geführt hatte, daß er die politische Rangordnung aufhob und auch dann noch dem kleinen Major das große Wort überließ, als die höheren Militärs hinzukamen.

Ich war mir der Verantwortung bewußt, die meiner Zeugenaussage zukam. Was hier in Moskau über die Untergrundtätigkeit der KPD bekannt war — ein Bild, mühsam aus immer spärlicher werdenden Mosaiksteinchen zusammengesetzt —, konnte verständlicherweise die Wirklichkeit nur einseitig, wenn nicht verzerrt widerspiegeln. Bis die Berichte aus Hitler-Deutschland über die Auslandsstellen der KPD die Kominternspitze erreichten, machten sie sicher so manche Metamorphose durch, von der Mücke zum Elefanten. Gehört es doch zum Wesen der Selbstbehauptung einer illegalen Partei, daß sie unter allen Umständen ihre Existenz beweisen will — auch wenn sie kaum mehr existiert.

Die KPD rechnete damals, wie man mir sagte, mit höchstens drei Monaten Galgenfrist für ihre illegalen Kader. Wurden sie von außen ins Land geschleust, mit noch weniger. Oft gingen sie schon hoch, ohne den dünnen Faden zu einem Organisationsskelett aufgefunden zu haben, das kein Fleisch ansetzen konnte, weil auch unter den Arbeitern die Nazis allgegenwärtig waren. Von der „oppositionellen Rolle der deutschen Arbeiterklasse" im gesamtdeutschen Gangsterstück bekam ein Außenstehender kaum mehr zu Gesicht als ihre Plakatierung auf Litfaßsäulen: Steckbriefe gegen Widerstandskämpfer, mit und ohne Photos, zwischen Theater- und Konzertankündigungen.

Das gesellschaftliche Terrain, in dem ich mich bewegte, war für Kommunisten so gut wie unzugänglich, Terra incognita. Davon ein möglichst differenziertes, anschauliches Bild zu geben erschien mir daher besonders wichtig. Was die Stimmung, das Verhalten bürgerlicher Kreise anlangte, in allen Abstufungen, Veränderungen, inneren Widersprüchen, ob pro oder kontra gegenüber dem Hitler-Regime, und worin die Ursachen lagen mochten für das eine wie das andere: darüber glaubte ich einigermaßen Bescheid zu wissen. Die Vermittlung dieses aus eigener Anschauung gewonnenen Wissens konnte zur Wahrheitsfindung beitragen, zur marxistischen Analyse des fortschreitenden Faschisierungsprozesses in Hitler-Deutschland. Damals hatte ich meine „große Stunde". Eine von den seltenen, wo Gedanke und Gedächtnis, Temperament und Empfindung so gut zusammenarbeiten, daß man über sich hinauswächst.

„Wot molodjez!" — „Alle Achtung!" rief Dimitroff aus, nachdem ich gesprochen hatte. Eine warme Welle voll Anerkennung und Sympathie kam auf mich zu, als zum eigentlichen Thema des Abends hinübergewechselt wurde.

Die Vierte gab sich nicht geschlagen. Ihre Taktik zeigte, daß sie mit dem strategischen Plan zu der Unterredung gekommen war, den Hauptangriff gegen den Mann zu richten, der die Freigabe seiner Frau erreichen wollte und in Dimitroff anscheinend einen starken Verbündeten gewonnen hatte. Der Kominternführer wird also gemahnt werden müssen, daß sein internationales Truppenkontingent weit schwächer, der gemeinsame Feind — der Faschismus — hingegen weit stärker geworden ist und daß somit dem Generalstab der Roten Armee der absolute Vorrang bei der Entscheidung einer wichtigen Kaderfrage gebührt, selbst wenn sie in die Kompetenz der Komintern fällt. Sollte der Ernst Fischer weiterhin auf seinem Standpunkt beharren — nun, so wird man mit ihm russisch reden — „in der Sprache der Bolschewiki". Hart, ohne Umschweife: Deine Frau ist nicht „deine Frau", sondern „unser Kader"! Mit kleinbürgerlichen Restbeständen der sozialdemokratischen Vergangenheit wird man doch noch fertig werden ...

Die betroffenen Kader werden gemeinhin nicht befragt, sobald sich ihr Leben zu einer Kaderfrage ausgewachsen hat. Ich saß still dabei und sagte kein Wort. Bei Licht besehen, ohne leeren Schreibtisch und drei Telephone, wirkte General Atusow in seinem Zivilanzug neben Dimitroffs blauer Parteiuniform in jeder Hinsicht subaltern. Und neben Ernst, der scharf argumentierte, politisch beschränkt. Wäre Atusow nicht sein Adlatus, Oberst Uritzky, zu Hilfe gekommen, klug jede Drohung und bombastische Worte vermeidend, hätte die Vierte in der ersten Phase des Gefechtes eine Niederlage erlitten. So aber, in der zweiten Phase, wurde es über unser persönliches Problem hinausgetragen, über die Kontroverse: hie Kominterninteresse, hie Interesse des Apparates; und dazwischen zwei Menschen, bewußte Genossen, die in der Gemeinsamkeit ihres Denkens, ihres politischen Kampfes ihre Gemeinschaft unverbrüchlich bestätigt finden. Je mehr wir wiederum nur vom deutschen Faschismus, von den ungeheuerlichen Gefahren sprachen, die dem Weltfrieden, der Sowjetunion drohten, desto näher rückte ich wieder meinen Leuten, meiner Aufgabe innerhalb der Vierten.

Als Dimitroff zum Abschluß Atusow zurief: „Gebt ihr einen Orden und dann gebt sie frei!", war für mich die Entscheidung gefallen. Einmal noch, wenigstens ein einziges Mal noch wollte ich ins Land gehen!

Beim Weggehen, auf der Treppe von Dimitroffs Wohnung hinunter zum Ausgang, wo die Wagen den ganzen Abend über gewartet hatten („Warum nehmt ihr so wenig Rücksicht auf die Chauffeure?"), flüsterte ich es Uritzky zu. „Ich wußte, daß Sie uns nicht im Stich lassen werden, Lena." Ernst ließ ich im Stich, ich abenteuerlustiges Luder. Im Augenblick stand mir Uritzky näher. Der fremde Pole mit dem klugen Gesicht, grau von vieler Nachtarbeit. Nach dem kleinen Karl war er der einzige unter den Apparatleuten, zu dem ich eine Beziehung gewonnen hatte, in der auch menschliche Töne mitschwangen. Wir konnten sogar miteinander lachen. Einmal sagte er mir daraufhin, unvermittelt wieder ernst und nachdenklich: „Im Gefängnis leidet jeder unter etwas anderem. Sie würden leiden, weil Sie nicht lachen können oder weil niemand an Ihrem Lachen Freude hätte. Man schlägt Ihnen die Zähne ein. Wissen Sie das? Mir hat man in Finnland gleich die Zähne eingeschlagen." — „Meine Elefantenhauer? Die halten was aus!" — „Ich wünsche Ihnen, daß Sie immer Ihr Lachen behalten!"

Seinetwegen lachte ich auch, als mir Atusow wenige Tage nach der Unterredung in Dimitroffs Wohnung mit bedeutsamem Ernst mitteilte, ich ginge nun im Rang eines Obersten zu meiner ehrenvollen Aufgabe zurück. „Kein Orden, Genosse Atusow?" — „Später — wenn Sie zurückkommen."

In der Flucht der wechselnden Erscheinungen der Vierten blieb Uritzky noch einige Wochen auch der Verbindungsmann zu Ernst. Eines Tages jedoch, als Ernst einen Brief an mich befördern lassen wollte und Uritzky an dessen Geheimnummer anrief, gab ihm eine fremde Stimme die lakonische — für die damalige Zeit schrecklich eindeutige Antwort: „Takowo njet!" Das heißt: „So einen gibt's nicht."

In Wahrheit hieß es: „So einen gibt's *nicht mehr* . . ."

Kein Mensch hatte daran gedacht. Aber als ich kurz vor der Abreise in den halbblinden Spiegel (Babuschkas Erbe von ihrer Babuschka) schaute, fiel es mir auf: die Sonnenbräune vom Krimurlaub war so intensiv, daß ich unmöglich nach Europa zurückkehren konnte, ohne durch Paßstempel bewiesen zu haben, daß ich mich in einem südlichen Land aufgehalten haben mußte. So wurden im letzten Moment die Innereien meines Passes ausgewechselt und die über Polen in die Tschechoslowakei Einreisende hatte drei Monate in der Türkei und nur wenige Tage, sozusagen auf der Durchfahrt, in der Sowjetunion verbracht. Auch zu Hause, in Teplitz, klang das alles recht plausibel.

Mein Vater wurde am 13. Oktober 1937 achtzig Jahre. Diesen Festtag wollte ich mit ihm verbringen — wie lange würde er noch leben? Und so wie mein Leben aussah — wie oft würde ich ihn sehen? Er begann seinen großen Tag, indem er frühmorgens auf die Jagd ging. „Bevor sie mich als ,Jubelgreis' feiern, machen wir uns beiden noch eine Freude!" sagte er zu mir. Fürst Max Lobkowitz, langjähriger tschechoslowakischer Botschafter in London, hatte meinem Vater, dem er in der eigenartigen Freundschaft zwischen einem um vieles jüngeren und einem alten Mann seit Jahren verbunden war, zum Achtzigsten einen kapitalen Hirsch geschenkt. In freier Wildbahn in seinem Jagdrevier oben im Erzgebirge zu schießen, von wo aus man weit hinein in das Land sehen konnte, sowohl nach der einen, der tschechoslowakischen Seite, als auch nach der anderen, wo die Hakenkreuzfahne wehte.

Wie einst zu den schönsten Zeiten unseres Zusammenseins gingen wir beide also auf die Pirsch. Die Ahnung, daß es das letztemal sein würde, ließ in die Jagdpassion die Melancholie einfließen, die auch sonst von den rauhen, wind- und wetterzerzausten Wäldern des Erzgebirges ausgeht. Unser schweigsames Neben- und Hintereinandergehen war nicht nur von der Notwendigkeit bestimmt, den Kapitalen nicht zu verschrecken, dessen Wechsel und Standort schon seit langem ausgemacht worden war. Er erwartete uns, den alten Jäger und dessen jüngste Tochter und gelehrige Jagdgefährtin von frühester Kindheit an, hocherhobenen Hauptes am Rande einer Lichtung — der Achtzehnender! Und fiel auf den ersten Schuß.

Wir betteten ihn dann vor ein kleines hölzernes Marterl, das zum Gedenken an den Unfalltod eines Holzfällers dastand, und das Photo, welches das stolze, niedergebrochene Haupt zu Füßen meines Vaters zeigt, der dahinter, im Lodenmantel, die Büchse, den Trieder, die Jagdmuschel umgehängt, ebenso stolz seinen schönen weißen Kopf erhebt — dieses Photo ist das Letzte, was mir von meinem Vater geblieben ist.

Auf der Rückkehr nach Hause, der leichte Morgennebel hatte aufgeklart, kamen wir oben auf dem Gebirgskamm an einer Stelle vorbei, wo mein Vater den Wagen halten ließ und mich zum Aussteigen aufforderte. „Ich möchte dir etwas zeigen." Wir gingen ein paar Schritte. Dann wies er zur Hakenkreuzseite hinüber, wo in einer Talmulde ein vom Brand zerstörtes Gebäude lag. „Das war das Erholungsheim der Dresdner Freimaurerloge. Die SA soll es angezündet haben."

Während wir zum Wagen zurückgingen, packte er meine Hand und hielt sie ganz fest umschlossen: „Ich möchte nicht, daß du wieder hinüberfährst. Versprich's mir — heute, zu meinem Geburtstag!" Ich versprach es ihm.

Wenige Tage später war ich wieder in Berlin. Erster Anruf bei Hammerstein. Maria Hammerstein war am Apparat, ein wenig kühl und abweisend: „Mein Mann ist auf der Jagd. Wann er zurückkommt, weiß ich nicht. Bleiben Sie wieder länger im Land?" Nein, ich bliebe nicht länger, aber ich hätte gerne ihren Mann, die ganze Familie wiedergesehen. „Man weiß ja nie, was kommt..." Da sie mich nicht aufforderte, sie zu besuchen, habe ich das Haus in Dahlem und niemanden von den Hammerstein jemals mehr wiederaufgesucht — außer in meinem Kopf und Herzen. Nur Hakos Stimme erreichte mich noch einmal in der Lietzenburger Straße, von einem Telephonautomaten aus: „Hörst du mich, Kleine?" — „Du bist so weit — schrecklich weit!" — „Ich rufe nicht von zu Hause an — sei vorsichtig, Kleine!" Er wollte sich gleich melden, wenn er wieder von seinen Jagdbesuchen zurück sei. „Hals- und Beinbruch, Hako! Ich geh' auch auf die Jagd..." Es war ein kurzes jägerisches Gespräch, für fremde Ohren unverständlich, und zum Abschluß das gegenseitige Versprechen: „Auf bald!" Wir haben es nicht gehalten.

Das Kapitel der illegalen Arbeit, des Alleingangs durch Hitler-Deutschland, erfüllt von den stärksten menschlichen und politischen Erlebnissen, endete ohne Punkt: es versickerte in wenigen Wochen. Einige Fahrten noch, einige Besuche.

War ich nicht noch einmal in München? Bei meinem Cousin Herbert von Thümen, um ihn im Gedenken an unsern gemeinsamen Großvater (der zwar das Erbe vertan, aber die großen humanistischen Ideale seiner Zeit festgehalten hatte) in seiner Nazigegnerschaft zu befestigen und zu Konsequenzen zu ermutigen, die ihn nach Dachau bringen konnten? Als freischaffender Kunstmaler hatte er Möglichkeiten und Verbindungen, mit Gleichgesinnten die Spuren der Opposition rund um das „Haus der deutschen Kunst" zu legen. Jedenfalls erinnere ich mich in allen Einzelheiten eines anderen, ebenso letzten Besuches bei dem Ehepaar

Schwarz, das einstmals den prominenten Gästen ihres kleinen jüdischen Restaurants — Geheimtip von Stefan Zweig — die besten böhmischen Gansln, die exquisiteste Fächertorte vorsetzte.

Nun war's eine Gruft, die ich betrat. Dunkles Gewölbe. Ein einziges schwaches Licht, wie das ewige Lämpchen überm Altar, hing über dem weißdamastenen Tischtuch, auf dem in feierlicher Einsamkeit eine Fächertorte stand. Unangeschnitten. Das nahm der erste Blick wahr. Der zweite: Kein Mensch im Raum. Der dritte: Das erschrockene Gesicht des Wirts. Unhörbar war er aus der Dunkelheit in den Schein der Lampe getreten.

Dann kam das Erkennen, die Begrüßung, und das Gesicht des Herrn Schwarz entspannte sich zum Lächeln. Frau Schwarz wurde aus der Küche herausgerufen: „Ein Gast! Ein Gast ist da!" Unausgesprochen: ein freundlicher Gast aus der guten alten Vor-Hitler-Zeit! — Das nahm, alles in allem, der vierte Blick wahr. Hierauf wurde das Lokal voll illuminiert, von dem Dutzend kleiner gedeckter Tische der angenehmste ausgewählt und der Gast vorerst nach seinen Wünschen befragt. „Gibt's Gansl?" — „Und ob! Wir kriegen sie noch immer aus der Tschechoslowakei vom alten Lieferanten!" Herr Schwarz meinte, sie seien ein zu renommiertes, alteingesessenes Münchner Lokal, als daß *sie* es verbieten könnten. Aber wer weiß, was käme... Und was macht der Herr Doktor Zweig? Und der Herr Gemahl? „Wer kommt denn noch zu Ihnen, Herr Schwarz? Ich sehe, Sie haben für viele gedeckt?" — „Nach dem Theater, nach der Oper... da kommt schon hie und da eine Gesellschaft oder ein Gast wie Sie. Meistens auf Vorbestellung. Wir haben sogar schon SS-Herren bei uns gehabt... wegen der guten Küche von meiner Frau..."

Wir sprachen von diesem und jenem, von den Devisenbeschränkungen und daß sie halt mit dem Licht sparten und die Fenster dicht machten. „Wer nur so vorübergeht, der glaubt, die Juden haben zugesperrt — die sind weg. — Wir sind Münchner, gnädige Frau! Hier sind wir zu Haus', hier bleiben wir. Ohne München — das wär' kein Leben!" Dennoch riet ich ihnen, nach Amerika auszuwandern. „Gott bewahre! Solang's die böhmischen Gansln gibt!"... An geschächtete Gänsehälse hängten sie voll Vertrauen ihr Schicksal.

Von der Fächertorte erhielt ich eine extra große Portion. Der letzte Blick beim Weggehen nahm wahr, daß sie jetzt nicht mehr ganz so feierlich unter dem wiederum einzigen, schwachen Licht stand: ihr fehlte zur einsamen Vollkommenheit ein Stück. Das war beunruhigend und tröstlich zugleich. Aus dem Münchner Himmel senkte sich noch

nicht die Kristallnacht herab, und die Auschwitzer Gaskammern zu
ahnen — dazu reichte unsere Phantasie nicht aus. Weder die des Ehe-
paars Schwarz noch die meine.

Mir ist's, als wäre ich noch einmal auf dem Darß gewesen, vielleicht
aber blieb er auch links liegen auf der Autofahrt entlang der Ostsee-
küste, von stürmischem Herbstwetter und dem Leuna-Mann begleitet,
der, wenn ich fror, mir seinen Trenchcoat mit dem Parteiabzeichen um-
hängte und, wenn ich fragte, verwertbare Auskünfte gab.

Wann eigentlich sah ich Axel Asseburg zum letztenmal? Es paßte ihm
nicht recht, mich unvermutet auftauchend wiederzufinden und zwischendurch monatelang ohne Nachricht zu bleiben. Seit dem Antikominternpakt war ihm mein Verhalten weniger geheuer denn je, und mit dem
latenten Mißtrauen des Schwerhörigen schien er mir eine politische
Untergrundtätigkeit zuzutrauen, was der Wahrheit nahe genug kam,
Ich mußte ihn verlieren, trotz aller Freundschaft.

So aktiv und unternehmungslustig ich mich auch gebärdete, das
Grundgefühl war nicht zu vertreiben: der Abschied ist da.

Denn der Unbekannte, den ich in jener Zeit von Tag zu Tag erwartete,
der sich bei mir melden sollte — er kam nicht. Kein Telephonanruf in
der Lietzenburger Straße, aus der ich schließlich ausziehen mußte, weil
ein anderer Untermieter einzog. Keine schriftliche Benachrichtigung. Die
Vierte blieb fern und stumm.

Ich fuhr in die Tschechoslowakei zurück.

Es war immer wieder ein befreiendes Gefühl, in das Land der Demokratie zurückzukehren, wo man nicht in jedem Menschen einen prä-
sumtiven Feind oder einen Polizeiagenten zu fürchten brauchte, wo die
Verkehrspolizisten wirklich nur ihren harmlosen Dienst versahen. Doch
selbst hier wurde die freie Demokratie und mit ihr das Staatsgefüge
mehr und mehr erschüttert.

Die Erschütterung ging von den Sudetendeutschen aus. Seit Jahrhunderten hatten in dem Raum, den nun das tschechoslowakische Staats-
gebilde umschloß, die Deutschen, die Tschechen und die Slowaken zwar
nicht immer friedlich, aber dennoch so eng miteinander verbunden gelebt, daß man von einem gemeinsamen geschichtlichen Schicksal sprechen
kann. Die Staatsgründung 1918, deren geistiger und politischer Vater der
tschechische Philosoph Thomas Masaryk war, erster Präsident der ČSR,

schien das Gemeinsame zu festigen. Doch seit jenen Oktobertagen 1918 schlug das Herz Mitteleuropas, wie Böhmen oft genannt worden ist, nicht mehr im gleichen Takt. Die Tschechen, durch den Zusammenbruch der Habsburgermonarchie endlich zu nationaler Freiheit gelangt, nahmen nur wenig Rücksicht auf die so überaus starken Minderheiten, die Deutschböhmen und die Slowaken, die ihren Anteil an der Gestaltung des Staates forderten und auf eine föderalistische Lösung hindrängten. Gegen diese stemmten sich die Tschechen mit allen Mitteln. Die Verankerung der Tschechoslowakei im Bündnissystem der Siegermächte gab den Sudetendeutschen relativ bessere Existenzmöglichkeiten, ein sichereres Zuhause im Nachkriegseuropa als den beiden benachbarten deutschsprachigen Völkern, den Reichsdeutschen und den Österreichern. Diese, als die Besiegten im Ersten Weltkrieg, hatten zum Unterschied von ihren deutschsprachigen „Brüdern" in der Tschechoslowakei die Last der Verträge von Versailles und Saint-Germain zu tragen und wurden in der Folge von permanenten Wirtschafts- und Währungskrisen geschüttelt. Von den Auswirkungen der Weltwirtschaftskrise abgesehen, blieb dies den Sudetendeutschen erspart. Nicht erspart wurde ihnen etwas, das die Tschechen jahrhundertelang am eigenen Leibe erlebt hatten, nämlich ständige Verletzungen ihres nationalen Selbstgefühls, kleinliche Beleidigungen und Zurücksetzungen. Prag förderte konsequent die tschechische Infiltration in die Sudetengebiete, indem lukrative Staatsaufträge nur dann an deutsche Industriebetriebe vergeben wurden, wenn diese ein bestimmtes Kontingent an tschechischer Belegschaft aufwiesen. In der staatlichen Verwaltung, bei Post und Bahn, in der Polizei und im Justizwesen, vor allem aber (und das war für die Sudetendeutschen besonders schmerzlich) im Schulwesen nahm die tschechische Infiltration das Ausmaß nationaler Unterdrückung an. Die Sudetendeutschen reagierten darauf mit der Gründung verschiedener Parteien von mehr oder weniger aggressivnationaler Prägung, mit Ausnahme der beiden Arbeiterparteien: der deutschen Sozialdemokratie und der Kommunisten. Die Kommunistische Partei der Tschechoslowakei war die einzige, die keine nationale Trennung kannte — gemäß der marxistisch-leninistischen Lehre, daß die Befreiung vom Kapitalismus, der Sieg des Sozialismus, auch zur nationalen Befreiung der Völker führen würde. Als Hitler an die Macht kam, sahen auch die Sudetendeutschen ihre Stunde gekommen. Staatspräsident Benesch, Schüler und Nachfolger Masaryks, erkannte die ungeheure Gefahr, die der Republik drohte. Er versuchte, ihr mit antidemokratischen Maßnahmen beizukommen und ging gegen die aggressivst nationalen Parteien der Sudetendeutschen vor; als einzige wurde die „Sudetendeutsche Partei" des Turnlehrers Konrad Henlein geduldet. Damit gab Benesch dieser Partei ungewollt den Anschein, als wäre sie die einzige auch von Prag anerkannte politische Vertreterin der gesamten sudetendeutschen Bevölkerungsgruppe. Die Aufwertung ihrer Partei, in die nun auch die Mitglieder der aufgelösten Parteien einströmten — das heißt echte, zu jedem politischen Abenteuer entschlossene Nazis —, gab den Henlein-Anhängern gerade jenen Auftrieb, den sie selbst kaum erwartet und Benesch abzuwenden gehofft hatte.

Für das sogenannte „sudetendeutsche Problem", für die „nationalen Belange" meiner Heimat hatte ich kein sonderliches Interesse. In unserer Familie herrschte diesbezüglich eher eine kosmopolitische wohltemperierte Stimmung vor und die Einsicht, daß es besser sei, sich mit Prag durch zähe Verhandlungen zu arrangieren, als durch Aufputschung nationaler Gefühle dem Unruheherd zusätzlichen Brennstoff zuzuführen. Manchmal erinnerte mich mein Vater, obwohl in sehr geringem Maße politisch engagiert, in seiner Haltung zu nationalen Fragen an Hammerstein. Auch Hako hielt die Einseitigkeit des nationalen Denkens für eine Sünde wider den Geist der Völkerverständigung, ja glattweg für dumm und höchst gefährlich. In diesem Sinn wurde bei uns zu Hause die Nationalisierungspolitik der Tschechen kritisiert, aber in dieser Kritik war nie Raum für nationale Haßgefühle. Um so betroffener war ich, jetzt auch im Elternhaus politische Ansichten und Stimmen vorzufinden, die früher von uns allen kaum ernst genommen wurden.

Es gab sie also nicht mehr, die Grenze, die ich so oft mit dem Gefühl der Erleichterung überschritten hatte, daß mich nun wenigstens für ein paar Tage die vertraute friedliche Atmosphäre meines Elternhauses erwarten würde. Betroffen wurde ich gewahr: Hitler hatte die Grenze längst überschritten, hatte Fuß gefaßt im Zuhause, in der Heimat, spuckte auf die Christian Science und Mrs. Baker-Eddy, die auf dem Nachttisch meiner Mutter vom „Guten im Menschen" sprach und das Böse als „Irrtum" ausgab, strich um die Läden unserer jüdischen Kaufleute herum, in der Königsstraße und in der Graupnergasse, grinste in die Zimmer der jüdischen Ärzte, Rechtsanwälte und Fabrikanten hinein, mit deren Kindern wir in die Tanzstunde gegangen waren, mit denen wir Tennis gespielt und Liebeleien gehabt hatten. Waren die Hemden meines Bruders nicht plötzlich mit der arischen Seide des Herrn Leitenberger genäht? Mein Vater ließ sie gewohnheitsmäßig noch mit der Seide der Frau Herrmann nähen, die auf dem Schulplatz ein großes Stoffgeschäft besaß und bei der meine Mutter jederzeit verbilligte „Okkasionen" fand, neben der vertrauensvollen Bereitschaft zu einem Gespräch zwischen

Frauen verschiedener Herkunft, aber gleich freundlicher Gesinnung. Hatte meine älteste Schwester vielleicht gar schon die Beziehungen zu ihren vielen jüdischen Freunden abgebrochen, weil in den Straßen unserer Stadt diese Henlein-Leute sich breitmachten? Es gab es nicht mehr, dieses friedliche Zuhause mit dem Biedermeierbett unter dem Dach, in dem ich meine Alpträume ausschlief. Unten im Souterrain, wo mein Bruder seine Zimmer hatte und meistens bis in den späten Vormittag hinein nicht aus dem Bett zu kriegen war, auch da hatte sich offenbar Hitler eingenistet und hämmerte auf den Kopf ein, auf daß er „erwache". Zwei Buchhandlungen in der Königsstraße, unweit voneinander gelegen, spiegelten wider, was sich als Wirklichkeit darbot und die erschreckende Vorstellung weckte, daß ein Teil davon schon fast der Vergangenheit, der andere dem Kommenden angehörte, diesem grauenhaften Kommenden, dem wir uns entgegenzustellen versuchten. Bei Herrn Eisler hatte sich mein Vater nach meiner Verheiratung eine kleine marxistische Handbibliothek besorgt, mit dem Bemerken: „Man muß doch wissen, wie die Kinder denken." Dort hatten wir den Stefan Zweig, den Werfel, die „Novellen um Claudia" von Arnold Zweig, „Im Westen nichts Neues" und „Die letzten Tage der Menschheit" gekauft. Jetzt standen in der Auslage unverbindliche, zu keiner Stellungnahme auffordernde Knaurs, Bildwerke und Sachbücher, warteten auf Käufer, die zur Konkurrenz abgewandert waren. Denn diese hatte sich auf völkisch-deutsch eingestellt. „Mein Kampf", verboten unter dem Ladentisch verkauft wie Pornographie, war ihr Bestseller.

Trotzdem: Was sich auch in meiner engeren Heimat an Zerfallserscheinungen zeigte — in Österreich waren sie um so vieles mehr vorangeschritten, daß die internationale Öffentlichkeit mit großer Besorgnis auf unser kleines Land blickte, dem anscheinend als erstem die Gefahr drohte, vom Nationalsozialismus verschlungen zu werden. Das deutsch-österreichische Abkommen, im Juli 1936 von Schuschnigg und Hitler geschlossen, hatte den Einfluß Hitler-Deutschlands auf die Geschicke Österreichs in einer Weise verstärkt, daß Schuschnigg in Wahrheit schon die Hände gebunden waren. Das unselige Großdeutschtum in Österreich trug seine bitteren Früchte: wenn man sich schon dazu bekannte, ein „zweiter deutscher Staat" zu sein, warum dann eine fragwürdige Selbständigkeit verteidigen, anstatt die Macht und Größe eines „großdeutschen Reiches", selbst unter Führung eines Adolf Hitler, zu verstärken? War es nicht unsinnig, so dachten viele, einen in seiner politischen und wirtschaftlichen

Bewegungsfreiheit fast völlig lahmgelegten Kleinstaat aufrechtzuerhalten, der nur in der Unterdrückung der Arbeiterbewegung selbständiges Handeln zeigte, während ihm in der internationalen Arena kaum mehr ein freier Atemzug verblieb? Es war ein offenes Geheimnis, daß Hitler seiner ehemaligen Heimat gegenüber einen geradezu pathologischen Haß hegte und seit der Machtübernahme in Deutschland unaufhörlich darauf sann, einmal auch dort vielbejubelt einzuziehen, wo er die erniedrigendste Zeit seines Lebens verbracht hatte — in Wien. Neben dem Expansionsstreben, neben der aggressiven Tendenz, sich den mitteleuropäischen Raum zu unterwerfen und ein Bollwerk gegen den Osten zu schaffen, spielten also auch höchst persönliche Ressentiments in die Zermürbungspolitik hinein, der sich Schuschnigg in wachsendem Maße von seiten Hitler-Deutschlands ausgesetzt sah. In seinem eigenen Kabinett saßen Naziminister Seyß-Inquart, Guido Schmidt, der Außenminister, dem die deutsche Reichskanzlei und nicht der Ballhausplatz die Weisungen gab, Glaise-Horstenau ... Und das Bundesheer, die bewaffnete Macht, die unsere Grenzen schützen sollte? Es war so sehr unterwandert, daß wir fürchteten, es würde die Grenzen eher offenhalten — sobald es dem Führer einfallen sollte, in Österreich einzufallen. In den Wintermonaten 1937/38 war eine ähnliche spannungsgeladene Atmosphäre zu spüren wie vor den Februarkämpfen 1934. Wer am politischen Schicksal Österreichs teilhaben, in letzter Minute vielleicht darauf Einfluß nehmen wollte, konnte jetzt nicht weit vom Schuß bleiben: Ernst kam von Moskau nach Prag.

Er brachte eine Nachricht mit, die mich, obwohl erwartet, dennoch im ersten Augenblick bestürzte: Die Vierte habe mich endgültig freigegeben — Schluß mit der Apparatarbeit! Den Kampf gegen den Hitler-Faschismus werde ich von nun ab im engen Rahmen unserer Parteiemigration oder eingereiht in den Stab der Kominternmitarbeiter weiterführen. Es wird eine andere Art von Leben sein ... Aber in Gemeinschaft mit dem geliebten Menschen, durfte ich da der Dschungeleinsamkeit nachweinen? Nein! Wir stehen immer auf Abruf, und jetzt ging's um Österreich.

Berichte aus dem Land nährten unseren Optimismus, daß die österreichische Arbeiterschaft weit über den Kreis der illegal arbeitenden Gruppen hinaus in Bewegung geraten war und wieder zu einem politischen Faktor werden könnte. Halb legal fanden Betriebskonferenzen statt, auf denen die Forderung nach Teilhabe an politischen Entscheidungen, die über Sein oder Nichtsein Österreichs zu fällen waren, erhoben wurde. Das Lager der Österreichischdenkenden, derjenigen, die unter allen Umständen entschlossen waren, dem Druck Hitler-Deutschlands nicht mehr nachzugeben und mit Gegendruck zu begegnen, befestigte sich zusehends. Dem konnte Hitler nicht tatenlos zusehen. Er berief Schuschnigg zu sich. Als „Berchtesgadner Konferenz" ist diese Unterredung vom 12. Februar 1938 in die Geschichte eingegangen. Sie leitete das Sterben des selbständigen Staates Österreich ein.

Jene spannungsgeladenen, politisch-nervösen Winter- und Vorfrühlingswochen 1938, in denen historische Entscheidungen wie ein dunkler, von Blitzen durchzuckter Himmel über Mitteleuropa hingen, jene Wochen politischer Aktivität im Prager Emigrationszentrum unserer Partei, wo die Genossen mit Diskussionen, Warten auf Nachrichten aus dem Lande, mit Ausarbeitung von Direktiven für die illegalen Gruppen in Österreich, mit Kontaktaufnahmen zu den Revolutionären Sozialisten und Vorbereitungen gemeinsamen politischen Handelns verbrachten, wo eine Art Euphorie einsetzte, ähnlich der Euphorie, die Sterbende ergreift, bevor sie im Koma versinken, in letzter, sich übersteigender Kraft das Unabwendbare abwenden wollend — jene Wochen, da wir glaubten und sicher waren, daß sich das Schicksal Österreichs entscheiden würde, sind in meiner Erinnerung zu einer einzigen Nacht zusammengeschmolzen.

Ernst und ich hatten auf wenige Tage ein kleines Gasthaus oben am Erzgebirgskamm aufgesucht, um in einsamer Winterlandschaft einmal ganz allein zu sein und nebstbei Ski zu fahren. Mir zuliebe stellte sich Ernst auf die Brettln, die er nie zu beherrschen gelernt hatte, und nach einer längeren Tour durch verschneiten Wald, über schon halb apere Abhänge stürzte er so unglücklich, daß ich ihn mit Mühe in unser stilles Gasthaus zurückschleppte. Tags darauf stellte sich heraus, daß er sich einen komplizierten Knöchelbruch zugezogen hatte. Aber rohen Gemütes, wie ich es allen körperlichen Schmerzen gegenüber war, hielt ich es anfangs nur für eine harmlose Verstauchung und bewog ihn daher, wieder aus dem Bett und die steile hölzerne Stiege herunterzusteigen, vors Haus, hinaus in die Nacht — denn diese Nacht war unvergleichbar mit allen Nächten unseres Lebens, vorher und nachher, bis zum heutigen Tag.

Es begann damit, daß drüben über der Grenze ein einsames Bauerngehöft Feuer fing und leuchtendrote Brandwolken sich über den nachtschwarzen Himmel verbreiteten. Weithin riefen Hornsignale die freiwillige Feuerwehr zu Hilfe. Bevor jedoch vom Tal herauf sich etwas in Bewegung zu setzen schien, brannten schon weitere Gehöfte auf dem Gebirgskamm, und eine ungeheuerliche Feuersbrunst zog sich über die dunklen Wälder, die Schneehalden hinweg, bis ins böhmische Land hinein, in den Kirchtürmen sich verfangend, über den Dächern versprühend, weiter und weiter sich wälzend und mit Leichtigkeit die Basaltkegel des böhmischen Mittelgebirges überspringend, um dann mit einemmal den ganzen Himmel in Brand zu stecken. Die Nacht versank — zerfloß in einem fahlen, gelblichblauen Himmel, über den blutrote Wolken jagten.

„Das ist der Weltuntergang!" hörte ich neben mir die Wirtsleute flüstern. „Es kommt von drüben 'rüber." Wir starrten in die Nacht hinaus, die keine mehr war, sondern sich in milchige Schwaden aufzulösen begann, so hell, daß man bei ihrem Licht hätte lesen können. In diese unheimliche, den Weltbrand verkündende Nacht stürzte alles hinein, was an blutigen Kämpfen, an voraussehbaren Katastrophen, an Wirklichkeit und Vorstellung in mir lebte. Es war keine Feuersbrunst, sondern in Wahrheit „nur" ein Naturphänomen, das Nordlicht, das in jener Nacht von Schweden bis über die Schweiz Millionen Menschen aus dem Schlaf schreckte und dessen wechselnde Erscheinungen noch Tage später die Zeitungsspalten füllten. Das kosmische Geschehen schien in magischer Schrift eine weltweite Warnung auf den Nachthimmel zu werfen: Hitler bedeutet Krieg.

Vor den Iden des März glaubten wir, es könnte noch in letzter Minute zu dem Wunder einer Einigung der antinationalsozialistischen Kräfte in Österreich kommen. Schuschnigg nahm durch Mittelsmänner Fühlung mit den sozialistischen und kommunistischen Emigrantenstellen in Prag auf, und die provisorischen Abmachungen ließen uns hoffen, daß wir alle, die wir seit dem Februar 1934 nur von außen her in die politischen Vorgänge einzugreifen bemüht waren, nicht nur die Grenze zwischen der Tschechoslowakei und Österreich für unsere Rückkehr offen finden würden, sondern von Schuschnigg in politische Schlüsselpositionen zurückgeholt würden, die eine aufs neue freie Entfaltung der sozialistischen Kräfte im Rahmen des österreichischen Ständestaates ermöglichen sollten. Ernst wurde die Leitung des gesamten Pressewesens angeboten. Von einer Stunde auf die andere erwarteten wir den Abruf — wir saßen buchstäblich auf dem Koffer. Um Abschied zu nehmen, fuhren wir noch einmal nach Teplitz — den bevorstehenden Kampf und neue, sinnvolle Aufgaben vor Augen und gleichzeitig bangend, ob nicht jede Stunde doch die Katastrophe bringen würde. Man mußte damit rechnen, daß die Nazis in Österreich mit Hilfe der deutschen Machthaber alles daransetzen würden, es nicht zu dem kommen zu lassen, was Schuschnigg gegen den Willen des Führers, gegen die in Berchtesgaden gegebene Zusicherung unternahm: Für Sonntag, den 13. März 1938, war das österreichische Volk aufgerufen, in einer Volksabstimmung (und nichts fürchteten die Nazis mehr als diese) darüber zu entscheiden, ob es den Anschluß an Hitler-Deutschland wolle oder im selbständigen Staatswesen der Republik Österreich verbleiben.

Trotz der inneren Erregung, den Kopf voll mit unseren politischen Problemen, nahmen wir die Einladung meiner Schwester Xilly zu einer Abendparty an. In gehobener Stimmung, ja euphorisch überhitzt angesichts eines Kreises von Menschen, der unserem ungebrochenen, optimistischen Glauben an den Sieg unserer Ideen über den Faschismus mit einer Mischung von Spott, Ablehnung und doch auch Achtung begegnet war, fügten wir uns in die Atmosphäre mondäner Geselligkeit mit dem Vergnügen ein, das Außenseiter empfinden, die sich darüber erhaben glauben und ihre extravagante Sonderstellung genießen. Seit langem hatte es mir keinen solchen Spaß gemacht, gut zu essen, zu trinken, alle Register lockerer Unterhaltung zu ziehen.

Zu später Stunde drehten wir das Radio an. Nach wenigen Worten des Sprechers sagte Ernst: „Das ist der Krieg!" Die Hitler-Wehrmacht war in Österreich einmarschiert. Deutsche Panzer rollten auf Wien zu. Ohne Schuß. Ohne Gegenwehr. Es war aus. Die Katastrophe war da. „Gott schütze Österreich!" waren Schuschniggs letzte Worte.

Wir glaubten nicht an Gott. Wir wußten, daß Österreich nicht zu helfen war. Mussolini hatte Österreich preisgegeben, die westlichen Großmächte würden keinen Finger krümmen. Protestieren — sonst nichts. Und wir wußten mit tödlicher Sicherheit, daß mit diesem Anfang der gewaltsamen Expansion Hitler-Deutschlands sich auch das Ende für meine Heimat, für das Sudetengebiet ankündigte. Über kurz oder lang — es hing nur noch von Hitler-Deutschland, von dem Entschluß seines Führers ab — würde es geschehen: Die Tschechoslowakei wird blutig untergehen. Vielleicht sogar unblutig. Schmählich wie Österreich. Wiederum werden die Menschen, die hier, in dem letzten freien Staat Mitteleuropas, Sicherheit gesucht haben, fliehen müssen, die Antifaschisten, die jüdischen Emigranten... Was jetzt in Österreich geschehen wird, der Terror, die Verfolgungen, „Kanonen statt Butter" — alles das wird auch über dieses Land hereinbrechen. Bis der große Krieg kommt. Der Weltkrieg Nummer zwei. Ihr habt es nicht anders gewollt! „Nationale Selbstbestimmung?" „Autonomie?" Den Turnlehrer Konrad Henlein — nicht Adolf Hitler? Zwischen Berlin und Prag, Paris und Moskau — ein „Freies Sudetenland"? Ihr werdet alles verlieren!

Am Tage nach jener Nacht, in der wir bis zum Morgengrauen mit meinen Geschwistern beisammensaßen und unsere politischen Vorhersagen und Warnungen auf Unglauben und Widerspruch gestoßen waren — nahm ich endgültig Abschied von meinem Zuhause, von den Menschen, die ich liebte, von der Kindheits- und Jugendwelt, die nie wieder so erstehen würde, wie ich sie jetzt verließ.

Mein Vater gab uns seinen Wagen zur Rückfahrt nach Prag. Es war sein letzter Liebesbeweis. Ich weiß nicht, ob er ahnte, daß wir uns nie wiedersehen würden. Mama weinte sanfte Tränen. Um ihr „liebes, altes Österreich" und die fremdgewordene Tochter.

Der Tatra-Wagen hat ein kleines, ovales Rückfenster. Während wir langsam vom Haustor durch den Garten auf die Straße hinausfuhren, blickte ich durch dieses Rückfenster auf das Gesicht meines Vaters, der uns ganz nah hinter dem Wagen folgte, und sah durch das trennende Glas seine schrecklich ernsten, vom grauen Star befallenen Augen. Hinter ihm, auf den Stufen der Vortreppe, hockte ein kleines, schwarzgraues Etwas, ohne uns den Kopf nachzuwenden. Mäckie hat gespürt, daß er mich auf immer verloren hat.

Zwei Wochen später sah ich aus der Höhe eines Nonstopfluges von Prag nach Amsterdam auch zum letztenmal das Land, das mir im Alleingang so vertraut und so verhaßt geworden war wie kein anderes. Noch lag es im Frieden unter uns. Aber seine Panzer hatten schon unser Österreich überrollt. Seine Flugzeuge flogen Einsätze gegen das verzweifelt kämpfende republikanische Spanien.

„Schämen Sie sich nicht?" pfiff ich auf dem Flughafen den holländischen Beamten der Paßkontrolle an, der unsere österreichischen Pässe für ungültig erklärte und uns nicht passieren lassen wollte. „Österreich ist gewaltsam annektiert worden! Wer weiß, wie lange Sie noch nach gültigen Pässen fragen können — die Hitler-Truppen kommen ohne Paß über die Grenze!"

VIII

Rote Fahne auf halbmast

Fast auf den Tag genau vor vier Jahren waren Ernst und ich zum erstenmal nach Moskau gekommen — zwei Namen auf dem Sammelpaß der dreihundert österreichischen Schutzbündler, in blauen Hemden, freudig erregt und erwartungsvoll. Mit Liedern waren wir der legendären Kremlstadt entgegengefahren, im geschmückten Zug, und hatten uns von ihr empfangen lassen wie verlorene Söhne, die endlich heimgefunden haben.

Seither hatte sich Moskau ständig verjüngt. An der alten ehrwürdigen Mutter Rußlands dokterte ohne Unterlaß der sozialistische Aufbau herum — nicht immer ganz glücklich, jedoch mit der Besessenheit einer Generation, die überzeugt ist, daß sie Berge versetzen kann und daher auch mit Leichtigkeit die Häuser ihrer Metropole: Man schnitt sie einfach von den Fundamenten ab, legte schwere hölzerne Rollen darunter und schob sie zurück, um die Straßen und Plätze zu verbreitern. Für die Neugierigen ein Schauspiel wie ein Zirkusakt. Der Bau der Metro war in Angriff genommen worden, über die breiten Boulevards glitten zweistöckige Trolleybusse. Mitten zwischen geduckte Holzhäuschen setzten sich große repräsentative Gebäude und prahlten mit Säulen und Säulchen, die keine tragende Funktion hatten, aber die Funktionäre, die russischen Bauleute und auch die meisten Moskauer entzückten. Nur nicht die verdammten Ausländer. Ihnen sprach das Herumkritteln an den neuen Baukünsten aus den Augen, selbst wenn ihr Mund das Gegenteil versicherte. Waren sie einsichtig und wohlwollend genug, über Geschmacklosigkeiten hinwegzusehen, dann gab es auch für sie rundum genügend Bewundernswertes — Bautempo, großzügige Planung, vervollkommnete

Technik und ein Arbeitspathos, das in keinem andern Land zu finden war. Ich hatte mich jedesmal gefreut, wenn ich in der Zwischenzeit zur Berichterstattung hierher beordert wurde und die Stadt zu ihrem Vorteil verändert wiederfand: großstädtischer, moderner, sauberer, einladend zu längerem Aufenthalt.

Trotzdem war Moskau in meinem Bewußtsein — abgesehen von seinem Symbolcharakter — bisher nur eine Art Kopfstation gewesen, wo man sich für eine Weile entspannen, sammeln und frische Impulse empfangen kann, von der man aber bald wieder aufbricht, um „auf große Fahrt zu gehen".

Diesmal war das anders. Moskau sollte nun auf unbestimmte Zeit, vielleicht über Jahre hinweg, unser Zuhause werden. Auf der Taxifahrt ins Zentrum der Stadt empfand ich so etwas Ähnliches wie „der schützende Hafen ist erreicht". An hohen Feiertagen würde sogar der „Leuchtturm" mit freiem Aug zu sehen sein: Stalin. Wir machten uns zwar insgeheim lustig über all die schwülstigen Bezeichnungen, die man ihm gab, aber seine Autorität war unangetastet. Es war ein beruhigendes Gefühl, ihn im Kreml zu wissen, während wir jetzt, an diesem Apriltag 1938, über den Roten Platz fuhren.

Niemand könnte ernsthaft behaupten, daß von dem Hotel Lux in der Gorkistraße, in dem die meisten ausländischen Kominternleute untergebracht waren, eine freundliche Geste der Begrüßung ausging. Die schweren grauen Säulen vor dem gläsernen Eingangstor ließen von vornherein nicht die Erwartung aufkommen, daß sich dahinter eine lichtdurchstrahlte Empfangshalle, mit Teppichen belegt und Polstermöbeln ausgestattet, öffnen würde, wo ein Chef de reception den müden Ankömmling nach seinen Wünschen fragt. Dieses zimmerflüchtige Hotelgebäude aus der Vorrevolutionszeit begegnete dem Eintretenden vielmehr mit kühler Zurückhaltung und abweisendem Halbdunkel. Schon der „stol propuskow", ein hölzerner Verschlag, hinter dessen Schiebefensterchen der „Dejourni" saß und mundfaul die Passierscheine gegen Vorweisung des Personaldokumentes ausgab, verkörperte eher eine Zimmermannsleistung der „Wachsamkeit" (ein damals das ganze Sowjetleben beherrschender Begriff) denn eine Portiersloge. Auch die Geruchsmischung von Staub, Friseur, Mäusen und Brot nahm nicht Bedacht auf feine Nasen. Aber wer von den hier eintretenden Bewohnern und Besuchern bekannte sich schon freimütig zu einem empfindlichen Riechorgan? Wer hätte sich bourgeoise Allüren geleistet angesichts der Tatsache, im „Lux" ein Obdach vorzufinden, das recht komfortabel war im Vergleich zu den meisten Moskauer Wohnungen und den für Dauermieter eingerichteten Hotels? Wenn auch der Lift manchmal nicht funktionierte, so führte er doch hinauf zu den sieben Etagen, und wer sich in dem Winkelwerk auskannte, konnte sogar um die Ecke herum zu einem zweiten Lift gelangen — an den ich persönlich nur darum eine schlechte Erinnerung behalten habe, weil ich einmal darin mehrere Stunden steckenblieb. In die halbdunklen Korridore mündeten einzelne, in sich abgeschlossene, teils sogar recht hübsch eingerichtete „Quartiere" mit Vorraum und eigener Waschgelegenheit, von stillen, fleißigen Bedienerinnen sauber gehalten, öfters frisch ausgemalt und von Wanzen und Schaben befreit, denen die Mieter manchmal nicht energisch genug zu Leibe rückten. An die Gemeinschaftsküchen mußte man sich als Nichtrusse eben gewöhnen und auch an die befremdliche Primitivität der sanitären Anlagen. Dafür stand uns kostenlos eine erstaunlich gute „Poliklinik" zur Verfügung, mit einem Arztdienst Tag und Nacht, eine weniger gute „Stolowaja" — das Restaurant — voller Fliegen, Kohlgeruch und Hortensienstöcken, und ein miserabler Friseur, nur im äußersten Notfall zu belästigen. Der Brotladen, mit den damals vorgeschriebenen zweiunddreißig Sorten — von der dunkelsten bis zur knallweißen —, war im Hause, der riesige Lebensmittelladen „Magazin Nr. 1" einen Häuserblock weiter und bis spätabends geöffnet. Was wollte man noch mehr, um sich hier einzurichten, einzuleben, alles Provisorische abzustreifen und der Legalität einen Reiz abzugewinnen, den die Illegalität, das ernst zu nehmende Abenteuer, ausstrahlt.

An die sechshundert Personen beherbergte solcherart das „Lux", aus fast allen Nationen und Ländern, mit Namen, die — bis auf wenige Ausnahmen — nicht in ihrem Geburtsschein standen. Ihre einigende Sprache — ein radebrechendes Russisch. Ihr einigendes Lied — die „Internationale". Ihr einigender Gedanke — „Kampf dem Faschismus". Zuzeiten aber auch, und jetzt im achtunddreißiger Jahr war sie noch immer gegenwärtig, gab es die einigende Furcht: „An wessen Tür wird heute nacht geklopft?"

Denn noch immer war die „Tschistka" im Gange...

Die Tschistka, übersetzt „Säuberung": eigentlich eine Erscheinung im politischen Leben der Sowjetunion seit deren Bestand. Die bolschewistische Partei, der Staatsapparat, die Wirtschaft wurden seit jeher im Zuge von inneren Machtkämpfen, von Auseinandersetzungen um den „richtigen Weg zum Sozialismus" und anderen Fragen des revolutionären Klassenkampfes von Zeit zu Zeit „gesäubert", das heißt, es wurden diejenigen Elemente, die bei diesen Kämpfen unterlegen waren, aus allen Institutionen ausgeschaltet, zum Teil auch ins Gefängnis geworfen.

Niemals zuvor jedoch hatte es eine Tschistka gegeben wie in den Jahren 1936 bis 1938, wobei das Jahr 1937 als das dunkelste, grausigste Jahr ihrer Geschichte in das Bewußtsein der Sowjetvölker eingegangen ist.

Ausgelöst durch die großen, auch der Weltöffentlichkeit zugänglich gewesenen Moskauer Schauprozesse 1936 bis 1938 gegen die alten politischen Gegner des herrschenden Stalin-Regimes, gingen Verhaftungswellen mit brachialer Gewalt über das Land hinweg und spülten ununterbrochen vermeintliche Volksfeinde in die Gefängnisse, Straf- und Arbeitslager. Diese große Tschistka, eine Säuberungsaktion unvorstellbaren Ausmaßes, die sich gegen Angehörige aller Bevölkerungsschichten, aller Berufsgruppen und Nationalitäten richtete, wurde von den sowjetischen Sicherheitsorganen, damals NKWD genannt, so durchgeführt, als gelte es ein Plansoll zu erfüllen. (Wir alle, die wir in der Sowjetunion lebten, kannten diese Organisation als *die* NKWD, während im heutigen deutschen Sprachgebrauch *der* NKWD üblich ist.) Das Spitzel- und Denunziantenunwesen gedieh wie nie zuvor, jeder belauerte jeden; die als höchstes Gut gepriesene „Sorge um den Menschen" verwandelte sich in ängstliche Besorgnis um das eigene Wohl, um die eigene Sicherheit, um das Überleben.

Wie erst viel später bekannt wurde, sollen damals mehrere Millionen Menschen mit und ohne Prozeß, meistens nur auf dem Verwaltungswege „liquidiert", „verschickt", kurz, „unschädlich" gemacht worden sein. Diese Menschenjagd beschränkte sich jedoch keineswegs nur auf Sowjetbürger oder solche Ausländer, die unterdessen die sowjetische Staatsbürgerschaft angenommen hatten. Mindestens so verdächtig, getarnte „Volksfeinde" zu sein, waren damals alle Ausländer — ob Mitarbeiter der Komintern oder anderer internationaler Organisationen, ob politische Emigranten, welcher Nationalität immer, oder die sogenannten „Spez-Arbeiter" in den Betrieben, die schon vor Jahren aus aller Welt in die Sowjetunion gekommen waren, um ihre qualifizierte Arbeitskraft dem industriellen Aufbau im Vaterland aller Werktätigen mit seinen unbegrenzten Möglichkeiten zur Verfügung zu stellen. Jeder von ihnen konnte damals ein Opfer der Tschistka werden und in irgendeinem fernen Lager sein weiteres Leben beschließen. Da die freie Ausreisemöglichkeit aus dem Lande durch den Genehmigungszwang und die Paßausfolgung ebenfalls im Machtbereich des NKWD lag, also der gleichen Organe, die die Verhaftungen durchführten, war der Fluchtweg verstellt — und die einst so geachteten, als Helfer und Freunde angesehenen ausländischen Arbeiter und Funktionäre der kommunistischen Parteien anderer Länder wurden zu Freiwild.

Nach der Machtergreifung Hitlers in Deutschland 1933 und nach dem Zusammenbruch des Februaraufstandes in Österreich 1934 herrschte das deutsch sprechende Element unter den Ausländern vor: die Österreicher vorwiegend als qualifizierte Arbeiter in den Betrieben, während die Deutschen in vielen politischen, kulturellen und wissenschaftlichen Institutionen führende Positionen innehatten, die oft mit beneideten Privilegien verbunden waren. Die Sprache der geistigen Vorväter der russischen Bolschewiki, Marx und Engels, war Deutsch, ebenso wie die der bis dahin größten, hoffnungsvollsten revolutionären Partei außerhalb der Sowjetunion — der KPD. Ihre politischen Funktionäre und ihre einfachen Emigranten betrachteten sich demnach auch als vollberechtigte Mitverwalter der Kampftraditionen der europäischen Arbeiterbewegung — selbst jetzt, da sie, geschlagen und dezimiert, beim großen russischen Bruder Asyl gefunden hatten. Er gewährte ihnen großzügig solidarische Hilfe. Die Deutschen fanden Arbeit in den wichtigsten Industriestädten der Sowjetunion, sie hatten eigene Zeitschriften, eigene Klubs; die emigrierten Intellektuellen konnten sich politisch, künstlerisch und wissenschaftlich betätigen. Die Russen, gastfreundlich, zutraulich und hilfsbereit, hatten unter schwierigen ökonomischen Bedingungen im eigenen Land den Deutschen ebenso eine neue Heimat gegeben wie vorher und nachher den Verfolgten aus anderen Ländern. Und ihrer waren nicht wenige: da gab es die aus Polen, Bulgarien, Jugoslawien, aus den baltischen Staaten stammenden Brüder, die sich im Laufe der Zeit in die russische Familie integriert hatten und daher kaum mehr als Ausländer in Erscheinung traten, mit Ausnahme gewisser Restbestände an politischen Funktionären, eingekapselt in eine revolutionäre, ihren Ursprungsländern gewidmete Verschwörertätigkeit. Da gab es ferner die lautstarke Gruppe der Ungarn, fest zusammengehalten vom gemeinsamen Idiom, von Streitereien und Intrigen. Ihre geistigen Köpfe — der Kulturphilosoph Georg Lukács, der Nationalökonom Eugen Varga, die bekannten Schriftsteller Julius Hay, Béla Illes, Béla Balázs und andere — verhalfen der ungarischen Emigrantengruppe zu besonderem Ansehen in der Sowjetöffentlichkeit. Der politisch gewichtigste Kopf jedoch, Béla Kun, berühmt und berüchtigt durch seine führende Rolle in der ungarischen Räterepublik 1919, war als einer der ersten international bekannten Kominternfunktionäre von der Tschistka erfaßt worden.

Es bot sich also, da die „sowjetische Völkerfamilie" sich von innen her zu zerfleischen begonnen hatte, den Verhaftungskommandos auch ein riesiger Haufen von Ausländern an, und wenn der NKWD da ordentlich hineinleuchtete — insbesondere bei den deutsch Sprechenden, wie es die Stimme des geängstigten Volkes empfahl —, dann würde sich wohl auch eine Menge echter „Volksfeinde" finden lassen: solche, die irgendwann einmal mit ihrer Partei in Konflikt geraten waren, die „Rechtsabweichler", „Linksabweichler", „Zentristen", „Opportunisten" und so weiter und so weiter. Was die Deutschen anlangte, so waren deren innere Parteikämpfe jedem zeitunglesenden Russen bekannt — die „Ruth-Fischer-Maslow-Opposition", die „Heinz-Neumann-Gruppe", die „Brandler-Gruppe", so daß auch die kleinen, auf Wachsamkeit abgerichteten Hunde sich für höchst patriotisch halten konnten, wenn sie einen deutschen Emigranten den Sicherheitsorganen verbellten.

Denn je aggressiver und selbstsicherer sich Hitler im eigenen Land und nach außen hin gebärdete, desto mehr stieg in der Sowjetunion die Erbitterung gegen die deutschen Emigranten und vor allem gegen ihre kommunistische Partei, der man die Schuld für den leichten Sieg des Faschismus in Deutschland in die Schuhe schob: ihrer Führung, ihrer Politik, ihrer Fehleinschätzung der politischen Kräfte. „Hätten die deutschen Antifaschisten nicht versagt, wäre Hitler nicht an die Macht gekommen" — auf diese einfache politische Formel gebracht, wurden die Deutschen ganz allgemein und unterschiedslos zur Zielscheibe unverhohlener Antipathien und steigenden Mißtrauens. Da half auch nicht das breite, freundliche Lächeln über einem falschen Gebiß und der darunterliegende joviale Bauch des damaligen Parteiführers Wilhelm Pieck, der bei besonderen Anlässen auf Ehrentribünen zu sehen war. Auch nicht die von vielen deutschen Emigranten praktizierte Demutshaltung gegenüber allem, was in der Sowjetunion vor sich ging, ihre Gleich-auf-Gleich-Anbiederung an alles Russische, die Lobpreisung Stalins selbst und aller Maßnahmen des Stalin-Regimes — also auch der Tschistka. Sie richtete sich bald gegen sie selbst! Schutzlos den Zugriffen des NKWD preisgegeben, von ihrer eigenen Parteiführung, die sich hinter der hochpolitischen Kominterntätigkeit verschanzte, fast völlig verlassen, wurden Tausende deutscher Emigranten in die Gefängnisse, in die Lager getrieben. In den Kreisen um die Komintern ging bald das böse Wort um: „Was die Gestapo von der KPD übriggelassen hat — das hat der NKWD aufgelesen!"

Im Marx-Engels-Institut am Mossowjetplatz, einer Hochburg deutschsprachiger Marxisten-Leninisten, verwaisten die Schreibtische, wo wissenschaftliche Studien betrieben und die großen Ausgaben der Klassiker vorbereitet wurden. Dr. Schmückle ist einer der ersten Mitarbeiter des Instituts, dem die Stalinsche Praxis den Kopf kostet.

Ebenso ergeht es der bislang hochgeachteten alten Bolschewikin Frumkina, der Leiterin der sogenannten „Rab-Fak", übersetzt: Arbeiterfakultät. Diese Arbeiterhochschule für ausländische Kommunisten, in der neben Theorie und Praxis des revolutionären Klassenkampfes auch Allgemeinbildung gelehrt wurde und der Geist des proletarischen Internationalismus eine begeisterte Lehrer- und Schülergemeinde erfüllte, schmilzt in kurzer Frist von anderthalbtausend Menschen zu einem kleinen Häuflein Überlebender zusammen.

Bald sollte auch eine internationale Organisation, die den ausländischen Emigranten in der Sowjetunion für ihre Einordnung in das normale Arbeitsleben fast unentbehrlich gewesen war, ihre Tätigkeit einstellen: die MOPR, die „Rote Hilfe". Bei ihr bekam man als eben zugereister Emigrant das erste Handgeld, Kleider, Unterkunft; sie vermittelte den Arbeitsplatz, gab Bumaschkas aus, diese für jede Sowjetinstitution so wichtigen Papierchen, nahm Klagen und Betteleien entgegen und half einem, aus dem Teufelskreis herauszukommen, den irgendein fanatischer Bürokrat ausgedacht hatte und der für den Ausländer kaum zu durchbrechen war: „Hast du keinen bestimmten Arbeitsplatz, so bekommst du weder Wohnung noch eine polizeiliche Anmeldung; den Arbeitsplatz bekommst du aber nur, wenn du eine Wohnung und daher eine polizeiliche Anmeldung hast..." Da rannte man also zur MOPR, zu Freunden: „Bitte meldet mich in einer Wohnung an! Ich habe eine Arbeit in Aussicht — aber die krieg' ich nur, wenn..." Das alte Lied, der ewige Teufelskreis für ausländische Emigranten. Natürlich war das Umgehen dieser Vorschriften an der Tagesordnung und zu Zeiten der Tschistka ein geradezu lebensgefährliches Unterfangen. Und diese MOPR, dieser letzte Rettungsanker in unverschuldeter Not, funktionierte nun plötzlich nicht mehr! Sie sammelte zwar noch im ganzen Land Geld und Güter für das kämpfende republikanische Spanien, und die russischen Arbeiter und Bauern, zur Solidarität mit den Kämpfern gegen „Faschismus und Krieg" in aller Welt aufgerufen, geben ihre Rubel her, ihre Überstundenverdienste. Das Ansehen der MOPR ist groß — wer hätte ihren Kampf um das Leben von Sacco und Vanzetti vor einem Jahrzehnt vergessen können! In allen Gefängnissen der Welt schmachten Menschen, brauchen Hilfe. Die MOPR vergißt euch nicht! Aber da scheint plötzlich auch die Stassowa verhaftet zu sein, die ehrwürdige alte Revolutionärin, dieses kluge, erfahrene Weibsbild — der höchste General der MOPR! Ihre Hilfstruppen, führerlos geworden, politisch eingeschüchtert, versagen angesichts der erschreckenden Tatsache, daß auch hier im Vaterland aller Werktätigen nun die Gefängnisse voll mit ausländischen Antifaschisten sind, die Straflager, die fernen Verbannungsorte, und ihre Angehörigen, ja selbst die Inhaftierten Hilfe brauchen würden. Wilhelm Pieck, der die Stelle der Stassowa jetzt einnimmt — ein machtloses Aushängeschild, kaum mehr.

Als die MOPR ihre Pforten schloß, ging auch die Fahne der proletarischen Solidarität mit den Verfolgten in aller Welt auf halbmast.

Das „Lux", obwohl eine unter Kominternschutz stehende Ausländerwelt, in sich abgeschlossen und fast isoliert von der sowjetischen, vermochte sich damals keineswegs als „Insel der Privilegierten" den Verhaftungswellen zu entziehen. Auch hier wie im ganzen übrigen riesigen Sowjetland, über alle Straßen und in allen Häusern lief die Angst treppauf, treppab: Wer wird morgen in der Gemeinschaftsküche beim Teekochen fehlen? Wo verhallen die schweren Schritte auf den Korridoren, wo bleiben sie stehen? Sind heute nacht die Deutschen dran, die Polen, die Ungarn, die Jugoslawen oder sonst wer? In den Kellerräumen wurde das persönliche Hab und Gut der Verhafteten verwahrt, ihre Bücher, die Andenken von zu Hause, durch Grenzen geschmuggelt, die mit falschen Papieren, oft unter Todesgefahr überschritten worden waren, um hier im „Lux" endlich in Freiheit aufatmen zu können, Genosse unter Genossen, beschützt von dem großen „Vater aller Werktätigen", geehrt und anerkannt als Kämpfer gegen „Faschismus und Krieg".

Bald war dies Quartier frei geworden, bald jenes, bald mehrere in einem Stockwerk, und wo Frau und Familie zurückblieben, da wurde eiligst für sie noch Platz in dem schon überbelegten „Nep-Flügel" geschaffen, dem niedergeschossigen, von allen anderen gemiedenen Hoftrakt — bis zur endgültigen Aussiedlung oder Verschickung. Wie in einem gut frequentierten Hotel zur Hochsaison brauchte dann nur noch auf Zimmer Nummer soundsoviel rasch gelüftet und das Bettzeug gewechselt zu werden, bis der nächste einziehen konnte — ein anderer ausländischer Genosse, der „günstigen Gelegenheit" dankend, oder gar ein russischer Kominternfunktionär, dem das Warten auf eine eigene Moskauer Wohnung schon zu lange dauerte und der es als ein Glück ansehen mußte, auf diese Weise ein Zimmer im „Lux" zu ergattern.

Später, nach 1938, nachdem das Ärgste überstanden schien und Stalins Freund Berija an die Stelle des bisherigen NKWD-Chefs Jeschow trat (aus diesem Anlaß wurden zum erstenmal Stimmen laut, Jeschow hätte an Verfolgungswahn gelitten und die grüne Tapete seines Arbeitszimmers für vergiftet gehalten), tauchten in gelockerten Gesprächen allmählich einige Verhaftungsgeschichten des „Lux" an die Oberfläche empor, so auch der Verdacht, daß manche Verhaftung nur darum erfolgt sei, weil „irgend jemand dringend ein Quartier brauchte". Eine einzige kleine Geschichte ist mir in Erinnerung geblieben — wahrscheinlich wegen ihrer makabren Komik. Ein österreichischer Freund, Franz Lang, hat sie erlebt.

Er wohnte mit seiner Familie im ersten Stock des „Lux" auf Nr. 13. Auf seinem Korridor waren schon öfters die nächtlichen Schritte verhallt, jedoch nie vor seiner Tür stehengeblieben. „Warum auch?" dachte er sich zu Recht, wollte er nicht annehmen, daß schreiendes Unrecht im Gange war. Er als langjähriger vertrauter Mitarbeiter Georgi Dimitroffs, der durch eine berühmt gewordene Zeugenaussage im Leipziger Reichstagsbrandprozeß 1933 mitbewirkt hatte, daß der bulgarische Löwe frei kam und die Nazis vor aller Welt blamiert wurden, glaubte sich gegen jede „Säuberung" gefeit. Kein Organ der Sowjetmacht konnte ihn, den bewährten, ergebenen Kommunisten, irgendeiner Schändlichkeit verdächtigen! Schon der Gedanke an eine solche Möglichkeit wäre „mangelndes Vertrauen in die sozialistische Gesetzlichkeit" gewesen! Er schlief also ruhig. (Ob ganz so ruhig, sei dahingestellt. Ein Quentchen Mißtrauen in die waltende Gesetzlichkeit hatte vielleicht doch einen verschämten Winkel in seinem etwas lebensängstlichen Gemüt bezogen.) Kurz, er schlief, als es eines Nachts doch an seine Tür klopfte. Öffnend sah er sich einem Organ der Staatsgewalt gegenüber, das ihm befahl, sich „fertig zu machen mit allen Sachen", er werde gleich abgeholt, sobald „andere Aufgaben erledigt" seien. Die erschrockene Frau packte das Köfferchen: Zahnbürste, Seife, zweites Hemd, feste Schuhe — wenn ihm ein langer Marsch aufgezwungen werden sollte, käme er mit seinen kranken Füßen nicht weit — und den eingemotteten Wintermantel. Geflüsterte Frauengespräche hatten sie darüber belehrt, was in solchem Fall vorzusorgen wäre. Die Familie nahm Abschied voneinander. Der Mann stellte sich mit seinem Köfferchen vor die Tür auf den halbdunklen Korridor und wartete aufs „Abholen".

Nach einer kleinen Weile kamen sie und schienen erstaunt. „Was stehen Sie hier herum?" herrschte ihn einer von ihnen an. Unser Freund begann zu stottern: „...ja, aber... Sie waren doch vorhin bei mir... ich heiße Franz Lang..." — „Ihr Name interessiert uns nicht! Welche Zimmernummer haben Sie?" — „...dreizehn..." Prüfender Blick zum Num-

mernschild neben der Tür: „Stimmt." Gleichmütig, schon im Weitergehen: „Heut sind bei uns nur die *geraden* Nummern dran . . ." Gingen
— und kamen niemals wieder.

Wir haben damals alle miteinander über diese Geschichte sehr gelacht
und unseren Freund aufgezogen, wie er so dagestanden und gewartet
habe und was denn währenddessen in seinem Kopf vorgegangen sei
und auch nachher, als er seinen Koffer wieder auspacken und ins Bett
zurückkriechen konnte. „Die Lucy", seine Frau, „hat gleich gesagt,
‚die müssen sich geirrt haben' . . . und ich habe mir gedacht, der Genosse
Dimitroff wird mich schon ’rausholen!" Wir haben gelacht, wie Leute,
die nach einem Begräbnis bei einem Glas Wein sitzen und sich freuen,
daß sie noch leben, während der Tote tot ist.

Für den eben erst von „drüben" gekommenen Neuling blieben anfangs
alle diese Dinge verborgen, als sei er von einer Gemeinschaft der darum
Wissenden ausgeschlossen, wie ein naives Kind von den Geheimnissen
der Erwachsenen: Man lächelt über seine Fragen nach diesem und jenem,
über seinen Frohsinn, seine Unbekümmertheit dem Ernst des Lebens
gegenüber, läßt sich davon anstecken und verheimlicht seine Sorgen.

Ich spürte nichts von der Atmosphäre der Furcht und des Mißtrauens, als ich nach unserer Ankunft daranging, bis zum 1. Mai 1938
unsere Garçonniere Nr. 271 im letzten Stock des „Lux", in der mein
Ernst so lange junggesellenmäßig gehaust hatte, wohnlicher zu gestalten.
Sein blauer Bademantel, offen im Vorraum an einem Kleiderhaken
hängend — „damit die Motten etwas zu fressen haben und meine
Anzüge verschonen" —, rief mir ein wenig wehmütig unseren gemeinsamen Urlaub 1933 an der dalmatinischen Küste ins Gedächtnis, wo wir
davon geträumt hatten, uns dort unten einmal ein Häuschen zu kaufen,
mit dem Blick aufs Meer hinaus und nach Dubrovnik hinüber. Rotwein
trinkend und die Füße hochgezogen wegen der heimtückischen Sand-
vipern, hätten wir dort jedes Jahr einige glückliche Wochen verbringen
können, wäre nicht dieser unselige Hitler an die Macht gekommen!
Mit seinem verhaßten Namen war jegliche Unmenschlichkeit verbunden,
alle Schrecknisse, Verfolgungen, Konzentrationslager, Folterungen, Hinrichtungen! Die fernen Freunde in Gefahr, Wien unter dem Hakenkreuz,
Gestapo und Judenhatz — und was wird aus der Tschechoslowakei?
Das war im Augenblick viel beunruhigender, wichtiger, elementarer als
die undurchsichtigen Vorgänge hier in dem Land, das den Aufbau des
Sozialismus gegen eine Welt von Feinden verteidigen mußte. Daß es

dabei in seinen Mitteln nicht wählerisch war, daß Härten und Ungerechtigkeiten vorkamen — Ernst hatte bisher nur einiges davon angedeutet, wohl um mir nicht die Unbefangenheit zu nehmen —, galt nachgerade als unvermeidlich und selbstverständlich. Jedenfalls würden am 1. Mai die roten Fahnen lustig flattern.

Sie flatterten auch tatsächlich im sonnigen Wind, während wir mitten unter den Millionenmassen über den Roten Platz zogen, an der Ehrentribüne vorbei, wo Stalin, eingezwängt zwischen komischen Hüten, den Vorbeimarschierenden zuwinkte.

„Wie kannst du bloß die Hüte ‚komisch' finden?" fragte mich später in der Gemeinschaftsküche vorwurfsvoll ein deutsches Mädchen. „Wir sind eben aus dem Stadium heraus, wo die führenden Genossen nur Mützen getragen haben!" Diejenigen, die von einem Tribünenplatz aus die Militärparade miterlebt hatten, sprachen von einer anderen Beobachtung: Die NKWD-Truppen seien diesmal mit hörbar geringem Beifall bedacht worden, und unter den Politbüromitgliedern hätten wiederum einige gefehlt.

Für solche Feinheiten, aus denen Schlüsse auf heimliche Machtverschiebungen oder „Liquidierungen" gezogen werden konnten, hatte ich damals noch keinen Blick. Es war einfach eine Freude, nach langer Zeit wieder einmal dabeigewesen zu sein — singend, Arm in Arm mit dem fröhlichen Moskauer Volk am Lenin-Mausoleum und an der bizarren Basiliuskathedrale vorbeimarschierend, hinunter zur trägen Moskwa, von deren jenseitigem Ufer riesige Neubauten herübergrüßten. Wir werden mit dem deutschen Faschismus schon fertig, hol's der Teufel!

Am Abend tranken wir im Schutzbündlerhaus in der Staropimenowskigasse sowjetischen Champagner, verwünschten Hitler und alle Deutschen und waren froh, daß wir alle wieder beisammensaßen, die Fischer-Brüder mit ihren Frauen und Freunden, ohne daß bisher einer auf der Strecke geblieben wäre — weder Walter im spanischen Bürgerkrieg noch Otto und Ernst hier in Moskau (absurde Vorstellung!), noch ich selbst in Reichweite der Gestapo. Ich hatte das Gefühl, als sei mir ein neues Leben in Freiheit, in lang entbehrter Gemeinschaft geschenkt.

Als aber einer in unserem Kreis zu weinen begann, der uns so nahestehende, herzliche Freund Dr. Franz David (ein österreichischer Arzt, der seit langem in der Sowjetunion lebte und dessen medizinisches Können und menschliche Qualitäten ihn weithin bekannt und beliebt gemacht hatten), da kam mir plötzlich zum Bewußtsein, daß sich hier in der Zwischenzeit etwas verändert haben mußte; etwas, das einem nicht so freudig in die Augen sprang wie das äußere Bild dieser Stadt.

Franz weinte an diesem Abend um seine russische Frau, von der er seit ihrer Verhaftung keine Nachricht mehr hatte. Wenn sie noch lebte, würde sie wohl jetzt irgendwo in einem Lager im arktischen Norden eine Maifeier hinter sich haben und nichts von seinen beharrlichen Eingaben gegen ihre Verurteilung wegen „Diversion und Sabotage" wissen. Sollte sie wirklich in ein sowjetfeindliches Komplott im Narkomljes, im Volkskommissariat für Forstwirtschaft, verstrickt gewesen sein? Niemand, der die energiestrotzende, vergnügte kleine Frau gekannt hatte, wollte das glauben! Wir hielten sie für ein unschuldiges Opfer böswilliger Intrigen, irgendwelcher Machtkämpfe um ihre hohe Position innerhalb eines staatlichen Verwaltungsapparates, der als einer der ersten „gesäubert" wurde. Es zeugte wirklich von alberner Gutgläubigkeit, den Freund trösten zu wollen: „Sei nicht traurig, Franzl, deine Nina kommt bestimmt bald heraus! Das Urteil wird sicher revidiert!" Er schüttelte nur den Kopf und schluchzte in sich hinein: „Sie ist tot, ich weiß es — sie haben sie alle gleich umgebracht..."

Auch in anderen Wohnungen des Schutzbündlerhauses wurde geweint: Manches blaue Hemd lag noch im Schrank — aber die Männer, die es einst bei ihrer Ankunft in Moskau und beim 1.-Mai-Aufmarsch 1934 über den Roten Platz stolz getragen hatten, waren weg, einfach verschwunden und unauffindbar, nachdem man sie eines Nachts aus dem Bett oder direkt aus den Betrieben heraus verhaftet hatte. Heinz Roscher, Ing. Brüll, Ing. Weiß... Menschen, die mit entscheidenden Ereignissen des eigenen Lebens verbunden waren, die man gut kannte und schätzte, immer als ehrliche Sozialisten angesehen hatte. „Zum Teufel, das kann doch nicht möglich sein! Was sollen denn diese österreichischen Schutzbündler Schlechtes getan haben?!" Na ja, der eine hat vielleicht dummes Zeug nach Hause geschrieben, alte sozialdemokratische Verbindungen aufrechterhalten... der andere hat über Schwierigkeiten im Betrieb geklagt, sich unbeliebt gemacht... ja, und der war immer unzufrieden mit der Werksküche und hat sich sein Essen von zu Hause mitgenommen... von dem weiß man überhaupt keinen Grund... „Und das genügt, um verhaftet zu werden?!"

Bei Gott, die rote Fahne stand auf halbmast! Flatterte keineswegs lustig im Wind!

Allmählich bekam einer, der von „draußen" gekommen war, von der illegalen oder legalen Arbeit in irgendeinem europäischen Land, den Eindruck, als sei hier, sozusagen im geschützten Hinterland, ein geheimnisvoller Kampf im Gange, eine Art Versteckspiel ohne klare Regeln, ohne klare Fronten. Ein Kampf, der keinen Ruhm eintrug — reich an

Verlusten. Noch vollgestopft mit Fronterlebnissen im Feindesland, stand man plötzlich vor den Witwen und Waisen, den Opfern dieses undurchschaubaren Kampfes im eigenen Lager, hörte Klagen und Anklagen, aber nicht in Offenheit wie Menschen, die zu ihrem Leid stehen, in „stolzer Trauer" gewissermaßen — „mein Mann ist im KZ umgekommen...", „der Karli ist in der Sierra Nevada gefallen, im Bataillon Tschapajew, der Rudi vor Madrid, der Franz bei Teruel" —, sondern in Ratlosigkeit, Scham und zielloser Verbitterung: die Unseren hier sitzen in einem sowjetischen Gefängnis, beschuldigt irgendeiner Ungeheuerlichkeit, der „Sabotage", der „Spionage", des „Diversantentums", der „Schädlingsarbeit", ganz allgemein der „Sowjetfeindschaft", noch kürzer, als „Volksfeinde"!

Aber kann man dafür die NKWD-Organe verantwortlich machen, die die Verhaftungen durchführen? Die Eliteschutzgarde der Diktatur des Proletariats? Wenn man ein bedingungsloser Freund der Sowjetunion war — nein! Zugegeben: vielleicht ließen sie sich im blinden Eifer, den Aufbau einer neuen Welt unter schwierigen Bedingungen zu schützen, zu Übergriffen hinreißen. Trotzdem: da müssen doch irgendwo „Feinde" am Werk sein, unkenntlich unter der Maske von Freunden! Die großen Prozesse haben doch gezeigt, wie tief sie überall drinsitzen, diese „Trotzkisten", „Sinowjew-Leute", „Radek-Leute", „Bucharin-Leute" — ins Brot haben sie Glasscherben verbacken, Züge entgleisen lassen, Eisenspäne in die Maschinen geworfen, ja, und den Kirow haben sie ermordet, den großen Maxim Gorki, und was ist mit der Krupskaja, Lenins Witwe? Sicher haben sie auch unseren Dr. Tandler umgebracht, den berühmten Wiener Arzt und Fachmann für Sozialhygiene und Gesundheitswesen, weil er der Sowjetunion helfen wollte und dabei unglaubliche Sabotagedinge aufgedeckt hat, zum Beispiel den Bau eines Lungensanatoriums, wo die Krankenzimmer und Balkons alle nach Norden gingen anstatt nach Süden! Und die hohen Generale der Roten Armee — Tuchatschewskij, Jakir, Uborewitsch und die anderen? Da muß doch irgendeine Konspiration bestanden haben, eine dunkle Militärverschwörung, verräterische Verbindungen zum Ausland, zu den deutschen Reichswehrgeneralen — sonst wären sie nicht vors sowjetische Militärtribunal gekommen und erschossen worden. Nicht umsonst hat der Militärkommandant von Moskau, General Garmarnik, Selbstmord begangen — er wird schon gewußt haben, warum! Und daß es unter den Zehntausenden Ausländern, die im ganzen Land verstreut als „Spez-Arbeiter" den Russen gute Ratschläge geben und in verantwortlichen Stellungen am sozialistischen Aufbau mitarbeiten — daß es unter denen keine Verräter und Spione geben sollte, geheime Saboteure und Agenten des ausländischen Kapitals, das glaubt doch kein Kind und noch weniger der wachsame NKWD! Lang genug ist die Sowjetunion gutgläubig gewesen, sonst wäre es nicht soweit gekommen...

Aber wir?! *Wir* sind doch ehrliche Leute, bereit, das Land des Sozialismus mit unserem Leben zu verteidigen! Man ruft uns auf zur „Wachsamkeit gegen die Feinde". Ja, aber wenn einer sagt: „Warum sind die Schlangen vor den Lebensmittelläden so lang? Warum gibt's keine Waren? Warum so viel Ausschuß im Betrieb? Durchs Dach regnet's 'rein in unserem Haus — nichts wird repariert. Im Mossowjet, in der Stadtverwaltung, sitzen Saboteure — kein Zweifel! Da sind noch längst nicht alle ausgeräuchert..." — schon wird er verhaftet wegen „sowjetfeindlicher Äußerungen"! Ja für wen ist man denn „wachsam"? Und gegen wen darf man es sein?

Die besondere Teufelei bei diesem verwirrenden Versteckenspiel lag in der ständigen Umkehrbarkeit von Freund und Feind: heute vertraue ich dem einen, ich bin sogar verpflichtet, ihm zu vertrauen, wenn ich der Sowjetmacht und ihren Repräsentanten ergeben bin — und plötzlich stürzt der Freund aus Ehrung und Ansehen hervor und schreit: „Du hast dich getäuscht, du gläubige Seele! Ich bin der Feind!" Man erschrickt, man wundert sich, man fragt einander verwirrt: „Hast du den für einen ‚Feind' gehalten?"

Der „Feind" versteckt sich anscheinend unter jeder Kleidung, unter jedem Gesicht. Er trug die Uniform der Partei, der Roten Armee, die grüne Bluse des NKWD, das einfache Russenhemd, die Schuhe aus Prag, den Konfektionsanzug aus Berlin, die Lederhosen aus Österreich. Er wohnte im Regierungshaus, in der Arbeitersiedlung, im Hotel, er saß im Gefängnis. Er war überall und nirgends, hatte offenbar Verbündete im ganzen Land, überschritt die Grenzen, sprach alle Sprachen, war jeder Nationalität. Er bewies seine Existenz, indem der NKWD auf ihn Jagd machte — nur bekamen wir ihn nie zu Gesicht. Unter den Menschen, die wir kannten, war er nicht zu finden.

So lastete auf allen Gesprächen die Frage nach ihm. Ausgesprochen oder unausgesprochen lag sie in der Luft wie eine dunkle Wolke, durch die keiner hindurchsah. Jeder versuchte — für sich und für den andern — irgendwelche Antworten zu finden. Bezog er sie aus der Zeitung, aus den offiziellen Erklärungen, waren die Antworten ebensowenig einleuchtend wie jene, die er aus seinem eigenen Kopf hervorholte. Das Licht marxistisch-leninistischer Erkenntnis, der dialektischen Philosophie war anscheinend zu schwach, um alles zu erhellen, was sich jetzt an Dunklem, Undurchschaubarem auf diesem Sechstel der Erdkugel begab und zu Fragen herausforderte — von den einfachsten des täglichen Lebens bis zu den kompliziertesten, die in die hohe Politik vorstießen. Aber bei diesen konnte wenigstens dem nachhinkenden Verstehen durch restloses Vertrauen in die sowjetische Führung nachgeholfen werden, während die aktuelle Frage, wodurch sich jemand, der sich bisher so gar nicht danach verhalten hatte, als antisowjetischer Übeltäter erwies und somit seine Verhaftung rechtfertigte, höchst komplizierte Überlegungen auslöste. Das galt für die Prominenten, die in der Zeitung mit scheußlichen Namen bedacht, scheußlicher Untaten bezichtigt und angeblich auch überführt wurden, wobei die Geständnisfreudigkeit und Selbstbezichtigung der Angeklagten ebenfalls Fragen aufwarf, auf die ein vernünftiger Mensch keine Antwort wußte. Das galt aber auch — und sogar vor allem — für die Unscheinbaren, für die offensichtlich Mitgefangenen, Mitgehangenen: Freunde, frühere Kampfgenossen, Bekannte aus flüchtigen Begegnungen, Namen vom Hörensagen, Nachbarn von gegenüber.

Wollte man nicht den unsichtbaren „Feind" für einen Popanz halten und demnach auch die ganze Tschistka für einen grausamen Schwindel, für eine Hexenjagd ohnegleichen (keiner von uns wäre willens und imstande gewesen, solch einen abenteuerlichen Gedanken zu hegen!), so fanden sich allmählich für den nichtbetroffenen, politisch denkenden Ausländer doch einige halbwegs befriedigende Antworten auf die Frage nach der Ursache der Massenverhaftungen und „Liquidierungen": kaum vermeidbare Begleiterscheinung der politischen und militärischen Einkreisung der Sowjetunion; Geburtswehen einer neuen Welt; in der Geschichte Rußlands begründet, das noch keine Periode der Demokratisierung erlebt hatte; Züge von Gewalttätigkeit und Unberechenbarkeit im russischen Nationalcharakter; Überbleibsel zaristischer Methoden, hineingetragen in die revolutionäre Arbeiterbewegung, wie Geheimpolizei und Denunziantentum; Auswirkungen ideologisch-politischer Parteikämpfe um die Richtigkeit des Weges zum Sozialismus, um das Erbe Lenins . . .

Manche Russen, mit denen wir vorsichtig darüber sprachen, zogen sich auf das einfache Sprichwort zurück „Wo gehobelt wird, fallen Späne", wobei ihnen die stille Hoffnung anzusehen war, nicht zu den „Spänen" zu gehören. Mit anderen ergaben sich lange Diskussionen über das Thema „Der Zweck heiligt die Mittel". Bei einigen aber trat die Furcht zutage, der „Hobel" werde ins gesunde Fleisch der Sowjetunion, der bolschewistischen Partei, ihres Vaterlandes überhaupt so tief einschneiden, daß die Wunden Jahre brauchen würden, um wieder zu heilen. Ihnen sollte später der rasante Vormarsch der Hitler-Truppen bis Moskau und Stalingrad recht geben.

Im allgemeinen jedoch, im Alltag der Politik und der Arbeit wie auch im Beisammensein mit Genossen und Freunden waren alle Vorkommnisse rund um die große Tschistka mit einer Mauer des Schweigens umgeben.

Zu jener Zeit war ich nichts als eine Privatperson, ein politischer Zaungast — einfach die Frau des Kominternfunktionärs „Peter Wieden" (wie Ernst sich damals nannte), der als Parteivertreter der österreichischen Kommunisten und leitender Redakteur der Zeitschrift „Kommunistische Internationale" politisches Ansehen bei der Kominternführung genoß.

Mein eigener Apparat stellte sich tot. Niemand hatte mich begrüßt oder einen Bericht über die letzten Monate meiner Tätigkeit in Hitler-Deutschland angefordert. Das verwunderte mich vorerst nicht. Jeder Kontakt mit meiner früheren Dienststelle hätte gegen die ungeschriebenen, streng eingehaltenen Gesetze verstoßen, wonach die konspirative Arbeit für einen „Apparat" unvereinbar mit einer offiziellen politischen Funktion war. Das galt auch für Ehepaare. Es erschien mir daher selbstverständlich, daß sich mein Apparat nicht meldete, nun, da ich im „Lux" wohnte, Ruth Wieden hieß und im Rahmen der Komintern eine legale Existenz führte. Ich konnte dieses Kapitel meines Lebens für endgültig abgeschlossen halten. (In Wahrheit ist die Vierte damals, 1938, tatsächlich „tot" gewesen, wie ich erst viel später erfuhr. Keiner von den Männern lebte mehr, mit denen ich gegen Hitler konspiriert und, Soldat unter Soldaten, Wodka getrunken hatte. Wahrscheinlich gehöre ich zu den ganz wenigen Überlebenden dieses Apparats der Roten Armee aus der Zeit der großen Tschistka.)

Daß dieser Apparat von den Säuberungen nicht verschont geblieben war, wußte ich, aber das Ausmaß wurde mir erst dann schreckhaft bewußt, als ich hörte, man hätte auch den kleinen Karl verhaftet und ebenfalls seine Frau Erna, meine beiden engsten Freunde und Kampfgefährten aus der illegalen Zeit. Ich konnte es anfangs nicht fassen, hoffte, es sei irgendein Gerücht, wie so viele andere um Menschen, die plötzlich verschwanden. Ich wußte nur, daß er und seine Familie Ende 1937 nach Moskau beordert wurden, um den Leninorden zu empfangen. Diese Auszeichnung wäre die Erfüllung eines stillen Wunsches gewesen, den Karl jahrelang gehegt hatte. Der einzige Dank für revolutionäre Pflichterfüllung, für ein ehrliches, mutiges Leben im Dienste der Sowjetmacht und der sozialistischen Idee.

Was konnte ich tun, um Karls Unschuld zu bezeugen? Marschall Woroschilow mobilisieren, der mich doch gut kannte und meinem „Handins-Feuer-Legen" für Karl und seine Frau vertrauen würde? Wie zwecklos solche Erwägungen waren, geradezu kindisch-gutgläubig — das sollte sich fast unmittelbar darauf erweisen.

Ernst verdankte, so glaube ich, sein Ansehen in der Komintern nicht nur seiner politischen Klugheit und großen Arbeitskraft, seiner durch nichts belasteten, klaren politischen Vergangenheit, sondern vor allem auch seiner ganzen Persönlichkeit, die Unerschrockenheit und Freimut ausstrahlte. In einer Periode, da aus Kämpfern Angsthasen, aus „Unbeugsamen" Denunzianten, aus Oratoren Flüsterer wurden — eine Haltung von Seltenheitswert. Er blieb ein aufrechter Mensch, wie er es immer gewesen war, trotz des schwankenden Bodens, des lauernden Argwohns, der Gefährlichkeit des Lebens. Ich habe ihn damals nie ängstlich gesehen, niemals ernstlich beunruhigt um unser persönliches Schicksal — obwohl doch gerade meine illegale Arbeit in der Vierten und die Verhaftung von Karl einigen Grund dazu gegeben hätten. Wir waren beide in hohem Maße unbekümmert, ausgefüllt von Problemen des politischen Kampfes. Auch als wir einmal bemerkten, daß unsere Schreibtische im „Lux" heimlich durchsucht worden waren, hatte Ernst nur bei der zuständigen Stelle einen „Mordswirbel" gemacht und sich sonst nicht weiter aufgeregt.

Da gelangte eines Tages ein Brief höchst beunruhigenden Inhaltes in seine Hände. Mir begannen die Knie zu zittern, als er davon sprach und ich sehen mußte, wie blaß sein Gesicht dabei wurde. Der Brief stammte von einem Österreicher, der im siebenunddreißiger Jahr (immer wieder taucht dieses unselige Jahr auf!) verhaftet worden war: Gustl Deutsch, Sohn des bekannten Schutzbundkommandanten Julius Deutsch, der jetzt auf seiten der spanischen Republik als General der Volksarmee gegen Franco kämpfte. Gustl Deutsch war als Eisenbahningenieur in die Sowjetunion gekommen und hatte sich mit seiner Frau, einer Schweizerin, ebenfalls bald nach ihm verhaftet, dem Freundeskreis der Fischer-Brüder angeschlossen. Ernst hatte die beiden unter seine Fittiche genommen und sich für ihr berufliches Fortkommen in der Sowjetunion eingesetzt. Seine Interventionen um ihre Freilassung waren bisher vergeblich gewesen. Und nun dieser Brief von Gustl — hinausgeschmuggelt aus dem Gefängnis, sozusagen eine Botschaft aus dem Jenseits —, in dem er mitteilte, er wäre unter den Verhören zusammengebrochen und hätte ein falsches Geständnis abgelegt: Unter anderem habe er Ernst als Anstifter einer Mordverschwörung gegen Stalin bezichtigt!

Die Absurdität eines solchen „Geständnisses" hob seine Gefährlichkeit nicht auf. Für den Gewarnten bedeutete eine solche Nachricht, daß er jeden Augenblick verhaftet werden konnte.

Ernst ging sofort zu Dimitroff, legte ihm die ganze Angelegenheit dar und bat um „Intervention auf höchster Ebene" für Gustl Deutsch, dessen Nervenzustand offensichtlich das Schlimmste befürchten lasse. Aber der „Löwe von Leipzig" kannte wohl schon aus bitterer Erfahrung die verminderte Reichweite seiner Pranken. Vier Jahre zuvor hatten sie noch mit heldenmütiger Kraft Hermann Göring an der Gurgel gepackt, jetzt schienen sie gelähmt: „Ich kann Ihnen nur so viel versprechen, daß ich Sie persönlich schützen werde, Genosse Wieden . . . solang ich es kann . . . aber den Genossen Deutsch aus dem Gefängnis zu holen, dazu reicht meine Macht nicht aus! Lassen Sie die Intervention für Ihre Leute, es ist zwecklos, glauben Sie mir . . .!" (Gustl Deutsch ist nicht ins freie Leben zurückgekehrt, seine Frau erst nach fast zwei Jahrzehnten fernöstlicher Zwangsarbeit. Das gleiche Schicksal erfuhren der kleine Karl und seine Frau. Mit einem Unterschied: der Leninorden, einst dem Vater zugedacht, wurde als „Wiedergutmachungsakt" dem inzwischen herangewachsenen Sohn ausgehändigt.)

In diesen beiden persönlichen Erlebnissen ist für mich vieles, was damals rundum geschah, eingeschlossen: die Angst vor Verstrickung, das Bangen um Freunde, die eigene Hilflosigkeit, das pochende Gewissen.

Erst zwanzig Jahre später, 1956, auf dem XX. Parteitag der Bolschewistischen Partei, wurde für die Weltöffentlichkeit der dunkle Vorhang hochgezogen, der bis dahin die Szene verhüllt hatte, auf der sich das Drama jener Zeit, eines der größten Dramen der Menschheitsgeschichte, abspielte. Auf der Bühne lag ein einbalsamierter Leichnam: Stalin.

In einer historischen Rede beschuldigte Nikita Chruschtschow den einstigen geliebten Führer der Sowjetvölker als den Alleinverantwortlichen für die „brutale Gewalt- und Willkürherrschaft", die zu Verbrechen gegen die „sozialistische Gesetzlichkeit" geführt habe, und belegte seine Anklage mit zahlreichen Dokumenten aus den geöffneten Geheimarchiven des NKWD. Die seinerzeitigen Militär- und Staatstribunale hätten führende Persönlichkeiten des Sowjetlebens zu Unrecht verurteilt und hingerichtet. Die Geständnisse seien erpreßt worden, Folterungen an der Tagesordnung gewesen. Tausende ehrliche, unschuldige Kommunisten und einfache Sowjetmenschen hätte das gleiche Schicksal ereilt ...

Seither werden alle diese grausigen Vorgänge unter dem Stalin-Regime — welches nach den Massenrepressalien in den dreißiger Jahren auch noch in den Nachkriegsjahren weitere Tausende Opfer forderte — in der kommunistischen Welt unter dem Sammelbegriff „Folgen des Persönlichkeitskultes" zusammengefaßt und verurteilt. Viele der dabei Umgekommenen wurden offiziell oder stillschweigend rehabilitiert, die Angehörigen erhielten Staatspensionen und sonstige Wiedergutmachungen.

Wer die Jahre, da diese Folgen des Persönlichkeitskultes Gegenwart waren, miterlebt hat und nur, so wie wir, durch ein kleines Guckloch von außen her den Schauplatz zu sehen bekam, auf dem das blutige Drama vor sich ging — dem blieben sowohl die eigentlichen Zusammenhänge, die Dramaturgie verborgen wie auch der wahre „schwarze Held". Für uns rollte damals kein Shakespeare-Drama ab, mit einem Richard III. im Kreml. Auch kein Iwan der Schreckliche war in dem Arbeitszimmer zu vermuten, aus dem nachts noch gedämpftes Licht drang, wenn man über den Roten Platz ging, um nach einem heißen Moskauer Sommertag kühle Luft zu schöpfen. Allerdings auch kein unfehlbarer Heilsbringer, als der Stalin gepriesen wurde. Schon die Tatsache, daß er den Kult um seine Person in solch übertriebenen Formen zuließ, machte Stalin in unseren Augen kleiner als den großen Lenin, der zu seinen Füßen in dem marmornen Mausoleum ruhte und dessen Bescheidenheit sprichwörtlich war.

Aber selbst wenn wir mehr Einblick gehabt hätten: ich für mein Teil (und ich glaube hierbei für die meisten überzeugten Kommunisten sprechen zu können) wäre nicht in meiner Überzeugung wankend geworden, daß der Marxismus-Leninismus, unsere große gemeinsame Sache, richtig und gerecht sei und die Sowjetunion sie zum Siege führen würde.

Die große Sache des Sozialismus brauchte weder im Guten noch im Bösen die Verkörperung durch *einen* Menschen. Sie rechtfertigte sich durch ihre historische Notwendigkeit, ihre Vernunft, ihre Menschenfreundlichkeit. Durch die Existenz der Sowjetunion, die allen gegnerischen Prophezeiungen zum Trotz unter ungeheuren Schwierigkeiten die Verwirklichung des Sozialismus unternommen hatte und nicht zusammengebrochen war. Durch die Tatsache, daß ein großes Volk wie die Russen um dieser Sache willen Not und Entbehrung auf sich nahm, daß Tausende Menschen in aller Welt Opfer dafür brachten, ihr Leben dafür hingaben — ein erreichbares edles Ziel vor Augen. Diese große gemeinsame Sache des Sozialismus erhielt ihren Glanz durch jeden einzelnen, der sie als die Zukunft der Menschheit zu erkennen vermochte und für sie zu kämpfen bereit war. Selbst wenn sie jetzt hier, im Lande der siegreichen proletarischen Revolution, ein deformiertes, schmerzliches Antlitz zeigte, wenn ihr Gewalt angetan wurde durch Maßnahmen desselben Staates, der als erster diesen Menschheitstraum auf seine Fahnen geschrieben hatte — so war das kein Grund für kleinmütige Zweifel an der Richtigkeit des Leninschen Weges zum Sozialismus. Ihn zu verlassen, ihn auch nur innerlich aufzugeben, zu resignieren — das hätte bedeutet, all das zu leugnen, zunichte zu machen, was unserem Leben Inhalt und Sinn gab, was wir moralisch und historisch für gerechtfertigt hielten.

Angesichts einer Weltsituation, wo es um Sein oder Nichtsein der Sowjetunion gehen konnte, wäre ich mir wie ein Deserteur vorgekommen, der seinen Kampfplatz verläßt und seine Kameraden! Wir wären aus einer Welt ausgebrochen, die, wie immer sie im Augenblick aussah — verzerrt, unschön, voller Leid und Unzulänglichkeiten aller Art, voller Heimlichkeiten, Täuschungen, Unfreiheiten, jedoch auch veredelt durch millionenfaches Bemühen um ein besseres, menschenwürdiges Dasein, um technisches und wissenschaftliches Fortschreiten, um die Bewältigung der Natur und dabei innerhalb der neuen Gesellschaftsordnung einen neuen Menschen herausbildend —, doch *unsere* Welt war. Eine werdende, in dauerndem Wandel begriffene Welt. Faszinierend und erschütternd für jeden, der aktiv teilhaben wollte am Verlauf der menschlichen Geschichte und sich seiner Verantwortung ihr gegenüber bewußt war.

Demnach vermochte alles, was jetzt in so krassem Widerspruch zu unseren Vorstellungen von einer wahrhaft humanen, brüderlichen Welt des Sozialismus stand, nicht die Überzeugung ins Wanken zu bringen, daß es sie einmal geben werde, überall und auch hier in der Sowjetunion. Das Volk hier hatte nicht nur lesen und schreiben gelernt — es eignete sich in seiner großen Masse Wissen und Bildung an. Es würde sich auch als Allgemeingut Humanität und Gesittung aneignen! Diese zukünftige, wahrhaft sozialistische Gesellschaft würde aus sich selbst heraus eine Ordnung schaffen, in der eine so scheußliche Entartung staatlicher Macht wie diese Tschistka keinen Platz mehr fände.

Aber bis dahin galt es den internationalen Faschismus zu schlagen! Für uns blieb Hitler-Deutschland unentwegt der Feind Nummer eins. Hier war ein klares Kampfziel auf Leben und Tod gegeben. Da gab es keine Zweifel, keine Bedenken, keine Vertröstungen auf ein besseres Morgen. Nichts, dessen man sich als anständiger Mensch, als ehrlicher Kommunist zu schämen hatte. Angesichts des vordringenden Faschismus, des drohenden Krieges trat alles andere in den Hintergrund. „Dort ist der Teufel — hier, mag sein, der Beelzebub! Von dort aus wird die Menschheit bedroht — hier die Menschlichkeit!" Sie in sich selbst wach zu halten, zu verteidigen, wiederherzustellen, nicht mitzutun bei den Vergehen gegen sie — das war eine unabweisbare gesellschaftliche und persönliche Aufgabe. Jetzt und auf lange Sicht.

Die andere Aufgabe jedoch brannte einem auf den Nägeln: „Kampf gegen Faschismus und Krieg!" Er schien fast aussichtslos.

Der Schwung und Optimismus nach dem VII. Weltkongreß der Komintern 1935, wo das Vertrauen in die Kraft eines geeinten antifaschistischen Lagers über politische Engherzigkeit und Engstirnigkeit gesiegt hatte, vermochte sich nicht über die Jahre hinweg zu erhalten, die weitere schwere Rückschläge für die revolutionäre Arbeiterbewegung brachten. Ein Lichtblick: das kämpfende republikanische Spanien. Ansonsten: die dunkle Wand des Faschismus, die sich vorschiebt, und in ihr wetterleuchtet der Krieg. Wo sitzen die Schuldigen für diese katastrophale Entwicklung? Der Kreml mochte nicht zufrieden mit der Komintern sein, obwohl sie erst jüngst außerhalb Moskaus ein großes neues Gebäude erhalten hatte, das Platz für viele neue Mitstreiter bot. Es gab eine Reihe von Anzeichen Stalinscher Ungnade. Doch auch die Komintern hatte Ursache, dem Kreml einiges vorzuwerfen. Wie konnte eine revolutionäre Weltorganisation Schlagkraft haben, wenn der Aderlaß an erprobten Kaderleuten kein Ende nimmt? Der Blutstrom versickerte nicht nur in der Erde Spaniens, in den Gefängnissen, Konzentrationslagern, auf den Richtblöcken jenseits der Grenzen der Sowjetunion — er verdünnte sich auch von der „Butirka" und „Lubjanka" in Moskau bis zur Arktis, versickerte in den Wüsten von Karaganda, in den Urwäldern Sibiriens, an den fernen Ufern des Stillen Ozeans. Die Deklarationen der Komintern nach außen konnten nicht darüber hinwegtäuschen, daß sie — auch im Bewußtsein der sowjetischen Kommunisten — mehr und mehr an Einfluß und Bedeutung verlor. In der politischen Sowjetöffentlichkeit trat die Komintern kaum mehr in Erscheinung. Ihre führenden Köpfe, selbst Georgi Dimitroff, waren kaum mehr auf Transparenten oder auf der Bilderseite sowjetischer Zeitungen und Zeitschriften zu sehen, geschweige denn auf Massenmeetings. Die russische Ausgabe der Zeitschrift „Kommunistische Internationale" wurde in ihrer Auflagenhöhe radikal beschnitten; ihr leitender Redakteur, unser Freund Mirow, und seine Mitarbeiter, wie Klara Samoilowitsch, eine eminent kluge, gebildete Frau, die aus ihrem tuberkulösen Körper noch unermüdliche Arbeitskraft herauspreßte, wirkten sozusagen unter Ausschluß der Öffentlichkeit. Auch den fremdsprachigen Ausgaben dieses Zentralorgans der Komintern wurde das Leben nicht leicht gemacht.

Ernst war unentwegt auf der Suche nach brachliegenden Talenten für seine Zeitschrift, nach Leuten, die etwas zu sagen hatten und bisher für journalistische Arbeiten im internationalen Maßstab nicht herangezogen worden waren. Es mußten Menschen sein, die „sich etwas trauten", ihren Standpunkt zu bestimmten politischen Fragen behaupteten, ohne gleich in die Knie zu gehen, wenn höheren Orts unübliche Formulierungen beanstandet werden sollten. Er haßte die alte, abgegriffene kommunistische Schreibweise, den „Kominternstil" aus der Periode vor dem VII. Weltkongreß, arm an Argumentation, reich an Pathos, noch reicher an Zitaten. Selbst kluge Gedanken gingen dadurch ins Leere — kein normaler Leser vermochte sie aus dem Wust herauszuschälen. Manchmal sahen die Beiträge so aus, als hätte sich der Autor der einzigen Mühe unterzogen, die Werke von Marx, Engels, Lenin und Stalin zu zerschnipseln und wieder zusammenzukleben, um nur ja nicht in den Geruch selbständigen Denkens zu kommen. Außerdem hatte solch Zitatenschatz darauf Bedacht zu nehmen, daß die Stalinschen Formulierungen deutlich und schon durch ihre Massierung die drei anderen großen Schriftväter an die Wand drückten. Den alten Marx, ja Lenin zu oft zu Wort kommen zu lassen, wäre in der Zeit des „Personenkultes" ein klarer Beweis dafür gewesen, daß der Zitatensammler hinterrücks Stalin in den Schatten der anderen stellen wollte.

Die marxistische Scholastik hatte eine Hochblüte erreicht wie nie zuvor. In der Zeit der physischen Verfolgung jener, die sich zwar auf Marx und Lenin beriefen, sie jedoch verschieden auslegten, war das Schreiben zu einer überaus gefährlichen Angelegenheit geworden. Noch gefährlicher die Tätigkeit eines verantwortlichen Redakteurs. Schon die Wahl eines wenig bekannten Zitates aus den Werken der heiligen Väter mußte ihm verdächtig erscheinen — besser, es kurzerhand zu streichen, das würde immer noch weniger Unannehmlichkeiten bringen als die Anrufung offenbar längst vergilbten, schwer auffindbaren Geistes schwarz auf weiß. Allerdings gab es die glückliche Einrichtung des Vorsiebens: Redakteure, Lektoren, Korrektoren, haupt-, neben-, ober-, unter-, hilfs- und stellvertretende, beugten sich tagaus, tagein über Schreibtische, auf denen Artikel lagen, die nicht sie, sondern andere geschrieben hatten — und dies ausschließlich zu dem Zweck, zu verhindern, daß irgend etwas „durchrutschen" könnte. Was, das blieb dem damals hochentwickelten Instinkt für normenfeindliche Ausdrucksweise überlassen. Das hatte auch sein Gutes: dem Druckfehlerteufel wurde das Leben in der russischen Öffentlichkeit so sauer gemacht, daß er sich in die später aufgelöste Deutsche Wolgarepublik zurückzog, vielleicht auch in andere, unterentwickelte Republiken, wo er dann nicht nur sein Unwesen im örtlichen Schrifttum trieb, sondern auch viele biedere Leute zu Fall brachte.

Wer mich in diesem Zusammenhang boshafter Übertreibung zeihen wollte, dem sei folgendes erzählt: In die Verhörprotokolle einer Österreicherin hatte sich unversehens ein Schreibfehler eingeschlichen und durch die Hinzufügung von zwei Buchstaben die politisch unbescholtene Emigrantin in eine englische Spionin verwandelt: Awstria (Österreich) wurde zu Awstralia (Australien). Ihre hartnäckige Behauptung, keineswegs aus Australien zu stammen, sondern aus dem harmlosen Wien, konnte also nur auf die ganz verruchte Absicht schließen lassen, die Sowjetbehörden irrezuführen zu wollen. Wer ist solcher Untat fähig? Ein Spion! Zehn Jahre — eine milde Strafe in Anbetracht der Weigerung, ein reuiges Geständnis abzulegen. Im zweiten Fall geht es um eine einfache russische Seele: Eine Bedienerin im „Prawda"-Gebäude, kundig des Kehrens und Säuberns, kaum aber des Lesens und Schreibens, stellte sich eines Tages neugierig zu den Leuten, die vor einer Anschlagtafel im Korridor standen und lasen. Ihr natürliches Bedürfnis nach Information ließ sie fragen: „Bitte, sagt mir, was da steht — ich kann schwer lesen." — „Die Trotzkisten sind hingerichtet worden!" Mit „Hinrichten" verbindet das einfache russische Volk wie jedes andere immer etwas Trauriges. Außerdem wußte sie nicht, was Trotzkisten sind. Aber es klang so ähnlich wie zwei sehr gängige und angesehene Berufsbezeichnungen: Tankisti (Panzerführer) und Traktoristi (Traktorführer). So mischte sie beide zusammen zu dem mitleidsvollen Ausspruch: „Die armen Trankisti, was haben sie denn angestellt, daß man sie hingerichtet hat?" Unbildung, Hörfehler und das weiche russische Gemüt trugen ihr zehn Jahre Straflager ein.

Nicht so gefährlich wie der Buchstabenteufel, jedoch auch höchst verdächtig benahmen sich damals die Fremdsprachen, obwohl gerade die Russen sonst leicht mit ihnen umgehen und es zu erstaunlicher Perfektion darin bringen. Aber zu abnormalen Zeiten scheint sich eben alles und jeder abnormal zu benehmen. So erging es auch den Artikeln, die von einer Sprache in die andere übersetzt werden sollten, zum Beispiel aus dem Russischen ins Deutsche oder ins Englische. Da gab es vor der endgültigen Drucklegung lange Diskussionen über das erstaunliche Phänomen, daß die Übersetzung plötzlich mehr Raum beanspruchte als das Original. Demnach könnten vielleicht doch einige Sätze hineingeschmuggelt worden sein, die der fremdsprachenunsichere verantwortliche Redakteur dann vergeblich zu suchen begann. Es war ihm schwer begreiflich zu machen, daß die Sprachen eben die häßliche Gewohnheit haben, einmal länger, einmal kürzer zu sein als eine andere. Die deutsche und die englische Sprache tun wirklich des Guten zuviel gegenüber der russischen! Die eine macht aus zwei Hauptwörtern, zum Beispiel aus „Bande (von) Verbrechern", mir nichts, dir nichts ein Hauptwort: „Verbrecherbande" — was möglicherweise doch nicht dasselbe bedeutet. Hingegen trennt sie ein Verb mitten auseinander und stellt den einen Teil an den Anfang, den anderen an den Schluß des Satzes. Da soll sich einer, der es mit der Übersetzung genau nimmt, auskennen! Im Englischen liegt die Würze in der Kürze, wodurch die Gefahr gegeben ist, daß Wiederholungen ein und desselben Gedankens in mehreren sich gleichenden Sätzen plötzlich zu einem winzigen Kernsatz zusammenschrumpfen — was praktisch einem Betrug am Leser gleichkommt. Überdies verwendet die Sprache Shakespeares, jedoch auch die des Erzimperialisten Churchill in merkwürdigsten Kombinationen die Wörtchen „to do" — so in der Frage- und Verneinungsform und in zeitlicher Veränderung. Welch unabsehbare Möglichkeiten der Verfälschung eines absolut einwandfreien, druckfähigen russischen Satzes sich hier auftun — mit dieser Gewissenslast konnte, bei Gott, nicht einer allein fertig werden, dazu brauchte es mehrerer Kontrollorgane.

Über die solcherart schwierig gewordene Redaktionsarbeit waren damals die klugen, nichtverängstigten Russen ebenso verzweifelt wie wir, oder sie machten sich ebenso lustig darüber.

Als 1938 ein Ereignis von höchster ideologisch-politischer Bedeutung über das ganze Land hereinbrach, nämlich die Herausgabe des „Kurzen Lehrgangs der Geschichte der KPdSU (B)", alsbald von Parteimitgliedern, Parteilosen und sonstigen Personen allerorts eingehendst studiert, vorgetragen, vorgelesen, in Frage- und Antwortseminaren kapitelweise durchgenommen, da wurden auch alle noch greifbaren sprachkundigen Ausländer auf den Plan gerufen, um Übersetzungen des Werkes herzustellen. Natürlich konnte eine solche Arbeit nicht von einzelnen, sondern nur von Übersetzerteams bewältigt werden, denen eine Schlußredaktion auf die Finger zu gucken hatte, damit nicht die Buchstabentreue zu Schaden käme durch eine nur sinngemäß richtige Übertragung in die Fremdsprache. Solche Eigenmächtigkeit zugunsten korrekten Stils, allgemeiner Verständlichkeit und größerer Dezenz bezüglich der Kraftausdrücke hätte als glatte Sünde gegenüber dem Genius Stalin gegolten. Seiner Feder wurde das Geschichtswerk zugeschrieben, insbesondere das berühmte vierte Kapitel philosophischen Inhalts. Von diesem wurde allgemein nur im Tone besonders respektvoller Bewunderung gesprochen, mit bedeutungsvoll gesenkter Stimme, in die sich eine gewisse Ängstlichkeit mischte, als sollte schon dadurch jede kritische Auseinandersetzung im Keim erstickt werden.

Ich habe selbst an einem solchen Zirkel unter der Leitung unseres Parteivorsitzenden Johann Koplenig, kurz und freundschaftlich „der Kop" genannt, teilgenommen. Neben theoretisch-politisch geschulten Emigranten befanden sich auch Frauen von verhafteten österreichischen Schutzbündlern in unserem Kreis, und wir fühlten uns alle als eine solidarische Gemeinschaft, in der es keine „Verfemten" und keine „Bevorzugten" gab. Im Vergleich zu manchen anderen kommunistischen Parteien in der Sowjetunion zeigten sich auch hierin die Österreicher demokratischer und menschlicher, weniger furchtsam und autoritätsgläubig.

Mit der deutschen Endredaktion für die „Kurzgeschichte", wie wir sie respektlos nannten (es ist eine österreichische Nationaleigentümlichkeit, mit einem Wortwitz heilige Dinge ihres Glorienscheins zu berauben, wir sagten zum Beispiel auch höchst selten „Stalin", sondern sprachen vom „Peperl"), waren Ernst und neben anderen auch der deutsche Schriftsteller und Dichter Johannes R. Becher betraut. Da die Sitzungen meistens in unserem „Lux"-Zimmer stattfanden, lernte ich Becher dabei näher kennen. Seine Zeitschrift, die „Internationale Literatur", durch alle damaligen Fährnisse hindurchzusteuern, ohne dabei selbst über Bord zu gehen und an einem der sibirischen Urströme zu stranden, wie so manche seiner in- und ausländischen Schriftstellerkollegen, dazu bedurfte es der Lavierkünste eines venezianischen Gondoliere. Becher aber stammte von der bayrischen Isar, ein deutscher Intellektueller, der sich an der Moskwa nicht heimisch fühlte, da ging es nicht elegant um alle Ecken und Untiefen herum, ein süßes Lied auf den Lippen — da lag es näher, kräftig zu rempeln, sich ordentlich anzuhalten, lästige Mitfahrer auszubooten und viele, viele Strophen lauthals zu singen, deren Worte in die Zeit paßten. War der Dichter außer Hörweite, wurde er boshaft „Johannes Erbrecher" genannt.

Wie er so die ersten Male bei uns saß, hineingelümmelt in den Polstersessel mit schiefer Schulter (krummgeschossen von seinem ersten Selbstmordversuch), glich er einem großen, schweren, leidenden Tier, das sich den unberechenbaren Launen eines fremden Herrn ausgeliefert fühlt: es wechselt sein Verhalten, um Schlägen zu entgehen. Becher litt, das war ihm anzusehen, wie kaum ein anderer von den deutschen Schriftstellern, die sich in der Sowjetunion befanden — Willy Bredel, Erich Weinert, Hugo Huppert, Friedrich Wolf, Theodor Plivier (einige von ihnen kamen erst später, nach dem Zusammenbruch des spanischen Freiheitskampfes, nach Moskau) —, unter seinem Emigrationsschicksal. Er liebte Deutschland und war jetzt gezwungen, sich dieser Liebe zu schämen. Später wird ihm die deutsche Literatur einige ihrer schönsten Gedichte und Lieder, in dem Roman „Abschied" eines der kühnsten Selbst- und Zeitzeugnisse verdanken und das zweigeteilte Nachkriegsdeutschland einen höchst eigenwilligen Kulturminister der Ulbricht-Ära an ihm haben.

Der „Kurzgeschichte" folgte alsbald die Weltgeschichte. Sie nahm in unserem Denken den überdimensionierten Raum ein, der allen Menschen eigen ist, die den Sinn und Wert ihres Lebens in der Teilhabe am Rhythmus der Geschichte erblicken. In unzähligen Gesprächen, Diskussionen, Stellungnahmen und Deklarationen spiegelten sich Weltpolitik und Weltgeschehen wider. Trotzdem: will ich mir heute die Jahre bis zum Überfall Hitlers auf die Sowjetunion wieder vergegenwärtigen, sehe ich die wild aufeinanderfolgenden Ereignisse, die Europa von Grund auf verändern sollten, blutige Historie geworden sind, wie durch einen dunklen Schleier. Ich suche in meinem Kopf nach etwas Erschütterndem, Unauslöschlichem, nach einem ganz bestimmten Tag, an dem sich etwas vollzog — nur dieses eine, nichts anderes. Ich finde es nicht. Muß mich an den trockenen Daten anhalten wie ein Schulkind, dem sie heute als Zeitgeschichte eingetrichtert werden, und daran weiterklettern, bis ich wieder Anschluß an das Leben habe, das als sinnvoll empfunden wird, weil es den ganzen Menschen erfaßt.

Nur ein Tag leuchtet hervor, ein „red day" sozusagen zwischen den schwarz angekreuzten, hätten wir einen Kalender besessen. Ernst war als Zeuge der Verteidigung zu einer Gerichtsverhandlung vorgeladen worden, wo der seinerzeit verhaftete und seither verschollene Schutzbündler Ing. Weiß wegen „Sowjetfeindschaft, Sabotage und so weiter" unter Anklage stand. Schon die Tatsache selbst stellte eine einmalige Sensation dar. Weder hatte es bisher einen ähnlichen Fall gegeben, daß ein Kominternvertreter in Angelegenheit eines Verhafteten von einem sowjetischen Gericht vernommen wurde, noch war je unseres Wissens ein politisches Delikt zu öffentlichen Verhandlungen gekommen, außer bei den großen Schauprozessen. Der staatliche Ankläger stützte sich auf absurde Lappalien und offensichtlich verleumderische Zeugenaussagen gegen Weiß. Zum Beispiel darauf, der Angeklagte habe seine Sowjetfeindschaft wiederholt dadurch zum Ausdruck gebracht, daß er, anstatt die Werkskantine zu benützen, während der Mittagspause provokativ nur Äpfel gegessen hätte! Ernsts unerschrockenes Eintreten für ihn gab schließlich den Ausschlag: Der Richter sprach Ing. Weiß von allen Anklagepunkten frei und veranlaßte seine sofortige Entlassung aus der Haft. Es gab also doch wieder eine „sozialistische Gesetzlichkeit", den Sieg der Vernunft und Einsicht über Unmenschlichkeit und Bösartigkeit. Zu einer Zeit, da wir nur noch Weltpolitik im Kopf hatten und darüber fast den einzelnen Menschen vergessen hätten, war das ein „red day" nicht nur für den Unschuldigen, dem die Freiheit wiedergegeben wurde. Er ist später im russischen Partisanenkampf gegen die Hitler-Truppen gefallen.

Bevor ich mich damit abfinden mußte, an einem der Schnittpunkte politischen Geschehens nur Zuschauer und Zuhörer zu sein, gab ich mich der Hoffnung hin, die Komintern würde doch bald eine neue Arbeit für mich haben — oder? Ernst war skeptisch gewesen. Unter den gegebenen Umständen hätte es schon eines sehr energischen Winkes von oben bedurft, um die Kaderabteilung zu bewegen, mich irgendwie „einzubauen". Gegenüber Leuten, die längere Zeit in einem kominternfremden Apparat gearbeitet hatten, war man besonders vorsichtig. Eines Tages schien dieser erhoffte „Wink von oben" in Aussicht gestanden zu haben: Manuilsky, neben Georgi Dimitroff der einflußreichste Mann der Komintern, ließ mir sagen, ich möge zu ihm in seine Datscha kommen. Sein Wagen werde mich zu einer bestimmten Zeit abholen.

Ich hatte bis dahin Manuilsky nur bei irgendeinem offiziellen Anlaß gesehen, aber nie persönlich gesprochen. Er war wegen seiner hohen Intelligenz, vor allem auch wegen seines Witzes eine so außergewöhnliche Erscheinung, daß man sich insgeheim wunderte, wie eine solche ausgeprägte politische Persönlichkeit bisher jede Säuberung überlebt hatte, trotz einiger dunkler Punkte in seiner politischen Vergangenheit. Von ihm stammte das vielkolportierte Bonmot „Wenn der Kommunismus in der ganzen Welt gesiegt haben wird, bin ich dafür, die Schweiz auszunehmen. Es muß ein Land geben, wo die Menschen sich vom Kommunismus erholen können!"

Die Datscha von Manuilsky lag etwas abseits von einer Reihe ähnlicher Sommerhäuser, die alle zu dem eingefriedeten und bewachten Areal Kunzewo gehörten, der Erholungszone der Kominternfunktionäre in verantwortlichen Positionen. Nachmittagssonne schien in das behagliche Gartenzimmer, in dem ich eine kleine Weile warten mußte. Neben meinem Korbsessel lag ein Strickzeug. Hellblaue Wolle — ein angefangener Pullover, sehr unkompliziert glatt und verkehrt gestrickt. Ich griff danach, begann zu stricken und war schließlich so in diese lang nicht geübte Handarbeit vertieft, daß ich Manuilsky bei seinem Eintritt gar nicht bemerkte. Erst sein Lachen schreckte mich auf, seine lustige Begrüßung in hartem Deutsch: „Bot molodjez! Was für ein Teufelskerl! Sitzt und strickt wie ein kleines unschuldiges Mädchen. Jetzt verstehe ich, warum die Gestapo Sie nicht erwischt hat. Erlauben Sie, daß ich Sie umarme, kleines Mädchen!" Ich konnte es nicht gleich zulassen, sonst wären nur die Maschen von der Nadel gefallen. Dann umarmten wir uns kräftig. Es wurde eine Umarmung über viele Jahre hinweg. (Manuilsky hat diese kleine Episode später oft vor anderen zum besten gegeben und mit psychologisch-politischen Erläuterungen versehen, wie unbefangen sich ein Kommunist in jeder Situation verhalten sollte.) Wir sprachen lange über die Lage in Hitler-Deutschland, und er fragte mich dabei aus wie ein Kriminalist, der einen Zeugen befragt: Jede Beobachtung war ihm wichtig. Gespräche, die ich geführt hatte, und meine eigene Einschätzung, ob eine wirksame Opposition innerhalb der deutschen Bourgeoisie und ehemaligen Reichswehrkreise in der jetzigen Wehrmacht gegen Hitler und seine Kriegspläne zu erwarten wäre. Als ich es verneinte, wurde er böse: „Sie sehen die Dinge zu pessimistisch! Auch die Bourgeoisie lernt aus Erfahrungen. Die Deutschen haben den Ersten Weltkrieg verloren und bezahlt. Sie werden sich nicht in einen zweiten hineintreiben lassen ohne Widerstand. Nicht die Arbeiterklasse, nicht die Bourgeoisie. Nicht die Generale."

Im Zusammenhang mit Hitlers geheimer Aufrüstung bat ich Manuilsky, dem Generalstab der Roten Armee eine Information zukommen zu lassen. Sie erschiene mir wichtig, und ich hätte sie meiner früheren Dienststelle nicht mehr übermitteln können. Auf der Insel Usedom an der Ostsee, zwischen dem Stettiner Haff und der Peenemündung, ganz abseits von den bekannten Ostseebädern, müsse sich eine streng geheim gehaltene Industrieanlage befinden, zumindest im Bau sein. Sie diene bestimmt irgendwelchen Kriegszwecken. Niemand bekäme Zutritt zu dieser Gegend. Ich verbürge mich für die Richtigkeit dieser Information, könne aber nichts Näheres berichten, da die Erkundung solcher Objekte nicht in meinem Aufgabenbereich gelegen hätte.

Ich weiß nicht, ob Manuilsky diese Mitteilung, die er bei Kaffee und Keks von einem stillschweigend verabschiedeten Mitarbeiter der Vierten empfing, weitergeleitet hat. Wenn ja, dann wäre die Rote Armee schon im Frühsommer 1938 im Besitz einer annähernd genauen Lagebeschreibung der Stätte gewesen, von der die „Wunderwaffe" Hitlers, die V 2, ihren Ausgang nahm, mit der später London beschossen wurde.

Die britische Luftwaffe hat erst im Sommer 1944 und unter großen Verlusten die Versuchsbasis dieser Fernrakete an der Peenemündung angegriffen, ein Jahr nachdem sie von ihren Bildaufklärern ausgemacht worden war. Die anglo-amerikanischen Alliierten der Sowjetunion hätten demnach schon weit früher einen ernst zu nehmenden Hinweis auf diese Raketenbasis bekommen können — falls Manuilsky ihn weitergegeben hat.

Als ich zum Schluß dieses ersten Gespräches an Manuilsky die Frage nach meiner weiteren Verwendung stellte, wich er geflissentlich aus: „Das hat Zeit. Lernen Sie inzwischen Russisch. Die Sprache von Lenin. Es ist eine Schande, wie wenige von unseren ausländischen Genossen Russisch können . . . Lernen Sie Russisch. Das wird Ihnen helfen, unser Land zu verstehen!"

Wenig später kam seine Frau herein, Varja Platonowna. Ein himmelblaues Persönchen, auf dem Kopf eine weiße Schäfchenwolke von Haar. Ein hustendes Vögelchen, in Wolle gepackt — gleich würde es zur letzten Arie der Mimi anheben und im Sterben sein Flügelchen Marcel-Manuilsky überlassen! Es war eine Täuschung. Varja führte ihr gerührtes Publikum hinters Licht wie so viele Schwertuberkulöse. Noch Jahre nach dieser ersten Begegnung, der noch viele folgen sollten, bangten wir Freunde von Woche zu Woche um ihr Leben. Sie selbst bangte nur um das ihres Mannes und darum, ob es ihnen beiden gelingen werde, den Untergang der Faschisten, den Sieg der Sowjetunion über sie noch mitzuerleben. Im zähen, unpathetischen Kampf gegen ihr Leiden hatte sie sich ein Heer von äußerst harmlosen schmackhaften Bundesgenossen gefunden: die Pilze im Wald von Kunzewo. Stundenlang durchstreifte sie täglich das grüne Buschwerk nach ihnen, kannte ihre verborgenen Lieblingsplätze und verriet sie nur dem, der in konspirativer Verschwiegenheit und in der Freundschaft erprobt war. Ich liebte diese kleine Adelige aus Sankt Petersburg, die sich blutjung 1917 der Revolution angeschlossen und ihr bei Hunger, Kälte und zwanzigstündiger Arbeitszeit ihre Lungen geopfert hatte, auf den ersten Blick. Sie erschien mir wie eine Reinkarnation der zarten Frauen, an deren revolutionärem Beispiel ich mich als junges Mädchen entzündet hatte — Vera Figner, Rosa Luxemburg. Sie konnte schroff und launenhaft sein wie ein ausgedienter Bürgerkriegsheld, dem seine Narben zu schaffen machen, den niemand mehr braucht. In ihr gloste noch die ganze Leidenschaft der längst vergangenen großen Zeit, da Majakowsky auf den öffentlichen Plätzen von Moskau seine wilden Verse rezitierte. Als nach ihrem verlorenen Freiheitskampf 1939 die Spanier in die Sowjetunion einzusickern begannen, lernte Varja Platonowna in fliegender Eile Spanisch und animierte mich, das gleiche zu tun: „Die Sprache der Pasionaria!" Mehr als irgend jemand anderem verdanke ich es ihr, daß mir die Sowjetunion, ihre Probleme und Schwierigkeiten ans Herz wuchsen und ich das Land lieben lernte, den russischen Menschen ...

Dimitrij Sacharowitsch Manuilsky und seine Frau Varja Platonowna haben tatsächlich noch das Ende des „Tausendjährigen Reiches" erlebt. Als Delegierter der Ukrainischen SSR bei der UNO ist er auch außerhalb der Sowjetunion und Komintern politisch in Erscheinung getreten.

Ich folge Manuilskys Rat und lerne Russisch. Drei Jahre lang schlage ich mich mit den schwierigen Genitivregeln und -ausnahmen der russischen Sprache herum, während alle rundum wenigstens so tun dürfen, als hinge von ihrer Arbeit, von ihrem Mittendrinstehen in einem politischen Zentrum — auch wenn es jetzt Niederlage auf Niederlage erleben muß — Wesentliches ab. Beneidenswert jeder, der morgens in den Kominternautobus einsteigen kann. Die Isoliertheit von einer tätigen Gemeinschaft wäre zum Verzweifeln gewesen, hätte es nicht ununterbrochen neue Menschen gegeben, deren Namen etwas bedeuteten in unserer Welt, das winzige Stückchen Österreich in der Staropimenowskygasse — und vor allem meinen Mann. Wenn er abends die Tür zu unserem Zimmer öffnete, strömte mit ihm die Welt herein, die Arbeit, das Gespräch, die Zuversicht. Liebe, Zärtlichkeit und Verständnis für den Kampfkumpan, der sich aufs Eis gelegt fühlte. Inmitten solcher Dürre persönlichen Lebens werden neue Freundschaften zu einem Erlebnis ganz besonderer Art. Man gibt sich ihnen hin wie einer gefährlichen Liebe, die jeden Moment zu Ende sein kann. So erging es mir mit Kurt Funk. Er und seine Frau gehörten zu den wenigen Menschen, mit denen Ernst in meiner Abwesenheit engere persönliche Beziehungen unterhalten hatte. Nun nachdem ich als vierte dazustieß, vertieften sie sich zu einer fast unzertrennlichen Paarfreundschaft. Wir wußten weder Funks wirklichen Namen noch Genaueres über seine frühere Funktion in der KPD. Hier in Moskau war er so etwas wie ein weißer Rabe unter den Deutschen. Bei seiner eigenen Parteiführung galt er offensichtlich als schwarzes Schaf. (Diese Attribute scheinen dem heutigen zweiten Vorsitzenden der SPD und Minister, Herbert Wehner, kaum mehr anzuhaften.)

Groß, blond und sehr blaß, als hätte er lang im Gefängnis gesessen, ging er abends nach der Arbeit in der Komintern mit herausfordernd festem Schritt, die Pfeife im Mund, eine schäbige graue Mütze auf dem

Kopf, durch den langen Korridor in der obersten „Lux"-Etage zu seinem Zimmer hin, wo seine Frau mit der großen Kaffeekanne schon auf ihn wartete wie ein braves Hausmütterchen. Der einfenstrige Raum, durchzogen von Pfeifenrauch, Kaffeedunst und Katzengeruch, mit Büchern bis zur halben Decke hinauf vollgestopft, bot zwar wenig Platz für Besucher, doch hier war eine Oase, wo das offene menschliche Wort unter Genossen vorherrschte, die sich nicht ununterbrochen als „Funktionäre" gebärdeten. Hier gab es sarkastischen Witz, unkonventionelles Denken, Mut zu Zweifeln — auch zur Verzweiflung. Die Lauscher an der Wand fürchtete Kurt Funk ebensowenig wie die Ungnade seiner Parteiführung. Er verabscheute Walter Ulbricht, den Nur-Taktiker und selbstsicheren Rechthaber, und nannte ihn stets „Wulbricht", um dessen geistige und menschliche Grobschlächtigkeit zu charakterisieren. Ebensowenig hatte er für den Familienclan der Pieck übrig, was unserer Freundschaft einen harten Stoß versetzte, denn der alte Pieck (nach dem Krieg Präsident der Deutschen Demokratischen Republik) war eine achtenswerte Persönlichkeit, ein alter Arbeiterführer, dem man den Respekt nicht versagen durfte. Überdies schien er trotz seiner hohen Stellung in der Kominternoligarchie im privaten Umgang freundlich und hilfsbereit zu sein — er hatte mir eben in seiner Tischlerwerkstatt in Kunzewo ein Ärmelbrett und ein Katzenkisterl fabriziert. Als ich Funk gegenüber diesen erstaunlichen Beweis für die Urbanität des „Alten" erwähnte, erwiderte er nur ganz ungerührt: *Das* kann er."

Für mich war Funk ein ganz neuer Menschentyp: ein Mann aus der Arbeiterklasse mit der Geistesbildung und Sensibilität eines Intellektuellen. Wenn wir an den arbeitsfreien Tagen nicht in die Moskauer Umgebung fuhren, eingepfercht in die überfüllten Vorortezüge — den beiden Männern ein Horror, denn an der „Menge" erfreuten sie sich nur, sobald sie als politische Massendemonstration auftrat; ich hingegen genoß das wilde Geschiebe und Gedränge, die randalierenden Besoffenen, kreischenden Weiber und Kinder als unverfälschtes, ungehemmtes russisches Leben —, wenn wir also nicht ins Grüne fuhren, durchstreiften wir die Buchantiquariate der Innenstadt von Moskau. Für wenig Geld gab es da so viel herauszufischen, daß wir allmählich eine höchst anständige, deutschsprachige Handbibliothek an unseren Wänden aufstapeln konnten. Kurt Funk bewegte sich im Buchladen wie in einer Kirche: ging auf leisen Sohlen zwischen den Regalen umher und legte still Bücher beiseite — möglichst unbemerkt von den anderen, als habe er etwas aus dem Klingelbeutel gestohlen. Aber er entwickelte beim Bücherkauf nicht nur einen besonderen Spürsinn für bibliophile Raritäten, sondern auch unverhüllt Habgier und Neid, Zeichen des echten Sammlers. Hatten wir eine Erstausgabe von Herders Gesamtwerk in einem prachtvollen Ledereinband erwischt, dann freuten ihn seine sechs Bände Rankes „Deutsche Geschichte" plus vier Bände Dickens plus eine Stendhal-Ausgabe in Dünndruck nicht mehr.

Funk litt an Deutschland, am Unglück des deutschen Volkes. Wie ein Hund, der die richtige Fährte finden will, lief er unablässig vor und zurück auf den Wegen, die zum Sieg des Faschismus geführt hatten: zurück in die deutsche Geschichte, in die Anfänge der Arbeiterbewegung, über ihre Spaltung bis zu ihrer Niederlage; vor bis zum Sozialismus sowjetischer Prägung und in Träume hinein von einem künftigen sozialistischen Deutschland, in dem die Menschen glücklich sind.

Wohl kaum einer von den anderen deutschen Kominternfunktionären ist so von Skrupeln, Grübeleien und Verbitterung behelligt gewesen wie dieser unglückliche Kurt Funk, der sich hinter seinen Büchern verkroch und ein schlechtes Gewissen hatte, weil seine Genossen in Hitler-Deutschland unterdessen abgefangen wurden wie die Hasen. Im Frühjahr 1941 verschwand er plötzlich; fuhr, offenbar im Parteiauftrag, nach Schweden. Im Winter darauf — die Deutschen standen vor Moskau und wir im knietiefen Dreck der baschkirischen Hauptstadt Ufa — hieß es, Funk sei in Schweden „umgefallen" und daher aus der Partei ausgeschlossen worden. Die kleine Frau weinte um ihren Mann und später auch um die Bücher. Sie wurden der Parteibibliothek einverleibt. Ich bin ihm nie wieder begegnet, dem Freund und Genossen aus einer Zeit, da Menschsein und zugleich Kommunistsein eine schwierige Angelegenheit gewesen ist.

Während jenseits der Sowjetunion die rote Fahne bald nicht einmal mehr auf halbmast stand, sondern bestenfalls in schäbigen Arbeiterwohnungen irgendwo versteckt wurde in der geheimen Hoffnung, sie doch wieder, wohl erst nach Jahren faschistischer Herrschaft, entrollen zu können, trafen nach und nach im „Lux" und in den Sommerhäusern von Kunzewo (eiligst setzte man dort die Zentralheizungen instand, um ein Überwintern zu ermöglichen) die führenden Leute der restlichen, in die Illegalität versinkenden kommunistischen Parteien ein.

Nach dem Münchner Abkommen vom Herbst 1938 zwischen Chamberlain, Daladier und Hitler, worin meine Heimat, das Sudetengebiet, den braunen Hosen der Nazis und ihrem Siegesgebrüll preisgegeben wurde, brach die letzte Bastion der Demokratie in Mitteleuropa, die

Tschechoslowakei, in Stücke. „Den Chamberlain sollte man mit seinem eigenen Regenschirm erschlagen — er gibt Hitler den Weg frei für den Krieg!" Die Rumpftschechoslowakei mit ihrer kräftigen, national-bewußten Armee würde sich doch nicht widerstandslos schlucken lassen? Weder die Westmächte noch die Sowjetunion werden hinnehmen, daß das „Herz Europas" zu schlagen aufhört! Im März 1939 hörte es zu schlagen auf... Auf den Korridoren im „Lux" mischten sich nun in die anderen Sprachen auch tschechische Worte; dazu kam, zur leichteren Verständigung mit den Alteingesessenen, noch das Böhmisch-Deutsch, das in meinen Ohren so vertraut nach Heimat klang. Jan Kopecky (später Minister in der wiedererstandenen ČSSR) kämpfte für Frau und Kind um ein passables Quartier, bevor sie sich in Kunzewo von dem ersten Schrecken erholen durften, wo Klement Gottwald, der tschechische Parteiführer, mit Frau und Tochter Martha schon früher eingelangt war. Zu ihnen werden wir bald in so herzlichen Beziehungen stehen, daß unsere politischen Gespräche zu meinen interessantesten, der Sonntag-nachmittagstarock (ein altösterreichisches Kartenspiel) auf der Terrasse der Gottwald-Datscha zu meinen heiter-friedlichsten Erinnerungen an Kunzewo gehört. Einmal fiel ein Spiel Karten durch die Planken unter die verbaute Terrasse, was dem Vergnügen ein unwiderrufliches Ende bereitet hätte, denn wo in der ganzen Sowjetunion gäbe es noch ein Tarockspiel? Als ich mich erbot, vom Nachbarn Pieck ein Beil zu holen, um die Holzverschalung aufzureißen, wehrte Gottwald ab: „Ich möchte keine Gefälligkeiten von die Deitschen — ein Beil schon gar nicht...!" Ich holte es trotzdem und machte dabei die köstliche Entdeckung, daß über der Schlafcouch des alten Pieck in Lebensgröße ein holdselig-nacktes Weib lag — ein Aktgemälde in Farbdruck. (Auch das gab es in der ganzen Sowjetunion nicht, außer in Originalen in der Eremitage zu Leningrad.)

Auf die Tschechen folgten die Spanier. Gestern noch hatte die „Pasionaria" den spanischen Freiheitskämpfern zugerufen: „Lieber aufrecht sterben als auf den Knien leben" — nun schritt sie, in trauerndes Schwarz gehüllt, an uns scheuen Bewunderern vorbei, ohne Gruß und Blick, als sei auch ihr Inneres schwarz verhangen wie ein Sarg. Dunkle Fürstin der asturischen Kohle — im Gefolge einen jungen Mann, der später ihr Gatte wurde, und das Geraune des geschlagenen Volkes, das sich an Entthronten ergötzt: „Sie schläft in violettseidenem Bettzeug." — „Warum nicht?" empörte ich mich gegenüber Pilar, der Frau des spanischen Parteivertreters Hernandez, der uns gegenüber sein Quartier bezogen hatte und dessen Söhnchen den düsteren „Lux"-Korridor in eine laute Straße von Barcelona verwandelte. „Dürfen nur Eure Granden in seidenen Betten schlafen — und unsere nicht?" Sie sind doch Anarchisten, die Spanier, bei allem Heldenmut... Ich vergaß, daß Unglück böse macht und gehässig.

Im August 1939 schloß die Sowjetunion mit Hitler-Deutschland einen Nichtangriffspakt. Für uns blieb die Kremluhr stehen. Bald aber siegte auch im eigenen Kopf die realpolitische Einsicht über die Verwirrung, die dieser „geniale" Schachzug Stalins bei den Antifaschisten in aller Welt ausgelöst hat, sowohl in der Sowjetunion wie jenseits ihrer Grenzen. Das Land des Sozialismus mußte sich um jeden Preis aus dem Krieg heraushalten, der nun durch den Überfall Hitlers auf Polen blutige Tatsache geworden war. Ein genialer Schachzug fürwahr, wenn man es recht bedachte und sich nicht blenden ließ von Freundschaftsbeteuerungen zwischen dem „deutschen und russischen Volk". Bei einfachen deutschen und österreichischen Emigranten war politische Schläue nicht zu erwarten: Sie rennen zur Deutschen Botschaft, bitten um Einreisevisa in die Heimat — bis die Nachrichten durchsickern, daß die meisten von ihnen schon an der Grenze von der Gestapo verhaftet werden. Selbst bei deutschen Kominternmitarbeitern setzt vor lauter Begeisterung über die Möglichkeit, nun endlich wieder Kontakt mit „zu Hause" aufnehmen zu können, die Vernunft aus, die Vorsicht gegenüber dem Naziregime, das sich jetzt so friedlich mit der Sowjetunion über neue Grenzziehungen in Polen geeinigt hat, so daß die Rote Armee ins Baltikum einmarschieren und diese alten russischen Provinzen nun in die sowjetische Völkerfamilie heimholen konnte. Da kann man doch unbesorgt mit den Verwandten in Hitler-Deutschland Briefe austauschen, Pakete empfangen. Unsere deutschen Genossen sind wirklich von allen Göttern verlassen: Sie nehmen für bare Münze, was Falschgeld ist!

Der russisch-finnische Winterkrieg 1939/40 zeigt, daß die Hinhaltepolitik der Sowjetunion gegenüber Hitler bitter notwendig zu sein scheint. Von einer strahlenden Überlegenheit der Roten Armee über die finnischen Truppen Mannerheims ist wenig zu bemerken. Haben die vielen Verhaftungen in höchsten Kommandostellen ihre Kraft zersetzt, oder wird hier nur eine „Generalprobe" abgehalten, bei der das militärische Ensemble nicht voll eingesetzt wird? In Moskau sind die Lebensmittel knapp, die Stimmung gedrückt. Um vier Uhr früh gehe ich dick vermummt mit den anderen „Lux"-Frauen in die froststarrende Winternacht hinaus, um mich längs des „Magazins Nr. 1" in die „Butterschlange" einzureihen. Wir hopsen um die brennenden Holzkohlenöfen auf der Straße herum, schlagen uns gegenseitig warm, fassen uns an die Nasen, ob sie nicht schon abgefroren sind — wie den Rotarmisten weit droben im eisigen Norden, denen offenbar die Kampfeslust einfriert, weil dieser Krieg sie nicht erhitzt. Der alte Otto Kuusinen, bislang hoher Kominternfunktionär, soll sich erst nach langwierigen Verhandlungen mit Stalin bereit erklärt haben, den Ministerpräsidenten- und Außenministerposten in der Finnischen Demokratischen Republik (später Sowjet-Karelien) zu übernehmen.

Die Nachricht von der Kapitulation Frankreichs traf uns wie ein Schock. Hatten wir doch alle gehofft, die Stärke seines Heeres und die Kraft seiner Arbeiterklasse mit ihrer großen KP würden Hitler Einhalt gebieten. Hatte die Komintern vielleicht selbst dazu beigetragen, die Kampfkraft des französischen Volkes zu unterminieren durch ihre Parolen vom „imperialistischen Krieg"?

Im „Lux" trafen nach den Finnen und Polen (die vergeblich nach ihren Genossen Ausschau hielten, die schon früher hier Asyl gefunden hatten und jetzt irgendwo in Karaganda in Straflagern saßen) im Frühsommer 1940 nun die Franzosen ein. Vor ihnen als erster, und nur in Kunzewo anfangs aus der Ferne sichtbar, Maurice Thorez mit Familie. Der „Sohn des Volkes" (unter diesem Personenkulttitel erschien seine Biographie) entzog sich so lange allen Blicken, bis es nicht mehr verheimlicht werden konnte, daß er, während man ihn in der Illegalität in Paris vermutete, hier in Moskau war. Dank Jeannettes Fruchtbarkeit vermehrte sich seine Familie von Jahr zu Jahr um einen weiteren Sohn. Doch Vater Maurice wurde dessen nicht froh: Die Hakenkreuzfahne über dem Arc de Triomphe — das war zuviel für sein französisches und proletarisches Herz. Still und zurückgezogen auf seiner Datscha lebend, lernte er Russisch und wurde mehr von Ärzten besucht als von seinen Genossen. André Marty, der legendäre „Rote Matrose", schäumte unterdessen in der Komintern über die Behutsamkeit, mit der man sich jetzt Hitler-Deutschland gegenüber verhielt, und quälte seine Sekretärin mit ellenlangen Artikeln, in denen es von südfranzösischen Schimpfworten und Seemannsausdrücken derart wimmelte, daß sie in der „Kommunistischen Internationale" nicht ohne radikale Streichungen abgedruckt werden konnten.

Alle diese Menschen hatten in dieser und jener Sprache so wie wir einmal gesungen: „Wir schützen die Sowjetunion . . ." Jetzt suchten sie Schutz bei ihr, am Vorabend der Kriegskatastrophe, die über das Land hereinbrechen würde, trotz Pakt und Beschwichtigungstaktik. Daß die internationale Arbeiterklasse, die Antifaschisten in aller Welt nicht mehr imstande sein würden, diesen Krieg abzuwenden, lag uns auf der Seele wie eine persönliche Schuld. Denn obwohl es nach außen so schien und auch in der Sowjetpresse so dargestellt wurde, als ob der Krieg sich fernab von der Sowjetunion über die europäischen Länder hinwegwälzte und eine unmittelbare Bedrohung durch die „aggressiven Imperialisten" den Sowjetvölkern vorläufig noch erspart bliebe: jeder politisch denkende Mensch in unserer Umgebung war sich des Gegenteils bewußt. Seit dem Einfall der Deutschen in Jugoslawien im April 1941 erwarteten wir täglich die Kriegserklärung Hitlers an die Sowjetunion oder Zusammenstöße an der Grenze, die den Krieg auslösen mußten. Wir waren sicher, daß dieser furchtbare Krieg kommen würde — und ebenso sicher, daß damit das Schicksal Hitlers besiegelt wäre. Manuilsky und Ercoli (der italienische KP-Führer Togliatti) hatten schon Monate vorher im engen Kreis keinen Zweifel darüber aufkommen lassen, daß die blutige Kraftprobe zwischen Faschismus und Sozialismus, zwischen der Hitler-Wehrmacht und der Roten Armee unausweichlich geworden war.

Seit Beginn des Krieges 1939 hatten die Kominternmitarbeiter Urlaubssperre gehabt. Um so erstaunter waren wir, als Dimitroff Ende Mai 1941 Ernst zu sich rufen ließ und ihm vorschlug, sofort auf Urlaub zu gehen: Die unmittelbare Kriegsgefahr sei vorbei, jetzt sei der günstigste Zeitpunkt, vor allem Kommenden noch neue Kräfte zu sammeln. Da wir wußten, daß führende Kominternleute nicht ohne Zustimmung Stalins Moskau verlassen durften, maßen wir und alle Freunde diesem plötzlichen Urlaubsangebot große politische Bedeutung bei. Das konnte nichts anderes heißen als: „In diesem Sommer, ja in diesem Jahr gibt es keinen Krieg für uns." Stalin mußte dessen sicher sein, sonst hätte er nicht seine Einwilligung gegeben.

Vierundzwanzig Tage lagen vor uns. Freie, sonnige, unbeschwerte Tage. Wir werden im Schwarzen Meer baden, spazierengehen, gut essen und viel schlafen! Der Krieg ist fern — wir brauchen nicht an ihn zu denken. Endlich einmal nur zu zweit sein, vergnügt und ohne Verpflichtung! Auf der Autofahrt von der Kopfstation Simferopol hinunter nach Jalta überkam mich fast die gleiche Ausgelassenheit wie das erstemal, da ich hier mit meinem Schwager Otto im Autobus über die Bergstraße rumpelte, ungewiß, ob wir unten, irgendwo an der Krimküste, ein Quartier finden würden — damals ein Abenteuer. Jetzt beschenkte uns die Sowjetunion mit dem größten Luxus, den sie zu vergeben hatte: Kostenloser Aufenthalt in einem Sanatorium 1. Kategorie, Appartement mit Balkon aufs Meer, Kaviar, Krimwein, organisierte Ausflüge und Gemeinschaftsspiele, abends Kino oder Konzert in marmornen Sälen. Ernst schrieb wieder Gedichte.

Urlaub am Schwarzen Meer

Die Mauer hielt nicht stand. Und aus dem engen
Gehöfte des Tataren, durch die Spalte
verwitterter Porphyre und Basalte
mit krummen Wurzeln, schwieligen Ästen drängen
sich Feigenbäume, hundert Jahre alte.
Aus Lorbeerbüschen, kühlen Brunnenschauern,
aus Rosengärten steigt ein Marmorschwan
und starrt erstaunt den Baum des Bauern an.
Und wie der Feigenbaum durch Felsenmauern
brach sich das Volk in die Paläste Bahn.

Im weißen Kleide hier die Müßiggänger,
die aus den Schlössern durch die Gärten schweifen,
und jene dort, die sich den Schweiß in strenger
und heißer Arbeit von den Stirnen streifen,
sind eins und können stets die Rollen tauschen.
Sie sind das Volk. Und ihre Hände greifen
so ineinander, ihre Herzen rauschen
so ineinander wie die Gärten, wie
des Meeres uferlose Symphonie.

Ein Samstag brachte stürmisches Wetter. Dunkle fliegende Wolken am Himmel. Dunkle hochgehende Wellen mit weißen Schaumkronen. Ein Tag zum Schachspielen und Lesen. Nachts wache ich von schwerem Donnergegroll auf — ein Gewitter! Mein geliebtes Gewitter! Ich laufe auf den Balkon, um die Blitze über dem Meer zucken zu sehen. Kein Blitz — nur schweres Donnern landeinwärts. Ich wecke Ernst, der tief zu schlafen scheint.

„Hör doch — ein Gewitter! Irgendwo muß ein gewaltiges Gewitter niedergehen ... so hör doch ... steh auf!" Auf dem Korridor vor der Tür wird es lebendig, Schritte, leise Zurufe. Ernst liegt in der Finsternis auf seinem Bett, ist wach und horcht: „Das ist kein Gewitter, Ruth ... das ist Kanonendonner!" Gongschläge. Ich will das Licht andrehen —

kein Strom. Wir begeben uns zu der flüsternden Menge, die sich im Hof zusammengefunden hat und zum Himmel hinaufschaut, über den noch immer vereinzelt dumpfes Donnern hinwegrollt. Dann spricht der Parteisekretär aus dem Halbdunkel: Deutsch-faschistische Flugzeuge haben Sewastopol überfallen, Stadt und Hafen mit Bomben belegt. Was wir hören, sind die Kanonen von Sewastopol, die den Angriff abwehren. Aus Moskau ist noch keine Stellungnahme erfolgt. Wir sollen in Ruhe abwarten, bis Partei und Regierung gesprochen haben, und das Territorium nicht verlassen. „Es lebe unser sozialistisches Vaterland!" Wir singen die Sowjethymne.

Wir warteten auf dem Hof, bis die Sonne aufging und nach Stunden die Stimme Molotows aus dem Lautsprecher ertönte. Stockend verkündete sie, daß die Sowjetunion überfallen, der Krieg von den deutschen und rumänischen Streitkräften ins Land getragen worden sei. Sewastopol, Kiew und andere Städte seien frühmorgens bombardiert worden. „... unsere Sache ist gerecht. Wir werden den Feind vernichten. Der Sieg wird unser sein!" 22. Juni 1941. Ein Sonntag. Mit diesem Sonntag begann für das ganze riesige Land, für alle Völkerschaften, für jede Familie, für jeden einzelnen *das* Jahr der Vernichtung, der Verwüstung, des Todes. Des verzweifelten Widerstandes und der Flucht. Es wurde das schrecklichste Jahr in der Geschichte des russischen Volkes.

IX

Wieder im Einsatz

Ein Telegramm von Dimitroff hatte bewirkt, daß wir schon tags darauf von einem Autobus der NKWD-Zentrale in Mischor abgeholt und nach Simferopol zum Zug nach Moskau gebracht wurden. Der begleitende Leutnant, blaß und verstört, mußte zur Pistole greifen, um zu verhindern, daß der Bus von den flüchtenden Sommergästen gestürmt wurde. Zu Tausenden zogen sie dahin über die Küstenstraße nach Jalta, von dort den Berg hinauf zur Eisenbahnstation — einziger Fluchtweg von der Halbinsel Krim aufs Festland. Über Simferopol brach schon die Nacht herein. Der Bahnhofsplatz glich einem schwarzen Riesenleib, der sich in Krämpfen windet, aus Hunderten Lungen atmet, stöhnt, Flüche ausstößt und schließlich erschöpft zur Ruhe kommt. Der erste Fliegeralarm. Keine Panik. Die schwarze Masse bleibt liegen, wie sie liegt.

Während wir schweigend warten, auf unseren Koffern hockend, bis der Leutnant zurückkommt, der uns zwei Plätze im nächsten Zug sichern wollte, steigt plötzlich die Liebe in mir auf. Die alte Kinderliebe, die von den dunklen Kohlenwänden und schweißtriefenden Hauerrücken einmal auf mich zukam und mich hierhergeführt hat. Was da hier rundum atmet, nach fauligem Baumwollstoff und Machorka riecht, unter dumpfen Ängsten im Schlaf stöhnt — es wird den Krieg ertragen, ihn ausfechten müssen. Immer wieder ist es der gleiche, unter seiner Arbeit gebückte Mensch, dem alles aufgebürdet wird. Jede Last. Jedes Leid. Jeder Kampf.

Der Zug war ein Zug, wie ich ihn in der Sowjetunion noch nicht gesehen hatte. Immer war ich im Pullman-Wagen gefahren, sogenannte

„weiche Klasse", wo man herrlich schlief und im Speisewagen grauen Kaviar bekam, frische Südfrüchte und ein Menü, das ein Westeuropäer nicht bewältigen konnte. Diese Waggons hier, mit den kleinen offenen Abteilen, die Lampen schon blau verkleidet wegen der Fliegergefahr, hatten wohl bisher nur Arbeiter zu ihren Betrieben gebracht und Bauern von einer Station zur andern.

In das Abteil, wo uns der fürsorgliche NKWD-Mann auf einer Querbank installierte, mit dem Rücken zur Waggonwand, die Koffer über unserem Kopf und unter den Füßen, hatten anscheinend vorerst nur wenige Fahrgäste Zutritt bekommen. Wir waren fast allein mit dem Leutnant, als er seine grüne Bluse aufnestelte, ein Stück Brot hervorholte, zwei Tafeln Schokolade, Zigaretten und schließlich ein zerknittertes Papier, auf dem irgendein Stempel unter einigen handgeschriebenen Worten aufgedrückt war, und uns dies alles mit den Worten übergab: „Ich muß Sie jetzt allein lassen, Genossen. Meine Aufgabe ist erfüllt. Kommen Sie gut nach Moskau — und bitte sprechen Sie nicht laut deutsch. Wenn Sie irgendwelche Schwierigkeiten haben, zeigen Sie das Papier."

Bevor wir uns noch verabschieden konnten, wurde der Waggon gestürmt. Über die Köpfe der hereinstürzenden Menschen brüllte ich ihm nach: „Spasibo, spasibo! — Danke, danke! — Pobjeda budet sa nami! — Der Sieg wird unser sein!" Unser Abteil wurde so voll, daß wir kaum atmen konnten. Um zwölf Sitzplätze kämpften an die 30 Leute, ärmliche Männer und Frauen. Einfaches russisches Volk, nur einer davon trug Stiefel. Ich merkte mir dieses Detail, weil der Träger dieser Stiefel uns vom Sitz heruntertrampeln wollte. Nun, da die Deutschen die Sowjetunion überfallen hatten, spürte ich selber russische Stiefel an meinen Beinen und trampelte zurück.

Als der Zug endlich anfuhr, legte sich der Aufruhr, und es begannen die Gespräche. Wir schwiegen. Ernst drückte sich in seine Ecke, schloß die Augen. Im dünnen blauen Licht waren die Gesichter nicht zu unterscheiden, aus denen der Krieg sprach. Die Worte konnte ich kaum verstehen, doch am Tonfall hören, daß die Furcht sie ausstieß, Angst, Erbitterung, das Nichtfassenkönnen der Tatsache, aus heiterem Himmel von einem falschen Freund verraten worden zu sein. Eine Frauenstimme wiederholte immer den gleichen Satz: „Boshe moi, Boshe moi — woina! A nam gowarili, Gitler tepjer nasch drug! — Mein Gott — Krieg! Und uns hat man gesagt, Hitler ist jetzt únser Freund!"

Der Zug hielt nur in sehr großen Abständen, auch auf offener Strecke. In Trauben hingen die Menschen auf den Trittbrettern, stiegen aufs

Dach, brachen in die Abteile ein. Man konnte nicht mehr sehen, ob es schon Tag oder wieder Nacht war — vor den Fenstern türmte sich das Hab und Gut der Flucht. Wo nur all diese Flüchtenden herkamen, und wohin fuhren sie? Ihren Reden und verschreckten Gesichtern nach mußten die Hitler-Truppen schon bis in die Ukraine vorgedrungen sein, ihre Flieger den Himmel beherrschen. Die Rote Armee weicht zurück, wird vernichtet. Großer Gott — und der Krieg hat kaum begonnen!

Ich mußte es Ernst sagen, was halbverstanden aus dem Redegewirr zu vernehmen war, und wir flüsterten miteinander. Schon vorher hatte mich eine Frau angestoßen und gefragt: „Wohin fährst du?" — „Moskva", hatte ich geantwortet, anstatt „w Moskvu", und bemerkt, daß die falsche grammatikalische Form sie stutzig machte. Mit einemmal wurde es still um uns herum. Die Leute starrten uns an, tasteten unsere Kleider ab. Ein Mann griff nach Ernsts Hose: „Innostranni material! — Ausländischer Stoff!" Dann drohend: „Warum redet ihr nicht? Habt ihr keine russische Zunge?" Da schoß plötzlich wie ein Pfeil von irgendwoher das Wort auf uns zu: „Spione!" Das furchtbare, vielgehörte und vielgelesene Wort! Und gleich darauf, als hätte es ein Druckventil aufgestoßen, sprühte uns dampfender Haß entgegen: „Spione! Spione!" Gleich lynchen sie uns, konnte ich nur noch denken und warf mich vor Ernst, dem weißer Schweiß über die Stirn lief. Jemand zog mich an den Haaren. Das gab mir den Verstand zurück: „Duraki! — Dummköpfe! Wir sind österreichische Kominternleute! Kommunisten!" Wo ist das verdammte Bumaschka vom NKWD? „Hier! Lest das!" Ich schwinge das Papier vor den geifernden Mäulern herum. Ein paar Atemzüge Zeitgewinn. Aber der Stiefelmann hatte den Fußtritt nicht vergessen: „Papiere — das kennen wir! Jeder Spion hat falsche Papiere!" — „Totschno tak! — Sehr richtig!" Trotzdem rückten sie etwas von uns ab und schrien durcheinander, was jetzt mit uns zu tun sei. Ich verstand nur das Wort „Miliz" (Zugspolizei). Das war beruhigend. Lynchen werden sie uns nicht mehr. Doch in dem Trubel hatte ich das Papier verloren — was jetzt? Es mußte auf den Boden gefallen sein, oder jemand hatte es mir entrissen: „Bumaschka, bumaschka! Gdje bumaschka? — Das Papier — wo ist das Papier?" rief ich verzweifelt in den Tumult hinein... Mit einemmal wurde es still. Ein Mann war auf seinen Sitz gestiegen, der sich bisher schon als einziger ruhig verhalten und eine dicke Frau gebändigt hatte, die wie ein Sturmbock gegen uns anrammte, als gälte es, eine Festung zu nehmen, und hielt eine Ansprache. Am Herzschlag von Ernst merkte ich, der Mann sprach für uns: Wir seien keine Spione, sondern Emigranten eines kleinen Landes, das als erstes von Hitler überfallen wurde, dessen Arbeiterklasse in den Februarkämpfen 1934 Heldenmut gezeigt habe, und so weiter und so weiter — kurz, eine politische Ansprache. Ihr folgte ein jäher Stimmungsumschwung. Dieselben Hände, eben noch bereit, uns zu erwürgen, reichten uns jetzt das Brot und Salz der russischen Gastfreundschaft. Die Zwiebeln dazu, die Wodkaflasche, mit den Küssen rechts und links auf die Wangen. Wir werden alle miteinander gegen die Deutschen kämpfen — auf Leben und Tod bis zum Sieg!

Diese Szene auf der Fahrt in den Krieg hinein und das Vorangegangene — der dumpf verhallende Donner über der Krim, die im Morgengrauen fröstelnden Menschen, das Stottern Molotows aus dem Lautsprecher („Warum hat nicht Stalin gesprochen? Das ist ein sehr beunruhigendes Zeichen!"), der rumpelnde Autobus auf den Straßen der Flucht, der Bahnhof von Simferopol, den eine dunkle, konvulsivische Masse umklammerte —, das alles wurde zu einem Grunderlebnis des „Großen Vaterländischen Krieges", der nun auszufechten war. Vieles, was darauf folgte, schob sich darüber, wie etwas schon Bekanntes, Vorauserlebtes.

So auch die Nacht vom 16. Oktober desselben Jahres, als wir vor dem „Lux" in genauso einen Autobus stiegen, auch diesmal vollgestopft mit Menschen, um zum Kursker Bahnhof zu fahren — dem letzten Fluchtweg aus Moskau heraus, das sich der Einschließungsversuche der Hitler-Truppen mit verzweifelter Entschlossenheit erwehrte. Wiederum fernes Donnern der Geschütze, panischer Schrecken, Mitschleppen von Gepäck, das Nichtfassenkönnen einer Katastrophe, das Abtasten der mitfahrenden Gesichter nach einem fremden, einem „Spionengesicht". Als ob die vier Monate zwischen dem Tag des Kriegsbeginns in Mischor und der Moskauer Oktoberpanik in eine Fallgrube versunken wären und über ihrem zugeschlagenen Deckel sich der gleiche dunkle Himmel wölbte, zu dem wir hinaufgehorcht hatten, während die Deutschen Sewastopol bombardierten und die sowjetischen Geschütze losbrüllten. (Zweihundertfünfzig Tage wird die Festungsstadt am Schwarzen Meer dem Ansturm des Feindes standhalten!)

Die Flucht lief dem Krieg voran und hinterher. Die Spionenfurcht war ihre ständige Begleiterin.

Zunächst trug Moskau — nach allem, was wir unterwegs erlebt hatten — eine erstaunliche Gelassenheit zur Schau. Die Theater spielten, die Läden waren voller Waren, die Menschen fuhren übers Wochenende auf ihre Datschen in die Wälder, auch wir nach Kunzewo. Wäre nicht bald die Anweisung gekommen, auf dem Gelände Kartoffeln für den Eigengebrauch anzubauen, hätte sich das gewohnte sonntägliche Bild spazierengehender, Pilze sammelnder und abends einen Film beguckender Kominternleute ergeben können. So aber stachen wir die Erde um und legten geviertelte Saatkartoffeln hinein, die dann nicht mehr geerntet wurden: Die Gelassenheit war nichts als Camouflage. In Wahrheit rüstete sich Moskau hastig zum Krieg, und die Verstörtheit äußerte sich darin, daß man von ihm sprach wie im Mittelalter von der Pest: flüsternd, mit verhaltenem Grauen.

Die Deutschen hatten schon Ende Juni Minsk, die weißrussische Hauptstadt, erobert — ehe noch Stalin zum Volk sprach! Das war nicht anders zu erklären als mit Verrat. Oder mit den Folgen der „Säuberungen" in den Kommandostellen der Roten Armee. Oder mit der Unnatur des Hitler-Paktes. Das Argument, „die Sowjetregierung habe damit Zeit gewinnen wollen, um das Land auf einen Verteidigungskrieg vorzubereiten", wurde von den deutschen Panzern überrollt, die anscheinend unaufhaltsam in das Sowjetland hereinrasselten. Über Nacht mußte Gutgläubigkeit in Haß, Saumseligkeit in Initiative, Friedfertigkeit in Kriegswillen umgewandelt werden — eine Aufgabe, zu deren Bewältigung die vorpreschenden Hitler-Truppen anfangs mehr beitrugen als die allerorts überrumpelten Rotarmisten an den Grenzen, die sowjetischen Werktätigen im Hinterland.

Schon gleich nach unserer Ankunft hatte die Komintern eine Arbeit für mich: Einrichtung eines Zeitungs- und Radioausschnittearchivs im Rahmen der Presse- und Propagandaabteilung. Sie wurde von dem Halbtschechen Friedrich geleitet, der nach dem Krieg unter dem Namen Fritz Gminder in dem berüchtigten Prager Slansky-Prozeß zum Tode verurteilt wurde. Ein gefinkelter Hans Dampf in allen Gassen, arbeitswütig, daß der Schlafmangel ihm die Augen rot verklebte und die Wimpern abbrach, war er ein kommunistischer Ressortchef, ein Apparatschik par excellence: verehrt und gefürchtet von den Scharen der Sekretärinnen, Stenotypistinnen, Übersetzerinnen, den unteren Chargen männlicher Mitarbeiter und allen Leuten, die um günstige Arbeitsplätze, Schreibtische, Lebensmittelzuteilungen, Sitze in Autos, bessere Gehaltseinstufungen und sonstiges kämpften. Intimus der Kominternführung wie Dimitroff, Gottwald, Dolores Ibarruri, weniger beliebt bei den Deutschen, Franzosen, Italienern und den eigenen Landsleuten. Für seine Arbeitsleistung für die Sowjetunion erhielt er mit Recht gegen Ende des Krieges den Lenin-Orden; in der Nachkriegszeit in Prag brachte ihn die undurchsichtige Logik der Säuberungen zu Unrecht an den Galgen.

Das erste Blatt, das ich in die Archivmappe „England: Offizielle Deklarationen" einlegte, war die berühmte Rundfunkansprache Churchills in der Nacht nach dem Überfall der Hitler-Faschisten auf die Sowjetunion. Unsere Übersetzungsabteilung hatte sie sofort in mehrere Sprachen übersetzt, und wir zehrten, solange Stalin nicht gesprochen hatte, von der Rede des „Erzimperialisten und Interventionisten" wie Hungrige, denen ein unverhoffter Freund von weit her warmes Brot reicht, aus dem die Steine alten Mißtrauens entfernt waren.

Aber nach Stalins Rede am 3. Juli wußte das Sowjetvolk endlich, woran es war: Der Sieg würde unser sein — könnte jedoch nur mit höchster Anstrengung jedes einzelnen errungen werden! „Freunde...", hatte Stalin beschwörend ausgerufen, „Brüder und Schwestern...", die Sowjetfamilie fand nach bangen Jahren der Kälte und Unnahbarkeit wieder väterliche Wärme, das Oberhaupt, den weitblickenden Führer. Der „Koloß auf tönernen Füßen", wie ihn die Goebbels-Propaganda leichtfertig nannte, stellte sich mit einem Ruck auf die Beine und stemmte sich dem Feind entgegen. Zu den „Lux"-Fenstern herauf dröhnten schon frühmorgens die Lieder der vorbeimarschierenden Soldaten, der Moskauer Arbeiter, die sich freiwillig zur Volkswehr meldeten. Die ganze Stadt wurde in wenigen Tagen in Verteidigungszustand versetzt, auf die erwarteten Luftangriffe vorbereitet. Frauen und Kinder verließen organisiert in Evakuationszügen die Datschenvororte, Kinderheime, Moskau selbst. Die ganze Bevölkerung nahm an eiligst eingerichteten Kursen zur Brandbekämpfung, Handhabung von Gasmasken, Erste-Hilfe-Maßnahmen teil. Jedes Haus war bald eine Bastion für sich, mit Luftschutzkeller, Bereitschaftsdienst, Brandkommando.

Mit der Organisierung und Leitung des Zivilschutzes und aller damit verbundenen Verteidigungsmaßnahmen im „Lux" hatte die Komintern ein Dreierkomitee, eine sogenannte „Troika", betraut: Ercoli-Togliatti, den Hausverwalter und mich. Ercoli oblag die politische Führung, dem Hausverwalter der Ausbau der Kellerräumlichkeiten und die Verbindung zu den sowjetischen Zivilschutzbehörden, mir alles übrige. Das heißt, ich wurde eine Art „Lux"-Kommandant, Feuerwehrhauptmann, Schulungsoffizier und, bei Fliegeralarm, nächtlicher Tür-zu-Tür-Geher in einer Person. Nach Jahren der Inaktivität eine Aufgabe, die ich im Bewußtsein der Verantwortlichkeit mit dem Schuß Abenteurertum erfüllen konnte, das bei der Kominternarchivarbeit zu kurz kam.

In den Bereitschaftsdienst während der Bombenangriffe — Mitte Juli hatten die Deutschen zum erstenmal versucht, Moskau aus der Luft anzugreifen — waren turnusweise alle Männer des „Lux" ohne Ansehen ihrer politischen Funktion einbezogen. Erst als sich der überarbeitete Friedrich und der bequem gewordene Mátyás Rákosi bei Dimitroff beschwerten, daß offenbar die Wichtigkeit ihrer Person nicht genügend eingeschätzt werde, weil ich auch sie für den Dienst auf den Hintertreppen einteilte, anstatt alles zu tun, daß sie schleunigst in den Luftschutzkeller hinunterkämen, trat Ercoli politisch in Erscheinung und stellte diese Übertreibungen der Kampfbereitschaft ab. Er selbst hockte bei Luftalarm häufig neben dem Müllschacht in der obersten Etage und las, unberührt von jeglicher Aufregung, im Licht einer Taschenlampe irgendein Buch. Auch der alte Pieck samt Sohn Arthur und Schwiegersohn Theo sowie Walter Ulbricht und seine energische Lotte waren immer pünktlich zur Stelle; ohne um günstige Termine und Plätze zu feilschen, schoben sie ihre Wache, während zum Beispiel die Spanier, denen die Abendbrot- und Liebesstunde ihrer unbeschäftigten Frauen wegen heilig war, immer zu spät antraten, Zigaretten rauchten, was streng verboten war, und auf den Sandkisten einschliefen, denn „das haben wir ja alles schon in Spanien im Kampf gegen die Faschisten durchgemacht ..."

Mit der Flakmannschaft auf einem Dach hinter dem „Lux" verband mich über die Steinwurfweite hinweg soldatische Freundschaft. Wir begrüßten uns von Dach zu Dach, bevor ihre Kanone zu belfern begann: „He, towarischtschi, wsjo w porjadkie?" — „Jawohl, alles in Ordnung!" Beim zweiten und dritten Luftangriff fielen auf unser Hauptdach und den Nebenflügel im Hof Brandbomben. Wir konnten sie aus eigener Kraft löschen, der Berufsfeuerwehr blieb kaum mehr etwas zu tun.

Eine der Löschaktionen wurde buchstäblich zum Höllenspaß: inmitten der herumspringenden, zerfließenden und auflodernden Flammen im Hof stand ein österreichischer Genosse, Dr. Leo Stern (Bruder des NKWD-Offiziers Stern, der, rosig ausgefressen und unglaublich elegant, den Krieg im sicheren Buen retiro privilegierter Kriegsgefangenenlager für höhere und allerhöchste deutsche Offiziere verbrachte und trotzdem nicht verhindern konnte, daß der dritte, im spanischen Bürgerkrieg unter dem nom de guerre „General Klébér" zu aufdringlicher Berühmtheit gekommene Bruder in einem sibirischen Straflager auf Nimmerwiedersehen verschwand), und wußte trotz Schulungskurs nicht aus noch ein. Eine kleine Brandbombe wollte ihre chemische Zusammensetzung nicht deklarieren, und so schrie Leo Stern verzweifelt: „Phosphor oder Schwefel —

Wasser oder Sand? So hilf mir doch, Ruth, ich weiß nicht, was ich nehmen soll... Phosphor oder Schwefel, gelb oder grün..." — „So nimm doch Sand, du Idiot...!" Ich mußte so lachen, daß ich eine Anzeige „wegen undisziplinierten Verhaltens" zu gewärtigen gehabt hätte, wäre besagter Stern nicht damals ein guter Freund gewesen.

Übrigens hat dieser Sohn der Bukowina und Schüler des österreichischen marxistischen Neukantianers Max Adler 1945 eine politisch ehrgeizige Rolle gespielt. In den Tagen der Befreiung Wiens durch die Sowjetarmee zerrte er Dr. Karl Renner aus seinem ländlichen Schlupfwinkel in Niederösterreich hervor und bewog ihn im Auftrag des russischen Oberkommandos, sich als Staatskanzler der provisorischen Regierung zur Verfügung zu stellen.

Daß das „Lux" keine Zufallstreffer abbekam, sondern zielsicher bombardiert wurde, bestätigte eine Beobachtung, die ich gleich zu Beginn der Luftangriffe dem Hausverwalter gemeldet hatte: Bei einem der gegenüberliegenden Häuser in der Gorkistraße war mir ein stark strahlendes rotes Licht aufgefallen, das still wie eine leuchtende Blume direkt auf dem Dach zu liegen schien. Nachdem dieses Lichtsignal gefunden und beseitigt worden war — es gab also doch auch echte Spione —, fielen keine Brandbomben mehr auf unser Haus.

In diesen Nächten, vom Dach des „Lux" aus, wurde mir Moskau zur geliebten Stadt: „Moskva moja, ljubimaja..." hieß es in dem volksliedhaften Schlager, und wir fanden keine besseren Worte, um das auszudrücken, was uns angesichts der feindlichen Bedrohung bewegte. Die deutschen Hunde werden es niemals in ihre Klauen bekommen, nein, niemals — auch wenn sie schon in gefährlicher Nähe herumkläffen: Smolensk ist gefallen, Orel, die Panzerrudel stoßen auf Wjasma vor, keine 200 Kilometer von uns entfernt! Das Sowinformbüro — durch seinen Sprecher Losowsky repräsentiert, der einmal Vorsitzender der Profintern, des roten Weltgewerkschaftsbundes war, ein alter „Internationaler" von Rang und Namen — brachte seine Hiobsnachrichten immer um einiges später als die Nazistationen ihr Triumphgeheul, das dann in meinem Radioausschnittearchiv zur schweigenden Konserve wurde.

Davon, daß die Moskauer Flaksperre ganz hervorragend funktionierte und die Bomben nur da und dort Schaden anrichteten, sprachen die Nazikommentatoren nicht — aber nachts, vom Dach des „Lux" aus, konnte ich es mit eigenen Augen sehen und daraus Zuversicht und Vertrauen in die Verteidigungskraft Moskaus schöpfen. Nein, sie würden auch nicht in dieses „Lux" eindringen und sich an der Vorstellung delektieren, eine „Hochburg des Internationalen Bolschewismus ausgeräuchert zu haben"!

In hellen Mondnächten versuchte ich mich von oben her in Moskau zurechtzufinden. In weitem Umkreis atmete es auf allen Dächern. Warum war es eigentlich so ungeheuer still in Erwartung des Luftangriffes? Die feindlichen Flieger in einigen tausend Meter Höhe konnten doch keine hinaufdringenden Geräusche hören oder gar das laute Sprechen eines Menschen? Wir flüsterten jedenfalls ganz unsinnigerweise: „Dort drüben muß der Zoo liegen. Ob die Tiere noch zu fressen bekommen, jetzt, da es mit den Lebensmitteln für die Menschen schon recht knapp geworden ist?"

In den vergangenen Jahren war ich oft allein in den Zoo gegangen, der sogar im Tierreich das fortschrittliche Sowjetsystem widerzuspiegeln schien: Unterschiedlichste Arten lebten friedlich nebeneinander — Löwe und Wolf und Gazelle, und die Kinder spielten vergnügt mit den Jungbären. Ully, der Bub vom kleinen Karl, hatte mir einmal in Prag erzählt, es gäbe nur in einem Zoo der Welt einen „Tigerlöwen", die gelungene Kreuzung zwischen Tiger und Löwe. Um den kleinen Burschen auf seine konspirative Verschwiegenheit zu prüfen (auf keinen Fall hätte er den Moskauer Zoo nennen dürfen!), fragte ich ihn ganz harmlos: „Wo gibt's denn so einen Tigerlöwen?" Er wurde leicht rot und plapperte dann ganz schnell: „In China!" Wo mochte der kleine Karl jetzt stecken? Im hohen Norden, in Sibirien? Er wäre der erste gewesen, sich freiwillig an die Front gegen die deutschen Faschisten zu melden! Vielleicht kommt eine große Amnestie... Ob sie mit den Gefangenen in der Lubjanka dort drüben auch einen Zivilschutz eingerichtet haben? Bewußt war ich niemals an diesem legendären, von dunklen Geheimnissen umschlossenen Gebäude vorbeigegangen, ich hatte auch nie das Lenin-Mausoleum aufgesucht. Wozu einer dauerhaft präparierten Leiche ins Gesicht starren? Lenin lebte mitten unter uns, auch jetzt, hier auf dem Dach des „Lux".

Über die Dächer hinwegblickend, ging mir etwas vom Berufsgefühl des Dachdeckers und Kaminfegers auf: Nichts über sich als den Himmel, einige Gefahr dabei, und doch einbezogen in die Stadt, wo hinter allen Fenstern unbekanntes Leben abläuft. Früher waren sie alle beleuchtet, man konnte an ihnen die Wohnungsnot erkennen — kaum eines, aus dem nicht Licht drang, das durch Dunkelheit anzeigte: hier ist ein unbewohnter Raum. „Moskva moja, ljubimaja..." Dem Le-Corbusier-Haus dort hinten werden die Luftdruckwellen die durchgehenden Glasfronten eindrücken! Das grauverwaschene, verwahrloste Beton- und

Glashaus hatte etwas Rührendes an sich. Revolutionäre Baugesinnung hatte es geschaffen, aber nicht mit der Unwandelbarkeit des Moskauer Klimas gerechnet: Hitze und Frost zerfraßen das Haus des genialen Architekten.

Liefen die Augen die Gorkistraße entlang nach Westen, immer geradeaus, war an ihrem Ende, unter die Dunkelheit geduckt, der Weißrussische Bahnhof zu vermuten. Tag und Nacht gingen von dort die Militärzüge an die Front, die immer näher rückte. Anstatt Papier zu schnipseln und in Mappen zu legen, war es bald wichtiger, tagsüber am Panzergrabenbau teilzunehmen. Ein Dutzend Kilometer hinter der Stadt, gegen die Istra zu, stürzten wir uns mit Schaufeln und Krampen auf die russische Erde und stachen wutverbissen auf sie ein, bis sie so breit und so tief aufbrach, daß die deutschen Faschisten vor ihr haltmachen müßten. Abends, beim Heimfahren im Lastwagen, sangen wir dann aus voller Kehle „Moskva moja, ljubimaja . . .", und ein Kominternküchenmädchen schwang die Schaufel im Takt dazu und schrie: „Ja ich ubiju! — Ich erschlage sie!"

Nach der Kesselschlacht bei Wjasma und dem Durchbruch bei Kaluga und Kalinin sprachen wir von den Frontereignissen nur mehr im Flüsterton, als gelte es, ein furchtbares Geheimnis zu bewahren. Keine Panik! Nur keine Panik! Niemals werden die Deutschen Moskau erobern! Der Winter steht vor der Tür — wir haben Mitte Oktober: der 12., 13. (Papas Geburtstag, du lieber Himmel, er wird 84!), 14., 15. . . In der Stadt gehen offenbar unheimliche Dinge vor sich: Wird Moskau geräumt? Aufgegeben? Wir führen ein solches Inselleben — morgens in die Komintern hinaus, spätabends zurück ins „Lux" oder direkt ins „Radiokomitee" am Puschkinplatz —, daß wir von den Massenevakuierungen in den letzten Tagen, dem Aufbruch von Millionen nach dem Osten kaum etwas zu sehen bekommen. Aber das ängstliche Vibrieren der Stadt ist zu spüren, die allgemeine Hast und Unruhe, und es kommen die Telephonanrufe von Freunden: „Ihr seid noch da?! — Wir fahren nach Taschkent, nach Kuibyschew, nach Tscheljabinsk . . . irgendwohin, wir wissen es nicht . . ." Georg Lukacs, die Becher, die Bredel. Varja Platonowna verabschiedete sich hastig, sie ginge wegen ihrer Lunge ins Spital!

Sogar einige Kominternleute verlassen Moskau — im „Lux" schlagen Türen zu, über die Stiegen poltert Gepäck. Nicht eine Sekunde kam mir in den Sinn, daß auch Ernst und ich wegmüßten. Im Gegenteil, ich stellte mich innerlich darauf ein, notfalls vor den Toren der Stadt in einer „Kommunistischen Brigade" meine Pflicht zu tun, Ernst würde weiterhin vor dem Mikrophon die Stimme Moskaus in deutscher Sprache erklingen lassen und für unsere Katze Mucki sorgen, die bei Luftalarm immer in den Schuhkasten kroch, in ihren „bomboubjeshischtsche", Luftschutzraum. Zu der unerschütterlichen Überzeugung, daß sich 1812 nicht wiederholen werde, Hitler nur ein Möchtegern-Napoleon sei, die deutschen Faschisten sich an der sozialistischen Hauptstadt die Zähne ausbeißen würden, trat die Gelassenheit von Menschen, die nichts zu verlieren hatten als ein paar Bücher, und die in gefährlichen Situationen noch immer mit dem Leben davongekommen waren.

Am 16. Oktober morgens gab es ein bedrohliches Frontkommuniqué: „...große Panzereinheiten... Verteidigung durchbrochen...", und am Abend versuchte die Panik das „Lux" zu erobern. Die ganze Komintern, alle Mitarbeiter und Angehörigen sollten in wenigen Stunden evakuiert werden. Ernst stand totenblaß in der Tür zu unserem Zimmer und brachte die Nachricht: „Du hast eine halbe Stunde Zeit, das Wichtigste zu packen. Die Autobusse stehen schon vor dem Haupt- und dem Hintereingang."

Das Wichtigste? Die Schreibmaschine, die Manuskripte von Ernst, warme Sachen, Schuhe. Ernst ordnete die Schriften: „Mein Buch lasse ich hier, davon existieren fünf Exemplare an verschiedenen Stellen. Wozu brauche ich jetzt ‚Die moderne Naturwissenschaft im Lichte marxistischer Erkenntnis'? Aber alles, was ich über die Geschichte Österreichs geschrieben habe — das nimm mit. Das braucht die Partei. Damit kann man Schulungskurse machen..." Ich kämpfte um sein Buch wie um eine kostbare Beute. Vergeblich. Er wollte sich nicht „unnütz abschleppen". In einen alten Wäschesack stopfte ich sämtliche Schuhe, die heimatlichen Skischuhe obenauf. Abschied von Mucki. Sie kroch in den leeren Schuhkasten: „Shdi menja, wart auf mich, kissinka... ich darf dich nicht mitnehmen..." Am liebsten hätte ich sie vorn in meinen Mantel hineingesteckt, wie ich es immer tat, wenn wir nach Kunzewo fuhren oder in die Umgebung auf irgendeine Datscha zu Freunden. (Aber Simonow hatte „Shdi menja..." nicht für Katzen gedichtet, sondern für die in den Krieg ziehenden Rotarmisten.)

Auf der Haupttreppe stießen wir im Dunkeln mit Lukanoff zusammen, einem freundlichen, sonst zu Späßen aufgelegten Bulgaren. Er schimpfte mit seiner Frau, die er gerade noch davon abgehalten hatte, das Eßbesteck und den Teekessel in den Müllschacht zu werfen. „Stalin hat angeordnet, alles Metall muß vernichtet werden, bevor es dem Feind in die Hände fällt...", rechtfertigte sich weinend die völlig verstörte Frau. In der Empfangshalle unten türmten sich Gepäckstücke, zwischen denen die Menschen in der Finsternis herumstolperten, um nach ihren Sachen zu suchen. Eine russische Männerstimme — die später, als den „Panikmachern" ein Parteiverfahren drohte, nicht mehr identifiziert werden konnte — brüllte im Kommandoton! „Shisn — ili wjeschtschi! — Leben oder Gepäck!" Eine Wahnsinnsparole, geeignet, selbst diejenigen anzuheizen, die Kaltblütigkeit bewahrten.

Auf der nachtdunklen, nebligen Straße fuhr unerbittlich ein Autobus nach dem anderen ab, vollbeladen mit schreienden, nach ihren Angehörigen und ihren „wjeschtschi" rufenden Menschen. Ernst und ich hielten uns an der Hand, um im Tumult nicht auseinandergerissen zu werden. Mein Schuhsack wurde mir von der Schulter gestoßen, platzte auf, und alle Schuhe verkugelten sich irgendwo im Rinnstein. Wir waren entschlossen, so lang zurückzubleiben, bis das panische Gedränge abgeflaut war, und warteten vor dem „Lux" auf den nächsten Abtransport.

Das Haus hinter uns keuchte kalten Atem aus — alle Fenster und Türen waren offengeblieben. Von fern Geschützdonner. Oder ist es der äußerste Flakstellungsring, der dem flüchtenden Moskau den Himmel freihält? Mischor, Simferopol und jetzt Moskau. Die gleiche dunkle Riesenkuppel, unter der die Straßen in den Krieg hinein- und von ihm wegrennen. Die gleiche konvulsivische Masse dann vor dem Bahnhof, der Sturm auf die Züge, und auch ein NKWD-Revolver, der — diesmal gegen uns — gezückt wird, weil der leere Waggon, in den uns Mirow hineinbugsieren will, angeblich nicht für die Komintern, sondern für eine andere Organisation freizuhalten ist.

Aber schließlich stoßen wir uns doch hinein, und jedem fährt eine Taschenlampe ins Gesicht, ob nicht ein fremdes, ein Spionengesicht sich dazugeschmuggelt hat. Beim Lauf über die Geleise war ich auf etwas Weiches, Hellschimmerndes getreten, hielt es für einen überfahrenen Hund und bückte mich danach: Es war ein herrliches, großes, weißes Eisbärfell! Ernst konnte später seinen langen, mageren Körper darauf ausstrecken, zwischen zwölf herunterbaumelnden Beinen auf dem Boden liegend und die halbe Fahrt verschlafend, die fünf, sechs, sieben, ich weiß nicht wie viele Nächte und Tage dauerte, bis wir an unserem Bestimmungsort ankamen.

Auf so einer Fahrt ziehen sich die Menschen aus; selbst wenn sie ihre Kleider anbehalten — denn der Waggon war ein sommerlich-ungeheizter, auf die Hin- und Herpendelei zwischen Moskau und den Datschenvororten eingefuchster Wagen, ohne Waschmuschel und Klo —, werden sie nackt bis auf die Haut. Blößen und Schwächen werden sichtbar, die man an sich selbst und an den Mitgenossen früher nicht bemerkt hat;

und ebenso unverhüllt die Stärken. Da muß man das Essen teilen, den Teekessel herborgen; das Klo für ungefähr dreißig Personen auf der Plattform „bauen", das heißt seine Koffer für die Einfriedung eines Misthaufens zur Verfügung stellen; im Sitzen, Stehen und Schlafen sich abwechseln; beim Zugsaufenthalt in einer Station nach dem „Kipiatok", dem heißen Teewasser, um die Wette laufen; bei der Suppen- und Brotausgabe flink und egoistisch sein, sonst geht der eigene Waggon leer aus; man muß seine Mitfahrer bei guter Stimmung halten, Lieder singen, Vorträge organisieren, die Frontnachrichten herbeischaffen; mit Medikamenten und guten Ratschlägen helfen: kurz — es gilt, aus einem Packen atmenden Fleisches schleunigst wieder Menschen zu machen, die freundlich und hilfsbereit zueinander sind, nicht streiten, nichts verheimlichen, nicht auf ihren Säcken hocken und untätig zuschauen, wie der andere sich abmüht, hungert, friert, verstockt in sich zusammenfällt oder gar lamentiert.

Alle miteinander erfahren in den Organisationsformen der revolutionären Arbeiterbewegung und ihre Vorteile kennend, wählten wir alsbald ein Dreierkomitee für unseren Waggon, an der Spitze unseren Freund Mirow, den Redaktionskollegen von Ernst, dem die russischen Revolutionsstürme, die nachfolgenden Hungerjahre und schließlich auch die Tschistka nichts anzuhaben vermocht hatten und der nun mit gewohnter Gelassenheit keine individualistische Anarchie aufkommen ließ, sondern aus uns allen ein provisorisches Kollektiv schuf, das sich zu helfen wußte. So schunkelten wir durch das weite Land dahin, immer weiter weg vom Krieg — ihm nur dann wiederbegegnend, wenn auf dem zweiten Geleise Militärzüge in der Gegenrichtung fuhren. An einige Fahrtgenossen erinnere ich mich besonders deutlich: Otto Winzer (damals hieß er Otto Lorenz, heute ist er Außenminister der DDR) und seine schöne, braunäugige Frau, die uns kameradschaftlich mit heißaufgegossenem Ersatzkaffee und Zwieback labten, weil ich's wieder einmal verabsäumt hatte, an so etwas zu denken; der Ungar Michal, Vertreter der Kommunistischen Jugendinternationale, der durch seine penetrante Forschheit und Angeberei uns allen derart auf die Nerven ging, daß wir ihn zur Hölle wünschten. (Die ungarischen Aufständischen haben ihm, dem AVO-Chef Michael Farkas, fünfzehn Jahre später dieses Schicksal tatsächlich zugedacht, doch es ist ihnen nicht gelungen.) Eine makabre Nachricht durchlief den Zug: Der alte Losowsky, der in einem anderen Waggon mitfuhr, hatte seine greise Mutter unter größten Schwierigkeiten aus dem belagerten Leningrad herausgebracht; nun war sie unterwegs doch an Entkräftung gestorben, und er hatte die Leiche aus dem fahrenden Zug werfen müssen. Wir trauerten mit drei Schweigeminuten um die unbekannte, arme Frau, der es nicht vergönnt gewesen war, die Flucht aus Moskau nach Kuibyschew zu überleben.

Ein tragisches Geschick begleitete auch die Spanier auf dieser Fahrt: sie hatten ihre Kinder verloren, Waisen des spanischen Bürgerkrieges! Zu Hunderten waren sie in verschiedenen Kinderheimen der MOPR untergebracht, und jetzt war es so gut wie sicher, daß eines der größten Heime in Weißrußland in die Hände des Feindes gefallen war. Während des deutschen Durchbruchs auf Moskau zu hatten wir täglich darauf gewartet, ob die Evakuierung des Heimes doch noch in letzter Minute gelänge, aber bis zu unserer Abreise war keine Nachricht darüber eingetroffen. Nun hockten die Spanier in einer Ecke eng zusammengedrückt beieinander, als säßen sie mutterseelenallein auf ihrer Iberischen Halbinsel, ringsum von Fremden und Feinden umgeben.

Tüchtig und galgenhumorig die Deutschböhmen, meine engeren Landsleute: Der rundliche Rudolf Appelt und seine noch rundlichere kleine Frau Emmi sind darunter, unsere unentwegten Pilzkumpane von Kunzewo. Nach dem Krieg werden sie sich als Botschafterehepaar der DDR in Moskau auf dem diplomatischen Parkett mit der gleichen Gastfreundlichkeit bewegen wie zwischen den „wjeschtschi" in unserem Waggon. Man brauchte nur mit den Augen zu betteln — und schon teilten sie, was sie an Eßbarem bei sich hatten. Grete Lode sehe ich vor mir, die Frau Arthur Piecks und Schwiegertochter des Alten, mit ihren rachitischen O-Beinen, tuberkulösen Pneumothoraxlungen, ihrer vifen Intelligenz in dem hübschen, rotblonden Köpfchen glattweg aus Alfred Döblins Roman „Berlin, Alexanderplatz" entstiegen. Wir hätten sie unterwegs fast verloren, weil sie bei jeder Gelegenheit aus dem Zug sprang: „Meine Bazillen brauchen egalweg frischen Sauerstoff ... die Luder!"

Mitten in der Nacht kamen wir in Ufa an, der Hauptstadt der Autonomen Sowjetrepublik Baschkirien, im südlichen, noch zu Europa gehörigen Teil des Ural gelegen. Es war bitterkalt, und der lehmige Boden, in den wir später an wärmeren Tagen bis zu den Knien einsanken, halbgefroren. Ich weiß nicht mehr, wie wir zu dem großen, lichtlosen Gebäude hingekommen sind, ob zu Fuß oder in Autobussen, jedenfalls erhob es sich plötzlich vor uns wie eine schwarze Arche und verhieß Schutz, Wärme, Gliederausstrecken und Schlaf, vielleicht auch Waschmöglichkeiten und einen heißen Tee nach der Fahrt, deren Tage und Nächte wir nicht mehr gezählt hatten.

Das Tor zum „Geophysikalischen Forschungsinstitut", das von nun an der Sitz der Komintern sein sollte, öffnete sich zwar unter den Fußtritten der kräftigsten Männer und ließ den vor Erschöpfung wankenden, verdreckten Haufen von Menschen hinein, sonst aber tat es nichts zu unserem Empfang. Es gab weder Licht noch eine Menschenseele, nur etwas sanfte Wärme. Die österreichisch-ungarische Unverwüstlichkeit in Gestalt des Radiokommentators Kellermann und der meinigen ging der Wärme nach und stolperte über eine Kellerstiege hinunter, während oben der russische Parteisekretär mit Kommandotönen in dem verstockten Ausländerhaufen Selbstinitiative zu wecken versuchte.

Im Keller bot sich ein geradezu biblisches Bild: Im Feuerschein des Zentralheizungsofens und dem Licht einer Glühbirne lag ein Mädchen auf dem nackten Boden — nackt auch sie unter dem offenen Schafspelz, hineingekuschelt ins Fell von einem schmutzigen Köter, im Arm zwei Katzen und an den kleinen Brüsten ein graues Gewimmel, das Kellermann sofort als Läuse agnostizierte. Es tat mir leid, sie zu wecken, so friedlich schlief die kleine Baschkirenschöne hier unten zwischen ihren Tieren. Sie war der „Portier" des Hauses und bewährte sich künftighin bei der schwersten Arbeit, immer freundlich lächelnd, ob sie nun die Latrinen reinigte, Kohlen oder Schnee schippte.

In den ersten Tagen zeigte Ufa noch das typische Gepräge einer altrussischen Kolonialstadt, die wohl vom sozialistischen Aufbau mit neuen Industriewerken und Erdölbohranlagen eingekreist wurde und über einen starken Sender verfügte, jedoch sonst in fröhlichem Schmutz dahinlebte, fernab vom Krieg und von seinen Schrecknissen. Nie wieder in meinem Leben habe ich so herrliches Weizenbrot gegessen wie in diesen ersten Tagen sättigender Ausspeisung in der Kominternstolowaja, noch solchen dicken Honig, von dem die Baschkiren, ein kleines alttürkisches Volk, angeblich ihren Namen herleiten: „Die Bienenzüchter." Doch nach ganz kurzer Zeit überfiel die Stadt der Hunger. Die Tausenden Evakuierten, die sich Tag und Nacht aus den ankommenden Zügen wälzten und jeden überdachten Quadratmeter Boden belegten, hatten ihn hereingeschleppt, und er kroch ebensowenig früher aus den Mägen heraus, wie aus den Mägen unzähliger anderer Orte im russischen Hinterland — bis lang nach Kriegsende. Wir hungerten erbärmlich. Auch die bevorzugtesten unter den Kominternleuten — Dimitroff, Manuilsky, Togliatti, Anna Pauker, Dolores Ibarruri und andere, die wenigstens die Annehmlichkeit eines geheizten Hotelzimmers genossen, während wir andern in einer „Obschtscheshitje", einem Gemeinschaftshaus, schliefen, wo man zu Dutzenden auf den „Naris", den Holzpritschen hauste, von Läusen zerfressen und vom Streit zerspellt um die Kanne warmen Wassers zum Waschen. Nur Ernst und ich hatten hier einen winzigen Raum allein.

Eines Morgens, bald nach unserer Ankunft, konnte ich von meinem Eisbärfell (tausendmal habe ich diesen Freund, damals noch unbekannter Herkunft, gesegnet; bis sich erst später in Moskau herausstellte, daß es Gerö gehörte, dem nachmaligen Minister der Rákosi-Regierung in Ungarn, gegen den sich 1956 der besondere Haß der Aufständischen richtete) nicht aufstehen. „Ischias", konstatierte die russische Ärztin und verordnete mir eine Roßkur: „Gehen Sie, bewegen Sie sich, auch wenn Sie glauben, die Schmerzen nicht aushalten zu können!"

Ich befolgte ihren Rat, und nach einigen Wochen, während deren ich die acht Stockwerke im Funkhaus auf allen vieren hinauf- und hinunterkletterte oder auf der Straße bei 40 Grad unter Null vor Schmerzen so ins Schwitzen kam, daß mein vors Gesicht gebundenes spinnwebfeines Orenburger Wolltuch zu einer Eismaske gefror, erlebte ich in der Tat das Wunder des „Steh auf und geh", mit dem Jesus einst seine Jünger zum Staunen brachte — ein Vergleich, den die Ärztin befriedigt zur Kenntnis nahm, obwohl sie nicht an Wunder, sondern nur an die Wissenschaft glaubte.

In dieser Stadt, deren häufiger Stromausfall von uns scherzhaft „Ufa-Lichtspiele" genannt wurde, gab es überhaupt eine Menge „Zeichen und Wunder". Das Wunder von Familien, die seit Monaten auseinandergerissen und ungewissen Schicksals waren, und sich wieder zusammenfanden. So kam nach tagelanger Hungerfahrt meine Schwägerin Phini mit Mutter und Kindern hereingeschneit und baute sich zu ebener Erde einen Heimwinkel neben dem Ofen, der in dem baschkirischen Arbeiterhaus schon zwei Dutzend ebensolcher Mütter und Kinder erwärmen mußte. Sodann deren Schwester Grete, die mit ihrem Mann, einem tschechischen Arzt, schon im achtunddreißiger Jahr vor Hitler geflohen war, immer vor den Nazis her rennend über die rumänische Grenze gelangte und dann weiter durch die Ukraine (wo sie irgendwo ihr verdurstetes Brustbaby verscharrte) entlang dem Kaukasus bis hieher nach Ufa — von wo sie später als Feldsanitäterin mit der tschechoslowakischen Befreiungsarmee unter General Svoboda den langen Weg bis nach Prag wieder zurücklief. Es kam meine Freundin Hilde Koplenig mit ihren beiden Kindern von schwerer Kolchosarbeit, erfroren, verdreckt, verhungert und glücklich, ihren Mann, uns alle wiederzusehen, wiederum geborgen im Schoß der Komintern. Es gab das Wunder des kontinentalen Klimas mit strahlender Sonne über froststarrender, tiefverschneiter Erde, wenn flinke Pferdeschlitten übers Land flitzten, wo in Bauernhöfen Lehrkurse für junge, ausländische, vor allem deutsche Kommunisten abgehalten wurden. (Auch Wolfgang Leonhardt befindet sich darunter, später Autor des Buches „Die Revolution entläßt ihre Kinder", Peter Florin, der nachmalige außenpolitische Referent beim ZK der SED in Ostdeutschland und DDR-Botschafter während des Überfalls der Warschauer-Pakt-Truppen auf die Tschechoslowakei 1968.) Es gab das Wunder der sibirischen Sauna, die einem unter glühenden Dampfschwaden die Läuse wegbrannte; das „Zeichen", von Manuilsky und Varja zu einem Abendessen eingeladen zu werden („Damit ihr euch einmal ordentlich satt essen könnt"), bestehend aus gekochten Kartoffeln, Öl und Zwiebeln; das „Zeichen", in der Nacht vor Zuckergier weinend aufzuwachen und auf Ernsts Rat hin („lauf ins Hotel zu Ponomarjow" — damals Sekretär von Dimitroff —, „der hat dich gern, der gibt dir sicher etwas von seiner Ration") dann tatsächlich vor einer Cremetorte zu sitzen, die Boris Nikolajewitsch aus besseren Tagen aufbewahrt und seines kranken Magens wegen nicht gegessen hatte, dazu gesparte Zigaretten in Hülle und Fülle, die der eingefleischte Junggeselle und Nichtraucher seinem späten Gast mit zaghaften Küssen in die Manteltasche schob.

Von den „Zeichen" gab es die unterirdische, manchmal jäh durchbrechende Intellektuellen- und Judenanimosität, eine Erscheinung, von der die Evakuierten aus Kolchosdörfern zu berichten wußten, die jedoch in Kominternkreisen nicht zu erwarten gewesen wäre. Vor meinen Augen pfiff ein junger russischer Parteifuchs den in Parteiarbeit ergrauten Mirow an, er sei ein Jude und solle sich nicht als Russe ausgeben und den Obergescheiten spielen („... denn jetzt sind *wir* einmal dran, die russischen *Arbeiter!* Wir werden bestimmen, *was* du arbeitest und *wo* du arbeitest!"), und er wies dem feingebildeten Moskauer Intellektuellen eine Tischkante zu, wo er „genug Platz" hätte, seine „Artikel zu schmieren". Und wiederum die Zeichen der „Wachsamkeit": das Denunziantentum; das Drohen mit Parteiverfahren wegen „Defätismus" und anderen verbalen Entgleisungen; heimlich-unheimliche Parteigerichte. Unser Freund Kurt Funk (Herbert Wehner) — hier in Ufa wurde er in absentia aus der Partei ausgeschlossen.

Der „Zeichen" größtes, wohl millionenfach weitere „Zeichen" bewirkend, waren die Ansprachen Stalins zum 7. November aus dem belagerten Moskau. In ihnen rief er zum heiligen Krieg Rußlands auf, beschwor die großen Geister des Vaterlandes, setzte Vertrauen in das dreigeeinigte Bündnis mit England und den USA, in die Völker Europas, in die Kraft der Roten Armee, in den kommenden Sieg über Hitler-Deutschland. Schon die Tatsache, daß Stalin aus Moskau sprach, vom Roten Platz, wie der Sprecher sagte (tatsächlich hielt Stalin seine Rede in der U-Bahn-Station Majakowskijplatz), gab ihm die Aureole des unerschrokkenen Verkünders der Wahrheit, des Propheten, des Führers durch die Wüste. Viele von uns weinten, und selbst Ercoli-Togliatti, der niemals innere Bewegung zeigte, schien ergriffen zu sein, als er anschließend in der Kominternversammlung an Stelle des erkrankten Dimitroff das Festreferat hielt und uns zur Anspannung aller Kräfte aufrief.

Die Hauptaufgabe der einzelnen Kominternsektionen bestand darin (so wie in Moskau vorher und auch später während des ganzen Krieges), durch intensive Radiopropaganda den Kampf und die Politik der Sowjetunion zu unterstützen, die Antifaschisten in den besetzten Ländern Europas zu ermutigen, Informationen zu vermitteln. (Art und Wirkung des alliierten Ätherkrieges gegen Hitler-Deutschland harren noch der historisch-analytischen Untersuchung, die zweifellos einen äußerst interessanten Beitrag zum Verständnis dieser Epoche bringen würde.) In Ufa konnte diese Aufgabe, objektiv gesehen, nur recht unzulänglich erfüllt werden, da die Sendeanlage zu schwach war, um über Tausende Kilometer hinweg zu reichen. Subjektiv jedoch bedeutete es für uns, nicht stumm und hilflos in abseitiger Isoliertheit das hinnehmen zu müssen, was jetzt das Schicksal des Landes war, dem wir uns auf Leben und Tod verbunden fühlten. Ich erinnere mich in diesem Zusammenhang an die leidenschaftliche Inbrunst, mit der die Pasionaria damals ihren berühmten Aufruf „An alle Frauen der Welt" bei voller Sendekapazität mehrerer zusammengekoppelter sowjetischer Stationen verlas, und den ich gleich darauf in deutscher Sprache wiederholte. Sie glaubte, man werde ihre Worte in Madrid hören, und bohrte ihre dunklen Augen in das verlegene Gesicht des Cheftechnikers, der ihre dahingehende Frage nur ausweichend beantworten wollte. Trotzdem schien sie glücklich zu sein, weil sie wenigstens „den russischen Frauen in ihrem Kampf gegen die Faschisten mit ihrer Stimme Mut einflößen konnte".

Bald darauf stürzte ihr einziger Sohn während seiner Fliegerausbildung bei einem Probeflug ab. Sie erfuhr es erst geraume Zeit später, weil angeblich Stalin den Befehl gegeben hatte, „die Pasionaria zu schonen". Darüber war sie so empört, als hätte man ihr eine Schmach angetan: „Für welch schwaches Weib muß man mich halten! Was man jeder russischen Mutter zumutet — will man der Pasionaria nicht zumuten!" Tatsächlich fürchteten wir alle, sie könnte Selbstmord begehen oder in Trübsinn verfallen, aber ihr Stolz hob sie über den Schmerz hinweg. Nach dem Tod des Sohnes zeigte ihr tragisches Antlitz endlich Züge menschlicher Trauer.

Von der Schlacht um Moskau klangen die Nachrichten immer günstiger. Auch der zweite Ansturm der Deutschen im November war abgeschlagen worden. Hitlers „Blitzkrieg" hatte sich offenbar festgefahren. Keinen Augenblick hatten wir daran gezweifelt, daß es so kommen werde, auch nicht in den schwärzesten Tagen Mitte Oktober. Genauso würde es Hitler mit Leningrad ergehen, obwohl die Blockade der Bevölkerung unvorstellbare Leiden auferlegte. Man erzählte sich, daß Schostakowitsch wie jeder andere in einer Feuerwehrbrigade gegen die Brände kämpfe und dabei schwere Verletzungen erlitten habe und daß die Amerikaner, als sie davon erfuhren, der Sowjetregierung angeboten hätten, „für einen Schostakowitsch ein ganzes Dutzend geschulter Feuerwehrleute aus New York nach Leningrad zu schicken", was jedoch mit der Begründung abgelehnt worden sei, der Komponist wolle seine Stadt nicht verlassen. Am Heldenepos der Leningrader gemessen, waren die Widrigkeiten der Evakuierung nichts als klägliches Gestammel.

Um das Neujahr 1941/42 herum saßen wir schon wieder im Zug — diesmal im Schlafwagen zurück nach Moskau. Wir waren nur eine kleine Gruppe von Kominternleuten, mit Manuilsky an der Spitze, der „Stoßtrupp" sozusagen, dem das Gros erst dann nachfolgen sollte, wenn sich das Leben in der Frontstadt wieder normalisiert hatte. In Kuibyschew stiegen einige Genossen hinzu, die bisher in diesem Evakuierungszentrum für das Diplomatische Korps, das Sowinformbüro, die Auslandsjournalisten und andere Organisationen ähnlicher Art gearbeitet hatten. Darunter befanden sich — soviel ich mich erinnere — auch mein alter Freund aus Teplitz-Schönau, Doktor Fritz Glaubauf, der Leiter des Kominternpressebüros, und der französische Schriftsteller Jean-Richard Bloch mit seiner Frau, die uns vom Selbstmord Stefan Zweigs berichteten. „Für einen Schriftsteller war Zweig nicht neugierig genug", meinte Jean-Richard Bloch, „sonst hätte er sich nicht umgebracht, bevor er nicht wußte, wie die Schlacht um Moskau ausgehen wird."

Auf der Fahrt hatten wir lange politische Diskussionen mit Manuilsky über die Frage der „österreichischen Nation". Jetzt im Krieg war für uns die Klärung dieser Frage innerhalb der führenden Sowjetkreise lebenswichtiger denn je. Wenn die offensichtliche Tendenz obsiegte, die Österreicher mit den Deutschen in einen Topf zu werfen, die Okkupation Österreichs durch Hitler stillschweigend als ein geschichtliches post festum, als Anschluß anzuerkennen (obgleich die Sowjetunion seinerzeit offiziell dagegen protestiert hatte), so konnte das sowohl im Augenblick als auch in Zukunft in politischer Hinsicht weittragende Folgen haben. Daß das Schuschnigg-Österreich im März 1938 den einmarschierenden Hitler-Truppen keinen bewaffneten Widerstand entgegengesetzt hatte, wurde ständig als Beweis dafür herangezogen: Die Österreicher selbst wollen keine Eigenstaatlichkeit!

In unserer Partei war diese Frage schon längst eindeutig entschieden worden: Für Österreich, für die österreichische Nation! In historischen Untersuchungen, theoretischen Abhandlungen und in der praktischen Politik hatte sich diese Linie klar herausgebildet, wobei wir uns auch auf das „Stalinsche Nationalitätenprinzip" berufen konnten. Selbst während des Hitler-Paktes mit der Sowjetunion waren wir von dieser Linie nicht abgewichen. Mit den Genossen der deutschen KP, die die österreichische Frage bagatellisierten und uns als „Brüder" ansahen, die doch einmal unter revolutionären oder demokratischen Bedingungen „beim Reich bleiben" würden, hatte das mehrfach zu heftigen Auseinandersetzungen geführt, allerdings ohne politische Konsequenzen nach außen. In der Komintern jedenfalls hatte man uns nicht „angeschlossen". Manuilsky jedoch war kein Verfechter der österreichischen Nation — sosehr er uns als „charmante Abart der Deutschen" mochte —, und das konnte für die Einstellung und politischen Richtlinien der Bolschewistischen Partei der SU zu dieser Frage von großer aktueller Bedeutung sein.

So diskutierten wir bis zur gegenseitigen Verärgerung im Zug von Ufa nach Moskau die Frage Österreichs, als ob dessen Männer, eingestreut in die Hitler-Wehrmacht, nicht einige Kanonenschüsse weit vor der Kremlstadt lägen, vor Leningrad, an der ganzen Front bis hinunter nach Rostow. Diese Diskussion, das Hin- und Hergeziehe — für uns erst im Oktober 1943 nach der Moskauer Außenministerkonferenz mit der Deklaration über Österreich endgültig zum Abschluß gebracht — hat die politische Propaganda schon im Sommer 1942 positiv entschieden. Radio Moskau erhielt eine eigene österreichische Sendung, die Walter Fischer leitete, worin tagtäglich für die Unabhängigkeit Österreichs eingetreten wurde.

Das „Lux" war leer und eisig kalt, einige Grad unter Null. Wir sollten alle zusammen ein Stockwerk beziehen, um übersichtlicher beieinander zu wohnen, das Heizen zu erleichtern. Wir zogen es vor, in unser altes Zimmer im letzten Stock hinaufzugehen. Die Bücher, Kleider und das Geschirr waren noch da, doch die Schreibtische völlig ausgeräumt. Wo war das kostbare Buchmanuskript von Ernst hingekommen, an das ich in Ufa so oft mit Bangen gedacht hatte? An unsere Katze Mucki habe ich gar nicht denken wollen zu einer Zeit, da das Schicksal Moskaus an einem blutigen Faden hing. Aber jetzt, da die Möbelstücke an sie erinnerten und das Katzenkistchen, vom alten Pieck säuberlich gezimmert, noch an seinem Platz stand, fragte ich doch die wiederaufgetauchten „Lux"-Bedienerinnen, was denn mit den vielen Katzen geschehen sei, den kleinen zärtlichen Freunden einsamer Emigranten. Mindestens zehn Katzenpersönlichkeiten kannte ich bei Namen. Die Frauen wußten es nicht. Das Haus habe leergestanden, mit offenen Fenstern und Türen wegen der Bombenangriffe.

Am Tag nach unserer Ankunft hörte ich ein feines Miauen hinter der Wand unseres eingebauten Kleiderschranks. Ich glaubte erst, mich verhört zu haben, doch das Miauen wurde immer kläglicher und eindringlicher. Mir begann vor Aufregung das Herz zu klopfen: Das Katzenstimmchen mußte aus dem Entlüftungsschacht kommen, der zum Dachboden hinaufführte. In der Hausverwaltung — jetzt nur von einem insularen NKWD-Mann besetzt, der mich als „Feuerwehrchef" des „Lux" kannte — bekam ich meinen Hauptschlüssel zurück, eine Taschenlampe dazu und raste zum Dachboden hinauf. Dort fand ich mich noch immer besser zurecht als in den verwinkelten Korridoren. Auf dem Lüftungsgitter über unserem Zimmer kauerte ein graues Etwas und piepste mit letzter Kraft — unsere Mucki! Ich gestehe, daß ich geheult habe wie ein Kind. Sie lag mir flaumfederleicht im Arm und konnte nicht einmal mehr schlecken, als ich sie vor die Schüssel setzte, in der ich einen Rest vertrockneter Kondensmilch aufgelöst hatte.

Vom Augenblick an, da ich dieses kleine russische Tier wiederfand, das fast drei Monate auf uns gewartet hatte im Vertrauen, wir würden wiederkommen, wuchs meine eigene Zuversicht in den Sieg über die Deutschen, in unsere eigene Heimkehr in das befreite Österreich: in eine Höhe hinein, die gerade noch vor einem mystischen Himmel haltmachte. Jetzt konnte überhaupt nichts mehr passieren: Mucki war zurückgekommen! Hatte die Schlacht um Moskau überlebt, die Bomben, den Hunger, die Kälte. Wir würden gemeinsam auch alles weitere ausfechten und zusammen nach Hause fahren!

Im Juli 1945 konnte ich Mucki in der Nähe von Wien, aus einem sowjetischen Flugzeug steigend, aus ihrem Korb nehmen und auf den Boden setzen, der nach neuer Heimat roch. Die Flieger standen um sie herum und hörten sich ihre Geschichte mit Vergnügen an. Einer sagte: „Jaja, so sind die Russen! Wenn sie nicht gerade vorher sterben, bleiben sie ihren Freunden treu bis ans Ende. Sogar eine russische Katze." Im vierfach besetzten Wien ist Mucki dann eine Art Katzenstar geworden. Bei den offiziellen Empfängen der Besatzungsmächte kursierte das Bonmot, wir hätten eine Katze, die ihrerseits den kalten Krieg führe: Im Frühjahr und Herbst liefe sie auf der Suche nach dem geeigneten Bräutigam einige Kilometer von der amerikanischen in die russische Zone, weil sie sich nicht mit einem Amikater einlassen wolle! Wie immer — jedenfalls hat sie noch eine Schar von Jungen ausgeheckt, bis sie hochbetagt 1950 an Brustkrebs starb.

Moskau zeigte in diesem Winter ein recht verhärmtes Gesicht, graue Kummerfalten wie die wenigen Passanten, die an den leeren Schaufenstern vorbeihasteten, um irgendwo etwas auf ihre mageren Lebensmittelkarten zu ergattern. Noch immer war es eine Frontstadt — der Feind hatte sich kaum anderthalbhundert Kilometer entfernt in die eisige Erde eingegraben, und wenn wir ihn auch aus dem Radio über den russischen Winter jammern hörten, so schien er doch nicht gesonnen, ihm und den verbissen kämpfenden Rotarmisten zu weichen.

Die Luftangriffe hatten nicht allzuviel Schaden angerichtet. Vom Dach des „Lux" aus, wo ich wieder wie vor dem Oktober meinen jetzt sehr vereinsamten Posten bezog, waren erstaunlich wenig Bombentrümmer zu sehen. Wir aßen Sauerkraut, Schwarzbrot und tranken viel Kaffee. Den gab es in unbeschränkter Menge, weil die Stadt zu irgendeiner Notzeit Tausende Säcke merkwürdig graugrüner Bohnen erhalten hatte, die beim besten Willen nicht weichzukochen waren. Was den russischen Hausfrauen und Werkskantinenköchen ein fluchwürdiges Rätsel blieb, hamsterten die Ausländer: es war grüner Kaffee. Man brauchte ihn nur in einem eisernen Gefäß über einer Flamme hin und her zu schütteln, und schon hatte man den Duft frischgerösteter Kaffeebohnen in der Nase. Mein Schwager Otto war darin ein Meister gewesen, bevor er dem Internationalen Agrarinstitut nach Taschkent in Usbekistan in die Evakuierung nachreiste. Jetzt mußte ich es selber besorgen.

Unsere Waffe im Kampf gegen die deutschen Eindringlinge war nach wie vor nur das Wort; Ernst als Hauptkommentator in deutscher Sprache von Radio Moskau, und ich konservierte es zur kräftigen Verwendung in mehreren Sprachen in meinem Archiv. Die zäh errungenen Erfolge der russischen Winteroffensive bei Moskau spiegelten sich in einer neuen Informationsquelle wider: Heimat- und Frontbriefe aus den Taschen gefallener oder gefangengenommener deutscher Soldaten. Ganze Bündel solcher Briefe landeten auf meinem Schreibtisch, manche noch blutverklebt. Durch ihren Inhalt hindurch konnte man ins Herz der deutschen Frauen blicken, die ihren Männern an die Front schrieben, und darin erstaunliche Dinge wahrnehmen, in Widerstreit nebeneinanderliegend wie blondzöpfige Puppen und Schießgewehre unterm Weihnachtsbaum. Der Krieg brächte zwar Gefahren für den Liebsten und dieser möge dabei immer recht lieb an sein Schnuckiputzi denken, aber auch daran, daß die bösen Bolschewiken keinen Pardon verdienten, an den Gefangenen könne man ja sehen, was für Bestien das sind, wie das liebe Vieh stürzten sie sich übers Essen, und Muttchen wünsche sich halt gar so sehr einen Pelzmantel oder so hübsche Stiefelchen, wie sie die Nachbarin schon längst von ihrem aufmerksamen Gatten erhalten habe, und man muß halt dem Führer vertrauen, auch wenn Rußland doch etwas ganz anderes ist als das schöne Paris . . . „Du, du . . .!"

Ich sehe den neckisch erhobenen Zeigefinger der Briefschreiberin, deren Eifer- und Habsucht sich noch bis in die Schneegräben vor Moskau ergießt, wo der unaufmerksame, steifgefrorene Gatte der Frühjahrsschmelze entgegenstinkt, und mein eigenes Herz ist schwarz vor Haß. Aber dann gibt's auch zu lesen: „Tu nichts Schlechtes, lieber Sohn! Halt Dein Gewissen rein! Hier hört man so allerlei von eurem Kampf in Rußland . . . Ach, dieser schreckliche Krieg! Warum mußte so ein Unglück über uns kommen . . ." — und der Haß verflüchtigt sich. Bis er sich wieder zusammenklumpt, weil so eine glotzäugige Kuh aus Hinterpommern mit fremden Ländern auf Du und Du steht, von unseren Städten daherredet, von Wien, Prag, Warschau, Kiew, Charkow, Smolensk, von Narvik und Afrika, Holland und Griechenland — das ganze Hitlersche Kriegsalphabet wird da heruntergeleiert, als ob's nicht Blut und Tränen für Millionen Menschen bedeutete.

Die Tage werden länger, und die Front wird länger. Die Hitler-Truppen schneiden die Ukraine auf wie eine Buttersemmel, stoßen gegen den Kaukasus und die Wolga vor. Am 3. Juli — Ernsts Geburtstag, kein Grund zum Feiern — fällt Sewastopol. In den Krimpalästen erholen sich jetzt deutsche Offiziere von den Strapazen des ersten Jahres des „Rußlandfeldzuges". Welche Schande für jeden von uns, die wir das Sowjetvolk in den Glauben gewiegt hatten, es stünde nicht allein, die internationale Arbeiterklasse wäre an seiner Seite, wenn es zur letzten großen Auseinandersetzung mit dem Faschismus käme! Auf dem Buckel der russischen und ukrainischen Arbeiter und Bauern, in und ohne Uniform, lastet nun die ganze Wucht des Krieges! Die Komintern — drei Silben im luftleeren Raum — befehligt keine Armeen mehr! Und wo bleiben die Alliierten? Sie marschieren, fliegen, landen von einer Niederlage zur anderen: im südostasiatischen Raum, in Nordafrika, in Nordfrankreich. Im Deutschlandsender rommelt's, als gäbe es kein Aufhalten. Daß die Engländer Köln in Trümmer gelegt haben, ist kein Trost. Ein schneller Gedanke fliegt dabei zu meinem alten Professor Kreis aus Dresden, der seinerzeit die große Kölner Rheinbrücke gebaut hat und uns Studenten sagte: „Eine Brücke zu bauen ist immer ein Abenteuer. Ob sie trotz genauer Berechnungen *jedem* elementaren Angriff standhält — weiß man immer erst hinterher." Sie hielt.

Der Churchill-Harriman-Besuch in Moskau ließ keine baldige zweite Front erhoffen. Die ganze Sowjetunion fieberte ihr entgegen, denn im Herbst brachen die Deutschen zur Wolga durch, in Stalingrad ein, obwohl der Namensgeber zwei Monate zuvor der Roten Armee den grimmigen Befehl gegeben hatte: „Keinen Schritt zurück!"

Von den evakuierten Kominternleuten waren im Lauf des Jahres 1942 die meisten schon wieder im „Lux" eingelangt und auch andere ausländische Genossen, deren Moskauer Wohnungen gesperrt oder zu unwirtlich geworden waren. Leider befanden sich weder Georg Lukacs noch Julius Hay und seine Familie unter ihnen. Mit den beiden ungarischen Schriftstellern und ihren Frauen verband uns seit Jahren eine herzliche, in allen Düsternissen der Tschistka-Zeit bewährte Freundschaft. Jetzt, im zweiten dunklen Kriegsjahr, wäre es ein wahres Labsal gewesen, wieder einmal geistige Gespräche anzuknüpfen, die hinausgingen über die Selbstbeschränkung, die das Frontgeschehen dem Denken aufnötigte.

Wir arbeiteten wie die Berserker Tag und Nacht — aber was war das schon im Vergleich zu dem Heroismus, den Millionen einfacher Menschen aus sich herauspumpten? Die Heldentaten an der Front der Arbeit waren in diesem Herbst bewunderungswürdiger als die an den Fronten des Krieges. Unzählige Betriebe wurden mitsamt Maschinenpark und Belegschaft hinter den Ural gebracht und dort auf nackter Erde wieder aufgebaut. Die Vorstellungskraft reicht nicht aus, um zu begreifen, welche Mühsal dahintersteckte, welche Kunst des Improvisierens und Organisierens dem Wanja und der Katja abverlangt wurde, denen es in friedlichen Zeiten einige Selbstüberwindung gekostet hatte, in der Moskauer Metro die gekauten Sonnenblumenkerne nicht auszuspucken.

Im Zusammenhang mit der Evakuierung der Industriewerke und den militärischen Kampfhandlungen in der Ukraine tauchte plötzlich ein schwer auszusprechender Name auf: Nikita Chruschtschow. Er schien ein volkstümlicher Mann vom Schlag des 1934 ermordeten Leningrader Parteisekretärs Kirow zu sein, ein unbürokratischer Teufelskerl, dem das Fluchen wohl leichter von der Zunge ging als das Schmeicheln. Wie ein Panzer brach er zur Parteispitze durch.

Aber bald überschattete ein Name jeden anderen: Stalingrad. Wieder waren es die Schicksalsmonate Oktober-November, in denen sich kriegswichtige Entscheidungen zusammenballten. Während in den Sandwüsten Nordafrikas unter den Schlägen der Alliierten die Rommel-Armee ausbrennt, der Griff nach dem Suezkanal für den „größten Feldherrn aller Zeiten" nur noch eine Fata Morgana ist, bereitet sich in den Schneewüsten um Stalingrad eine Katastrophe vor. Das Menetekel, das eine Armee von 300.000 Mann mit klammen Fingern an die Feuerwand des Krieges schrieb, war sogar für uns nicht gleich lesbar. Bevor die russische Gegenoffensive mit aller Kraft einsetzte, die Umfassungsbewegungen der Roten Armee ihr strategisches Ziel — die Einkesselung der Paulus-Truppen — noch nicht klar erkennen ließen, bangten wir mit dem ganzen Land um den Ausgang der „Schlacht um Stalingrad". Von ihr konnte die Kriegsentscheidung, ja das Leben der Sowjetunion abhängen. Zu viele Niederlagen hatte es bisher gegeben, als daß wir nicht insgeheim auch befürchtet hätten, das Heldenepos der sowjetischen Verteidiger Stalingrads könnte mit einer Tragödie enden!

Eine Tragödie menschlicher Art, wie die Stefan Zweigs, hätte es in jenen Tagen, da das Warten auf eine Wendung im Kriegsgeschehen die Nerven zerflinselte, fast mit Johannes R. Becher gegeben. In einem „Lux"-Zimmer, wo er, aus der Evakuierung zurückgekehrt, vorübergehend mit seiner Frau eingezogen war, schnitt er sich die Pulsadern auf. Hätte Lilly ihn nicht rechtzeitig aufgefunden, wäre er verblutet. So aber konnte der Selbstmordversuch des Dichters vertuscht werden — ein Kommunist hat nicht das Recht, sein Leben, „das der Partei gehört", freiwillig fortzuwerfen; er darf genausowenig mit geheiligter Erde für seine Gebeine rechnen wie ein Katholik — es verblieb Becher nur eine halbsteife Hand und die Nachrede, er habe seinen Schutzengel beim Abbinden der Armschlagader angeschnauzt: „Dumme Gans! Du machst das ganz falsch! Hier ... hier!" auf die richtige Stelle oberhalb des Ellbogens zeigend. Ich mochte ihn von da an gewissermaßen doppelt: einmal für seine krumme Schulter, das zweitemal für seine unbeholfene Hand, mit der er später sein Stück „Die Winterschlacht" aufzeichnete, und seine Frau dreifach: weil sie's mit ihm aushielt, seinen vorzeitigen Tod verhinderte und selber ein prächtiger Mensch war.

Stalingrad wurde in den Wintermonaten 1942/43 buchstäblich zum Kompaß unseres Lebens. Was immer wir taten, dachten, sprachen — alles wies auf den Wolgabogen hin, vor dem sich die Trümmer der legendären Stadt erhoben, die wir nie gesehen hatten. Die Namen der russischen Generale — Schukow, Jeremenko, Rokossowskij, Watutin — wurden uns vertraut wie Freundesnamen, und die „Katjuscha" dazu, die Stalinorgel, das königliche Instrument zur Vernichtung des eingedrungenen Feindes, der 6. Hitler-Armee! Als diese am 31. Januar endlich kapitulierte und die höchste Generalität mit Generalfeldmarschall Paulus an der Spitze aus dem Kessel in die Gefangenschaft ging, gefolgt von 90.000 Überlebenden, da glaubten wir, nun sei auch das Ende der Hitler-Herrschaft und des Krieges nicht mehr fern.

Unter dem unmittelbaren Eindruck der Ereignisse und nach genauen Befragungen der Stalingrader Kriegsgefangenen hat der deutsche Schriftsteller Theodor Plievier wenig später sein Buch „Stalingrad" im „Lux" geschrieben. Es ist von nichtrussischer Seite noch immer das weitaus beste über diese gewaltigste Schlacht der Kriegsgeschichte. Plievier gehörte zu den wenigen namhaften Emigranten in der Sowjetunion, die offen ein gewisses Außenseitertum bekundeten, nicht immer nach der Partei schielten und das sozialistische Rußland durchforschten, als wären sie Entdeckungsreisende, die Wissensdurst und Abenteuerlust auf einen fremden Kontinent verschlagen hatte. Wenn man ihn beim Schreiben störte — ich tat es oftmals, um den Salzgeruch der Weltmeere einzuschlürfen, den dieser Einsiedlerkrebs verbreitete, der mit acht Beinen und einer aparten Frau durchs Leben ruderte —, so mußte man kräftig an seine Tür klopfen und dann eine Weile warten: Er pflegte nämlich nackt, nur mit einer Baskenmütze bekleidet, an seiner Schreibmaschine zu sitzen. Auch im Winter. Die „Lux"-Bedienerinnen erzählten sich kichernd oder empört Schauergeschichten von dem „njemetzkij Pissatiel" und seiner „Njekulturnost", und erst als man ihnen erklärte, dieser unkultivierte deutsche Schrifsteller sei einmal Matrose gewesen und ein sehr berühmter Mann, der viele schöne Bücher geschrieben habe, fanden sie sich mit dieser seltsamen Ausländersitte ab und warteten, wie jeder andere Besucher, vor der Tür, bis er sich den schmuddligen Schlafrock übergeworfen hatte.

Im Mai 1943 wurde die Komintern aufgelöst, der Stein des Anstoßes zwischen der Sowjetmacht und ihren westlichen Alliierten. Kriegsmäßig-konspirativ in einzelne „Institute" verpackt und mit Nummern versehen, wie „Institut 205", „Institut 100", „Institut 99" und so weiter, entfaltete sie dann unter russischer Leitung eine mehr propagandistisch spezialisierte Tätigkeit. Es war nicht die Zeit, lang vor einem Grab zu stehen, stille Gebete zu verrichten, einem vagen Wiederauferstehungsglauben nachzuhängen und über den Eingesargten hinweg sich die Hände zu schütteln. Alles mußte jetzt im Krieg sehr fix und bündig vonstatten gehen, ohne Sentimentalitäten und pathetische Nachrufe. So erging's auch mit der Komintern.

Den Totenschein, worin ihr unter anderem bescheinigt wurde, daß sie sich „überlebt" habe, unterzeichneten Männer und Frauen, denen die Sache der Weltrevolution teuer gewesen war: die Bulgaren Dimitroff und Kolaroff, die Franzosen Marty und Thorez, die Deutschen Pieck und Florin, die Italiener Ercoli-Togliatti und Biano, die Finnen Kuusinen und Lehtinen, die Russen Shdanow und Manuilsky. Für die Spanier unterschrieb Dolores Ibarruri, für die Rumänen Anna Pauker, für die Ungarn Mátyás Rákosi, für die Tschechen Klement Gottwald, für die Österreicher Johann Koplenig. Bedeutende Namen der internationalen Arbeiterbewegung, Marxisten-Leninisten, revolutionäre Klassenkämpfer — hätte man ihre im Gefängnis verbrachten Jahre gezählt, wäre ein halbes Hundert zusammengekommen.

Als alles vorüber war, heulte Anna Pauker, unser „Kop" war nahe dran.

Einige Tage liefen wir verstört herum wie eine Herde Schafe, in deren Stall der Blitz eingeschlagen hat (obwohl wir weder die Komintern als „Stall" noch ihre Auflösung als „Blitz", noch uns selbst als „Schafe" ansahen), und fanden uns abends mit Freunden zusammen, um der neuen Situation die besten Seiten abzugewinnen: Noch engeren Kontakt innerhalb der eigenen Partei, nationale Aufgabenstellung im Rahmen der Kriegsanstrengungen und im Hinblick auf ein künftiges freies Österreich, Hinterlandstätigkeit im Rücken des Feindes, Schulungs- und Kriegsgefangenenarbeit, verstärkte Radio- und Frontpropaganda. Wir Österreicher waren in Kominternkreisen schon immer dafür bekannt gewesen, gut zusammenzuhalten, keine Intrigenwirtschaft aufkommen zu lassen. Nach dem Zugrabetragen der Komintern formierten sie sich zu einer noch festeren Einheit als zuvor, und die Parteiführung war mehr denn je entschlossen, das historisch-politische Konzept von der Existenz eines von den Deutschen zu unterscheidenden „österreichischen Menschen", einer österreichischen Nation, bei den Russen zum Durchbruch zu bringen.

Wenig später bot sich mir die Gelegenheit, die Probe aufs Exempel zu machen: ich wurde von Generalmajor Schikin, dem stellvertretenden Chef der politischen Hauptverwaltung der Roten Armee, der PURKKA, zu den Stalingrader Kriegsgefangenen abkommandiert, und zwar ins Offizierslager Jelabuga, in der Sowjetrepublik Tatarien, mit dem besonderen Auftrag, mich „um die Österreicher zu kümmern". Bisher waren die sogenannten „Ostmärker" unter den Hitler-Truppen, sobald sie in Gefangenschaft gerieten, nicht gesondert registriert worden wie die Rumänen, Italiener, Ungarn und andere. Nun sollte bei den Stalingradern der erste Versuch in dieser Richtung unternommen und festgestellt werden, ob die Österreicher nach fünf Jahren Okkupation und vier Jahren Integration in die Deutsche Wehrmacht sich mit Haut und Haar dem „Großdeutschen Reich" verbunden fühlten oder sich in irgendeiner Form als eigene nationale Gruppe betrachteten, deren Zusammenschluß sowjetischerseits zu fördern wäre.

Daß die Rote Armee sich also doch wieder meiner erinnert hatte, gab mir einen ungeheuren Auftrieb! Wahrscheinlich war Manuilsky, der nach der Auflösung der Komintern als Vertreter des ZK in die siebente Abteilung der PURKKA übersiedelt war, der Regisseur hinter den Kulissen gewesen, oder Boris Nikolajewitsch Ponomarjow. Wir blieben uns seit der Ufa-Zeit so zugetan, daß viele intensive Gespräche in freundschaftlicher Intimität die Schamlosigkeit ausglichen, mit der ich ihn seiner Zigaretten und Süßigkeiten beraubte. Wie dem auch sei: endlich konnte ich die einfache Rotarmistenbluse anziehen und im Uniformdepot der „PUR" ein Paar funkelnagelneue braune Stiefel kleinster Größe fassen, die verdächtig nach einer Lieferung aus dem Pacht- und Leihvertrag mit den anglo-amerikanischen Alliierten aussahen.

Wir waren eine kleine Brigade, die sich Mitte Juni 1943 zuerst per Bahn nach Gorki, von dort aus per Schiff auf der Wolga flußabwärts und dann die Kama flußabwärts nach Jelabuga auf den Weg machte: Der deutsche Schriftsteller Friedrich Wolf, ein deutscher Polit-Instruktor Georg Wolf (weder verwandt noch identisch) und Oberstleutnant Baratow-Umansky, ein alter bolschewistischer Parteihase, der gut und gern schon General gewesen wäre, wenn ihn nicht ein literarisches Hobby, nämlich das eingehende Studium der Werke Jack Londons, wegen „Anglophilie" in die gefährliche Nähe der Tschistka gebracht hätte, obwohl er auf eine stolze Bürgerkriegsvergangenheit verweisen konnte. Wir bildeten eine vergnügte Kumpanei, ungeachtet des Krieges und der körperlichen Strapazen. Unser Schiff war das erste, das nach dem Frühjahrseisgang die heiligen Wolgafluten zerteilte und zur Fracht für das befreite Stalingrad auch ein paar Dutzend Menschen mitnahm. Als es von der Flußhafenmole in Gorki ablegte, begleiteten es Hurrarufe aus Hunderten heiseren Kehlen. Am Tag winkten uns grauvermummte Gestalten vom Ufer zu, liefen zu den Anlegestellen herbei mit frischgebackenem Brot, Zwiebeln und eingelegten Gurken, und nachts wollten die kämpferischen Lieder kein Ende nehmen, aus dem Schiffsbauch zum Oberdeck heraufdröhnend, wo wir uns einen windgeschützten Winkel gesucht hatten und zum sternklaren, frostigen Himmel hinaufblickten: der Stalingradhimmel.

„Der alte, graue Wolf nimmt dich unter seinen Pelz", hatte mir bei Einbruch der Nacht Friedrich Wolf gesagt, weil ich vor Kälte zu zittern anfing, und fügte hinzu, ich möge aufpassen, nicht mit einem „Wölflein" zurückzukehren, die er allerorts auszustreuen pflege, „damit die Wolfsfamilie nicht ausstirbt!" So lag ich also warm in einen Wolfsbauch hineingedrückt, eingemummelt in das friedliche Schafsfell, das für zwei reichte, hörte Wolfs Erlebnissen vom spanischen Freiheitskampf zu und erzählte von meinen eigenen aus den illegalen Jahren in Hitler-Deutschland, von den Hirsch- und Wildschweinjagden auf dem Darß, und wir fühlten uns wie zwei altvertraute Kämpen, die nun auszogen, die geschlagenen Stalingrader noch einmal gefangenzunehmen.

Vom Wolgadampfer auf das Kamaschiff umsteigend, tauchten wir in eine grandiose Flußlandschaft hinein, vergleichbar nur den riesigen Urströmen der Erde, dem Mississippi vielleicht oder dem Amazonas, dem Niger oder Ganges. Hinter dem üppig-grünen Baumdschungel, der an manchen Stellen so weit zurücktrat, daß er nur noch als feine Uferlinie in der Ferne zu sehen war, schien es kein Jenseits zu geben. Auch kein Diesseits: das Schiff stampfte gegen die Strömung, von Ufer zu Ufer wechselnd, ohne daß sich eine Menschenseele zeigte, eine Siedlung, ein Boot, eine Feuerstelle. Von solcher Flußeinsamkeit getragen, möchte man sein Leben ganz von vorn beginnen — geschichtslos und zeitlos, einbezogen in ein traumhaftes „Stirb und werde" ohne Sinn und Zweck. Eine gefährliche Landschaft für Menschen, die die Welt verändern wollen!

In Tschistopol legten wir für zwei Tage an. Schon im Ersten Weltkrieg hatte es hier viele Kriegsgefangene gegeben, und als die Oktoberrevolution von der Kama her auf sie zuschwamm, ließen manche sich von ihr mitreißen, schlossen sich den Roten an im Kampf gegen die Weißen und verkündeten dann in ihren Heimatländern die Lehren Lenins. Jetzt gab es hier nur ein Durchgangslager, das noch unter Quarantäne stand. Wir sprachen mit dem Kommandanten und waren betroffen über seinen Gleichmut: Der „Durchgang" der Kriegsgefangenen führte meist in den Fleckfieber-, in den Typhustod. „Meine Hauptaufgabe besteht darin, Tschistopol vor den Epidemien zu schützen, die die Deutschen eingeschleppt haben", meinte er, und wir mußten ihm recht geben angesichts der Masse der Evakuierten, vor allem Frauen und Kinder, die die ursprüngliche Bevölkerungszahl der kleinen Stadt vervielfachten.

Wir übernachteten bei Verwandten Oberstleutnant Baratows, die es hierher verschlagen hatte. Aus unserem Reiseproviant belebten wir ihre kärgliche Mahlzeit mit Vitaminen, Zucker und Fett, während sie den Wodka beisteuerten — das russische Allheil- und Vorbeugungsmittel gegen jegliche Art körperlicher und seelischer Leiden.

Das Kriegsgefangenenlager Nr. 97 war wenige Kilometer außerhalb von Jelabuga in einem ehemaligen Klosterkomplex untergebracht. Auf der Fahrt von der Anlegestelle des Dampfers durchquerte man die ausgedehnte, merkwürdig verfallene Stadt. In der wackligen „Emotschka", dem sowjetischen Standardauto, rumpelten wir vorerst über ländliches Kopfsteinpflaster und schließlich durch knietiefe lehmige Fahrspuren, bis wir das Haus des Lagerkommandanten Oberst Nikiforow erreichten. Sein Politkommissar, Gardemajor Kurdrjatschow, hatte ein grünes, mit schwarzen Punkten übersätes Gesicht. Ich mußte im ersten Schrecken an Gustav Meyrinks phantastischen Weltkrisenroman „Das grüne Gesicht" denken und erfuhr erst später, während eines melancholischen Gesprächs zu zweit, daß ihm sein in Brand geschossener Panzer diese unheimliche Hautfarbe eingegerbt hatte.

Wir erhielten ein nettes, sauberes Quartier bei einer einsamen Kriegersfrau in einem der vielen eingeschossigen Holzhäuschen, wie sie das einfache russische Leben auf dem Lande baut. Sogar eine sibirische Sauna stand im Garten, von dem aus die überhöhte Klosterkirche zu sehen war — von nun an Zielpunkt des täglichen Weges ins Lager. An die 1800 Offiziere sollten sich dort befinden, Deutsche, Österreicher, Rumänen, Italiener, Ungarn, Sudetendeutsche und Leute unbestimmbarer Nationalität. Restbestände von Hitlers „untergegangener" Stalingradarmee. Die Quarantäne war erst kürzlich aufgehoben worden. Ein eigener Stalin-Befehl sorgte dafür, daß nicht mehr starben, als schon gestorben waren und noch sterben mußten. Ihre Lebensmittelrationen lagen weit höher als die der Zivilbevölkerung. Im Lazarett betrugen sie 1800 Kalorien pro Tag. Bei Weißbrot, Butter, Zucker und Hirsebrei wurden die Dystrophiker wieder auf die Beine gestellt. Trotzdem wäre keine Gefahr gegeben, daß sie noch einmal gegen die Sowjetunion marschieren würden, meinte Oberst Nikiforow sarkastisch nach Abschluß seines kurzen informatorischen Berichtes.

Als hätten plötzlich die Zeitungsbilder von den Hitler-Soldaten, der geschlagenen Paulus-Armee, in endlosen, langgestreckten Zügen in die Gefangenschaft stolpernd, Leben angenommen — so sah ich sie bei unserem ersten Lagerbesuch. Lebendig gewordene Klischees vom „Fritz". In ihren langen, grüngrauen Mänteln, den engen Uniformröcken, den Kopf zwischen die Schultern eingezogen, wirkten sie größer, stockiger, hölzerner als alle Männer, die ich je gesehen hatte. Erst in dem Moment, da ich die Entdeckung machte, daß sich diese Gestalten bewegten, unter den zerschlissenen Uniformen also menschliche Körper steckten, bleich und nackt, Wesen, die auf zwei Beinen gehen, Hände zum Greifen haben, die essen, schlafen, verdauen, schnappte bei mir gewissermaßen ein Kontaktmechanismus ein: Siehe da — ein Mensch! Ein Mensch, der spricht, lacht, leidet, böse und gut ist, den man sich erobern kann, der ansprechbar sein muß. Ein Mensch in Gefangenschaft, unfrei, ausgeliefert. Von diesem Augenblick an haßte ich sie nicht mehr. Von da an wurde in einem fortschreitenden Vermenschlichungsprozeß der Kriegsgefangene für mich (und für viele, die mit ihm zu tun hatten, auch für russische Lagerleute) zu einem Einzelwesen mit individuellen Eigenschaften. Aus Namensaufrufen wurden Namensträger, aus anonymen Marschierern und Schießern Männer, die in irgendeiner Landschaft beheimatet waren, Angehörige hatten, einen Dialekt sprachen. Jeder von ihnen hat Erlebnisse gehabt, Gedanken, Träume. Daß sie jetzt alle miteinander Gefangene waren, daß dieselbe Mauer, dieselbe Essensausgabe, dieselbe Latrine, derselbe Abzählappell, daß all das ihr gemeinsames Schicksal war, hob ihre individuelle Menschenwürde nicht auf.

Wir führten Versammlungen durch und versuchten, in vielen Einzelgesprächen die Spreu vom Weizen zu scheiden — die unentwegten Hitler- und Kriegsanhänger von den politisch Zugänglichen, Einsichtigen, zum Umdenken Fähigen. Das klingt einfach und ist doch äußerst schwierig, nimmt man die Aufgabe ernst. Denn da gab es die Speichellecker, Nach-dem-Munde-Redner, die willfährigen Dummköpfe, die Zerbrochenen und die stolzen „Sturen", die auf ihren Soldateneid pochten und doch keine Faschisten waren; die Leute, die etwas auf dem Kerbholz hatten, scheußliche Geheimnisse von deutschen Kriegsgreueln mit sich herumtrugen; die blinden Antibolschewisten und diejenigen, denen allmählich die Augen aufgingen; die heuchlerischen Denunzianten und flinken Zuträger von Latrinengerüchten; die Beschränkten, denen als

„Verrat" erschien, was neugewonnene politische Erkenntnis war; und andere wieder, deren schnelles Umstecken tatsächlich ein Verrat war, nämlich an der guten Sache des Antifaschismus, die dadurch in Mißkredit kam. Wer ist da ehrlich oder ein abgefeimter Schurke oder nur ein Schlauberger? Und überdies sind sie ja doch nicht so ganz sicher, wer den Krieg gewinnen würde ...

Die Landung der Alliierten in Sizilien schlug wie eine Bombe ein, und der nachfolgende Sturz Mussolinis brachte den italienischen Gefangenen darüber hinaus die Erfüllung ihres glühenden Wunsches: Spaghetti! Die russische Lagerleitung bewilligte ihnen, die Mehlration in Teigwaren zu verwandeln, anstatt zu Brot zu verbacken. Lagerthema Nummer eins blieb immer das Essen!

Ich hatte bald eine gute österreichische Gruppe beisammen, deren Leitung Dr. Franz Finstermann, ein junger katholischer Arzt aus Wien, übernahm, ehemals Studentenführer in der Schuschnigg-Ära. Ihm kamen jetzt seine politischen und organisatorischen Erfahrungen zugute, um den Zusammenschluß aller Österreicher zu erzielen, mit Bildungszirkeln ihrem Versumpern entgegenzuwirken. Wir verfaßten Resolutionen, Aufrufe, Flugblätter für die Front, Radiobeiträge. Ich hielt Vorträge über österreichische Geschichte — nicht nur bei den Kriegsgefangenen, auch bei der russischen Lagerleitung. Dort mußte erst ein träger Widerstand gegen die Unterscheidung von Deutschen und Österreichern überwunden werden, bis dann quasi über Nacht (wie das so häufig bei den Russen geschieht) der Umschwung erfolgte und der Gardemajor mit dem grünen Gesicht in aller Schärfe anordnete, jeder Österreicher müsse sofort in die Antifa-Gruppe eintreten, sonst würde nichts aus seiner Heimkehr! Das verursachte große Aufregung und Rückschläge in der geduldigen Aufklärungsarbeit.

Nach außen war die Lagerordnung übersichtlich — nach innen kaum durchschaubar. Wohl trug der deutsche Lagerleiter Oberst Reinisch, notabene ein Österreicher, die Verantwortung für die Durchführung der Anweisungen des russischen Lagerkommandanten und das Zusammenspiel der verschiedenen Dienste — Küche, Arbeitskommandos, Stubenordnung und so weiter — und hatte insofern auch als Kriegsgefangener eine gewisse Macht; aber diese bedingte Selbstverwaltung wurde von russischer Seite aus nicht nur durch ständige, oft willkürliche Eingriffe vor allem in personeller Hinsicht durchlöchert, sondern von den kriegsgefangenen Offizieren selbst unterhöhlt. Der „Kampf ums Dasein", ums Überleben, Bessergestelltsein als der andere, die fintenreiche Jagd nach einem einträglichen Posten, nach wenig Arbeit und mehr Brot, nach irgendeinem

Privileg innerhalb der Haufenhierarchie nahm solche Formen an, daß ein Außenstehender den Eindruck gewinnen konnte, in ein Schlangennest geraten zu sein, in dem sogar den harmlosen Ringelnattern Giftzähne wachsen mußten, um sich zu behaupten. Der politische Druck, die Aufsplitterung in „Faschisten", „Nichtfaschisten" und „Antifaschisten", von außen ausgeübt, untereinander fortgepflanzt und Gegendruck auslösend, verstärkte noch zusätzlich das unterirdische Gewühl.

Von Oberst Nikiforow, weisungsgebunden und in seiner militärischen Karriere zwischen den Klostermauern im hintersten Tatarien festgefahren, war wenig anderes zu erwarten, als daß er mit allen Mitteln nach der Devise vorging: „Teile und herrsche." Sonst wäre ihm zu jener Zeit noch eine von Nazioffizieren eingeschüchterte und angeführte Phalanx gegenübergestanden, die den Haß gegen den „russischen Bolschewismus" hortete wie das Brot — bis zum Verschimmeln.

Mitte Juli war unterdessen im Lager Nr. 27, Krasnogorsk bei Moskau, ein „Nationalkomitee Freies Deutschland" gegründet worden. Ihm gehörten sowohl kriegsgefangene deutsche Offiziere und Soldaten wie auch führende politische Emigranten an. Präsident wurde der deutsche Schriftsteller Erich Weinert, ein „Stalingrader" insofern, als er während der großen Schlacht aus der vordersten russischen Linie durch den Lautsprecher zu seinen eingekesselten Landsleuten gesprochen und sie zur Kapitulation aufgefordert hatte. Ein mutiger, aufrechter Mann und ein Dichter obendrein, dem schon im spanischen Bürgerkrieg feindliche Kugeln um die Ohren gepfiffen hatten.

In Jelabuga gab es aus diesem als politische Sensation gewerteten Anlaß eine große Lagerversammlung, anschließend für die Antifa-Gruppen ein „Wjetscher" — eine kleine Feier mit aufgebessertem Abendbrot. Jetzt wurde uns klar, warum Friedrich Wolf so überraschend schnell per Flugzeug nach Moskau zurückberufen worden war, was zu unsinnigsten Vermutungen geführt hatte: auch sein Name stand unter dem „Manifest", mit dem sich das „Nationalkomitee Freies Deutschland" erstmals an die deutschen Kriegsgefangenen, an die Wehrmacht und an das deutsche Volk wandte. Die betont nationale Aufmachung des Manifestes — die schwarzweißroten Farben des Wilhelminischen Deutschland feierten druckfrisch eine Wiederauferstehung — roch mir stark nach Manuilskys propagandistischem Manipulationstalent. Der Schlaufuchs wollte also den dumpf-widerspenstigen Deutschen in den Lagern und den Hitler-Truppen an der Front, wo die erbitterten Kämpfe mit unverminderter Zähigkeit weitergingen und die Goebbels-Parole vom „totalen Krieg" zur grausamen Praxis der „verbrannten Erde" mit Morden,

Hängen, Inbrandstecken, Verwüsten führte — nicht aber zum Überlaufen kriegsmüder Soldaten! —, von der deutsch-nationalen Seite her beikommen? Ein alter Hut über Totenköpfe gezogen — ich fand den Anblick abscheulich! Aber möglicherweise fanden diejenigen ihn anziehend, für die er bestimmt war. Jedenfalls bewirkte der kühne Propagandatrick, daß man auch bei uns in Jelabuga mit einiger Spannung der angekündigten Delegation des „Nationalkomitees" entgegensah und das Lager auf Hochglanz polierte.

Als Oberst Nikiforow mir die Namen der Delegierten bekanntgab und mich bat, sie vom Schiff abzuholen, verwandelte sich plötzlich vor meinem inneren Auge die breit dahinströmende Kama in einen flinken, kleinen Quellbach im sächsischen Erzgebirge: die Ewigkeit. Unter den Mauern der Herderschen Raubritterburg Rauenstein vorbei und in die Flöha sprudelnd, hat dieses ewigrauschende Gewässer für Tausende Stunden meiner Mädchenzeit die fröhliche Geräuschkulisse abgegeben — besonders fröhlich dann, wenn meine Schwester Fely ihre feudalen Nachbarn zu Gast empfing, die von Schloß Scharfenstein herüberkamen — die Einsiedel. Nun sollte ich einen kriegsgefangenen Fliegerleutnant dieses Namens an der Kama empfangen: Heinrich Graf von Einsiedel, Mitglied und Delegationsführer des „Nationalkomitees Freies Deutschland". Er konnte keiner von den Scharfensteinern sein, deren Vornamen ich alle kannte, war aber sicherlich ein naher Verwandter, und vielleicht waren wir uns als Halbwüchsige schon begegnet.

„Wie geht es eigentlich Onkel Lex?" rief ich im ersten Begrüßungssatz dem langaufgeschossenen blonden Burschen mit dem typischen schmalen Einsiedel-Gesicht zu, der über den Laufsteg vom Schiff zum Ufer kam.

Die Verblüffung, hier im tiefsten Rußland und mitten im Krieg von einer Frau auf deutsch angesprochen und nach dem „Onkel Lex" gefragt zu werden, warf den forschen Jungen fast ins Wasser. (Wir haben uns später, unbekümmert um das Kriegsgefangenengetuschel, „Hajo" und „Ruth" genannt und sind recht gute Freunde geworden.) Seine politische Mission, unter den Jelaburgaer Offizieren Beitrittserklärungen zu seinem Nationalkomitee zu erhalten, war nicht von großem Erfolg gekrönt. Mißtrauisch und zurückhaltend folgten die 1800 Männer den Ansprachen des Bismarck-Urenkels, der mit der rhetorischen Gewandtheit seines berühmten Ahnen für den Sturz Hitlers eintrat, für die Rückführung der Wehrmachtsteile an die ursprünglichen Grenzen Deutschlands unter Aufgabe der eroberten Gebiete, für sofortigen Frieden. Der Krieg sei verloren — ein freies, unabhängiges Deutschland könnte aus den Trümmern wiedererstehen, wenn sich alle vaterlandsliebenden Deutschen zusammenschlössen und das Hitler-Regime hinwegfegten.

Das klang vernünftig und ehrlich, aber illusorisch für Leute wie uns, die wir lernen mußten, der Kraft der Roten Armee mehr zu vertrauen als den Widerstandskräften gegen den deutschen Faschismus. In der Nacht nach der großen Lagerversammlung, auf der Hajo Einsiedels Stimme von der schwarzweißrot verkleideten Tribüne so jungenhaft hell über den Appellplatz geschallt hatte, gab die dunkle Stimme des Moskauer Radiosprechers Lewitan eine Sondermeldung durch: Die sowjetische Gegenoffensive im Kursker Bogen habe zu einem gewaltigen Erfolg geführt — zur Befreiung der Städte Orel und Bjelgorod! Mit einem Salut von zwölf Salven aus 120 Geschützen werde Moskau um Mitternacht den Sieg begrüßen. — 5. August 1943.

Es war der erste Siegessalut, das Jubilate über Zehntausende Tote hinweg, dem bis zum Kriegsende noch viele folgen sollten — ungehört von den Millionen, die noch sterben mußten. In Oberst Nikoforows Arbeitszimmer fielen wir uns um den Hals, und während aus dem Lautsprecher die Geschütze dröhnten, näßte Gardemajor Kurdjaschow sein grünes Gesicht wie ein verkümmertes Rasenbeet.

In meinem Erinnerungsgepäck schleppe ich viel von Jelabuga mit mir herum, obwohl ich nur drei Monate in dieser seltsamen Männergemeinschaft verbracht habe. Nächte, in denen prachtvolle Gewitter über der Kama niedergingen, Urgewitter mit Blitz auf Blitz und weitausholendem Donnergetöse; ein Spaziergang an den Fluß im Rudel einiger ausgewählter Österreicher, die ein paar Stunden Freiheit genießen durften; verwahrloste sibirische Pferdchen, über und über mit schorfigen Wunden und Schmeißfliegen bedeckt, weil den Kolchosbauern im Traktorenzeitalter die Kenntnis verlorengegangen war, sie mit Urin auszuheilen — was dann auf Ratschlag der zugereisten Moskauerin hin geschah; ein Läuse- und Wanzenkehraus bei den hohen Stabsoffizieren zum Gaudium der übrigen Kriegsgefangenen; Nadja, das kleine Diebsmädchen, das als Strafgefangene in der Lagerküche aushalf und eine so bezaubernde Stimme hatte, daß die Lagerleitung ihre Freilassung und ein Gesangsstipendium für das Kasaner Konservatorium erwirkte, worauf sie sich beim Abschied provozierend vor die Deutschen hinstellte: „Wot widitje — eto sowjetskaja wlast! A wasch Gitler — swjer! — Da seht ihr, das ist die Sowjetmacht! Aber euer Hitler — eine Bestie!"; die tödliche Stille, schwer wie ein Fallbeil, über dem Appellplatz nach dem Bericht über die deutschen Greueltaten in Krasnodar und plötzlich der hysterische Aufschrei aus der hintersten Reihe: „Es ist wahr, es ist wahr!

Ich habe es mit eigenen Augen gesehen!"; der Soldatenmantel, in dessen
Saum der Bericht über den Kampf einer österreichischen Widerstands-
gruppe eingenäht war; lange Gestalten zwischen Blumenbeeten, die ein
marxistisches Lehrbuch aus der Lagerbibliothek lesen wie Novizen ihr
Brevier; gierige Augen auf meinem Hirsebrei, der in Butter schwimmt,
und selige Augen, wenn ich die Zigarettenschachtel zum Zugreifen hin-
stelle, Papier und Bleistift verteile — Kostbarkeiten für die Notizen-
macher, Tagebuchschreiber und Kartenspieler; das winzige Flohhünd-
chen, das in einer regengepeitschten Unwetternacht vor dem Absaufen
in der Lehmflut schreit wie das Mosesbaby, sich in meinem Bett von dem
Schrecken des Ausgesetztseins erholt und dann von der einsamen Kriegersfrau an Kindes Statt aufgenommen wird ... Viele Gesichter von
„Jelabugaern" schleppe ich mit mir herum — solche, denen ich wieder-
begegnet bin, wie dem des Maria-Theresien-Ritters General Franek, des
Schriftstellers Fritz Wöss („Hunde, wollt ihr ewig leben"), des Phy-
sikers Dr. Hans Grümm, des Chirurgen Dr. Scherbichler, und solche,
die nur noch in der Erinnerung leben und durch die Namen, die ich damals in ein Schulheft schrieb, mit der dazugehörigen Charakteristik:
„Karrierist", „stiehlt Brot", „Hitler-Gegner", „typischer Preuße", „Kal-
faktor", „ehrlicher Katholik" und so weiter und so weiter.

Einen Namen brauchte ich nicht aufzuschreiben. Er stand auf der
Tafel oberhalb eines Spitalsbettes und sticht in meiner Erinnerung unter
all den anderen hervor, wie die spitze gelbe Nase, die darunterlag:
Leutnant Rudolf Kirsch. Ich hatte bald nach meiner Ankunft das Lager-
lazarett aufgesucht, um nach Österreichern zu fahnden. Die Majorärztin,
ein gewaltiges grobes Weib, wußte von nichts. Aber eine zarte jüdische
Ärztin erinnerte sich eines Patienten aus Innsbruck — „Innsbruck liegt
doch in Österreich?" ... Er liege jedoch schon in dem Gang, wo die
Toten hingebracht werden, bevor man sie aus dem Lazarett schafft.
(Vor wenigen Wochen hatte man sie täglich lastwagenweise weggeführt.)
„Vielleicht lebt er noch?" — „Kaum. Die Agonie dauert hier nicht lang
— er muß schon gestorben sein. Ich werde gleich nachsehen." — „Darf ich
es tun?" — „Wenn Sie durchaus wollen ... einen Stock höher, am Ende
vom Korridor ist ein Vorhang. Dahinter."

Im Halbdunkel lag auf dem Boden eine Leiche, nicht einmal zuge-
deckt. Aber auf dem Eisenbett, mit dem Kopfende an die Wand gestellt, lag ein noch Atmender. Ich zündete ein Streichholz an und las
die Tafel. Das mußte er sein, der Österreicher. Warum ihn so einfach
sterben lassen? Er soll wenigstens noch erfahren, daß jemand aus seiner
Heimat bei ihm ist: „Rudi!" flüsterte ich in seine spitze gelbe Nase hin-

ein, lang und schmalkantig wie ein gebogener Messerrücken. In seinem geöffneten Mund — der Unterkiefer war schon weggeklappt — staken große gelbe Kaninchenzähne, an denen fauliger Atemhauch vorbeistrich. „Rudi! Hörst du mich?" Auf den Knien vor diesem stinkenden Knochenhaufen hockend, überkam mich plötzlich der wütende Wille, den Kampf aufzunehmen. Gegen das Sichdreinschicken, gegen die Übermacht des Körpers, gegen das Im-Graben-liegen-Bleiben, den Kopf unter der Erde, während oben drüber doch noch etwas zu sehen ist: es muß gelingen, daß er die Augen aufmacht und ein Funken Neugierde in sein verlöschendes Bewußtsein hineinspringt, wenn er das fremde Gesicht einer Frau wahrnimmt, die sich über ihn beugt und spricht und spricht.

Ich jagte ganze Kaskaden von Worten in dieses eine wachsgelbe Ohr hinein, das offen dalag wie eine tote Muschel. Alles, was mir durch den Kopf tobte, angetrieben von einer zornigen Kraft: die Berge von Innsbruck, die er wiedersehen werde, Hitlers Triumph, wenn er jetzt stürbe, der Krieg sei für die Nazis verloren, der Sieg gewiß, daß die Österreicher zusammenhalten müßten, keiner dürfe mehr verlorengehen, ich sei eigens von Moskau hierhergekommen, mich um die Landsleute zu kümmern, würde nicht zulassen, daß er zugrunde ginge, er, der Rudi Kirsch, und wir würden seiner Mutter schreiben, daß er Stalingrad überlebt habe, durchs Radio seinen Namen verlautbaren, und wenn er schon nicht mehr wüßte, wer und wo er sei, so solle er doch nur für wenige Augenblicke noch seine Seele zurückhalten, und sein Wasser, und mich anschauen, denn „du bist jetzt gerettet, Rudi, du bist gerettet, mach die Augen auf!"

Er drehte den Kopf zur Mitte und öffnete die Augen.

Da war ich so sicher, den Kampf gewonnen zu haben, daß ich ihm empfahl, zu schlafen. Morgen, gleich in der Früh, würde ich wiederkommen und ihm viel erzählen. Er müßte nur auf mich warten, ich käme bestimmt. Sein Unterkiefer klappte hoch „Be ... stimmt?" — „Bestimmt."

Die Ärztin opferte nachher noch eine Spritze. Am nächsten Morgen hielt er sich schon wieder ans Leben an. Und in den folgenden Tagen hatte er nur mehr die eine Angst, die deutschen Faschisten könnten ihn selbst hier im Lager umbringen, weil er ein „Dachauer" war, ebenso wie sein Vater, der Feldmarschalleutnant Kirsch, den die Nazis als österreichischen Monarchistenführer ins KZ gesperrt hatten.

Heute lebt Dr. Rudolf Kirsch als Beamter der Tiroler Landesregierung in Innsbruck, hat geheiratet, Kinder in die Welt gesetzt und den

Geschmack des Honigs, der Himbeeren, Brombeeren und Moosbeeren vom Jelabugaer Kolchosenmarkt nicht vergessen, die ihm neben der sorglichen Pflege der jüdischen Ärztin aus Charkow — als einzige von zwei Dutzend Verwandten dem großen Judenmorden entgangen und trotzdem aufopferungsvoll wie keiner ihrer deutschen Arztkollegen — allmählich auf die Beine halfen.

Damals, bei unserem Abschied im Herbst, stocherte er noch recht mühsam im Lazarettgarten herum — friedliche Blumeninsel vor der verfallenen Klosterkirche, in der Gebete erhört wurden, ohne daß es einen Altar gab.

Das Offizierslager Jelabuga behielt bis zur Rückführung der letzten Kriegsgefangenen in die Heimat den Ruf, ein „Lager der Schwierigen" zu sein. Manche von den Insassen verschwanden in Straflagern, manche wurden als Kriegsverbrecher herausgefischt und abgeurteilt. Aber eine Reihe von ihnen verließ das ehemalige Kloster als Bekehrte zu einem neuen Glauben, die das Ihre dazu tun werden, daß sich ein Stalingrad nicht wiederholt.

X

Von Angesicht zu Angesicht

Im Militärzug von Moskau nach Kaluga, der nächsten Eisenbahnstation auf der Fahrt zur Front, die sich unter erbitterten Kämpfen immer weiter westwärts ins weißrussische Land hineinschob, hielt ich durchs Fenster hindurch Ausschau nach Zeichen des Krieges. Das erste: ein Wald entlang des Bahndammes. Seine Wipfel waren in gleichmäßiger Höhe wie durch einen einzigen glühenden Schwertstreich geköpft worden, und die Stämme ragten nun schwarzverbrannt aus dem herbstlichen Unterholz. Dann sah ich die ersten verlassenen deutschen Erdbunker und die erste in die Luft geflogene Brücke. Für alte „Frontowiki" waren sie nicht der Rede wert, „Schnee vom vorigen Jahr", aber für mich, für den Neuling, behielten sie etwas von ihrer ursprünglichen Unheimlichkeit.

Später, nach dem Umsteigen in Kaluga, fuhren wir in einen Ort hinein, der eben erst von den Deutschen bombardiert worden war. Über dem nächtlichen Horizont hatten die Leuchtschirme und Christbäume geglitzert wie in den Tagen der Belagerung Moskaus. Ein vertrautes Bild. Nur daß es auf dem völlig zerstörten Bahnhof Verwundete gab, Gebrüll und Flüche, war ein Zeichen, daß der Krieg nah war. Von da ab war der militärische Bereich Marschall Sokolowskijs, die Sapadnij Front (Heeresgruppe West), nur mehr in Lastwagen, Jeeps und Stiefeln zu bewältigen — bis hin zu der Feuerwand oder bis knapp vor die Gräben, in denen der Feind lag: grüngraue Fritze. Bald würde ich sie sozusagen in freier Wildbahn sehen — nicht auf der Strecke liegend wie im Kriegsgefangenenlager. Kein edles Wild und auch keine armselige Kreatur: der Feind schlechthin.

Am Krieg aktiv teilzunehmen, unmittelbar im Verband der Roten Armee — wie sehr hatte es mich vom ersten Tag an dazu gedrängt! Als mir Manuilsky im Anschluß an meine Berichterstattung über die Arbeit in Jelabuga mitteilte, sie hätten in der Siebenten erwogen, mich mit einer Frontbrigade von deutschen und österreichischen antifaschistischen Kriegsgefangenen an die Front zu schicken (falls ich damit einverstanden wäre, woran er nicht zweifle), konnte ich ihm wegen der ordenbehangenen Offiziere der siebenten Abteilung, die mit aufgesetzt soldatisch-strengen Gesichtern herumstanden, nicht um den Hals fallen wie seinerzeit in Kunzewo. Aber ich muß gestrahlt haben, denn alle gratulierten mir zu dem ehrenvollen, politisch wichtigen Auftrag.

Es ging dann alles sehr schnell. Ein junger Hauptmann wurde zum Brigadier bestimmt — eigens von Manuilsky unter mehreren Kandidaten ausgewählt um eines politischen Witzes willen: Er hieß Maslow. „Ruth Fischer-Maslow — das hat es schon einmal gegeben! Sie beide werden die Geschichte revidieren!" Wir lachten alle miteinander: Jeder Politarbeiter kannte die berüchtigte „Ruth-Fischer-Maslow-Opposition" in der alten KPD. (Unzählige Male schon hatte ich mich über diese gefährliche Namensgleichheit geärgert, hatte gezittert, mit dem vollbusigen, wilden Weib verwechselt zu werden, das vor 1933 deutsche Reichstagsabgeordnete war und eine trotzkistische Fraktionstätigkeit gegen die damalige Parteiführung und gegen die Sowjetunion entfaltet hat.) „Jawohl, wir werden die Geschichte revidieren!" Wenn auch der kleine Jurij Maslow mit seinem verschlossenen Junglehrergesicht nicht ganz danach aussah und ich selbst von Ernst recht unheroisch „das Pony" oder „der Bull" genannt wurde.

Wir verbrachten noch einige Tage bei Sitzungen und Arbeitsplanbesprechungen. Die Brigade war eine Art Versuchsballon. Zum erstenmal sollte praktisch erprobt werden, ob der — selbstverständlich unbewaffnete — Einsatz von Kriegsgefangenen in vorderster Front eine starke propagandistische Wirkung auf die kämpfende Truppe haben würde. Ob sich somit die Erwartungen des Nationalkomitees „Freies Deutschland" erfüllten, daß alles, was sonst als „bolschewistische Feindpropaganda" abgetan wurde, an Glaubhaftigkeit gewänne, wenn Deutsche über die Front hinweg zu Deutschen redeten.

Unserer Brigade sollten die örtlich vorhandenen technischen Mittel zur Verfügung stehen — Handdruckereien zur Herstellung von Flugblättern, Lautsprecherwagen, Funkgeräte, Grabenmegaphone und so weiter —, gleichzeitig sollten wir selbständig neue Formen der Feindbeeinflussung suchen und anwenden, wie das Zurückschicken von Gefangenen und Be-

gegnungen eines Vertreters des Nationalkomitees „Freies Deutschland"
mit Offizieren der Hitler-Wehrmacht im Niemandsland zwischen den
Fronten oder, unter gegenseitiger Zusicherung freien Geleits, auf der
einen wie auf der anderen Seite.

Der Kommandierungsschein für „Ruth Wieden, Schriftstellerin" trug
den Vermerk „zur Erfüllung besonderer Aufgaben" und war von Bul-
ganin unterschrieben, dem damaligen Leiter der Politischen Hauptverwaltung der Roten Armee und künftigen Ministerpräsidenten in den
fünfziger Jahren, der das Ärgernis Chruschtschows erregte.

In der Nacht vor unserer Abfahrt war ich noch schnell zu Manuilsky
und zu Ponomarjow hinaufgeschlüpft, die im selben Haus wohnten.
Ich mußte mich ihnen im knöchellangen, distinktionslosen Rotarmisten-
mantel zeigen und letzte gute Ratschläge empfangen. Beim Abschied von
Ernst wurde mir bewußt, wie oft wir schon voneinander Abschied genommen hatten, ungewiß, ob wir einander je wiedersehen würden. Ich
war trotzdem glücklich. Die Russen haben viele gute Wörter. Eines von
ihnen ist „Shiwuschtschije", die Langlebigen, die Nichtunterzukriegenden,
die Dem-Leben-Zugewandten. Wir gehörten zu diesen „Shiwuschtschije"
— das hatte sich schon oft erwiesen.

Auf dem Weg zur PUR, durch die nächtlichen Straßen von Moskau,
existierte nur noch der Feind, den es zu schlagen galt, zu vernichten,
zu beschwatzen, zu verführen, anzusprechen und abzuweisen, dem Gefangene zu entreißen waren, die etwas von seiner Stärke oder Schwäche
berichten konnten, und in den wir Rückläufe einschleusen würden —
die schwierigste Aufgabe, die der Brigade gestellt war.

Aus meiner Frontzeit ist mir ein dürftiges Tagebuch erhalten geblieben,
einige Briefe und Gedichte. Ich ersehe daraus, was für ein lakonischer
Tagebuchschreiber ich nach den wortreichen Anfängen meiner Kinderzeit
inzwischen geworden war.

Damals, mit zehn Jahren, hütete ich das rotlederne, mit einem
Schlüsselchen absperrbare Buch wie einen geheimen Schatz, füllte ihn
allabendlich mit Reflexionen, Gedanken und Empfindungen auf, wie sie
mir der Tag so zuwarf. Anton Stanek hatte mir das Buch zum Geburtstag geschenkt, ein gelähmter Hauptmann, den ich fast so häufig im Spital besuchte wie den morphiumsüchtigen Karl Tier. Die schönen Gespräche mit ihm wollte er auf den weißen Blättern festgehalten wissen,
damit ich ihn nach seinem Tode nicht vergäße. Er war ein sanfter,
schmerzlos Leidender, in Frieden mit Gott, Kaiser, Vaterland und den

Menschen, und lebte mir die himmlische Liebe vor, abhold jeder Körperlichkeit. Darin ging er so weit, daß ich mich sogar genierte, sein Krankenbett zu verlassen, um der Not nachzugeben, die jedes Lebewesen von Zeit zu Zeit bedrängt, so daß mir die Besuche bei dem Heiligen oft zur Qual wurden.

Wie sehr diese einfachen Dinge des täglichen Lebens auch ein Vierteljahrhundert später, an der Front des Zweiten Weltkrieges, in einer Männergemeinschaft, wo von himmlischer Liebe weit und breit nichts zu spüren war, ein peinliches Problem sein würden, ist auf den schäbigen Papierseiten ebensowenig vermerkt wie die erstaunliche Tatsache, daß der weibliche Körper, kaum in den Krieg hineingestellt, seinen Rhythmus aufgibt. Die Frauen sind offenbar von Natur aus gute Haushälterinnen.

Ich finde in diesem Tagebuch auch nichts von gewissen erschreckenden Beobachtungen, so die Entmannung der deutschen Leichen und die lüstern vorweggenommene Vergewaltigung der deutschen Frauenbeute. Es war zuwenig, den Feind zu töten — er mußte erniedrigt werden!

Nach allem, was die Deutschen an Hängen, Brennen, Massenvernichtungen, an totaler Ausrottung und Verwüstung der besetzten Gebiete dem russischen Volk antaten, schwelten die Rachevorstellungen in jedem „Frontowik": wenn er es nicht vermochte (oder dazu verhalten wurde), seinen Vergeltungsgelüsten mit politischen oder allgemeinmenschlichen Überlegungen beizukommen, verwandelten sie ihn in den wüsten Racheteufel, als den ihn später viele Leidtragende kennengelernt haben. Zu Unrecht beschuldigten die besiegten Deutschen Ilja Ehrenburg der geistigen Urheberschaft an soldatischen Untaten, die dem Ansehen der Roten Armee so geschadet haben, daß ihre historischen Verdienste um die Befreiung Europas von der Hitler-Herrschaft verdunkelt, ja vergessen wurden. Verlange einer Edelmut angesichts ungeheuerlicher Kriegsverbrechen!

Ein kleiner Tatarenrotarmist überschlug sich einmal in Phantasien, wie Hitler am wirksamsten zu Tode gequält werden könnte: „Ich schmier' ihn mit Honig ein und setz' ihn in einen Ameisenhaufen!" meinte er, stolz auf diesen gloriosen Einfall. Als ich ihm zu bedenken gab: „Woher nimmst du denn den Honig?", lachte er zuerst übers ganze Gesicht und brach dann beleidigt aus der Biwakrunde aus. „Soll er an seinem eigenen Kot ersticken, der Hund!"

Immerhin, bei aller Dürftigkeit verhilft mir das Fronttagebuch dazu, die Ereignisse und Erlebnisse nicht durcheinanderzubringen, mir wieder die Menschen zu vergegenwärtigen, die sich hinter den vielen Namen verbergen, und aus den kritzligen Bleistiftzeichen die Tage, Wochen und

Monate herauszulesen, deren Aufeinanderfolge sonst ganz aufgehoben wäre, weil sie in meinem Kopf ein Ganzes sind. Dieses Ganze kennt kein Vorher und Nachher. Es steckt in mir wie ein Blutpfropfen. Rund um diesen Klumpen strömt das Leben weiter — er selbst bleibt unberührt davon.

Um zur 33. Armee und zu Major Rosenstein, dem Leiter ihrer siebenten Abteilung zu gelangen, die der Standort unserer Brigade sein sollte, Ausgangsbasis unserer Arbeit, bedurfte es einer ganzen Woche. Wir irrten auf der kriegszerpflügten weißrussischen Erde von einem Befehlsstand zum anderen, im offenen Lastwagen, den uns der Leiter der Siebenten der Heeresgruppe West, Oberst Nikiforow, zur Verfügung gestellt hatte, oder wurden unterwegs von einem anderen Lkw aufgegabelt, wenn uns der Sprit ausging. Kreuz und quer schickte man uns von einem Dorf zum anderen, das heißt von einem Ortsnamen zum anderen, denn da stand kein Dorf mehr — ragten nur die gemauerten Herdöfen wie kariesbefallene Stockzähne in die Höhe, nachts ein gespenstischer, tags ein trauriger Anblick. Wir verloren uns in Wäldern, die nur aus Baumstümpfen bestanden, auf Straßen, die ein einziger, von Hunderten Rädern zerwühlter Morast waren. Ich glaubte schon, wir würden nie unser Ziel erreichen! Anstatt uns einen frontkundigen Führer mitzugeben, überließ man uns inmitten dauernder Truppenumgruppierungen unseren Irrwegen.

In Jelna begrüßte uns von weitem der sich gegen den Horizont abhebende große Galgen. Später werden wir erleben, daß fast jeder Ort dieses Wahrzeichen Hitler-deutscher Kriegführung und Kultur trug.

„Wir" — das sind neun Leute: zwei österreichische Kriegsgefangene, der steirische Holzschneider Karl Hirth, ein blonder, in sich gekehrter Bursch, den die künstlerische Begabung immer wieder jäh wechselnden Stimmungen unterwarf, und der oberösterreichische Bäcker Franz Adlmaninger, ein einfaches, hundetreues Gemüt; vier deutsche Kriegsgefangene — Leutnant Georg Gudzent vom Nationalkomitee „Freies Deutschland" und die Antifa-Schüler Kurt Kollwitz, Konrad Moseberger, Robert Ferber, die etwas Marxismus und einige Fronterfahrung im Gefreitentornister mitbrachten, dann Elsa, ein Nachwuchskadermädchen der KPD, deren Vater die Nazis hingerichtet hatten, Hauptmann Jurij Maslow und ich.

Für die Stäbe der Roten Armee waren es zu viele hereingeschneite Mitesser, schwer unterzubringen und weiterzubefördern: Fremdkörper.

Für uns selbst galt das „wir" nicht so recht. Im Vergleich zu uns Politarbeitern in den russischen Uniformen fühlten sich die Antifa-Leute ohne Papiere, Waffen und soldatische Ausrüstung unbehaglich und herumgeschubst — trotz der wichtigen Funktion, die man ihnen mehr einredete als zubilligte. Jeder vorbeilaufende Rotarmist hätte sie kurzerhand als Spione abknallen können. So glaubten sie wenigstens, wenn wir Brigadeleiter auf Stunden verschwanden, um in zerschossenen Bauernkaten oder getarnten Unterständen den „Punkt", die „Chosjaistwo", das heißt den jeweiligen Stab zu suchen, dem es oblag, uns zu versorgen, mit neuen Marschpapieren auszustatten und immer weiter nach vorn zu bugsieren.

Wenn wir von morgens bis abends bei strömendem Regen und kaltem Wind auf dem offenen Lkw hin und her fuhren, mit viel Aufenthalt auf den völlig aufgeweichten Straßen, wo die Baubataillone den steckengebliebenen Truppenkolonnen vorwärtshalfen, dann gab's immer Ärger mit unseren Antifa-Leuten, die weinerlich-faul herumhockten. Erst im glücklich gefundenen Nachtquartier — ein Heustadel oder eine unversehrte Bauernkate, in der sich Partisanenwitwen und halbverhungerte, zerlumpte Kinder mühsam am Leben erhielten — fanden sie zum Gemeinschaftssinn zurück, zur Anteilnahme am erschütternden Los der weißrussischen Zivilbevölkerung. Karl Hirth und Kurt Kollwitz, den Steirer und den Sachsen, sah ich heulen wie kleine Buben über das Elend, das sie sahen, über die Schrecknisse der deutschen Besatzung, von denen man berichtete. Eine Bäuerin erzählte uns, wie sie alle ihre Kinder verloren hatte. Den Ältesten bei den Partisanen, zwei Halbwüchsige wurden nach Deutschland verschleppt, den Zehnjährigen hatte „aus Versehen" eine Kugel erwischt, mitten am Tag und mitten auf der Dorfstraße, das Jüngste, weil es nachts wimmerte: der einquartierte Offizier hat es an den Füßen aus der Wiege gerissen und den Kopf so lange an die Wand geschlagen, bis es still war. „Sein Schlaf war ihm heiliger als das Leben eines Kindes!" Sie zeigte uns die Stelle. Wanzen nisteten zwischen den Holzbohlen. Die haben alles überlebt!

Verdreckt, hungrig, bis auf die Knochen und quatschigen Schuhsohlen durchnäßt, fanden wir schließlich — schon gegen Ende September, die gewaltige Herbstoffensive war im Anrollen — Major Rosenstein und seine Abteilung in einem großen, guterhaltenen Stabsort. Die Deutschen hatten das warme Nest so eilig verlassen müssen, daß sie nicht Zeit fanden, es niederzubrennen.

Endlich hatten wir eine Art Zuhause — in einer Gegend, über die schon einmal eine ungeheure Flucht hinweggelaufen war: 1812 — die

Truppen Napoleons! Die Beresina war noch nicht mit trügerischem Eis bedeckt.

Das Bauernhaus mit seinem einzigen Raum, den auch die Bäuerin und ein uralter, offenbar auf ewig verstummter Mann bewohnten, war gesteckt voll belegt. Wie da noch neun Leute hineingezwängt werden sollten, schien ein unlösbares Problem. Aber das wechselnde Schlafbedürfnis löste es auf natürliche Weise. Bald schliefen die einen auf den verwanzten „Naris", der Bretterbank neben dem gemauerten russischen Ofen (volksnahes Requisit der gesamten russischen Literatur), auf dem Fußboden, einen Packen Flugblätter unterm Kopf, vor der Eingangstür, zugleich die Tür zum Stall, in dem Rosensteins Kutscher mit drei Panjepferden lag; bald schliefen die andern, die unterdessen um den großen Tisch herumgesessen und die Arbeit der Siebenten verrichtet hatten: auf der Schreibmaschine tippen, Flugblätter konzipieren, handschriftlich malen, graphisch „ausstatten" und damit die Handdruckerei füttern; Berichte schreiben (höchst wichtig!); Berichte lesen; Gefangenenaussagen sichten und in Mappen ordnen; Kurzreferate fürs Parteiarchiv vorbereiten; dahindösen; diskutieren. Und noch vieles andere (überwiegend Bürokratisches), dessen Sinn und Zweck ich erst nach und nach — wenn überhaupt — begriff.

Die nächtliche Arbeit beschien eine grelle, selbstfabrizierte Benzinlampe, die ich in den meisten Unterständen wiederfand, wo auch nicht nur geschlafen wurde: eine Granathülse, mit etwas Salz und Benzin angefüllt, am oberen Rand zu einem schmalen Schlitz zusammengedrückt — das ergibt, angezündet, ein prachtvolles Licht. Manchmal eine Explosion. Wir mokierten uns über die Fritze, die ohne „Hindenburglichter" verloren im Dunkeln saßen, ja nicht einmal auf den Einfall gekommen waren, zur Erhellung ihres düsteren Bunkerdaseins die buntfarbigen Feldtelephondrähte wie Wäscheschnüre zu verspannen und an einem Ende anzuzünden. Bei dieser sich langsam weiterfressenden Flamme kann man ausgezeichnet lesen, seine Sachen in Ordnung bringen und sich nach Läusen absuchen.

Auch an diesen und ähnlichen Kleinigkeiten russischer Improvisationskunst las ich den Sieg der Sowjettruppen über die Hitler-Armee ab. Deren organisatorische Perfektion geriet gleich ins Wanken, „wenn nicht alles klappte, wie es klappen sollte", berichteten die Gefangenen. Warum sind die Deutschen zum Unterschied vom Rotarmisten fast alle fußkrank? Sie ziehen sich nicht sofort die Stiefel aus, tragen keine Fußlappen. Wir mußten auch darin unsere Antifa-Leute umerziehen, insbesondere den Leutnant Gudzent vom Nationalkomitee „Freies Deutsch-

land", der in Stiefeln schlief und über die verschiedentlichen Wasch-
gelegenheiten staunte, die fahrbaren Sauna- und Entlausungsbäder bis
zur vordersten Front, über die Eiswasserwaschungen unter Stukaangrif-
fen und Granatwerferbeschuß. Mit Mühe verhielten wir ihn dazu, im
Kampf gegen Dreck und Läuse nicht nachzulassen: ohne sauberweißes
Kragenbündchen kein Eintritt in die Feld-Stolowaja!

Dies war nun also unsere „Basis", und das Schicksal der 33. Armee
unser eigenes. Obenan und dazugehörend wie kein anderer (wenigstens
für mich) — Major Rosenstein, einst Philosophieprofessor an der Universität von Leningrad, Hegelianer (also im Widerspruch zu der herrschenden Lehrmeinung stehend) und im übrigen eine „zerstreute Persönlichkeit", wie ich der ersten Eintragung über ihn meinem Fronttagebuch entnehme. Sein Feldbett — die riesigen, fleischigen Füße nackt
darüber hinausgestreckt — schwamm seit dem ersten Tag des Krieges
gleich der Arche Noah auf der Sintflut, die über Rußland kam. Mehrmals eingekesselt, mehrmals verwundet, erlebte Rosenstein die Vernichtung seiner, der 33. Armee bis auf ganze 17 Mann und ihre allmähliche
Wiedergeburt zu voller Kriegsstärke. Er war sicher, daß sein Feldbett
einmal auf festem Boden irgendwo im besiegten Hitler-Deutschland landen und er zu seinen philosophischen Arbeiten nach Leningrad zurückkehren würde.

Ein schöner Mensch — dem Äußeren nach fast ein verwegener Feschak:
die Kappe schief aufgesetzt, den Riemen enggeschnallt, die Stiefel blank.
In die untere Gesichtshälfte kerbten sich tiefe Narben ein, darunter
lag ein silberner Kiefer. Er mußte ihn mir zeigen, wie mein Vater
seinen „grünen Zahn", wenn ich als Kind auf seinen Knien saß. Einige
der übrigen Narben bekam man nur zu Gesicht, sobald sich der schwere,
breitschultrige Oberkörper in weißer, leicht fettiger Nacktheit zeigte.
Ein Körper — nicht umzubringen! Doch was ursprünglich an un-
erschrockenem Gemüt und Geist daringesteckt haben mochte, an Charakter und Courage, da schienen es nicht die Fritze, sondern die lieben
Genossen mit den vielen „Tschistkas" (unter jüdischen Intellektuellen,
Offizieren der Roten Armee, braven Parteimitgliedern) gewesen
zu sein, die da Schwervernarbendes beschädigt hatten. Anders konnte
ich mir die Anfälle von Melancholie, Resignation, Ängstlichkeit, von
plötzlichem Zügelschleifenlassen, innerer und äußerer Desorganisation
nicht erklären.

Von ihm hing in hohem Maße der Erfolg oder Mißerfolg unserer
Frontbrigade, ja unser aller Leben ab; und da Moskau hinter uns
stand, die höchsten politischen Militärstellen, deren Gunst oder Ungunst

weittragende Folgen haben konnte, entwickelte die Armeesiebente anfangs eine den üblichen Instanzenweg sprengende Aktivität. Der „heiße Draht" führte direkt zu den Generalen, den Divisionskommandeuren und ihren Politstellvertretern, unter Überspringung der dazwischenliegenden Obersten, Oberstleutnants, Majore, die ihrerseits von oben den Befehl erhielten, unsere Arbeit bestmöglich zu unterstützen.

Kurt Kollwitz, der unternehmungslustige Erzgebirgler aus einer roten Armbauernfamilie, sollte als erster in eine deutsche Stellung eingeschleust werden, um eine Antifa-Wehrmachtsgruppe zu organisieren. Wir präparierten verschiedene Soldbücher für ihn, Heimatbriefe und sonstige Papiere, stellten eine passende deutsche Wehrmachtsausrüstung zusammen und dachten uns mehrere glaubhafte Legenden für sein Auftauchen in einer fremden Einheit aus: versprengter Melder, Sanitäter, Kradfahrer oder gefangengenommen von den Russen und zurückgeflüchtet auf der Suche nach der eigenen Einheit. Legenden, Namen, Nummern und so weiter wurden aus den Gefangenenaussagen bezogen, mit den jeweiligen Möglichkeiten in Übereinstimmung gebracht.

Für das erste Unternehmen dieser Art, voll Risiko und unvorherzusehender Tücken des Zufalls — die es dann auch zum Scheitern brachten —, wollten Jurij Maslow und ich persönlich die Verantwortung übernehmen. Zu dritt mit Kollwitz ging's zu einem Bataillon in vorderster Linie. Ein paar Kilometer mit unserem Lkw, dann zu Fuß durch knietiefen Dreck, mehrmals in vorbeifahrende Lkw umsteigen und sie wieder aus dem Schlamm ausgraben. Mein wirkliches Frontleben begann zu jener Stunde, da wir uns auf diesen beschwerlichen Weg machten, in unseren Rucksäcken verteilt eine komplette deutsche Wehrmachtsausrüstung und Marschrationen für drei Tage: auf dem Weg über Monastirschi nach Kagina.

Kurz vor Monastirschi beim Flußübergang Zeichen großer Kämpfe und die ersten Leichen deutscher Soldaten im Straßengraben. Verdreckt, grau, vom Straßenschmutz der vorbeifahrenden Autokolonnen unkenntlich. Zerfetzte Körper neben toten Pferden. Stahlhelm einen halben Meter vom Kopf. Ich habe neun gezählt, weder Ekel noch Grauen empfunden. Aber es war der erste unauslöschliche Eindruck von der Sinnlosigkeit des Krieges, vom blödsinnigen Krepieren irgendwo im fremden Land. Granatlöcher, Bombentrichter und daran vorbei endlose Reihen von russischen Fahrzeugen. Vorwärts, vorwärts! Wir kamen nicht bis Kagina, sondern übernachteten in einem kleinen Dorf bei einer weinerlichen Frau mit zwei Kindern. In der Nacht spielte ein etwas verdächtiger Zivilist auf der Balalaika — stimmungsvoll und doch irgendwie gespenstisch: gestern waren noch die Deutschen dagewesen! Die Kuh ist weg, das Korn verbrannt, die Kinder erschreckt. Aber Riesenfreude über uns, die befreiende Rote Armee! Ich schlief miserabel auf einer kleinen Bank in meiner kargen Schlafausrüstung: eine kleine Aktenmappe aus feldgrauem Stoff unterm Kopf und den Mantel als Decke. Denn die Front war nah, dröhnte in den Schlaf hinein, lockte: „Komm her! Sieh dir den Feind an, von Angesicht zu Angesicht!"

Morgens wiederum Abmarsch zu Fuß: Dreck, Dreck, Dreck, graues, windiges Wetter. Nach vier Kilometer kamen wir durch ein menschenleeres Dorf, nur eine fröhliche Horde weißblonder Buben lief uns entgegen. Plötzlich springt mir einer an den Hals und küßt mich. „Brüder, Brüder ihr, wie gut, daß ihr da seid! Ach, ihr Brüder!" Ein ganzes zärtliches, vereinsamtes Kinderherz in Lumpen und mit Rotznase, verströmt in dem Kuß — Heimat, Freiheit, Erlösung!

Kurz darauf trafen wir wieder auf eine Autokolonne, die uns auf vielen Irrwegen nach Kagina mitnahm. Im Straßengraben sehe ich Champagnerflaschen: Veuve Cliquot. Leichen und Champagner, das ist Hitlers Feldzug! Nachts waren wir sehr schmutzig, aber freundlich bei einer alten Frau untergebracht. Sie erzählte von Judengreueln. Einen halben Tag sprachen wir mit Gefangenen, darunter fanden wir auch solche, die unsere getarnten Sender, den katholischen und den österreichischen, gehört hatten. Alle berichten dasselbe: Panik, alles verloren, die Stimmung „fünf vor zwölf"!

Eine Zeitlang glaubten selbst wir daran. Daß sich die fünf Minuten bis zwölf noch eineinhalb Jahre hinziehen würden, wagten nicht einmal die ärgsten Pessimisten zu denken!

Auf dem Weg zum Divisionsstab Saprudi 371 wären wir um ein Haar in die Luft gegangen. Der Lkw vor uns fuhr auf eine Mine. Ich sehe es noch heute mit dem gleichen ungläubigen Staunen, wie der schwere Wagen, vollgepackt mit Rotarmisten, plötzlich einen Hopser machte und sich dann merkwürdig sanft in Hunderte Stücke auflöste. Die Front ging rund. Wir waren ihr bald so nah, daß über uns hinweg die Granaten auf beide Seiten gingen. Die Deutschen versuchten seit zwei Tagen ihre Stellungen zu halten, aber wir trommelten aus allen Rohren. „Großartiges Schauspiel!" sagt das Tagebuch. Und: „Stalinorgel steht neben mir."

Die berühmte „Katjuscha" erschien mir von ingeniöser Einfachheit;

ein Lkw, und darauf Lagen von so etwas wie Ofenröhren. Als ich dann aber die gewaltigen Detonationen der Raketengeschosse zu hören bekam, die rotglühenden Kometenschweife im Irrsinnstempo über den Himmel jagten, erfaßte mich fast selber panischer Schrecken.

Inzwischen waren schon andere Mitarbeiter Rosensteins mit einigen unserer Antifa-Leute nach vorn gekommen. Sie sollten sich auf benachbarte Divisions- und Regimentsstäbe verteilen. Aber die Deutschen hatten es auf unseren Abschnitt abgesehen und starteten starke Fliegerangriffe; wir zählten die Staffeln und kamen auf vierzig bis fünfzig Flugzeuge, ohne daß sich ein sowjetischer Jäger zeigte.

Für mich, flach im Dreck liegend neben einem Leutnant Nisselgolz von unserer Armeesiebenten, war es der erste Bombenangriff im offenen Gelände. Leichenblaß zitterte er um mich und sich, während ich keinen Hauch Angst empfand, auch nicht als sie später wieder zurückkamen und uns aus MG beschossen. Die Feuerprobe im „Lux" bewährte sich auch an der Front.

In der Division gab's ein langes Hin und Her wegen Kurt Kollwitz. Der „Antifa-Fritz" habe „zu viel gesehen". Die Militärs und Politleute waren sich darin einig, daß er unsere Stellungen, Stabspositionen, unsere Stärken und Schwächen an diesem Frontabschnitt verraten könnte und schickten ihn uns wieder zur Armee zurück. Gegen dieses verständliche Mißtrauen mußten wir oft genug kämpfen. Nur bei den Aufklärereinheiten fanden wir immer kühne Leute, schnell im Entschluß ohne lange Nachfragerei bei übergeordneten Stellen. Mit ihnen versuchte ich mich in Hinkunft anzufreunden, wenn unsere Arbeit ins Stocken geriet. Allerdings unter Vorbehalt — zu locker saßen ihnen die Kugeln im Revolver, in der MP.

Abends Brigadesitzung, wo der Beschluß gefaßt wurde: mit Funkstation zum Regiment und Bataillon nach vorn, Kontakt aufnehmen mit der vor uns liegenden deutschen Einheit, in der es ansprechbare Österreicher und Elsässer gab.

Am frühen Morgen fuhren wir mit dem Panjewagen zum Regimentsstab. Dann von dort Abmarsch zum Bataillonsgefechtsstand auf kleiner Anhöhe. Eineinhalb Kilometer vom Feind: Dorf Luki. Alles niedergebrannt. Nur ein offener Getreidespeicher voll Getreide — die Deutschen hatten ihn als Latrine benützt. Kühe liegen erschossen da, alle viere von sich gespreizt, mit schwarzem Euter.

Während Maslow und ich hinter Sträuchern den geeignetsten Platz für unser Funkgerät suchten, schwirrte irgend etwas dauernd um unseren Kopf herum. „Wo kommen nur die vielen Bremsen her?" fragte ich

Maslow. „Wahrscheinlich von den toten Kühen!" Auf Maslows Kopf unter der Offiziersschirmkappe schienen sie besonders lüstern zu sein. Plötzlich warf er sich auf den Bauch und zischte mir zu: „Wirf dich hin — keine Bremsen — Kugeln!" Ein deutscher Scharfschütze saß unweit vor uns in einer Baumgruppe.

Von nun ab lernten wir das Robben und „Verbeugungmachen" par excellence. Auch das Springen in Bombentrichter und Granatlöcher. Denn die folgenden Tage waren ein hartes Training. Wir kamen aus direktem Artilleriebeschuß und starken Bombardierungen nicht heraus. Eine verfluchte, feindeingesehene Gegend! Bei der Rückfahrt nach Starino, wo sich der inzwischen gewechselte Befehlsstand unserer Division befinden sollte, wurden wir an einer großen, mit Truppentransportmitteln aller Art verstopften Straßenkreuzung in drei bis vier Wellen so stark bombardiert — rundum Verwundete und Tote —, daß die Stimmung der Brigade auf den Nullpunkt zu sinken drohte. Leutnant Gudzent vom Nationalkomitee „Freies Deutschland", der angeblich so etwas noch nie erlebt hatte, meinte nachher böse, er wäre nicht an die Front gegangen, um zu fallen, sondern um Propaganda für ein „neues Deutschland ohne Hitler" zu machen! Ich beschloß innerlich, ihn bei nächster Gelegenheit zurück ins Lager zu schicken, wenn sich seine schlechten Nerven nicht schleunigst besserten. Doch bald erbarmte sich die Malaria seiner und nahm mir den Entschluß ab. Auch unsere Antifa-Leute erkrankten schnell und heftig unter den unausgesetzt schweren körperlichen Strapazen, den nervlichen Belastungen. Selbst meine unverwüstliche Natur mußte einmal eine scheußliche Durchfallsattacke hinnehmen — gottlob, wie man sieht, ohne tödlichen Ausgang. Zeuge eines solchen völlig sinnlosen Sterbens wurde ich wenige Wochen später, als ich schon ein richtiger „Frontowik" war. Ich klapperte die Front ab, suchte unsere Divisionen, die sich in diesem Abschnitt abwechselten (die 153., 290., 157., 144., 133., 222., das 69. Korps, das benachbarte 61. Korps), die meisten ihrer Regimenter, einige ihrer Bataillone und manche ihrer vorgeschobensten Posten auf; in ihren Unterständen habe ich geschlafen, gegessen und lange Gespräche geführt — alles zu dem Zweck, durch das Wort etwas zur Abschwächung des Kampfes beizutragen.

Der Bursch, der so sinnlos an Durchfall starb, denn es war Bauchtyphus, hieß Barbarino. Unbestimmter Nationalität, gut deutsch sprechend. Er diente seit langem der Roten Armee als Diktor im Lautsprecherwagen. Wir machten im 69. Korps einige Sendungen zusammen, waren gut aufeinander eingespielt, beste Kameraden.

Für den Lautsprecherwagen einen geeigneten, gute Deckung bietenden

Platz zu finden war jedesmal das größte Problem. Er mußte direkt hinter der vordersten Frontlinie liegen, die Kabellänge — es wurde von Pionieren oder Aufklärern im Niemandsland zwischen dem eigenen und feindlichen Grabensystem ausgelegt — betrug höchstens 400 Meter. Sobald wir zu sprechen begannen und in die Frontstille hineinbrüllten, antworteten die Deutschen mit Abschießen von Leuchtraketen und Feuerstößen, um den Lautsprecherwagen ausfindig zu machen und zu vernichten. Manchmal kam es auch vor, daß sie, offenbar aus Neugierde, ruhig zuhörten. Das buchten wir dann als großen Erfolg unserer Sendung.

Ich erinnere mich einer Nacht, da das ausgelegte Kabel mehr als ein dutzendmal von MG-Garben unterbrochen und von todesmutigen Rotarmisten (meistens Jungkommunisten, die sich freiwillig dafür meldeten) wieder geflickt wurde. Für uns Sprecher war es Ehrensache, nicht eine Sekunde im Text zu stocken, wenn der Lautsprecherwagen von Kugeln durchlöchert wurde. Der Feind durfte nicht wissen, daß er sich richtig eingeschossen und uns getroffen hatte! Zibin, unser Chauffeur und Tonwagentechniker in einer Person, ein fröhlich schimpfender Prachtkerl, war mit seiner Maschine so verwachsen, daß er mir eine kleine, blutende Kopfverletzung, die wohl von einem Gellersplitter herrührte, mit den Worten zuklebte: „Nitschewo — Hauptsache, die Hunde haben den Motor nicht verletzt!"

In jener Nacht, da sich Barbarino den Tod aus einer schlammigen Pfütze holte, waren wir in einer vorgeschobenen Stellung „zu Gast", die von blutjungen Tataren gehalten wurde. Niemand hatte uns vorher aufnehmen wollen, und wir waren lange unmittelbar hinter der vordersten Front herumgeirrt, um unseren Wagen gut aufzustellen. Schließlich mußten wir buchstäblich über Leichen kriechen, um das Kabel mit dem Lautsprecher auszulegen. Wir sprachen dann die ganze Nacht, acht Stunden lang, kaum unterbrochen von Schallplattenmusik. Das macht durstig! Barbarino, allen Warnungen zum Trotz, verließ mehrmals den Wagen und schlürfte aus der Pfütze. Schon in der Morgendämmerung war er eine halbe Leiche. Drei Tage später haben wir ihn begraben.

Die militärische Lage an unserem südlichen Flügel der Front war während der Herbstoffensive, die im Mittelabschnitt mit der Befreiung von Smolensk am 25. Oktober 1943 ihr erfolgreiches Ende fand, keineswegs günstig. Vergeblich wurde der Durchbruch zur Stadt Orscha forciert — ein wichtiger Eisenbahnknotenpunkt auf der Strecke Minsk - Smolensk. Die Deutschen verteidigten ihn unter vollem Einsatz aller Kampfmittel. Daß gerade hier die Rote Armee sich festfuhr und trotz großer, verlustreicher Anstrengungen das Kampfziel nicht erreichte, drückte auf die Stimmung aller, die in jenen blutigen Oktoberwochen unmittelbar daran teilnahmen, die miterlebten: „Wir schaffen es nicht! Kein Salut in Moskau für Orscha! Kein Ordenregen! Kein rühmlicher Tagesbefehl Stalins!" Nur Kämpfe, Verluste, wiederum Kämpfe, neuerliche Verluste.

Den Mißerfolg schob man der offensichtlich fehlenden Unterstützung durch die sowjetische Luftwaffe in die Schuhe und einer allgemeinen Desorganisierung in den Truppenteilen, die sogar ich wahrnahm. Klagen über die schlechte Organisation in unserer 33. Armee bekam man in allen Einheiten zu hören.

Am Abend vor einem entscheidenden Durchbruchsversuch, am 11. Oktober, wurde von der Armeesiebenten ein Sprecher angefordert, der zu den Deutschen hinübersprechen sollte, bevor die Artillerie losbrüllte. Ich schrieb noch schnell einen Text, dann ging's nach vorn.

Die Fahrt zum Regimentsstab war einfach phantastisch. Die Nacht sternenklar kalt. Ringsum Brände, Leuchtraketen, ab und zu Feuersalven, und doch im ganzen still. Und auf der zerpflügten, mit Granattrichtern und Bombeneinschlägen besäten Erde endlose, leise marschierende Kolonnen, mit Trossen, Reitern und Geschützen, Munitionskästen — der Angriff stand bevor! An ihm werden auch die Polen teilhaben, zum erstenmal im Einsatz. Nisselgolz, der mich bei dieser Aktion begleitete, entdeckte sein altes polnisches Herz, und wir machten einen Abstecher zum polnischen Stab.

Von der polnischen Kosciuszko-Division wurde an der ganzen Front gesprochen. Sie war unser rechter Nachbar, lag in einer Talsenke zwischen unserer Division und einer anderen der Roten Armee. Welche politischen Kämpfe unter den Alliierten waren ihrer Aufstellung vorangegangen! Jetzt, bei unserem nächtlichen Besuch, glich das polnische Heerlager einer militärischen Oase inmitten der kampfzerzausten Truppen der Roten Armee: gestriegelte Pferdchen in neuem Zaumzeug, die Waffen auf Glanz, die Uniformen, die Gesichter. Wir wurden zu einem üppigen Nachtmahl aus der Feldküche eingeladen, der Wodka ging rundum, die Offiziere machten mir den Hof. Ein Feldpriester ging von dem zu jenem, flüsterte ihm etwas zu, bekreuzigte und küßte ihn.

Die Religiosität der polnischen Truppen wurde viel diskutiert, und im Zusammenhang damit erzählte man sich in unserer Armee eine nachdenkliche Geschichte: Ein alter russischer Bolschewik, Atheist bis in die Knochen, war den Polen als Politkommissar zugeteilt. In seiner Parteizelle befragten sie ihn eines Tages: „Es wird berichtet, daß du an der Feldmesse der Polen teilnimmst wie ein richtiger Katholik und den ganzen Klimbim mitmachst, du, ein alter Leninist und Bürgerkriegsheld! Wie vereinbarst du das mit deiner kommunistischen Gesinnung?" Er antwortete: „Gott wird mir verzeihen!"

Nach dem Besuch bei den Polen schliefen wir etwas, und am Morgen vor der Artillerievorbereitung spreche ich kurz hinüber zu den Fritzen. Ein Feueratem sondergleichen bricht 8.20 Uhr los. Die Katjuscha rast zwei Stunden! Inzwischen geht schon die Infanterie vor, auch die Polen in voller Ordnung.

Durch den Sehschlitz im Befehlsstand des Bataillonskommandeurs sah ich sie vorwärtsstürmen, aufrecht, in engen Reihen, die im feindlichen Feuer immer dünner wurden. „Verrückte! Verrückte!" schrie jemand neben mir. Dann: „Die haben einen Kampfgeist! Das hätte ich von den Polen nicht gedacht! Mordskerle!"

Ihre Verluste bei diesem Einsatz sollen grauenhaft gewesen sein ...

Vier Stunden später gehen wir mit dem vorverlegten Gefechtsstand in die vorderste Linie. Die Fritze antworten jetzt. Wir kommen in ein Höllenfeuer von Artillerie- und Bombenangriffen. Welle auf Welle! 30 bis 40 Flugzeuge. Ich liege in Erdlöchern, springe in Bunker und Laufgräben. Die Unsern halten stand. Rundherum Verwundete und Tote. Auf Rat eines usbekischen Soldaten, der vor mir robbt, korrigiere ich schnell einen Fehler: Als Linkshänder neige ich dazu, den linken Arm frei zu halten und das Herz zu entblößen. Plötzlich sehe ich Panzer — zirka zehn — direkt auf uns zukommen.

Als die dunklen Ungetüme auftauchten und aus allen Rohren schießend unter unserem Hügel herummanövrierten, um seitlich durchzubrechen, packte mich zuerst staunende Neugier und dann ein gehöriger Schrecken. Sie werden dich als Flintenweib aufhängen, wenn sie uns überrollen und gefangennehmen, schoß es mir durch den Kopf. Nicht einmal einen Revolver hast du ...! Dann spürte ich die Hand von Nisselgolz, der mich durch den Laufgraben auf die „sichere" Seite des Hügels zerrte, und ich konnte die Abwehr des Panzerangriffs nur noch hören, nicht mehr sehen.

Wenige Tage später habe ich einen Revolver bekommen. Hier seine Geschichte: Das erste Geschenk, das ich meinem Vater abbettelte, war ein Jagdklappmesser aus Hirschhorn gewesen. Seine universelle Begabung glich der meiner Großmutter: das Messer konnte einfach alles, vom Schneiden, Sägen, Bohren bis zum Konservenöffnen. Immer hatte es mich begleitet. An einer beinharten Runkelrübe, die meinen Vitaminhunger reizte, war es nun hier an der Front Stück für Stück zerbrochen, fand sozusagen seinen „Heldentod".

Ich erzählte die mich sehr rührende Lebensgeschichte des Messers im Kreis meiner Frontkameraden. Wir saßen um die Benzinlampe und suchten einander die Läuse ab. Wie üblich, wenn einmal die Front schwieg, ging bei solcher Gelegenheit das Erzählen reihum, als säßen Bauernweiber beim Federnschleißen. Nachdem ich einige Erlebnisse, die ich mit diesem Messer gehabt hatte, zum besten gegeben, erhielt es seinen Ehrennachruf und einen zeitgemäßen Nachfolger: einen Trommelrevolver, den russischen „Nagan". Er wurde mir feierlich auf zwei Händen übergeben wie ein Säbel: „Nehmen Sie ihn zum Ersatz für das Messer Ihres Vaters, Ruth Maxowna! Er wurde mehrmals eingekesselt und hat seinen Besitzer überlebt, der den Heldentod starb! Möge diese Waffe gemeinsam mit Ihnen unseren Sieg erleben!"

Das tat sie auch.

Unter Artilleriefeuer zurück zur Division. Durch zerschossene Dörfer unter schwerem Granatwerferbeschuß. An einem Galgen hingen zwei Verräter.

Vom Divisionsstab fuhren wir dann gleich zur Sammelstelle der Kriegsgefangenen.

Von den Aussagen frisch eingelieferter Gefangener lebte unsere Grabenarbeit in den darauffolgenden Nächten. Sie waren das Rohmaterial, aus dem wir Sendungen zusammenstellten, die den vor uns liegenden Fritz unmittelbar ansprechen mußten. Er hörte ihm bekannte Namen, empfing Grüße und Ratschläge, wurde aufgefordert, den Angehörigen zu schreiben, daß der und der in russische Gefangenschaft geraten, gesund und wohlbehalten sei.

Solche unpropagandistisch aufgemachte Nachrichtenübermittlung hatte manchmal eine weit größere Wirkung als unser Geschrei: „Mit Hitler geht's zu Ende!" Daß jedoch die sowjetische Artillerie noch immer die beste Propagandaarbeit leistete, wurde mir an jenem 13. Oktober bewußt, als ich auf einem Holzstapel in der Sonne saß und an meinen fernen Vater dachte: Wenn er noch lebte, feierte er heute seinen Geburtstag.

In den folgenden Tagen brauchte jeder von uns die besondere Wachsamkeit seines Schutzengels. Verteilt auf vorderste Gräben, vorgeschobene B-Stellen, waren die aktivsten Brigademitglieder, wie unsere Antifa-Österreicher Hirth und Adlmaninger, mit ihren Geräten ununterbrochen im Einsatz. Wir schossen Flugblätterminen ab, brüllten in Megaphone, rumpelten durch die Nacht mit dem Lautsprecher- und Panjewagen, brachten Dutzende und Aberdutzende Kilometer unter die Stiefel.

Das alles an Abschnitten der Front, wo die Deutschen höchst aktiv waren und „mit allen Sachen herhauten". Manchmal schickten uns die Kommandeure wegen angeblich „zu großer Gefahr" sofort wieder zurück. Dabei waren unter den gegebenen Umständen gerade der An- und Abmarsch über freies Gelände, ob nachts oder tags, das dauernde Unterwegssein weit ungemütlicher als der Unterschlupf im Bunkergraben. Sobald die Minenwerfer in Aktion traten, verlor ich jedesmal das Vertrauen in die „Shiwuschtschije" und in meinen bewährten „guten Stern". Eine abscheuliche Waffe! Unberechenbar, heimtückisch allein schon durch das flatternd-zischende Geräusch, das man erst im letzten Augenblick wahrnimmt. Dann kann man nur noch beten!

Major Rosenstein sagte mir einmal im Vertrauen, daß die Politarbeiter, darunter vor allem die der Siebenten, im Verhältnis zu ihrer Anzahl an allen Fronten die größten Verluste aufwiesen. (Unabhängig von der Tatsache, daß Gefangennahme den sicheren Tod bedeutete. Wie die Deutschen die „Kommissare" behandelten, ist ja hinlänglich bekannt.)

Unser Plan, Kurt Kollwitz in eine deutsche Stellung hineinzuschleusen, schien sich endlich zu verwirklichen. Der Stabschef der 222. Division gab seine Einwilligung zu dem Unternehmen und schließlich auch General Pejarin (vormals Kommandant von Moskau), den ich unter vier Augen eine Stunde lang bekniën mußte, bis er der Aufklärerabteilung den Befehl gab, die Aktion sorgfältigst vorzubereiten, den geeignetsten Übergang ausfindig zu machen. Im Weichbild des Dorfes Lenino — zerstört, bot es trotzdem einen selten hübschen Anblick mit seiner graziösen, auf einem Hügel stehenden Kirche — lag unser Grabensystem nur 200 Meter entfernt von dem der Deutschen.

Vom Bataillonsbeobachtungsstand sehe ich die Fritze in der blassen Oktobersonne friedlich schanzen. Auch sie beobachten uns. Aber von beiden Seiten fällt kein Schuß. Die Front ist ruhig. Nur eine einzige Granate kleinen Kalibers schlägt wie zum Spaß auf dem Grabenrand ein, was mich für ein paar Stunden leicht taub macht. Tagsüber exerzieren wir die ganze Aktion bis ins kleinste durch. Nachts soll sie nach kurzer Artillerievorbereitung steigen. Gelingt sie, ist allen Beteiligten der „Rote Stern" versprochen. Bei Einbruch der Dämmerung geht es in langgezogener Marschlinie wieder nach vorn zu den Aufklärern. Dazwischen liegen einige feindeingesehene Stellen, und wir bekommen schweres MG-Feuer über die Köpfe. Das bedeutet: Die Fritze sind auf Draht! Ein ungünstiges Zeichen. Im Graben der Aufklärungskompanie Sammlung. Stille vor dem Sturm.

Im stickigen, kaum mannshohen Unterstand wurden wir vorher Zeugen einer ergreifenden Zeremonie: Abgabe der Komsomolzenmitgliedsbücher. Einer nach dem andern der blutjungen Burschen, Freiwillige für diese Aktion, trat aus dem Dunkel ins Licht der Benzinfunzel und überreichte dem Kommandeur seinen Komsomolzenausweis mit den Schwurworten: „Treu bis in den Tod!" Dem Feind durfte er nicht in die Hände fallen. Still und feierlich ging es zu — als hätten sich Urchristen in einer Katakombenkapelle des alten Rom versammelt und nicht gottlose Kommunisten unter russischer Erde. „Tod den Faschisten", murmelten wir mit. Haß und Liebe tropften mir in den Kragen, labten das Ungeziefer. Kurt Kollwitz, wieder in einen Gefreiten der Deutschen Wehrmacht verwandelt, salutierte mit tiefernstem Gesicht.

Ich dachte hin und her: vielleicht schicke ich einen Menschen in den Tod?!

Es geht los. Vom Grabenausstieg aus beobachte ich die ganze Aktion. Voran drei Minensucher, dann Kurt und drei Aufklärer. Sie verschwinden im Minenfeld. Über eine Stunde hören wir nichts. Warum schweigt unsere Artillerie? Plötzlich steigen Leuchtraketen auf, wahnsinniges MG-Feuer, MP-Feuer und Granaten, zirka acht Minuten, kurze Stille. Dann gehen über uns Minenwerfer hinweg, schweres MG-Feuer. Ich liege mit dem Gesicht an die erdige Grabenwand gepreßt. Warte aufgeregt: Erfolg? Schließlich kommen die ersten mit zwei Verwundeten, robben wieder zurück ins hellbeleuchtete Minenfeld, um einen Schwerverwundeten, der liegen geblieben ist und gellend schreit, zu holen. Endlich auch Kurt! Sie haben weder eine „Zunge" gefangen, noch konnte Kurt in den deutschen Graben springen! Warum?

Es stellte sich heraus, daß von unserer Seite zu früh Handgranaten geworfen wurden und den Feind alarmiert hatten, bevor sie den Graben erreichten. Pech und Unerfahrenheit! Alle waren schlechter Laune. Aber alle lobten Kurts Tapferkeit!

Wir zogen gruppenweise, auf freiem Feld wiederum unter schwerem MG-Beschuß und vereinzeltem Geschützfeuer, zur Divisionsbasis zurück.

Einige Wochen später vertrauten wir Kurt Kollwitz auf dessen eigenen Wunsch einer Aufklärerabteilung an. Sie „adoptierte" ihn, und der Kommandeur versprach, auf sein Leben zu achten bis zum Sieg. Ob unser getreuer „Antifa-Fritz" tatsächlich seine sächsische Heimat wiedergesehen hat, weiß ich nicht.

Die bevorstehende Oktoberfeier im dritten Kriegsjahr kündigte sich an unserer Front mit Frosteinbruch und Schneestürmen an. Der Verwesungsgeruch, der von den sumpfigen Niederungen bis zur „Smert Dolina" (Todeshügel) der 222. Division heraufstieg, verflüchtigte sich über Nacht. Fast jede Einheit hatte hier so eine „Smert Dolina", und fast überall konnten die Leichen, ob Deutsche oder Russen, Elsässer oder Usbeken, Österreicher oder Sibirjaken, nicht tief genug eingebuddelt werden, um nicht alsbald gen Himmel zu stinken. Die gefallenen Pferde brodelten hernach, süßlichen Geruch verbreitend, in den Kesseln der Feldküchen.

Ebenso tief unter den Nullpunkt sank die Stimmung in unserer Armee. Wir kamen nicht vorwärts. Die Fritze verbissen sich in die weißrussische Erde. Erst die nächste große Offensive wird Orscha und Minsk von den Deutschen befreien. An den südlichen Frontabschnitten hingegen, in der Ukraine, heftete sich an die Fahnen der Roten Armee ein Sieg nach dem andern — Kiew, Dnjepropetrowsk setzten die Serie der Erfolge fort, die seit der gewaltigen Schlacht um Kursk im Sommer 1943 nicht abzureißen schien. Daß unsere Front an anderen Abschnitten glücklicher war, Smolensk (wenigstens Smolensk!) befreit hatte, erweckte eher unseren Neid als ein allgemeines Siegesgefühl.

Für uns paar Österreicher jedoch durchbrach eine Nachricht wie ein leuchtender Strahl den schneeverhangenen Fronthimmel, in dem das Donnern und Blitzen umging, als fände es gleich den Gewittern in unseren heimatlichen Alpen keinen Ausweg: die Nachricht von der „Deklaration über Österreich" auf der Moskauer Außenministerkonferenz. Darin wurde die Erklärung für ein zukünftiges „freies und unabhängiges Österreich" abgegeben, die Okkupation durch Hitler-Deutschland „für null und nichtig" befunden.

Wer von den drei Außenministern, Eden, Cordell Hull oder Molotow, der eigentliche politische Initiator der Österreich-Erklärung war, blieb ein Ratespiel. Der Zusatz, Österreich „müsse seinen eigenen Beitrag leisten", deutete auf die russische Initiative, und wir wiegten uns daher in dem Glauben: Endlich waren *unsere* jahrelangen Bemühungen von Erfolg gekrönt! Österreich wird wieder ein selbständiger Staat sein — befreit, anerkannt als ein von Hitler okkupiertes, nicht mit Kriegsschuld beladenes Land!

Kein Sieg der Roten Armee hat mich je mit solch tiefinnerster Seligkeit erfüllt wie die „Deklaration über Österreich"! Die heutigen Nutznießer können sich wahrscheinlich kaum vorstellen, was es mitten im Krieg für jeden bewußten Österreicher bedeutete, nun ein verbürgtes Recht auf kommende Freiheit erhalten zu haben.

Nicht nur in Träumen gegenwärtig, im Heimweh nach rauschenden Gebirgsbächen, nach Skipisten und Moosgeruch, sondern in planvoll zu gestaltender Wirklichkeit stand uns ein Österreich vor Augen, das es noch niemals gegeben hat: politisch — eine Art demokratischer Volksfront, in der keine alleinigen Machtansprüche Geltung haben, jedoch das gemeinsame Bestreben, gründlich mit allen Fehlern der Vergangenheit, mit faschistischen Überbleibseln und Großdeutschtum aufzuräumen; kulturell — ein „modernes Athen", wo die Künste sich entfalten, die vielseitigen Talente des österreichischen Volkes aufblühen, weltoffen nach allen Seiten, unborniert und nicht provinziell.

Von einem solchen Österreich träumten und sprachen wir. Und die Voraussetzungen dafür schienen uns in der ungehobenen, verschütteten, vielfach mißbrauchten lebendigen Kraft des Österreichers gelegen, dieses begabten Volkes zwischen Ost und West, Süd und Nord, schwach im Charakter, stark im Kompromiß, das nach so vielen bitteren und blutigen Erfahrungen vielleicht (Gott geb's, wir werden alles dazu tun!) zu der ihm gebührenden Größe finden wird, denn „jedes Volk ist groß, auch das kleinste"...

Wir glaubten an Österreich, vergruben uns in seine Geschichte, um zu den Wurzeln seiner andersgearteten, von der deutschen sich nachweisbar unterscheidenden historischen Entwicklung vorzustoßen, das mangelnde Nationalbewußtsein zu heben. Otto Fischer arbeitete an einer Untersuchung der oberösterreichischen Bauernaufstände, deren Führer Stefan Fadinger jedem Vergleich mit dem berühmten Thomas Münzer nicht nur standhält, ihn vielmehr an politischem Weitblick und Konsequenz übertraf. Ernst hatte seine Arbeiten über die Revolution von 1848, „Über den österreichischen Volkscharakter", schon abgeschlossen. Sie harrten nur der Veröffentlichung. Unser dicker Erwin Zucker-Schilling (als nachmaliger Chefredakteur der KPÖ-Zeitung „Volksstimme" der sogenannte „Sacharin-Rubel"), Hauptkommentator der österreichischen Sendungen von Radio Moskau, folgte dem gleichen Trend in einer Reihe von Artikeln. Die österreichischen Kriegsgefangenen, die sich in den Lagern allmählich, oft gestört und verhöhnt von ihren deutschen Kameraden, zu eigenen Gruppen zusammenfanden, konnten daher mit Hilfe dieses geschichtlichen Studienmaterials ihre Argumente abstützen bei den ständigen Auseinandersetzungen über die Frage: Sind die „Ostmärker" denn nicht Deutsche, so wie die Bayern, Hessen oder sonst ein deutscher Volksstamm? Sollen sie sich demnach nicht gleich dem Nationalkomitee „Freies Deutschland", dem „Bund deutscher Offiziere" (ebenfalls eine Neugründung Manuilskyscher Provenienz) anschließen, anstatt eine „separatistische" österreichische Antifa-Bewegung aufzuziehen? Wie politisch richtig handelte doch Otto, als er, die Leitung der Österreichersektion der Antifa-Schule in Krassnogorsk übernehmend (eine verdammt heikle Position!), seine Schüler davon abhielt, dem Nationalkomitee oder dem Bund beizutreten! Er tat es auf eigene Verantwortung — nicht einmal unterstützt von unserem „Kop", der sich in dieser wichtigen Frage unentschlossen zeigte (wie in so mancher anderen Frage auch, wenn nicht ganz klar war, was die russischen Genossen dazu dachten) und Otto nur den delphischen Rat gab: „Mach, wie du denkst!"

Jetzt, nach der Moskauer „Deklaration über Österreich" war alles klar, und ich konnte mir lebhaft die süßsauren Gesichter unserer deutschen Genossen vorstellen, die mit einem Schlag den „Anschluß" — im doppelten Sinn — verloren hatten.

Bald wird das Rumoren in den Kriegsgefangenenlagern losgehen: Bildung eines österreichischen Bataillons! Gleich den Tschechen und Polen, mit der Waffe in der Hand gegen die Hitler-Armee, die in Österreich als Okkupationsarmee einmarschiert war wie in andere Länder. Die abgewetzte deutsche Wehrmachtskluft, mit der die Österreicher in russische Gefangenschaft gerieten (der Wahrheit die Ehre: es gab auch so manchen echten Überläufer darunter, und nicht wenige, die niemals „Ostmärker" wurden), die grüngraue Fadenscheinigkeit der ehemaligen Gebirgsjäger (im Kaukasus hatten sie nicht schlecht gekämpft, unsere lieben Landsleute!) und sonstiger Einheiten, vor allem der Infanterie — sie wurde alsbald mit rotweißroten Unterscheidungszeichen aufgeputzt. Aber zu einem österreichischen Bataillon auf russischem Boden kam es nicht. Seine Geschichte ist so kurz wie dieser Satz.

Geschichte schrieb — auch unsere Geschichte — jetzt allein die Rote Armee. Mit blutigroten Lettern. Die „Zweite Front" war noch fern.

Am Abend, wenn es an der Front nicht allzu rund ging, wenn uns ein sicheres Gefühl sagte: Die Fritze fliegen heute nicht, sangen wir im zerschossenen Tschistina unsere heimatlichen Lieder. „Hoch vom Dachstein an...", „Zu Mantua in Banden..." und „Wien, Wien, nur du allein..." Hier hatte Rosenstein für sich und die ganze Brigade ein festes Haus erhalten, das sogar einen Keller aufwies, in dem ein Haufen gefrorener Kohlköpfe und ein Häuflein Kartoffeln eingelagert waren. Die Bäuerin führte mich einmal hinunter, zeigte auf den Kohlkopfhaufen und sagte: „Da drunter liegt mein Kind. Ich hab' keine Hacke zum Eingraben. Solang Frost bleibt, bleibt's halt unterm Kohl. Wenn der auftaut, ist — moshet byt — der Krieg aus. Schto wy dumaete — was glauben Sie?" Was konnte ich ihr darauf antworten? „Moshet byt..." Im „Vielleicht" liegt von allem etwas: Verheißung, Hoffnung, Zweifel, Trost, Ungewißheit. Es kommt auf den Tonfall an. Sie legte Zuversicht hinein. „No tak — im Frühjahr kriegt's sein Grab, das arme Wurm! Dann sind die Männer wieder da..."

Die Kohlsuppe hat uns allen trotzdem herrlich geschmeckt. Das Frauengeheimnis verdampfte, bevor noch der Topf auf den Tisch kam.

Mit der „Deklaration", schwarz auf rot-weiß-roten Flugblättern, hofften wir die Österreicher zu beeindrucken, die, laut Aussagen der jetzt sehr spärlich gewordenen „Zungen", zwischen den Fritzen eingestreut weiterhin uns gegenüber die deutsche Front hielten. Darunter mischten wir die deutsch-russischen „Passierscheine", auf denen die Rote Armee jedem, der sie vorwies, der Haager Konvention entsprechend das Leben, gute Behandlung und Verwundetenpflege, die Rückkehr in die Heimat nach Kriegsschluß garantierte. Lesbar auch für den Rotarmisten, der Gefangene einbrachte, hatte dieser „Propusk" eine gewisse Wirkung auf beide Seiten. Den einen wurde damit der Entschluß erleichtert, nicht bis zum letzten Blutstropfen „für Führer und Reich" zu kämpfen — den andern der ohnehin generelle Befehl, sich nicht an Überläufern oder Waffenstreckenden zu vergreifen, nachdrücklichst in Erinnerung gerufen. Es war kein Freibrief, aber immerhin vermehrte er die Chance, die „Katjuscha" und den Grabenkampf zu überleben.

Noch vor der Oktoberfeier, das heißt am Vorabend des 7. November, zerfiel unsere Frontbrigade. Hauptmann Jurij Maslow wurde nach Moskau zurückbeordert und nahm die aus verschiedensten Gründen wenig brauchbaren Mitglieder mit. Es lag nun an mir, mit Hilfe des Restbestandes an Antifa-Leuten „die Geschichte zu revidieren". Wir hörten abends gemeinsam im Lautsprecherwagen die Rede Stalins. Er sprach schnell und leise, siegessicher wie nie zuvor. Dennoch fragte ich mich, warum die hart aneinandergefügten Sätze keinen Hauch menschlicher Wärme durchließen, keine Erschütterung auslösten, wie die unvergeßliche Novemberansprache 1941 aus dem belagerten Moskau. Die Worte, wie aus dem Fels geschlagen in Stakkatofolge, erreichten nicht das innere Ohr — nur den Verstand.

Die kalte, klare Nacht mit ihrem millionenfachen Sternengefunkel am blauschwarzen Himmelsgewölbe, zu dem der Große Vaterländische Krieg seine feurigen Lichtsignale, die Leuchtraketen, hinaufschoß — hätte nicht sie für nachdenkliche Ergriffenheit gesorgt, und nachher auch das lange schöne Gespräch mit Rosenstein, der von den heroischen Leidenstagen Leningrads erzählte, wo es ein größerer Liebesbeweis war, das Brot miteinander zu teilen als das Bett — Stalins Stimme allein hätte das nicht vermocht. Obwohl die Front darauf wartete — wie auf Gottes Wort.

Wenige Tage später bin ich mit Konrad Moseberger, dem als ehemaligen Wehrmachtsfunker das Beute-„Bertha"-Funkgerät anvertraut wurde, zum Befehlsstand des Regiments 384 der 157. Division unterwegs. Unser Begleiter war ein gewisser Leutnant Schewtschenko, Instruktor der 7. Abteilung. Das Tagebuch apostrophiert ihn: „Sympathischer Kerl, leider feig und unbeholfen"; mein Gedächtnis jedoch registriert, daß der literaturbeflissene und gutmütige Deutschlehrer aus Gorki dem „po-wojennomu"-Dasein, den kriegsmäßigen Lebensbedingungen, einfach nicht ganz gewachsen war und allerorts den Tod fürchtete, der ihn auch tatsächlich dann auf einer völlig ungefährlichen Wegkreuzung, gewissermaßen aus heiterem Himmel, ins schlichte Grab am Wegrand stieß.

Schewtschenko verirrte sich, wir mußten in einem verlassenen Bunker übernachten, der von der deutschen Artillerie rundum so eingedeckt wurde, als wüßten die Fritze, was wir vorhatten: Moseberger sollte in einem vordersten Bunker sein Gerät in Betrieb setzen und zu seinen Kameraden hinüber den Funkkontakt aufnehmen.

Von dieser Aufgabe träumte unser Konrad seit der Abfahrt aus Moskau. Er quengelte ständig, war beleidigt, daß er nicht „richtig zum Einsatz" kam. Nun war es soweit. „Sein Einsatz" — das hieß in diesem Fall auch „mein Einsatz". Gemeinsam haben wir die Ballung an Mißgeschick, Gefahren aller Art, schreckliche Verluste, vergebliche Durchbruchsversuche auf kleinstem Raum durchgestanden.

Der kleinste Raum — unser Bunker. In einer Schlucht gelegen, die das Rückgrat eines vorgeschobenen Bataillons war, das uns schließlich nach langen Überredungskünsten bei verschiedenen Stäben aufnahm. Das Eiswasser darin stand knietief. Vom Einstieg mußte man mit einem Hechtsprung auf die Lehmbänke gelangen. Ohne Ofen, kein günstiger Platz für das Funkgerät. Alles begann in kurzer Frist zu schimmeln, von Feuchtigkeit zu triefen. Kein Licht. Nur die eingeschaltete „Bertha" gab einen tröstlichen grünen Schimmer. (Bis sie in Streik trat.)

Schewtschenko verfrachtete seine ängstlichen Knochen sofort in den Regimentsstab, uns der Obhut des Bataillonskommandeurs überlassend, der sehr bald anderes zu tun hatte, als sich um uns zu kümmern. Er befehligte die bevorstehende Durchbruchsaktion an seinem Abschnitt, ähnlich derjenigen von Mitte Oktober. Nur war die Artillerievorbereitung schwächer, kein polnisches Kampfgeschrei, von deutscher Seite kein Panzergegenangriff. Trotzdem schwimmt diese Aktion in Blut wie keine andere, die ich miterlebt habe.

Schon die Vorkämpfe, verlustreich für beide Seiten, spülten in unseren unzulänglichen Bunker immer wieder Verwundete, die das Zelt der

Sanitätskompanie suchten. Es war ein paar Dutzend Schritte von uns aufgebaut, geschützt von dem Hügel des Bataillonsgefechtsstands. Mit den San-Leuten freundete ich mich in kurzer Zeit an — auf wenige Tage Lebensfrist — und durfte ihnen auch bei ihrer schweren Arbeit helfen. Jede zupackende Hand, einigermaßen geschickt im Verbandanlegen, war ihnen willkommen. Noch dazu ein so seltsamer Kriegsvogel wie ich.

Bis über die Knöchel in blutigem Lehmbrei, standen die Ärzte Tag und Nacht an einem Operationstisch, der wie eine Schlachtbank aussah. Vor dem Zelt stockten die Rinnsale des warmen Blutes, bildeten große Pfützen, von einer schmutzigroten Eishaut überzogen. Eine Blechtonne quoll über von abgehackten Gliedmaßen und schmierigem Verbandszeug.

Während der Arbeit und in den Rauchpausen wurden — so unglaubwürdig es auch klingen mag, es ist die reinste Wahrheit — vor allem Literaturgespräche geführt.

In das Stöhnen und Schreien der Verwundeten hinein habe ich ihnen von österreichischer Literatur erzählt: von Grillparzer und Nestroy, die sie nicht kannten, und von Stefan Zweig, dessen Bücher in der Sowjetunion Massenauflagen erreichten. Von seinem Salzburger Haus auf dem Mönchsberg, wo er die große Autographensammlung aufbewahrte, die sein ganzer Stolz gewesen ist. Zu ihr gehörte als besonders kurioses Stück ein Brief Napoleons vom italienischen Feldzug an seine Josephine, den er zum Zeichen seiner Sehnsucht mit Sperma benetzt hatte.

An dem Zärtlichkeitsexzeß des „größten Feldherrn aller Zeiten" vor Hitler, dem Rußland zum Verhängnis wurde, konnten sich meine Freunde vom Sanitätszelt nicht genug ergötzen: „Die Franzosen sind Schweinigel — aber sie verstehen zu lieben!" Ich mußte die Geschichte wiederholt zum besten geben, auf Ehrenwort versichern, daß ich diesen Brief mit eigenen Augen gesehen hätte.

Auch Gefangene wurden in unseren Bunker hereingespült. Bevor sie verhört, nach hinten abgeführt wurden, wollte ich geeignete Rückläufer herausfischen. Ein Sudetendeutscher, August Herzog, blieb gleich bei uns und half Moseberger beim Morsen. Er berichtete von Verfolgungen und Hinrichtungen im Sudetenland, was insofern mein Herz erquickte, als ich bis dahin das Vorurteil hegte, „alle Sudetendeutschen sind Nazis!" Häufig jedoch wurden die frisch Eingebrachten durch die Bunkerschlucht an uns vorbeigeführt. Dann war es notwendig, sie noch schnell im Bataillonsgefechtsstand bei der ersten Prozedur zu erreichen.

Eines hochaufgeschossenen, verstörten Burschen aus Dresden erinnere ich mich, als stünde er heute vor mir. Er hatte einen Bauchschuß in der Leistengegend und drückte mit blutüberströmten Fingern das graue Gedärm in den Leib zurück, während er kurz verhört wurde. Der verhörende Offizier war angetrunken und benahm sich danach: Fuchtelte mit der Pistole vor den Gefangenen herum, schoß ihnen vor die Füße und brüllte seinen Haß heraus. Ich zitterte vor Angst. Wagte kein Wort. Ein einfacher Rotarmist wagte es: „Sie verhalten sich nicht wie ein ‚partijnij tschelowjek' (Parteimensch), Genosse! Ich werde das dem Leiter der politischen Abteilung melden."

Daraufhin wurde das Verhör abgebrochen. Der Dresdner durfte sich sogar auf einen Schemel setzen. Ich sah ihn mir genauer an und dachte: Bist du ein Hitler-Junge, verbohrt, verhetzt — oder ein armes Bündel deutsche Jugend, das für Hitler sterben muß? Die Hoden quollen ihm zwischen den zerfetzten Hosen hervor, und er genierte sich vor der deutsch sprechenden Frau in russischer Uniform, die ihn plötzlich nach einer „Dresdner Familie Mayenburg" fragte. „Student, Student... nicht Hitler... zwei Tage Ostfront... Student... Mein Gott, mein armer Vater...!" stammelte er und sah hilfesuchend zu mir auf. „Student..." Aus seinen Augen blickte ein denkender, unglücklicher junger Mensch. Nichts von dieser leeren Kälte, wie ich sie so oft in den Augen der Deutschen sah.

„Dresdner!" brüllte ich ihm in die Nacht nach, als der Gefangenenkonvoi losmarschierte. „Dresdner, halt aus: Sie bringen dich ins Lazarett, halt aus! Nehmt ihn auf den Buckel, ihr andern, seid kameradschaftlich!"

Der Tschassowoi mit der MP hatte nur mürrisch genickt, als ich ihn bat, den Verwundeten nicht umzulegen, wenn er nicht mehr weiterkonnte: „Er ist ein Mensch, kein Faschist, verstehst du?" — „Ladno, ladno (schon gut)...", murmelte er mundfaul.

Lange horchte ich noch in die Nacht hinaus, aber es fiel kein einzelner Schuß. Kein MP-Stoß. Vielleicht ist der Dresdner doch davongekommen.

Alle waren wütend, enttäuscht über die Lage an unserem Abschnitt. (An anderen sah es nicht besser aus. Unser Regimentsbefehlsbunker wurde von einem Volltreffer vernichtet, hörte ich nachher.) Die Deutschen hatten den Durchbruchsversuch abgefangen und begannen ihrerseits den Gegenangriff. Ununterbrochenes Artillerie- und Minenwerferduell. Rundherum sterben die Menschen, mit denen ich eben noch sprach. Rotarmisten flüchten in unseren Bunker, Verwundete, die nicht mehr weiterkonnten. Seit Tagen erhielten wir schon kein warmes Essen. Nur Brot und 100 Gramm Wodka. Ich wollte ins San-Zelt, um zu helfen, hatte aber Sorge, in einer so gespannten Situation die beiden Deutschen, Moseberger und Herzog, ohne Schutz zu lassen. Plötzlich ganz nah das Heulen einer 8,8 — und Einschlag! Volltreffer ins Sanitätszelt! Alles tot oder verwundet! 7 Tote, 4 Schwerverletzte — alle Ärzte tot! Dann schlägt es rechts und links ein, ein Höllenkonzert. Sie schießen sich auf unsere Batterie ein, die ober uns auf dem Hügel steht. Nach zwei Stunden erst wieder Stille. Furchtbare Stimmung bei allen, besonders über den Verlust des Sanitätszeltes. Solche russische Flüche hatte ich noch nie gehört — noch nie solch schreckliches Weinen und Lachen zugleich gesehen.

In der Nacht darauf überfiel mich plötzlich die gleiche Angst wie auf der Fahrt von Simferopol nach Moskau zu Beginn des Krieges: Kann nicht auch hier die Spionenpanik ausbrechen? Draußen feuern sie ununterbrochen, brüllen Kommandos, patschen im Sturmschritt durch die Eispfützen, und ich liege hier mit zwei Deutschen im verhangenen Bunker, zwischen den Lehmbänken das deutsche Funkgerät, mit dem wir uns in die feindlichen Verbindungen einzuschalten versuchen. Ein Fremdkörper in der Einheit — nur wenige wissen von unserer Existenz und Aufgabe! Nur kein deutsches Wort jetzt! Moseberger und August Herzog schweigen wie das Grab — aber auch das ist auffällig, wenn ein Rotarmist hereinstolpert, der sich im Unterstand irrte. Ich stehe bis zu den Kniekehlen im Bunkerwasser hinter dem Tarnvorhang und schlottere vor Angst und Kälte. Wilde Phantasien jagen mir durch den Kopf. Ein Heldengrab: „Treu bis in den Tod — versehentlich als Spionin erschossen", ein Orden, den man Ernst zurückschickt, meine Aktenmappe als letztes Andenken, Rosenstein hält die Grabrede und weint, Moseberger und August hängen am Galgen! Nein, bis dahin wird sich alles aufklären lassen!

Jemand wollte durch den Tarnvorhang zu uns herein, ich brülle „stoj!", er stolpert schimpfend weiter. Was werde ich sagen, wenn doch einer hereinbricht? „Ossobaja sadatscha (Sonderauftrag)!" Oder einfach: „General Bugajew!" (Unser Kommandeur.)

Ich konnte plötzlich nicht richtig russisch denken und legte mir Sätze zurecht. Allmählich beruhigte ich mich bei dem Gedanken, daß nur selten einer eine Taschenlampe hat und in unserem Bunker nachtschwarze Dunkelheit herrscht, wenn das Funkgerät ausgeschaltet ist. Im Kopfhörer waren ohnehin nur verschlüsselte Morselaute zu hören, die Moseberger nicht verstand. Also: „Abschalten!" Und: „Keinen Laut!" Ich krieche, durchnäßt von innen und außen, auf meine Lehmbank, warte hämmernden Herzens auf den Tagesanbruch und die 100 Gramm Wodka zum Frühstück — und schwöre mir, nie mehr mit deutschen Gefangenen allein zu bleiben.

August Herzog erkrankte mit hohem Fieber und Schüttelfrost. In dem Zustand konnte man ihn nicht zu den Fritzen zurückschicken. Moseberger hockte auf seiner Lehmbank wie ein trauriger Hund, den sein Frauerl verließ: Seine „Bertha" — etwas gesprächig und empfänglich war sie ja vorher doch gewesen — verstummte gänzlich. Es gab keine Arbeitsmöglichkeiten mehr. Ich drängte auf Rücktransport zur Armeebasis. Der unglückselige Schewtschenko kam dann auch eines Morgens mit einem dürren vierbeinigen Wesen, das ich fälschlich für ein Muli hielt, um uns abzuholen. Das Funkgerät und mein kranker Sudetendeutscher wurden darauf gepackt. Die komische Dreieinigkeit verschwand unter Bewachung auf Nimmerwiedersehen, nachdem wir — unterwegs wieder Schewtschenko verlierend, der sich verlief — in einem fremden hinteren Stabsbunker ankamen. Von dort rief ich kurzerhand General Bugajew an. Ich hatte es satt, ohne russische Begleiter allein mit einem Antifa-Fritz hinter der Front herumzustolpern.

Nach zehn Minuten war schon der Jeep da, setzte mich beim General ab, brachte Moseberger zur Siebenten.

Ein Satz nur im Tagebuch: „Sehr herzlicher Empfang mit Melone und Äpfeln." Und doch umschließt er alles, was die Russen einen „Roman" nennen. Ein Kurzroman, zwölf Stunden lang, zehn Stufen unter der weißrussischen Erde. Nach heißem Bad im Holzbottich, eingehüllt in duftende Pelze; der Bunker mit Teppichen ausgelegt und ofengewärmt; Tee im Samowar, gutes Brot, Aufschnitt, Obst und Süßigkeiten. Telephon auf dem Tisch, die Frontkarte an der Wand. Und mittendrin ein großer, kräftiger Mann, der nach Eau de Cologne und echten Zigaretten riecht — ein Sultan in Generaluniform, vereinsamt ohne Harem, einzig angewiesen auf seinen „Pfeifendeckel", der pfiffig, kupplerisch hinter den Teppichen und Fellen auf Befehle lauschte.

Ich biß in den Apfel hinein wie einst Eva, fürchtete weder die Schlange noch den Sündenfall, sondern fühlte mich ganz einfach satt und geborgen. Wehe dem Gott, der solch ein Erdbunkerparadies nicht mit liebevoller Nachsicht betrachtet hätte — er verdiente es nicht, daß die Menschen zu ihm aufblicken!

Wir sprachen viel über die Auflösung der Komintern und den Krieg, bis ich an seiner Schulter einschlief und nichts mehr von dem dumpfen Frontlärm hörte.

Seitdem die PUR in Moskau mehr und mehr Dokumente des Nationalkomitees „Freies Deutschland" und des „Bundes deutscher Offiziere" — Aufrufe, Manifeste, Resolutionen und dergleichen — für die Frontpropaganda einsetzte, feuerten wir doppelläufig, gewissermaßen aus zwei Rohren auf die sturen Schädel, die nicht einsehen wollten, daß der Krieg ihres unfehlbaren Führers nach dem Stalingraddebakel faktisch schon verloren war. Die kriegsgefangenen preußisch-deutschen Antihitlerianer, an der Spitze der Stalingradgeneral Walther von Seydlitz (Nachfahre des berühmten friderizianischen Reitergenerals Seydlitz-Kurzbach), versprachen ihren Kameraden jenseits der Front einen „ehrenvollen Frieden", falls sie nicht mehr auf das Kommando des Obersten Befehlshabers Adolf Hitler hörten, sich auf die „deutschen Grenzen von 1938" zurückzögen. Sie appellierten an das „Verantwortungsbewußtsein", an die „militärische Einsicht" der deutschen Offiziere und Generale, forderten sie zum „geordneten Rückzug" auf, zur „Erhaltung einer intakten Wehrmacht" als Unterpfand für Waffenstillstandsverhandlungen. „Verhindert den Zerfall, die Auflösung des Heeres und Reiches! Rettet dem neuen Deutschland die Wehrmacht als Instrument des Friedens!"

Nationalkomitee und Bund hüteten sich vor „Wehrkraftzersetzung". Die russische Propaganda bekundete da eine andere Einstellung: „Verweigert euren Offizieren den weiteren Gehorsam!" „Jagt sie fort — die Hitler-Offiziere!" Die Rote Armee versprach keinen Frieden — sie versprach Tod und Verderben. „Eure einzige Rettung ist die Kriegsgefangenschaft!"

Zwischen diesen aufklaffenden Widersprüchen geschickt hindurchzuschaukeln, war keine leichte Aufgabe. Und eine undankbare dazu. (Nicht für jeden: Manuilsky erhielt den Leninorden. Ich gratulierte ihm aufrichtigen Herzens in einem Feldpostbrief.)

Undankbar war die Aufgabe insofern, als die sturen Schädel anscheinend alles für lügenhafte „Feindpropaganda" hielten — aus welchem Sprachrohr immer sie beschossen wurden, aus dem nationaltönenden oder aus dem drohenden. Sie hörten weder auf die Stimme der „Verräter" noch auf die der „Bolschewisten" — schon gar nicht auf die Stimme der Vernunft und des Gewissens. Die Naziherrschaft und der Krieg machten sie taub.

Der Krieg macht jeden tauber, als er es von Natur aus ist. Böser, grausamer, härter, kälter. Der Feind weckt den Feind des eigenen Selbst. Diesen furchtbarsten Gegner unseres Menschseins zu bezwingen — dazu wird es einer unablässigen Übung in Freundlichkeit und humanem Denken bedürfen. Übung in der Achtung der Menschenwürde, Übung in der Achtung der Völkerwürde. Wann wird die Menschheit sich solcher Übung hingeben? Mit der gleichen Leidenschaft und Hartnäckigkeit, mit der sie Klassenkämpfe und Kriege führt? Im vollendeten Sozialismus, im Zeitalter des Kommunismus?

Nächtelang, Feldbett an Feldbett, sprachen Rosenstein und ich über solche und andere uns bewegende Fragen, leise, damit es die andern im Schlaf nicht störe. Von Zukünftigem, von der dialektischen Natur allen Geschehens, also auch des Krieges, von Eigenschaften und Erscheinungen, die durchaus nur dialektisch, in ihrer inneren Widersprüchlichkeit und Umkehrung zu begreifen sind, wie Mut oder Feigheit, Heroismus oder Kadavergehorsam. Fragten uns (nächstliegend, immer wieder erstaunlich), was denn eigentlich den „einfachen Mann" dazu bringe, den ersten Sprung aus dem Graben zu tun und sich in den Kampf zu stürzen: Warum ist der Mann bereit, sein Leben zu opfern? — Ob Iwan oder Fritz, ob für eine gerechte oder schlechte Sache: es bleibt, philosophisch betrachtet, ein Phänomen an sich. Das Denken in solcher Kategorie ging über die Front hinweg. Ohne geteilte Emotion und politische Parteinahme, reinigte es das Gehirn wie ein Saunabad: Aus heißem Dampf hinaus in die Kälte, Erquickung im reinen Schnee.

Wir leisteten uns diese Erquickung gleichsam als verbotenes Vergnügen. Denn angesichts des Feindes, auf Hörweite entfernt, hätten wir ausschließlich an unsere Aufgabe denken dürfen: ein paar Fritze mehr aus dem Kampf locken, ein paar Köpfe zum Nachdenken bringen, einige wenige zum Handeln gegen die Goebbels-Parole vom „totalen Krieg" veranlassen. Das stärkste Glied in der Kette, welche die deutsche Front zusammenhielt, schien uns die *Angst* zu sein. Die Angst, den mörderischen Bolschewisten in die Hände zu fallen, die Angst vor Vergeltung aller Untaten am eigenen Leib, vor dem Verhungern in der russischen Gefangenschaft. Daß diese Angst oftmals übermächtiger als die Todesfurcht war, bewies uns die tägliche Erfahrung.

Was konnten wir dagegen tun? Eine praktische Frage. Unsere Propaganda mußte darauf eine Antwort geben, eine andere als bisher.

Mit Psychologie, Individual- oder Massenpsychologie, hatte sich der Philosoph Rosenstein niemals befaßt. Marxisten-Leninisten verbannen sie aus ihrem Denken, als sei die Psychologie eine geistige Freveltat gleich Einsteins Relativitätslehre. Überlassen wir die Seelenforschung den Dichtern und Schriftstellern! Eine „bürgerliche Pseudowissenschaft"! Aber gute Propaganda kommt ohne Psychologie nicht aus. Es verlohnt sich doch, darüber nachzudenken. Wie wär's mit einer Probe aufs Exempel: In der Gruppe verliert der Mensch seine Angst. Der Einzelgänger, das heißt auch der einzelne Überläufer, braucht doppelten Mut. Den, sich von der Gruppe zu trennen, und den, sich allein ins Ungewisse zu stürzen. Es ist ein einsamer Entschluß. Selbst Kommunisten oder andere überzeugte Antinazi in Wehrmachtsuniform waren selten dazu fähig. Bei der Gruppe hingegen bedarf es nur des ersten Schritts. Den müssen wir den Fritzen leichter machen.

An einigen Abschnitten der versteiften Front gelang es, die Stäbe für die Probe aufs Exempel zu gewinnen. Im Minenfeld vor den vordersten Gräben wurde von unserer Seite ein Durchgang freigelegt, der einer Gruppe das gefahrlose Passieren bis zum ersten Posten der Roten Armee öffnete. Ein Offizier würde sie zusammen mit einem deutschen oder österreichischen Kameraden in Empfang nehmen und sofort in die hinteren Sammelstellen für Kriegsgefangene begleiten.

Ruhig und sachlich, ohne Drohung und ohne politische Phrasendrescherei, riefen wir durch das Megaphon unser Angebot zu den Deutschen hinüber. Ich habe es leider nicht miterlebt, aber den Berichten zufolge kamen einmal sieben herüber, einmal fünf, dann nur ein Mann. Bei diesem einen soll sich herausgestellt haben, daß er kein kriegsmüder Deutscher, sondern ein perfekt Deutsch sprechender „weißer" Russe war, der zu den Roten zu Spionagezwecken „überlief". (Mit einer einfachen Methode wurden solche Leute entlarvt: Man ließ einen Verdächtigen an den Fingern zählen. Die Deutschen beginnen mit dem Daumen bei geschlossener Hand. Die Russen zählen an der offenen Hand, indem sie mit der zweiten, vom kleinen Finger beginnend, einen nach dem andern abbiegen.) Die neue Form unserer „Feindpropaganda" — auch von anderwärtigen Siebenten übernommen — mobilisierte schleunigst die Gegenseite und hatte daher immer nur sehr kurzfristig Erfolg.

Die ausschweifenden Nachtgespräche mit der „zerstreuten Persönlichkeit" trugen ebenso dazu bei, mich mit der Armee verwachsen zu lassen, wie die zahllosen Begegnungen mit Frontowiki, von unten bis oben und von sehr unterschiedlicher Art. Großartige Kerle waren darunter, und primitive Burschen, die der Krieg unbekümmerte Brutalität lehrte, das „Nitschewo" dem Tod und dem Leben gegenüber. Feinsinnige Männer, die von Theater, Oper, der letzten Symphonie von Schostakowitsch sprachen und gegen das stillschweigende Tabu verstießen: „Sprich nicht von ,nach dem Krieg'!" Breitspurige Grobiane, dem Wodka und den

Frontliebchen verfallen; nervöse Politarbeiter, den Tadel der Partei mehr fürchtend als den Tod. Für mich, alle zusammen: Das russische Volk, das seinen Großen Vaterländischen Krieg auszukämpfen hat.

Eines Tages, Mitte Dezember, kam für mich allein der Abkommandierungsbefehl aus Moskau. Der Rest unserer Brigade sollte weiter in der Armee verbleiben. Meine österreichischen Kameraden im Stich lassen, Hirth und Adlmaninger, den stillen Moseberger, der sich immer so verloren vorkam? Ich war wie vor den Kopf geschlagen. Die russischen Freunde trösteten: „Tschipucha! Du kommst zu uns zurück. Freu dich doch auf einen Urlaub — wir können nur davon träumen: Moskau!"

Im friedlichen Moskau — „friedlich" im Vergleich zur lärmenden, aus tausend Wunden blutenden Gegenwärtigkeit der Kriegsfront — das Ende abzuwarten: kaum mehr vorstellbar! Nah dem geliebten Menschen, dessen Briefe ich in der kleinen feldgrauen Aktentasche mit mir herumtrug, hineingestopft zwischen Flugblättern, Entwürfen für Lautsprechersendungen, Gefangenenaussagen — aber fern der Front, die hautnah war wie nichts anderes jetzt?

Aus den Briefen sprach Sehnsucht: „Wann kommst Du zurück?" Besorgnis, verkleidet in die Versicherung, es gebe wichtige Aufgaben, man brauche mich. Die Mappe unterm Kopf, fand das leise Drängen Zugang in den Schlaf. Wenn ich jedoch vor Morgengrauen von der erregenden Grabenarbeit zurückkehrte, schläfrige Stimmen in die noch nicht abgeklungene Spannung hineinfragten: „Wie war's? Haben euch die Fritze ausreden lassen?" und Rosensteins Narbengesicht sich breit auseinanderzog (denn er hatte ja doch unruhig auf unser glückliches Heimkommen gewartet), dann strömte mir aus den Versen eines Liebesgedichtes zu, was ich selbst empfand:

Du bist die Front

Du warst der Glanz der Tage,
warst Wolke, Land und Pflug,
das Sternbild und die Sage,
die Welle, die mich trug.
Du warst der Baum, die Erde,
durchleuchtet und durchsonnt,
von Herz zu Herz das Schweben,
das Nehmen und das Geben,
die Frau, der Traum, das Leben —
und jetzt bist du: die Front.

Aufs neue drum zu werben,
so, wie wir sind, zu sein,
stehst du in tiefstem Sterben
für unsern Atem ein.
Denn alles, was wir jemals
gelebt, gedacht, gekonnt,
das blühende Verschenken,
die Bücher in den Schränken,
das Leben und das Denken,
das alles ist: die Front.

Aus Blut- und Flammenregen,
aus Schlachten, opferschwer,
schlägt mir dein Puls entgegen,
neigt dein Gesicht sich her.
Der Sieg ist unsre Liebe,
durchleuchtet und durchsonnt.
Daß uns der Glanz der Tage,
der Nächte Sternensage
unsterblich westwärts trage,
bist du: die Front.

Die Weihnachtstage übers neue Jahr hinaus haben wir noch im Lautsprecherwagen verbracht oder vorn im Graben bei denen, für die der
schreckliche Krieg weiterging, an dem sie keine Schuld trugen. Jede
Minute mußte genützt werden, dem Deutschen, der an seiner Front dem
Heimweh nachhängt, vom Lichterbaum träumt und Kinderlieder im
Ohr hat, zu sagen, daß seine Opfer sinnlos sind. (Eines der Argumente,
die uns von den Kriegsgefangenen entgegengehalten wurden, lautete:
„Wir wollen die Opfer nicht umsonst gebracht haben.") Die weihnacht-
liche Rührung, in die meine Frauenstimme — alle guten und friedlichen
Geister beschwörend — hineintropfte, verhinderte nicht, daß MG-Garben
bei uns einschlugen. Durch die „stille, heilige Nacht" flatterte der Tod
aus Minenwerfern. „Christbäume" hingen über der Hauptkampflinie.
Als ich wenige Tage später zum letztenmal mit den Frontkameraden
unseren Kampfgruß wechselte „Pobjeda budjet sa nami!", übertölpelte
ich mein Soldatenherz mit vorweggenommener Wiedersehensfreude. Als
aber dann ein Lkw anhielt, um mich nach Smolensk mitzunehmen, war
es mit der Übertölpelei zu Ende: Auf dem Mund von David Rosenstein,
feucht vom Schneewind, nahm ich Abschied von der Front.

XI

Salut

Der Smolensker Bahnhof trug das Gesicht des Krieges. Doch hinter den brandgeschwärzten Trümmern glänzten schon, eisüberzogen, die wiederhergestellten Gleisanlagen. Seit wenigen Tagen erst konnte die Front bis hierher Transportzüge empfangen und wieder fortschicken. Für uns zwei Frontowiki, die da in der nachtschwarzen Dunkelheit herumstolperten, hatte der Zug nach Moskau in den festverrammelten Viehwaggons keinen Platz. Aber auf einer offenen Lore, unter der Plache, die ein aus dem Gefecht gezogenes Geschütz bedeckte, nahm er uns mit. Rittlings auf dem Kanonenrohr sitzend, fuhren wir durch die eisige Nacht gegen Osten. Im Weltraum kann es nicht kälter sein. Bevor uns der sogenannte sanfte Erfrierungstod den Mund verschloß, sprangen wir bei einem Halt auf offener Strecke ab und fanden eine mitleidige Seele, die den Leutnant und mich durch den Türspalt in einen Waggon hineinzog. „Macht Platz! Frontowiki erfrieren!" brüllte die Seele in die Stockfinsternis hinein, aus der es so herausstank, daß ich kaum Atem zu holen wagte. „Kommt zum Ofen, Frontowiki, wärmt euch!"

Leiber in Wattejacken, Fetzen und Pelzlumpen preßten uns gegen die Mitte hin, wo am Feuer eines Kanonenofens, dessen Abzugsrohr durchs Dach ging, ein zwerghaftes Männchen hockte: ein Feldwebel, ein Starschina. Wir hatten ihn im Erzählen unterbrochen, und während er darin fortsetzte, nachdem wir uns zu seinen Füßen hingekauert hatten, wurde es ganz still im Auditorium. Es umfaßte wohl fünf, sechs Dutzend unsichtbare Wesen, zusammengepreßt zu einem Leib, Männer, Frauen und Kinder, Rotarmisten, weißrussisches Volk. Irgendwohin auf der Fahrt weg von der Front.

Der Starschina erzählte von seiner Familie. Es mußte eine weitausgebreitete, abenteuerliche Sippe sein, in der es von Mord und Totschlag, ausgebrochenen Sträflingen und sehnsüchtig Liebenden, von geldgierigen Geizlingen und tragischen Vätern nur so wimmelte. Gift, Dolch, Ehebruch — alles war da vorhanden an Leidenschaft und menschlichem Schicksal. Im Ton eines Volkserzählers, der allein durch das Ungeheuerliche seines Berichtes die Zuhörer in Bann schlägt, spann der verrunzelte Starschina sein Gewebe aus, mit einem gewissen Stolz in der Stimme, daß ihm seine ureigene Familie so unerschöpfliches Material dazu lieferte.

Allmählich, im Zuge des Auftauens meines Gehirns, kam mir die ganze Sippschaft merkwürdig bekannt vor: „Die Sukatschow, deren letzter Sproß hier vor euch sitzt..." — waren Gestalten der Weltliteratur! Untereinander verflochten, zeitlich und räumlich zusammengeschoben, bildeten sie eben jene „Familie Sukatschow", von der hier die Rede ging. Aus Shakespeares Dramen, aus den Komödien von Molière, den Romanen von Flaubert, Victor Hugo, Balzac und anderen, nicht eindeutig zu diagnostizierenden Dichtungen waren die Helden und Heldinnen ausgezogen und hatten sich zu einer kuriosen Gemeinschaft in dem unscheinbaren Kopf des russischen Feldwebels versammelt. Madame Bovary wurde die „Nichte einer Tante, schön und tränenreich", Hamlet — ein „entfernter Cousin, der schon immer seine Schrullen gehabt hat", Jean Valjean — der „Großvaterbruder, den der Zar auf Zwangsarbeit schickte", die Protagonisten von Zolas „Germinal" arbeiteten in den Kohlengruben vom Donbass, Romeo und Julia liebten einander, „obwohl es ihnen verboten war, denn wie hätte damals der Schwestersohn meiner Babuschka, ein Rechtgläubiger, die Tochter des muselmanischen Khans heiraten dürfen?" — „Konjetschno njet!" rief das Auditorium. „Natürlich nicht — und daher blieb ihnen nur der Tod!" Man stritt darüber, ob sie nicht hätten ausreißen sollen, anstatt zu sterben, doch der Starschina verschaffte sich energisch Gehör für eine weitere Familiengeschichte. „Weil", flüsterte er uns verschmitzt zu, „das meine Politarbeit ist." Er hielt mit nichts das Feuer in Gang, verteilte schluckweise laues Schneewasser und erzählte, erzählte.

Wir vergaßen Hunger, Kälte, den ratternden Zug: den Krieg. Der schöpferische Geist des Menschen behauptete sich gegen den leiblichen Gestank unseres zusammengepferchten Haufens. Erst als wir in Moskau ankamen, fand ich in die Wirklichkeit zurück — die ich als so unwirklich empfand, daß ich an die Rückkehr von der Front keine andere Erinnerung aufbewahrt habe. Nicht einmal an das Wiedersehen mit dem geliebten Menschen.

Die PUR hatte eine neue Arbeit für mich. Ich sollte zur Unterstützung der Propagandatätigkeit des Nationalkomitees eine Illustrierte herausbringen, „Freies Deutschland im Bild", und gleichzeitig fremdsprachige Ausgaben der „Frontowaja Illustrazija" besorgen, des illustrierten Journals der politischen Hauptverwaltung der Roten Armee. Bilder überzeugen mehr als Worte: Die Deutschen, Ungarn, Rumänen und Italiener jenseits der Front werden nun zu sehen bekommen, wie ihre Niederlagen und wie die Siege der Roten Armee ausschauen, an Photos ablesen können, daß es tatsächlich Generale, Offiziere, Feldgeistliche und sonstige Kriegsgefangene gibt, weder verhungert noch Sklaven hinter Stacheldraht, die ein eigenes nationales Konzept entwickeln und mit dem Neuordner Europas Schluß gemacht haben.

Manche von ihnen waren durchaus photogen. Das Nationalkomitee, in konfliktunterschwelliger Eintracht mit dem Bund deutscher Offiziere, den Dichterkopf Erich Weinerts an seiner präsidialen Spitze, konnte sich sehen lassen. Seriöse Militärs, ungebrochen aus schwerer Schlacht in die Politik umgestiegen. Im Herzen und auf der Zunge die Sorge um Deutschland. Walter Ulbricht, der alte Pieck, Edwin Hörnle und andere deutsche Abgeordnete aus der Vor-Hitler-Zeit, von den Kriegsgefangenen leicht abschätzig „die Emigranten" genannt, wenn nicht gar „die Kommunisten", sollten in dieser militärischen Runde nicht allzu vordringlich in Erscheinung treten. Politisches und propagandistisches Feingefühl war geboten.

Mir erschien die Aufgabe wichtig und interessant. Gehalts- und versorgungsmäßig wurde ich an das „Institut Nr. 99" angehängt, ein in Anonymität gehaltener Ableger der früheren Komintern. Dort gingen auch in fast völliger Bewegungsfreiheit die aktivsten kriegsgefangenen Mitglieder des Nationalkomitees aus und ein, Redakteure der Zeitung „Freies Deutschland" und Radiosprecher. Mein Arbeitsplatz jedoch befand sich im streng bewachten Gebäude der „Prawda", weit draußen an der Leningrader Chaussee, im militärisch geführten Redaktionsstab der „Frontowaja Illustrazija". Den auf Dauer gültigen „Prawda"-Ausweis, bis dahin noch keinem anderen Ausländer anvertraut, und den Passierschein, der das allgemeine Ausgehverbot während bestimmter Nachtstunden aufhob, hütete ich ängstlicher als meinen Augapfel, nämlich unterm Hemd auf nackter Brust. Spione, Saboteure, Deserteure oder einfache Strolche, die es auf einsame nächtliche Straßengänger abgesehen haben, konnten einem somit nur die Aktentasche entreißen, nicht aber in den

Besitz der kostbaren Personaldokumente gelangen, wegen deren Verlust man vielleicht sogar vors Kriegsgericht kommen konnte.

Der Major-Chefredakteur, ein langer, dürrer Mann mit hängenden Schultern und einem graugrünen Gesicht, das kaum je lächelte, genoß wegen seines Mangels an entschiedenem Auftreten wenig Respekt, und seine Stellvertreterin, eine kluge, schöne und kameradschaftliche Frau, ebenfalls im Majorsrang, Galina Nikolajewna, kehrte nur auf der Parteilinie den Vorgesetzten heraus. Dies milderte die militärische Disziplin in unserem Redaktionskollektiv, zu dem ich bald als integraler Bestandteil gehörte. Es teilte sich in fliegende Front- und Photoreporter, hauseigene Graphiker, Retuscheure und Montagespezialisten, darunter echte Künstler, wie Alexander Shitomirskij, den der Krieg von der Staffelei, dem Zeichenbrett weggeholt und an die Propagandafront geworfen hatte.

Wir alle haßten den Feind. Die Standardparole der „Frontillustrierten" — „Tod den deutschen Okkupanten!" — lag uns näher als die Parolen des deutschen Nationalkomitees. Trotzdem ging die Redaktion mit Elan an die neue Aufgabe heran und wollte dem Gesicht des geschlagenen, in der Gefangenschaft zur Vernunft gekommenen Feindes nun die nötige, auch an anderen Photos geübte Sorgfalt angedeihen lassen: die Retusche. Ihr war, was „Freies Deutschland im Bild" anbelangte, nur mit dem Argument beizukommen, man müsse den Männern des Nationalkomitees ihr Gesicht belassen wie es ist, damit die früheren Kameraden es wiedererkennen und kein Zweifel an der Echtheit des Bildes entstünde.

Vor einem Stalin-Photo hingegen mußte ich die Waffen strecken. Daß Uniformärmel bei abgewinkeltem Arm Falten bilden, entspricht der Natur des Stoffes, nicht aber der Vorstellung von einem in jeder Hinsicht faltenlosen Jossif Wissarionowitsch. „Ihr seid wahnsinnig! Ihr macht ihm Wattearme wie einer Puppe! Das wirkt doch total unnatürlich!" — „Sie verstehen das nicht, Ruth Maxowna", wurde ich begütigt, „die Falten müssen weg. Sonst gäb's Beschwerden bis ins ZK, Briefe an die Redaktion: ‚Wie könnt ihr der kämpfenden Front den Höchstkommandierenden mit einem faltigen Ärmel zeigen?! Sitzen unter euch Saboteure?' "

Im Chefredakteurszimmer umstellte das ganze Kollektiv den großen Schreibtisch, hinter dem Lew Samoilowitsch saß und das retuschierte, auf einem übergroßen weißen Karton aufgezogene Glanzphoto betrachtete, als blicke ihm sein Schicksal ins Auge.

Wir verharrten in stummer Erwartung des Platzes. Wird er den Karton unterschreiben? Mit seiner Unterschrift übernahm er die volle Verantwortung gegenüber den höheren Instanzen, denen er das Bild vorzulegen hatte. Jene werden es wiederum so eingehend prüfen wie unser Major — blaß vom inneren Ringen um die Entscheidung, bevor sie ihre Unterschrift hinzusetzen.

Galina Nikolajewna, stets tapfer und geradezu, unterbrach das Schweigen: „Haben Sie Einwände, Lew Samoilowitsch? Ich finde das Photo besonders gut. Das Kollektiv ist der gleichen Meinung. Stimmt's?" Wir nickten wortlos. Die Spannung stieg, weil er schon zur Feder griff. Doch im letzten Moment zuckte die Hand zurück und der lange Zeigefinger wies anklagend auf eine bestimmte Stelle: „Da! Da!" Allgemeiner Schrecken: „Wo? Was?" — „Da! Der Stern auf dem rechten Schulterstück ist kleiner. Habt ihr das nicht bemerkt?" Wir drängelten uns hinter den Schreibtisch und schauten über Lew Samoilowitschs Schulter auf Stalin. Gelassen, kühn und willensstark ließ er die Prüfung über sich ergehen. Für Alexander Shitomirskij genügte ein rascher Künstlerblick auf den inkriminierten Marschallstern: „Eta? — eto is-sa perspektivij" — und er wandte sich beruhigt ab. „Das kommt von der Perspektive? Sind Sie sicher, Sascha?" — „Totschno!" Klare Sache: die Perspektive. Dagegen kann niemand an. Optisches Gesetz. Lew Samoilowitsch, nun mit der Perspektive gewappnet, unterschrieb den Karton.

Auf unseren Montagetischen lagen die einstigen Gegner von der Schlacht um Stalingrad friedlich nebeneinander: Schukow, Rokossowski, Watutin und andere sowjetische Heerführer neben von Seydlitz, Korfes, Lattmann, Schloemer und andere, um den Hals das Ritterkreuz, das sie vom Führer erhalten hatten. Wir gewöhnten uns rasch an den Anblick ohne Widerstreben. Politische Einsicht bewirkt Fügsamkeit. Allerdings fragten wir uns in nächtlichen Teepausen, ob die Deutschen es ehrlich meinten. Und sicherlich fragten sich auch die Deutschen, ob die Russen es ehrlich meinten. Beide Seiten beriefen sich bei der ungleichen Allianz mitten im Krieg auf ein historisches Beispiel — auf die berühmte Konvention von Tauroggen im Jahre 1812. Auch damals hatte ein preußischer General, Graf Yorck von Wartenburg, der im russischen Feldzug eine Hilfstruppe der Grande Armée Napoleons I. befehligte, auf eigene Verantwortung mit den Russen Frieden geschlossen und seine Landsleute zur allgemeinen bewaffneten Volkserhebung aufgerufen.

Ging jetzt wirklich Yorckscher Geist im Offizierslager Ljunowo um? Oder redete der geschlagene Feind uns nur nach dem Munde?

In Wahrheit — Fragen am Rande. Denn was jetzt ausschließlich zählte, war der politische und militärische Nutzen, den das Nationalkomitee und der Bund deutscher Offiziere der Sowjetunion bringen konnte. Die Reaktion des Oberkommandos der Deutschen Wehrmacht schien jedenfalls allen denen recht zu geben, die den Nutzen hoch veranschlagten. In einer vierseitigen Sondernummer der „Mitteilungen für das Offizierskorps", die der Roten Armee in die Hände gefallen war, versuchte das OKW, die Zugehörigkeit der Generale und Offiziere zur Bewegung „Freies Deutschland" als Fälschung hinzustellen und sparte nicht mit Warnungen und Drohungen an die Adresse der Frontoffiziere, auf den jüdisch-bolschewistischen Schwindel hereinzufallen. Unsere erste Nummer „Freies Deutschland im Bild" im Januar 1944 war der Widerlegung dieser Behauptung gewidmet. Sie zeigt den photogenen General von Seydlitz in ernstem Gespräch mit Erich Weinert und Oberst Steidle — einer der wenigen Männer, die, wie auch General Vinzenz Müller, später im östlichen Teil des zweigeteilten Deutschland weiterhin eine politische Rolle spielten.

Bei der Gelegenheit habe ich zum erstenmal das Lager Ljunowo aufgesucht und die als „Verräter hinter Stacheldraht" verunglimpften, von uns selbst mit nie ganz eingeschläferter Wachsamkeit bedachten Offiziere kennengelernt, die, wie sich künftig erweisen sollte, in der Geschichte des Zweiten Weltkriegs nur zu episodenhafter Bedeutung kamen. Ein unverdientes Schicksal. Denn es gehörte damals mehr Mut und moralische Kraft dazu, „Verrat" zu üben, als durch „Heldentaten" an Hitlers Kriegsfront zu glänzen. Die meisten von ihnen waren sich der Gefahren voll bewußt, in die sie ihre Familie brachten. Nach den Ereignissen des 20. Juli sprach ich einmal mit General Korfes, einem eher hölzernen, verschlossenen Mann, in aller Vorsicht über dieses heikle Thema. Wir hüteten uns sonst, an private Dinge zu rühren. Auch ein kriegsgefangener deutscher Offizier sollte lernen, was wir in der harten bolschewistischen Schule lernen mußten: Angesichts einer politischen Aufgabe tritt alles Persönliche zurück. Wenn sich die Nacht über Ljunowo, Krassnogorsk, über Jelabuga und Wnukowo senkte — bitte, dann durften der kleine und der höchste Kriegsgefangene an daheim denken; nicht aber im politischen Gespräch mit einem russischen Betreuer, mit einem Kommunisten.

Ich klopfte also vorsichtig auf die Stelle, wo das lange Ordensband saß (den „Pleitegeier" hatten sie schon längst abgetrennt, die Auszeichnungen jedoch beibehalten), und war erstaunt, mit welcher inneren Gefaßtheit Korfes von seiner Frau und den vier Töchtern sprach, an denen er offensichtlich sehr hing und denen er keine Überlebenschance mehr gab, weil Hitler sich an ihnen für die Haltung des Vaters rächen würde. „Ich habe mich damit abgefunden, meine Familie nicht wiederzusehen.

Meine Unterschrift unters Manifest des Nationalkomitees — das mußte für sie KZ oder Geiselmord bedeuten. Darüber war ich mir im klaren. Ich bereue es nicht. Der Kampf um das freie Deutschland wird noch mehr Opfer fordern."

Der Kampf — nicht um das freie Deutschland, sondern um die Befreiung Europas von der „faschistischen Bestie", der wir in der „Frontillustrierten" versprachen, sie „in ihrer Höhle aufzusuchen" — ging ungeachtet aller propagandistischen Anstrengungen mit unverminderter Erbitterung auf beiden Seiten weiter. Als kleiner Propagandist kam man sich allmählich vor wie ein winziger Floh, der nur ein paar Bisse anzubringen vermag. Nach dem gewaltigen Auftakt, der endgültigen Entsetzung Leningrads Ende Januar 1944, kam es im Februar im Bogen von Korsun zu einer Art Vorspiel der großen Frühjahrsoffensive an der ukrainischen Front. Seit dem ersten Siegessalut, den Moskaus Geschütze in den Himmel hineindonnerten, hatte das Land von der Front bis zum Fernen Osten, von der Arktis bis zu den Ufern des Schwarzen Meeres an der Stärke des Saluts, an der Anzahl der Kanonenstöße gelernt, die Bedeutung des errungenen Sieges zu messen. Der Salut für die „Heldenstadt Leningrad" wird mir unvergeßlich bleiben. Wir jubelten, umarmten einander, heulten vor Freude. Ein Jahr nach Stalingrad konnte nun die schmerzlichste Wunde zu heilen beginnen!

Aus dem Siegessalut hörte jeder der Abermillionen Menschen der Sowjetunion auch die Anerkennung für sich selbst heraus, das Bravo für seine Anstrengung im Erdulden und im Tun, für seinen Beitrag zum Kampf gegen die deutschen Eindringlinge. Es war ein heiliger Donner, ein reinigendes Gewitter wie kein anderes, das die Natur erzeugt. Solange es anhielt und man die einzelnen Blitze zählte, wurden die Truppen, die den Sieg vollbrachten, aus dem Blutsumpf herausgehoben zur Höhe unsterblicher Helden und Opfer.

Eines Abends, die Einkesselungskämpfe im Raum von Korsun waren noch im Gange, wurde ich von der PUR, zusammen mit einem Photoreporter zu einem Moskauer Gebäude beordert, dessen Name in der Tschistkazeit nur mit schreckensvollem Flüstern ausgesprochen wurde: die Lubjanka. Warum und wozu? An Ort und Stelle würden wir es erfahren.

Ich kannte die Lubjanka nicht einmal von außen. Das Ziel bestimmte unsere Gedanken. Selbst der Fahrer schwieg, setzte uns vor dem Gefängnistor ab und fuhr so schnell wieder an, als jagten ihn Gespenster. Wie ich in das oberste Stockwerk hinaufgekommen bin, weiß ich nicht. Ob da eine Treppe war oder ein Lift? Ich hatte das Gefühl, die Mauern atmen. Augen blicken durch sie hindurch. Von entsetzlichem Wissen erfüllte Augen. Ein Name nach dem andern fiel mir ein, der hier aufgerufen worden war. Namen aus dem Schutzbundhaus, aus dem „Lux". Der kleine Karl. Die großen Namen aus den Prozessen. Bucharin, Rykow, Radek. Tuchatschewskij. Schuldige — Unschuldige? Mein Kopf fragte nicht danach. Gefangene. Hingerichtete. Im Krieg haben wir sie fast vergessen. Jetzt lebten sie plötzlich wieder auf und drängten den Krieg beiseite.

Der begleitende Tschekist, freundlich hatte er uns mit „towarischtschi" begrüßt, führte uns über einen langen, teppichbelegten Gang, frei und luftig über den Mauern schwebend wie ein eleganter Hotelkorridor, der zur Dachterrasse hinleitet. Ein überheller Vorraum. Darin lebhaft schwatzende junge NKWD-Männer, die bei unserem Eintreten leger Haltung annehmen und an ihren Blusen zupfen. Einer reißt eine Tür auf, und dann stand ich in dem schönsten, geschmackvollsten Raum, den ich je in Moskau gesehen habe. Hell, großflächig, breite Eckfenster, dahinter schimmerte das Dächermeer von Moskau in der klaren, kalten Nacht. Ein leerer Schreibtisch. Mehrere Telephone. Die obligate Hortensie.

Der Raum legte sich weich und behaglich in meinen Blick hinein, bevor ich den NKWD-General bemerkte. Er stand vor einer Gruppe deutscher Offiziere. Ein flinkes Dolmetscherfüchslein assistierte ihm beim Verhör.

Vielleicht haben sie Verbrechen an der russischen Zivilbevölkerung begangen, schoß es mir durch den Kopf, denn mit Kriegsgefangenen in der Lubjanka konfrontiert zu werden, das hatte ich nicht erwartet.

In Wirklichkeit wurde es nur ein Propagandaauftrag: Man hatte uns hierher beordert, um für Flugblätter und die „Frontillustrierte" Photos zu knipsen. Ich sollte versuchen, von dem einen oder andern eine politische Erklärung für das Nationalkomitee zu erlangen, für ein „freies unabhängiges Österreich". „Wir haben die Herren Offiziere heute morgen aus dem Kessel von Korsun herausgeflogen. Schreiben Sie einen Aufruf an die deutschen Truppen, den Kampf einzustellen. Die Herren werden unterschreiben." Ob es technisch möglich wäre, die bebilderten Flugblätter schon am nächsten Tag an die Korsuner Front zu fliegen? Wir werden uns bemühen — ja.

Es wurde geknipst. Ich schrieb drei, vier kräftige Sätze. Sie unterschrieben. Der Photoreporter ging eiligst mit dem Material ab. „Bleiben Sie hier, Genossin, und sprechen Sie mit den Herren. Nichts Militärisches, das besorgen wir." Der General ging zum Schreibtisch, telephonierte kurz und lehnte sich dann mit verschränkten Armen in seinen Stuhl zurück, über die Schulter hinauf mit dem Dolmetscher knappe Sätze wechselnd.

Die Offiziere drückten sich in der Ecke zusammen wie Hammel nach dem Regensturm. Gefangenenschock. Ich kannte das. „Warum hat man uns hierher gebracht, ins Gefängnis? Das ist doch die Lubjanka, gnädige Frau?" fragte einer. Woher wissen sie es? Hat man ihnen gesagt, wohin sie kämen?

Sie wußten es, weil man sie den Keller unter den Mauern sehen ließ. Gleich nach der Einlieferung wären sie hinuntergeführt worden, hätten sich nackt ausziehen müssen und wären durch dunkle Gänge in einen großen Waschraum gekommen. Jeden Augenblick hätten sie den „Genickschuß" erwartet. Warum? „Na, jeder hat ja schon was von bolschewistischen Gefängnissen gehört! Und die Lubjanka — die ist 'n Begriff! Da kommt keiner lebend 'raus..." — „Hier foltern sie die Leute, bis sie gestehen..." — „Ich bin Arzt, gnä Frau, den ganzen Krieg hab' ich noch koan Schuß abgeben — nur meine ärztliche Pflicht getan. Sogn S' es ihm" — zum General hin — „Ihnen wird er's glauben. San mir nicht Landsleut, gnä Frau?" Der steirische Dialekt zog ihm nicht die Uniform der Waffen-SS aus.

Ich wandte mich ab und ging zum Fenster, von Gedanken bedrängt, mit denen ich fertig werden mußte. Plötzlich hörte ich hinter mir die gleiche Stimme, jovial — fast auf du und du: „Jo, wos is? Hobn mir heit kan Salut? Dös misset grandios ausschauen von hier heroben!"

In Gedanken hatte ich die ganze Zeit über an den Mauern da unten herumgekratzt. Klopfzeichen gelauscht. Verhören beigewohnt, wo einer seine Unschuld beteuert, einer sich zum Verrat bekennt. Die Lubjanka — das ist *unsere* Schande, *unser* Schrecken, *unser* Geheimnis. Niemand darf sich da hineinmischen. Am wenigsten diese verfluchten Okkupanten. Sollen sie sich um ihre Schande, um ihre Schrecken, ihre Geheimnisse kümmern. Die Lubjanka ist unsere Sache. Ich hatte den NKWD-Mann im Generalsrock der Erbärmlichkeit geziehen, schamloser Unmenschlichkeit, daß er hier oben über dem Fluchen und Flehen, auf Teppichen ging und den Desinfektionsgestank von sich fernhielt.

Jetzt wurde er mein Genosse: Der steirische Dodel brachte mich zum Sieg über den Faschismus zurück. Das einzige, was jetzt zählen durfte! Alles andere ist dem Nachher vorbehalten.

„So schnell geht das bei Ihnen, Herr Stabsarzt?" lachte ich auf. „Der Salut verkündet *Ihre* Niederlage — *unsere* Siege! Mir scheint, ihr könnts vom Okkupieren nicht lassen — wenn schon alles verloren ist, okkupiert ihr rasch noch den Salut!" Er lachte verlegen mit: „Wissen S', gnä' Frau — ich stell mich halt gleich um. Ich bin a Österreicher. In der Wehrmacht haben sie's mir immer vorghalten..." Er schien fast beleidigt, daß ich ihm den Salut nicht gönnte.

Den anderen gönnte ich auch die Lubjanka nicht. Ich log ihnen vor, sie sei schon längst eine Kaserne für die Sicherheitstruppen; was sie darüber gehört hätten, sei alles antibolschewistischer Quatsch.

Der Entsatz Leningrads leitete das „Jahr der zehn Siege" ein. In dem kleinen Taschenatlas der Sowjetunion, den ich noch aus jenen Tagen bewahre und in dem Besetzung und Wiederbefreiung der sowjetischen Städte verschiedenfarbig eingetragen sind, kann ich nicht alle diese Siege finden, vor allem nicht die jenseits der Grenzen erfochtenen. Ich muß also mein Gedächtnis befragen; ich erinnere mich fürs erste Halbjahr der berühmten „Schlammoffensive" Marschall Konjews bis nach Rumänien hinein, der Befreiung Odessas im April, der Krim im Mai. Und im Zusammenhang mit der Befreiung der Krim des Schattens, der auf diesen Sieg fiel. Denn nach dem strahlenden Salut über Moskau brach über die Krimtataren die schwärzeste Nacht ihrer Volksexistenz herein: Sie verloren auf immer ihre seit Jahrhunderten angestammte Heimat. Bis zum letzten Mann und Kind wurden sie, insgesamt eine halbe Million Tataren, in die mittelasiatischen Wüstengebiete verschickt — aus dem gleichen Grunde wie vor ihnen die Wolgadeutschen: „Kollaboration mit den deutschen Eindringlingen." Den Wolgadeutschen war dazu gar nicht erst Gelegenheit gegeben worden. Ihre Sympathien für Hitler-Deutschland voraussetzend, für die es schon vor dem Krieg gewisse Beweise gab, wurde der politische Gefahrenherd am „heiligen russischen Strom" radikal ausgelöscht, bevor noch die Flammen der Begeisterung über die deutsche Invasion daraus hervorschlagen konnten.

Wir haben dieser Praxis „Stalinscher Nationalitätenpolitik" damals ohne Bedenken zugestimmt. Bei den Krimtataren hielten wir es jedoch für eine allerdings kriegsbedingte Barbarei, die „sicher nach dem Krieg wiedergutgemacht wird". Es blieb beim frommen Wunsch, wie so vieles andere auch, obwohl später Chruschtschow die Massendeportationen als „unleninistisch" anprangerte.

Dann kam die Landung der Alliierten in der Normandie im Juni, und bald darauf der ungeheure Durchbruch an der deutschen Mittelfront in Weißrußland, wobei Minsk befreit wurde und die Rote Armee anschließend fast bis Warschau vorstieß. Höhepunkte im Kriegsgeschehen, ließen sie uns das siegreiche Ende bis zum Herbst erhoffen. Endlich war die wirkliche zweite Front da, herbeigewünscht in den Hunderten Tagen, da die Hauptlast des Kampfes auf den Schultern der Roten Armee lag, mit bitterem Spott bedacht, weil sie so lang hinausgezögert wurde, was den Verdacht weckte, die Alliierten legten es darauf an, daß die bolschewistische Sowjetunion sich verblute. Nun wurde die Landung in Nordfrankreich — last but not least — zur Verheißung des nahen Endes.

Noch einen Kriegswinter, jetzt an drei Hauptfronten — auch in Italien hatte die Deutsche Wehrmacht ihren Schicksalsberg Monte Cassino als Trümmer- und Leichenhaufen den Briten überlassen müssen und zog sich immer weiter gegen Norden zurück —, das hält der größte Feldherr aller Zeiten nicht durch! Sein schmählicher Untergang ist besiegelt. Wie der seines Kriegskumpans Mussolini, den schon ein Jahr vorher der Teufel geholt hatte. Mit jedem Kriegstag verengte sich die „Höhle der faschistischen Bestie".

Was ihre von der Roten Armee gerade in jenen Monaten umgepflügten Vorfelder an grausigen Untaten, Massenmorden, an planmäßiger Vernichtung von Millionen Menschen ans Licht brachten, welches Entsetzen das auslöste und welch wütender Haß da mit hineinfloß in die Zuversicht: „Nun wird es nur noch wenige Monate dauern" — all das möchte ich heute nicht wiederaufleben lassen. Das eine hat die Welt erfahren, und wenn auch das geschichtliche Gedächtnis kurz ist und Eichmann-Jäger nachgerade unbeliebt werden, so ist es doch im Bewußtsein der Völker niedergelegt; das andere wurde eingeebnet, wie es die Polen nach dem Krieg mit der Brandstätte des Warschauer Ghettos taten. Ein Mahnmal markiert die Stelle.

Im „Lux" träumten die Menschen nicht mehr bloß von der Rückkehr nach Hause: einige nationale Gruppen, zuerst die Rumänen mit unserer Freundin Anna Pauker, saßen auf ihren Koffern, verteilten, was sie nicht mitnehmen wollten, an die Genossen, die „bis zum Schluß hierbleiben" müßten. Wer bisher nur Radio- und Kriegsgefangenenpropaganda machen konnte — jetzt rückte wieder Politik in greifbare Nähe. Künftige Regierungen waren zu bilden. Künftige Partnerschaften gegeneinander abzuwägen. Welche antifaschistischen Widerstandskräfte immer man in dem so lang verlassenen Land vorfinden würde — alle waren sicher, daß den Kommunisten, aus der Illegalität, den Kerkern und der Emigration auftauchend, eine führende Rolle, ja *die* führende Rolle zukäme bei der Neugestaltung des politischen Lebens, der Wirtschaft, der Gesellschaft. Daß es sozialistische Länder sein würden, darüber bestand kein Zweifel — trotz der offiziellen sowjetischen Deklarationen, das Vordringen der Roten Armee in die Länder Osteuropas sei nur militärisch bedingt, revolutionäre Veränderungen seien nicht beabsichtigt. Wie jedoch der Sozialismus zu etablieren wäre und in welchen Etappen, ob ganz nach dem Muster der Sowjetunion oder mehr die nationalen Besonderheiten der einzelnen Länder berücksichtigend, ihre eigene Geschichte und Kultur — das blieben Fragen, über die noch gründlich zu diskutieren war, deren Lösung erst an Ort und Stelle möglich sein würde.

Jede Emigrantengruppe, die damit rechnen konnte, unter den Fahnen der Roten Armee ins Land zurückzukehren, hatte jetzt ihre eigenen Probleme. Auch untereinander. Wer wird an der kommenden Macht teilhaben und in welcher Position? Das zeigte sich nach außen mitunter sehr deutlich.

Dimitroff selbst war lange Zeit hindurch krank, hielt sich im Hintergrund. Ob er überhaupt je nach Bulgarien zurückkehren würde, blieb die längste Zeit fraglich. Sein Schwager Tscherwenkoff — in schwarzer Düsternis eine balkanesische Heldenschönheit, von niemandem recht gemocht und für wenig einsatzfreudig gehalten — rückte sich ins Blickfeld politischer Nachfolgeschaft. Um so mehr, als die bulgarische Partei einen schweren Kaderverlust erlitten hatte: das sowjetische Flugzeug mit mehreren führenden Genossen an Bord, die illegal nach Bulgarien eingeflogen werden sollten, stürzte ab.

Klement Gottwald, durch seinen Friedensschluß mit der tschechischen Exilregierung in London seit dem Besuch Beneschs in Moskau vor sich selbst und der Sowjetunion als künftigen Staatsmann bestätigt, wurde jetzt, zum Unterschied von früher, von dem Oberintriganten Václav Kopecký nicht mehr aus den Augen gelassen. Sie schienen plötzlich unzertrennliche Freunde zu sein. Sehr zum Schaden, wie wir meinten, des beeinflußbaren „Klemo". Es dauerte auch nicht lange, da wurde der dritte führende Mann, Jan Šverma, hochgeachtet als Mensch und Politiker, auf das Himmelfahrtskommando geschickt, über den slowakischen Partisanengebieten mit dem Fallschirm abzuspringen. Wir fragten uns, warum denn nicht der Slowake Široký diesen gefährlichen Absprung über den Karpatenwäldern gewagt hatte? Im aussichtslosen Kampf mit deutschen Partisanenjägern — man munkelte sogar von Verrat — kam Šverma auf tragische Weise sofort um.

Das gleiche Schicksal erlitt der Bescheidenste vom Familienclan Wilhelm Piecks, der Schwiegersohn Theo, der mit einem Sendegerät über Polen absprang und angeblich schon „erwartet" wurde. Auch unsere

Partei schickte österreichische Genossen jetzt auf solche Art ins Land. Ein ehemaliger Schutzbündler namens Mraz überlebte seinen Fallschirmabsprung auf Österreichs Boden auch nicht lang. Er wurde gefaßt und hingerichtet. Am Vorabend seines Abfluges hatte ich ihm noch die Pistolenhalfter griffsicher unter dem linken Arm eingenäht und mußte dabei mit Schrecken feststellen, daß diese Fallschirmunternehmen offenbar dilettantisch, ja leichtfertig vorbereitet wurden: Was hilft kühne Entschlossenheit, konspirative Schulung und die feste Überzeugung, „es wird mir gelingen, meine Aufgabe zu erfüllen" — wenn man *russische Schuhe* auf den Füßen hat, unverkennbar verräterisch für jedes Gestapoauge? Mraz, einer der vielen unscheinbaren Helden des österreichischen Widerstandskampfes, konnte sie noch in letzter Minute gegen seine ausgedienten Wiener Schuhe austauschen, mit denen er zehn Jahre vorher in die Februarkämpfe hineingesprungen war.

Als erstes Politbüromitglied tat Franz Honner den Sprung in die Tiefe und landete — wir waren nach dem vielen Unglück heilfroh — sicher bei Titos Partisanen, wo er dann das österreichische Bataillon anführte. Friedl Fürnberg sprang ihm, ebenfalls glücklich landend, später nach.

Moskau erhielt in den heißen Julitagen 1944 seine große Show: Vom Weißrussischen Bahnhof herunter, auf die Boulevards einschwenkend, am Denkmal Puschkins, Rußlands größten Dichters, vorbei (in Gedanken versunken, hebt er kein Auge), zogen an die 60.000 Mann geschlagener Hitler-Truppen. Vorneweg zwei Dutzend Generale. Hinter ihnen, dem Rang nach gestaffelt, die Offiziere, dann das einfache, abgefetzte Fußvolk — „der Fritz". Die sengende Hitze weichte ihnen die Gesichter auf. Manche trugen Verbände. Ein Anblick zum Erbauen und Erbarmen. Das alte Rom hat ähnlich seine Siege gefeiert. Die Moskauer applaudierten den auf Hochglanz polierten fröhlichen Begleitmannschaften, als wären sie es gewesen, die den Durchbruch an der Mittelfront erkämpft und die Tausende von Kriegsgefangenen eingebracht hatten. Ansonsten war das Spalier stumm, und ich sah Frauen, die weinten.

Im Lager Ljunowo begegnete ich kurz darauf mehreren der Generale wieder. Sie wandelten im Garten mit ihren Stalingrader Kameraden, erholten sich im Gespräch über das „Freie Deutschland" von Show und Krieg. Einen davon, General von Lützow, befragte ich sowohl nach dem einen wie nach dem andern. „Es war peinlich, gnädige Frau, sehr peinlich! Wir fürchteten, die Moskauer Bevölkerung würde uns attackieren. Mich hat nur einer angespuckt. Hätte nicht gedacht, daß die Russen so 'n Volk mit Disziplin sind. Tja, die haben eben ooch ihren Führer — Stalin. Wie se mich gefangen haben? Janz eenfach: Ich stellte mich mit meinem Fahrer uff die Rollbahn und winkte. Da fuhr eener ran, wollte erst jarnich glauben, det ich 'n General bin. Ich hatte vorher alles abjemacht, sah aus wie 'n Landser. Hat der sich jefreut! ‚Du, General?' fragte er. ‚Jawoll', sag' ich, ‚deutscher General. Bringen Se mich zu Ihrem Stab.' Den Fahrer wollt' er nich mitnehmen. Den hat een andrer dann uffjepackt. Und ab wie die Feuerwehr zum Stab. Er kriegt 'n Orden für 'nen General, det hab ich verstanden. Er hat mir ooch was zum Rauchen anjeboten, so 'n gräßliches Kraut. Jibt's hier keen richtigen Tabak, gnädige Frau?" Doch, doch. Aber wieso sei er allein in Gefangenschaft geraten, ohne seinen Stab, ohne Truppe? „Wissen Se, mit einemmal war da alles wech... ich weiß ooch nich, wie dat kam. Nur der Fahrer, der blieb und sagte: ‚Herr General, wir schlagen uns zurück durch die Wälder. Auf 'ne Einheit werden wir schon stoßen.' "

Tagelang seien sie herumgeirrt, hätten weder Russen noch Deutsche getroffen. „Wat Hunger ist, det hab' ich bei der Jelegenheit kennengelernt. Und wissen Se, noch 'ne Erfahrung — hochinteressant: Mit tausend Beeren am Tach kann der Mensch leben! Ich hab' se genau gezählt. Was für die Wissenschaft, finden Se nicht auch, gnädige Frau?"

Lützows wilde, verwegene Jagd auf russische Beeren endete mit einem Halali für die Bewegung „Freies Deutschland": Der General unterschrieb bereitwillig wie alle anderen den „Aufruf der Generale und Offiziere an die Deutsche Wehrmacht", den Kampf einzustellen, mit Hitler Schluß zu machen. Das Nationalkomitee und der Bund deutscher Offiziere hatten von nun ab wie jede „Bewegung" einen festen Kern, die „alte Garde" sozusagen, und die Mitläufer.

Jetzt kam es nicht mehr so sehr darauf an, daß den Unterschriften die innere Wandlung zum Hitler-Gegner, politische und militärische Einsicht voranging. Hauptsache, sie unterschrieben. Möglichst alle. Wer es nicht tat, der mußte ein ganz besonders hartgesottener Sowjetfeind und Eidtreuer des Führers sein. Wer wollte unter den gegebenen Umständen als solcher gelten?

Von den vielen Hunderten deutscher Offiziere, die wenigstens ihren Namen für die Anti-Hitler-Propaganda hergaben, schwieg einer beharrlich: Generalfeldmarschall Paulus. Alle bisherigen Versuche der Stalingradgenerale, den höchsten Kriegsgefangenen zu einer Erklärung zu veranlassen, waren offenkundig an dem gleichen müden Starrsinn gescheitert, der ihn seinerzeit das Kapitulationsangebot der Roten Armee ablehnen ließ, als seine Armee schon in Agonie lag.

In Deutschland schritten Militärs zur Tat: 20. Juli 1944. Die Nachricht von dem Bombenanschlag des Grafen Stauffenberg auf Hitler enthüllte vorerst nur, daß die Höhle umstellt gewesen, die Verschwörung jedoch gescheitert war. Welches Ausmaß diese Verschwörung hatte, welch vergeblicher Heroismus aufgebracht wurde, um ein früheres Kriegsende herbeizuführen und Deutschland vor der endgültigen Katastrophe zu bewahren, nahmen wir — jenseits der deutschen und der Klassenfront — erst viel später und auch dann noch widerwillig zur Kenntnis. „Die deutsche Bourgeoisie ist nicht einmal fähig, ein Attentat so vorzubereiten, daß es gelingt!" war unsere Meinung dazu. Und: „Ohne Mithilfe des revolutionären Proletariats (die Reste davon saßen in den KZ, waren umgebracht) ist von innen her die Beseitigung der Naziherrschaft eben nicht möglich!" Und: „Ein gelungener Anti-Hitler-Militärputsch hätte wahrscheinlich nur den westlichen Alliierten genützt, nicht aber der Sowjetunion, die sich vielleicht einem westlichen Sonderfrieden gegenübergesehen hätte und so um die Früchte ihrer Kriegsanstrengungen betrogen worden wäre."

Trotz dieser wesentlichen Einschränkungen in der Anerkennung der Verschwörung des 20. Juli bedeutete ihr Mißlingen doch, daß jede insgeheim gehegte Hoffnung abgeschrieben werden mußte, Hitler-Herrschaft und Wehrmacht würden zusammenbrechen, bevor noch die alliierten Soldaten und die Rotarmisten einander irgendwo im völlig zerstörten Europa die Hände reichten.

Die Ereignisse an der Kriegs- und Heimatfront zeigten, in welche Katastrophe Hitler „Wehrmacht und Volk" hineinmanövrierte. War es jetzt nicht hoch an der Zeit, daß sich endlich auch der Generalfeldmarschall dazu äußerte? Oder, wenn nicht, immerhin der „Frontillustrierten" gestattete, ein Bild von ihm zu bringen, zum Zeichen, daß er lebte?

Von Oberst Braginsky, dem Chef der Siebenten der PURKKA, mit dieser diplomatischen Mission betraut, ging ich noch auf einen Sprung in das Arbeitszimmer von Manuilsky hinein, der damals noch immer der Spiritus rector für die politische Arbeit unter den Kriegsgefangenen war, allerdings auf höchster Ebene, als Vertreter des Zentralkomitees der Partei. Ich sagte ihm, daß ich zu Paulus führe, und ob er mir irgendeinen besonderen Rat zu geben wünsche.

Manuilsky blinzelte mich ironisch an und meinte: „Die Deutschen werden nicht einmal zur Vernunft kommen, wenn unsere Rotarmisten in Berlin sind. Sagen Sie dem Herrn Paulus, ganz Deutschland ist jetzt ein Stalingrad. Die Hitler-Armee wird so vernichtet werden wie die 6. Armee unter seinem Kommando. Ich glaube, der Mann ist einfach dumm... Wie soll man mit dummen Leuten Politik machen...?" — „Es gibt auch Leute, die es nicht mögen, daß man mit ihnen Politik macht, Dimitrij Sacharowitsch...", warf ich ein. „Wir haben dem Nationalkomitee Freiheiten gegeben, von denen die nicht einmal geträumt haben! Das Ergebnis? Keinen einzigen Toten haben sie uns erspart, nicht einen...!" — „Sie wollen ja nicht *uns* die Toten ersparen, aber es gibt ehrliche Leute darunter, denen es um das künftige Deutschland geht, die riskieren, daß Hitler ihre Angehörigen umbringt. ,Germania budjet', Dimitrij Sacharowitsch", zitierte ich auf russisch das vielgebrauchte Propagandawort: „Deutschland wird sein." — „Ksosheleniu", lachte Manuilsky auf, „leider!" Er stand auf und sagte abschließend: „Sprechen Sie darüber mit dem Herrn Feldmarschall: ,Germania budjet'!" — „Dazu fehlen mir immer die überzeugenden Argumente, Dimitrij Sacharowitsch, ich denke mehr an Österreich..." — „Snaju, snaju, dorogaja — ich weiß, ich weiß, meine Liebe —, ihr seid Nationalisten..." — „Patrioten, Dimitrij Sacharowitsch", rief ich von der offenen Tür zurück, „österreichische Patrioten — darin liegt der Unterschied!" — „Schon gut, schon gut, also Patrioten", und setzte sich zu seiner Schreibtischlampe.

(Diese Lampe hat alle politischen und personellen Wechselfälle überdauert. Sie ist geradezu das ewige Licht des Sowjetfunktionärs. Hat Kniefälle gesehen, Beschwörungen und Bitten gehört. Mild leuchtete sie auf Unterschriften, die das Schicksal von Menschen und Völkern entschieden. Unter dem großen gläsernen Schirm, in ein grobes Gestell gelagert, aus dem sich Eisenblechblätter emporranken, die ihre Spitzen gegen die abstaubende Hand richten und sie verletzten, ist Geschichte geschrieben worden. Ob sie noch heute existiert, weiterhin in Serienproduktion ist, oder anderen Lampen Platz gemacht hat, weiß ich nicht. Aber ich fürchte, sie war langlebiger als irgendeiner, dessen Schreibtisch sie jemals zierte.)

Am nächsten Morgen fuhren wir von Moskau in zwei Wagen zum Landhaus von Paulus hinaus, das ihm als ranghöchsten Kriegsgefangenen zur Verfügung gestellt worden war. Ich kenne weder den Namen der Gegend noch die Himmelsrichtung. Es interessierte mich auch nicht. Die alte Gewohnheit aus illegaler Zeit, nach nichts zu fragen, was man nicht unbedingt wissen mußte, war immer noch wirksam. Aber ich sehe die hohe Mauer vor mir, in die ein großes Tor mit einer Pforte eingelassen war, daneben ein Wachthaus, aus dem ein NKWD-Mann trat, wortlos das Tor öffnete und uns durchfahren ließ. Ich gestehe, daß mich immer wieder dieses „Sesam, öffne dich" verblüffte, das ich so oft kennengelernt hatte, wenn eine guteingespielte Organisation dahinterstand. Mit einem Gefühl der Befriedigung und Geborgenheit konnte man sich dem Lauf der Dinge überlassen. Kein Akt der Bürokratie, kein mißtrauisch gemustertes Papierchen stört das gute Einvernehmen zwischen dem Ich und der Macht.

Weit hinten, mitten in einem ausgedehnten Park mit gepflegten Wegen, stand ein Landhaus im üblichen russischen Großbürgerstil. Wir fuhren vor. Eine russische und eine deutsche Ordonnanz in Uniform meldeten uns — den Photoreporter, mich und einen Moskauer Begleiter in Zivil, der wohl schon öfter hier gewesen war — dem Herrn Feldmarschall. In einem großen Salon neben der Eingangshalle waren einige Offiziere zu sehen, die zum Stab von Paulus gehörten und mich verstohlen musterten.

Als der Feldmarschall vom oberen Stockwerk über die gewundene Holztreppe in die Halle herunterkam, im feldgrünen Rock und mit blanken Stiefeln, hatte er kein „russisches Flintenweib" vor sich, sondern eine Art Dame mit Wappen- und Ehering, und die Dame einen leicht vornübergebeugten, hochgewachsenen Herrn mit grauen Schläfen, nobel gebogener Nase und traurigen, kühlen Augen.

„Ich gebe keine Erklärung ab — das wissen Sie", waren seine ersten Worte zu meinem Begleiter, der — für meine Begriffe viel zu diensteifrig — seine Hand der des Feldmarschalls entgegenstreckte. Dann wurde ich ihm als Redakteurin der „Frontillustrierten" vorgestellt, und ich erklärte ihm unseren Wunsch, von ihm und seiner Umgebung Photoaufnahmen zu machen. Er wolle sich das überlegen, meinte daraufhin Paulus, schien betroffen und wandte den Kopf wie suchend zum Salon hin, wo die anderen Offiziere herumstanden. „Ich möchte das erst mit den anderen Herren besprechen ... Ich kann Ihnen nicht verbieten, hier herumzuphotographieren — ich bin nur ein Gefangener, gnädige Frau", wandte er sich direkt an mich, „aber wenn Sie auf meine Einwilligung Wert legen — von mir selbst können Sie keine Aufnahmen machen, wenn ich es nicht gestatte —, dann ersuche ich um eine gewisse Bedenkzeit. Außerdem möchte ich wissen, wie Sie die Bilder verwenden. Es könnte sein, daß sie publiziert werden und man irgend etwas daruntersreibt, was ich nie gesagt habe."

Ich ärgerte mich und wurde hochmütig: „Herr Feldmarschall. Ein Bild ist beweiskräftiger als ein gedrucktes Wort. Ich glaube, auch Sie könnten ein Interesse daran haben, daß man bei Ihnen zu Hause weiß, Sie leben noch und — wie ich sehe — nicht schlecht. Sie haben den Krieg hinter sich — wir stecken noch mitten drin."

Damit wandte ich mich ab und ging auf einige Bilder zu, die an der Wand hingen. Ich wollte nicht meine aufsteigende Erbitterung zeigen, meine Empörung über einen Mann, der Hunderttausende Menschenleben auf dem Gewissen hatte, um einer Chimäre willen, eines Befehls wegen; der Hitler gehorchte gegen bessere Einsicht; der in einem Bunker saß, während draußen die Stalingrader Hölle tobte: Nein, das war zu viel, hier den leidenden Gefangenen zu spielen und gleichzeitig den Hausherrn, der zu verbieten und zu gestatten hat. Das Herz schlug mir bis zum Hals hinauf, während ich die Bilder betrachtete. Es waren dilettantische Aquarelle und Ölbilder in schlechten Rahmen, Pastelle, in einfachen Passepartouts. Sie reihten sich an der Wand entlang, über die Treppe hinauf, Landschaften, Blumen und Ausblicke auf Bäume und Büsche und Himmel darüber, Sonnenstrahlen oder grauer Dunst. Der Mond mußte doch auch irgendwo zu sehen sein, der große russische Mond. Ich suchte ihn, von einem Bild zum anderen gehend, und hörte plötzlich eine Stimme neben mir: „Gefallen Ihnen meine Bilder, gnädige Frau?"

Es war Paulus, der zu mir herangetreten war und eifrig wie ein Schuljunge von seinen Bildern zu sprechen begann. Daß er immer schon gern gemalt habe, und hier sei ja genug Zeit dafür, nur die Farben, die man ihm gebe, seien schlecht. „Könnten Sie mir nicht französische Pastellfarben verschaffen, gnädige Frau, die muß es doch in Moskau geben, nicht nur solchen russischen Mist. Sehen Sie doch selbst, dieses harte Grün hier, ich bring's einfach nicht besser heraus mit diesen Farben." Paulus war ehrlich bekümmert. Er bettelte um Verständnis für seine Not.

Ich zeigte Verständnis. Schließlich war ich hierhergekommen, um einen Auftrag zu erfüllen, der mir sehr wichtig erschien.

Paulus nützte die Gelegenheit, seit langem wieder einmal in gleicher Sprache mit einer Frau konversieren zu können. Er genoß sichtlich die Unterbrechung der Eintönigkeit von Männergesprächen, die sich — ich kannte das ja von den anderen Offizierslagern her — immer im Kreis um die gleichen Dinge bewegten: das Essen, die Russen, die Kriegslage.

Wir haben dann noch den ganzen Tag viel miteinander gesprochen, der gefangene Held von Stalingrad und diese seltsame Österreicherin, die sich auf die Seite der Bolschewiken geschlagen hatte.

Der Feldmarschall führte mich durchs Haus, zeigte mir seine Malstube, in der sich ein langer Dialog über den französischen Impressionismus entspann, schließlich auch den Garten, der im hochsommerlichen Frieden, sonnenüberglänzt und mit schattenspendenden großen Bäumen durchsetzt, vor dem Hause lag und zu einem Spaziergang einlud.

Der Krieg war weit und der Augenblick nahe, eine zweite kleine Bitte vorzubringen: „Versuchen Sie doch bei den Russen zu erreichen, daß ich ein Reitpferd bekomme. Mir geht der Ausritt am Morgen und Abend sehr ab! Ich bin immer gern geritten, und der Park ist groß genug dafür — aber Sie werden verstehen, gnädige Frau, daß ich dabei keine Bewachung haben möchte, nicht irgendeinen Kerl, der hinter mir herreitet, damit ich nicht über die Mauer steige und zu flüchten versuche. Geradezu eine lächerliche Vorstellung — sehen Sie doch selbst, wie hoch die Mauer ist!"

Paulus wies zu der Mauer hin, die nicht weit hinter dem Haus verlief und vor der er sich nur in einem vorgeschriebenen Abstand bewegen durfte, ohne von der Wache angerufen und zum Stehenbleiben verhalten zu werden. Diese Mitteilung war von einem kurzen Auflachen begleitet, aus dem ich nicht nur einen gewissen Hohn über die „alberne Vorsicht der Russen", sondern auch Furcht herauszuhören vermeinte (die latente Furcht des deutschen Kriegsgefangenen vor den unberechenbaren Entscheidungen, die hinter seinem Rücken getroffen werden und sein Schicksal besiegeln), und ich sagte dem Feldmarschall, daß bestimmt niemand auf ihn schießen werde, wenn er versehentlich einmal nicht den „gehörigen Abstand einhielte". „Wer kann das wissen...? Die haben auch so ihre Vorschriften... lieber nicht." Wir gingen weiter und benützten nur die Gartenwege, die von der bedrohlichen Mauer wegführten.

Hitler hat sich den richtigen Mann ausgesucht für seine Schlacht um Stalingrad, dachte ich, der raunzt höchstens und gehorcht doch!

Ich hatte vielen Diskussionen in den Lagern und auch in sowjetischen Kreisen beigewohnt, die sich mit der Frage beschäftigten, warum Paulus die Kapitulationsangebote der Roten Armee strikt abgewiesen hat, wodurch die Kesselschlacht zur Vernichtungsschlacht wurde. Der Oberkommandierende galt nicht als blinder Anhänger des Führers und war kein „sturer Preuße". Was also mochte ihn bewogen haben, sich so und nicht anders zu verhalten? Warum mußte er es zur „Katastrophe", zur „Tragödie" kommen lassen — unausbleiblich für einen Heerführer, der die militärische Situation einzuschätzen vermochte? Hatte er die Aussichtslosigkeit weiteren Widerstandes nicht erkannt, hatte er Illusionen gehabt, auf Hilfe von außen vertraut, auf das „Durchhalten" seiner Truppen, auf das Erlahmen des Gegners?

Ich kämpfte mit mir selbst: Sollte ich nicht diese einmalige Gelegenheit beim Schopf packen, allein mit dem Mann, legendärer Held auf der einen Seite, umstritten, ja verflucht von den Stalingrader Überlebenden, und ihn fragen? Ich tat es nicht. Er war zweifellos schon viele Male darum befragt worden, von den eigenen Leuten und den Russen. Wozu sich um eine Antwort mehr aus dem Munde des Feldmarschalls bemühen, der sich längst auf eine Rechtfertigung seines Verhaltens versteift und die Wahrheit verschüttet hatte und weder willens noch fähig sein konnte, den komplizierten und widerspruchsvollen inneren Prozeß aufzudecken, der einer Entscheidung von größter Tragweite vorauszugehen pflegt. Oder gibt es diesen Prozeß bei einem deutschen General nicht? Ich fragte ihn nicht. Erwähnte nicht einmal den Namen Stalingrad.

Jetzt ging es nur darum, den kühlen und undurchsichtigen Dunstkreis von guten Manieren, gesellschaftlicher Routine und oberflächlicher Kultiviertheit zu durchstoßen, in dem läppische Bemerkungen herumschwimmen wie Weißfischchen, die der Angler ins Wasser zurückwirft, wenn er sich einen Hecht erhofft.

Es war nicht so sehr eine Gesprächstaktik, die ich einzuschlagen begann — obwohl die jahrelange Übung, Gespräche bewußt anzubahnen und zu lenken, auch mitgespielt haben mag —, als ich unvermittelt auf die Ungeheuerlichkeiten zu sprechen kam, die von den Hitler-Leuten in ganz Europa begangen wurden. Jetzt, im vierten Jahr des Krieges, nachdem große Gebiete wieder befreit worden waren, kamen Greuel solchen Ausmaßes ans Licht, daß jeder Mensch, der noch nicht völlig abgestumpft war, davon aufgewühlt und zur Einsicht gebracht werden mußte, daß nicht alles, was die Russen schon seit Jahr und Tag darüber berichtet hatten, „Propagandahetze" gewesen war.

Selbstverständlich war dies Paulus nichts Neues. Er bekam Zeitungen zu lesen, wurde informiert über die wichtigsten Vorgänge in der Welt und auf den Kriegsschauplätzen. Aber erst als ich von meinen eigenen Erlebnissen erzählte, ihm die ausgebluteten und verhungerten Dörfer Weißrußlands beschrieb, die Galgen in jedem Ort, die Kinderleiche unter gefrorenen Kohlköpfen — erst dann verlor er etwas von seiner glatten Unverbindlichkeit, schien nachdenklich zu werden und sagte schließlich so ungefähr: „Die Wehrmacht hat zu meiner Zeit nichts damit zu tun gehabt ... aber es wird uns später schaden ..."

Das „Uns" stach mir unangenehm ins Ohr. Für mich hatte das „Uns", das „Wir" einen ganz bestimmten, auch emotionellen Inhalt. Es verband wildfremde Menschen durch ein gemeinsames Anliegen. Hier schob es sich trennend dazwischen. Gab es überhaupt irgend etwas Gemeinsames zwischen dieser abscheulichen Uniform und „uns"?

„Ja", sagte ich, „es wird uns allen schaden, die wir deutsch sprechen.

Eine verfluchte Sprache, wer immer sie spricht. Halbwegs guten Gewissens kann man sie eigentlich nur gegen Hitler benützen, sonst macht man sich mitschuldig." Der liebe Gott kam mir zu Hilfe. „Sind Sie protestantisch oder katholisch, Herr Feldmarschall?"

Aus dieser Frage entwickelte sich ein langes Gespräch über die Haltung der Kirchen gegenüber dem NS-Regime. Paulus zeigte sich als gläubiger Christ. Hinter seinem kühlen Gleichmut stieg Wärme auf, als wir des Bekennermutes Pastor Niemöllers gedachten, der Kanzelreden des Kardinals Faulhaber, des Bischofs von Münster, Graf Galen, die vom christlichen und vom deutsch-patriotischen Standpunkt aus gegen das totalitäre System Hitlers auftraten. Daß auch sie, gleich den beiden offiziellen Kirchen, den „Kreuzzug gegen den Bolschewismus" gutgeheißen hatten und das „Durchhalten im Krieg" unterstützten, schien einer der Beweggründe für das Verhalten von Paulus zu sein. Er mußte die Überzeugung gehabt haben, als deutscher General und als Christ richtig zu handeln, wenn er sich und seine Armee „zum Opfer brachte" und bis heute noch schwieg.

Paulus wollte von mir wissen, ob schon etwas über die Reaktion der deutschen Bischöfe auf das Stauffenberg-Attentat und die Verschwörung des 20. Juli bekanntgeworden sei. Wäre es denkbar, daß da gewisse Querverbindungen bestanden haben? „Stauffenberg ist Katholik, er galt als sehr gläubiger Mann ... aber sagen Sie das nicht den Russen, gnädige Frau, sonst posaunen die noch hinaus, die Kirche steckt dahinter ... das könnte katastrophale Folgen für sie haben ..." Ich beruhigte ihn: es sei unsinnig anzunehmen, die Russen hätten ein Interesse daran, die Kirche aufzuwerten, wenn es militärische Kreise innerhalb Deutschlands gebe, die gegen Hitler und für die Beendigung des Krieges seien, immerhin steige auch damit das Ansehen des Nationalkomitees „Freies Deutschland". Paulus war nicht dieser Meinung. Er hielt nichts von „Propaganda über die Front hinweg".

Nach dem gemeinsamen Mittagessen — alle Offiziere waren anwesend und sehr höflich zu der einzigen Dame — wurde viel photographiert: Paulus in Großaufnahme, Paulus im Kreise seines Stabes vor dem Haus und im Garten unter Bäumen, Paulus, eine Erklärung unterschreibend. Sie hatte in der Tasche meines russischen Begleiters gesteckt, für alle Fälle.

Diese Erklärung samt Photo wurde im August 1944 in der „Frontillustrierten" und in „Freies Deutschland im Bild" veröffentlicht, in Millionen Exemplaren über den deutschen Fronten abgeworfen. Ohne jegliche Wirkung.

Beim Abschied gedachte Paulus noch einmal der Farben. Zur Not konnte ich hier ein Versprechen eingehen, obwohl ich nicht sicher war, es auch halten zu können. In Moskau gab es für den Bedarf an französischen Pastellfarben jetzt wenig Sinn. Und was das Reitpferd anlangt? Bedaure. Die Russen sind von Natur aus ein großzügiges, gastfreundliches Volk. Aber da sie sich unglückseligerweise noch immer im Krieg mit den Deutschen befinden, haben sie viel von ihren friedlichen Eigenschaften eingebüßt. Auch sonst einiges. Darunter russische Pferde. „Schreiben Sie doch eine Eingabe an Stalin, Herr Feldmarschall!"

Soviel ich weiß, erhielt Paulus sein Reitpferd. Nach dem Krieg figurierte der Feldmarschall als Zeuge im Nürnberger Kriegsverbrecherprozeß und starb, mit der russischen Besatzungsmacht ausgesöhnt, in Dresden.

Ende August wurde Bukarest erobert, die erste osteuropäische Hauptstadt, und als der Siegessalut seine Lichtgarben zu dem Sternschnuppenhimmel hinaufschoß, leerten wir in der Redaktion eine lang aufgesparte Flasche Wodka auf zwei Paris: auf das „Paris des Ostens", Bukarest, wo der junge König Michael von Rumänien Salz und Brot für die einmarschierende Rote Armee bereitgehalten, und auf das Paris an der Seine, wo wenige Tage vorher die französische Résistance General de Gaulle den Einzug freigekämpft hatte.

Jahre später führte mich meine Freundin Lotte Schwarz von Straße zu Straße, von Platz zu Platz an der Rive gauche und zeigte mir die Kampfzentren, die Tafeln mit den Namen der Gefallenen, denen Paris seine Befreiung verdankte. Es erschütterte mich, als wär's gestern gewesen, und in das Heraufbeschwören jener heroischen Tage floß die Erinnerung an den Aufstand einer anderen Stadt ein — Warschau, das blutende, kämpfende, vergeblich auf die Hilfe der Roten Armee wartende Warschau, das im August und September 1944 unsere leidenschaftliche Anteilnahme auf sich zog.

Vor den Toren Warschaus, in Praga, am Ostufer der Weichsel, blieb Marschall Rokossowskis Armee stehen und sah untätig zu, wie der Aufstand der verzweifelten Stadt allmählich niederbrach. Die zum anklagenden Vorwurf verdichtete Mutmaßung, die Rote Armee habe ihre Befreierrolle nicht voll ausgespielt, war in den Wochen, als sich die Tragödie vollzog, durch keine offizielle Erklärung aus der Welt zu schaffen.

Gewiß, die Deutschen hatten im Raum Warschau außerordentlich starke Kräfte massiert. Ihre Überwindung hätte womöglich der Roten Armee einen hohen Blutzoll abgefordert. An anderen Kriegsschauplätzen, im Südwesten, im Norden, stieß sie in weicheres Fleisch. Dennoch waren für das Versagen jeglicher Hilfeleistung an das aufständische Warschauer Volk, ausgesetzt den Stukagewittern, dem Bombenhagel, offensichtlich weniger militärische als rein politische Gründe maßgebend, die mit der leidigen „polnischen Frage" zusammenhing, immerwährender Zankapfel auch zwischen den Alliierten und Stalin. Denn der Aufstand wurde von der polnischen Untergrundorganisation der Londoner Exilregierung, der Armija Krajowa unter General Bor-Komarowski, ausgelöst, ohne mit der Roten Armee abgesprochen worden zu sein. Nicht die Kommunisten hatten zur bewaffneten Aktion gegen die Hitler-Okkupanten aufgerufen noch das sowjetfreundliche, eben erst gegründete „Lubliner Nationalkomitee", dem auch die Schriftstellerin Wanda Wassilewska angehörte, die polnische „Pasionaria", sondern Leute, die in der Sowjetunion in dem Ruf standen, sie wären „Abenteurer und Provokateure" Ihnen gegenüber schien Wachsamkeit und Vorsicht geboten.

Aber angesichts des Heldenmuts der Warschauer Arbeiter und Bürger — sollte da nicht das alte Mißtrauen hinweggefegt sein, das kühle Abwägen politischer Konstellationen und Machtinteressen? Als der Aufstand einmal losgebrochen war — wer fragte da noch nach der „Führung"? Eine Führung, die es längst nicht mehr gab? Es war *Warschau* selbst, nicht einzelne Gruppen, im Hader miteinander — und es brauchte Hilfe in höchster Not: Waffen, Lebensmittel — den Gruß der Solidarität! Im Kampf gegen den gemeinsamen Feind!

Die Hilfe kam nicht. Anfang Oktober, acht Wochen nach Beginn des Aufstandes, wurde es still um die Stadt.

Erst Mitte Januar 1945 überschritt die Rote Armee in voller Stärke den Weichselstrom und drang in das erschöpfte Warschau ein. Als erste europäische Hauptstadt von Hitlers Weltkrieg überfallen, vierundachtzig Monate Leiden hinter sich, zu neun Zehntel zerstört, 300.000 Menschenleben allein während der Aufstandstage verloren — war da Freudentaumel über die Befreier zu erwarten? Lachende Mädchen, die den slawischen Brüdern um den Hals fallen?

Unsere Frontreporter schickten der Redaktion nur wenige brauchbare Bilder aus der befreiten Stadt. Selbst die Parade der miteinmarschierten polnischen Truppen bot einen tristen Anblick. So zeigten wir den schon an der Oder angelangten Rotarmisten die Lichtgarben des Siegessaluts über den Türmen des Kremls zu Ehren der Hauptstadt Polens.

Weniger denn je waren jetzt an der Propagandafront noch Siege zu erfechten. Die deutschen Kampftruppen, aufgefüllt mit alten Männern und Halbwüchsigen, mehr im Glauben an Wunder und Wunderwaffen als an einen noch möglichen „Endsieg", verteidigten die Höhle mit einer Verbissenheit, die einer edleren Sache würdig gewesen wäre. Anrollendes Panzergetöse — das schien tatsächlich die einzige Sprache zu sein, aus der sie heraushörten: „Alle Opfer sind umsonst!" „Macht aus Deutschland kein Stalingrad!" Zu Beginn des Jahres 1945 wurde das „Freie Deutschland im Bild", die deutschsprachige „Frontillustrierte" eingestellt. Die Sowjetunion hat sich damit in diesen letzten Monaten Hunderte Tonnen Papier erspart. Als ich einmal in der PUR darüber zersprang, daß an meinen Texten herumgeknif felt wurde, wie wenn sie für die Unsterblichkeit geschrieben wären, wies man mich zurecht: „Was Sie schreiben, Ruth Maxowna, hat eine zehnmal größere Auflage als die ‚Prawda'! Jedes Wort von Ihnen muß daher zehnmal geprüft werden, bevor wir unser kostbares Papier verschwenden!"

Daß es „verschwendetes" Papier war — auch das hatten die Hinterbliebenen des Zweiten Weltkriegs zu bezahlen: die Sieger und die Besiegten.

Die Vorabrechnung erfolgte auf der Konferenz von Jalta. In tagelangen Gesprächen zwischen den Großen Drei — Roosevelt, Churchill und Stalin —, assistiert von den Außenministern und einem zahlreichen Stab militärischer, politischer und technischer Experten, wurden Grenzen, Interessensphären abgesteckt, Probleme der Kriegführung und der Nachkriegszeit behandelt. Die Protokolle umfassen zwei Bände. Den Ergebnissen der Konferenz, die vom 4. bis 11. Februar tagte, flog ein Witzwort Winston Churchills voraus. Nach jeder Mahlzeit soll er gesagt haben: „Thanks for the tea." Befragt, warum er sich immer ausdrücklich für den Tee bedanke, habe Churchill geantwortet: „Der Tee ist das einzige, was die Russen beisteuern." Ob wahr oder nicht — Moskau lachte und stand in der Februarkälte Schlange um amerikanisches Corned Beaf.

Wir lasen das Schlußkommuniqué, wie wir in der Sowjetunion lesen gelernt hatten: jedes Wort abwägend, jede Formulierung, was das und was jenes für Folgerungen in sich schließe. Die wichtigsten Ergebnisse — die drei Alliierten bekunden ihre Einheit in Politik und Kriegführung, Deutschland wird in drei, unter Einschluß der Franzosen in vier Besatzungszonen aufgeteilt, total entmilitarisiert, seine Zerstückelung wird ins Auge gefaßt, Polen erhält nach Westen vorgeschobene Grenzen, den Völkern, zu „Vereinten Nationen" organisiert, wird Frieden,

Freiheit, menschenwürdiges Dasein garantiert — diese Ergebnisse, in ausländischen Radiosendungen durch weitere Einzelheiten ergänzt, warfen zwar auch für uns Österreicher ernste Fragen der Zukunft auf, für unsere deutschen Genossen jedoch stürzte der Himmel ein.

Der Himmel, ohnehin unheilschwarz, brach genau über der Oder-Neiße-Linie auseinander. Warum? Die Neiße gibt es zweimal: eine östliche, schlesische Neiße, die sich vom Riesengebirge herunter weit südlich von Breslau in die Oder ergießt, und die westliche, sogenannte Lausitzer Neiße, südlich von Frankfurt an der Oder in die Oder mündend. Dazwischen liegt ganz Niederschlesien, von Breslau bis Görlitz. Welche Neiße war gemeint? Eine Schicksalsfrage, jetzt und in Hinkunft für die Deutschen! Geht ganz Schlesien verloren? Die deutsche Stadt Breslau? Unmöglich! Das konnte Stalin nicht zugelassen haben! So weit ist er in seinen Zugeständnissen an den Polenfreund Churchill nicht gegangen!

Die erste wilde Auseinandersetzung darüber, ob diese oder jene Oder-Neiße-Linie gemeint war, hatten wir mit Johannes R. Becher. Ernst und ich behaupteten, es wäre völlig eindeutig, daß es sich nur um die Lausitzer Neiße handeln könne. Schlesien sei verloren — damit müßten sich die deutschen Genossen eben abfinden. Becher tobte und stürzte mit den Worten aus unserem „Lux"-Zimmer: „Das melde ich Walter Ulbricht! Das ist eine Verleumdung der Sowjetunion!"

Wenig später platzte Walter Ulbricht in höchster Aufregung in unser Zimmer und begann Ernst zu beschimpfen: Nur ein österreichischer Nationalist wie er könne eine solche parteifeindliche Behauptung aufstellen, und er werde dem sofort einen Riegel vorschieben und bis zu den „höchsten Stellen gehen", damit sich das nicht verbreite, denn „Fakt ist, da gibt's gornischt wie *die* Neiße", und der Fischer solle sich überhaupt hüten ...

Fakt war und ist bis heute, daß — wie schon in Teheran und Jalta vorgesehen — die Lausitzer Neiße über ihre unbedeutende schlesische Schwester siegte und die polnisch-deutsche Grenze ihrem Laufe folgt. Breslau heißt jetzt Wroclaw. Fünf Jahre nach Kriegsende wurde um des wiederum bedrohten Weltfriedens willen gerade diese Stadt zum Tagungsort einer internationalen Konferenz gewählt, von der ein flammender Appell an die Völker erging, die politische Geographie niemals mehr zum Anlaß eines Weltkrieges zu nehmen, nationalen Haß und Vergeltung aus dem geschichtlichen Bewußtsein auszuschalten.

Noch aber waren wir mitten im Krieg. Und nicht der Neiße galt unsere Sorge, sondern der Donau, und an der Donau Wien. Wird Wien das gleiche Schicksal erfahren wie Budapest, das Ende Dezember belagert und erst Mitte Februar erobert wurde? Sosehr auch die Konferenz von Jalta es zur Gewißheit werden ließ, daß es nun bald ein „Nach-dem-Krieg" geben werde — so schnitt vorerst noch immer der Krieg, die wild um sich schlagende Nazibestie, jeden Gedanken an einen letzten Salut ab.

Was wird Wien noch bevorstehen? Es ist zum „Verteidigungsbereich" erklärt worden, das heißt, was die Bombardierungen nicht zerstörten, werden jetzt bald Granaten, Katjuschas, Feuersbrünste vernichten. Welches Massaker unter der Bevölkerung wird es geben, Hinrichtungen in den Gefängnissen — Galgen, wie ich sie in Weißrußland sah! Hungergestalten werden sich zwischen den Trümmern ducken, Kinder mit Panzerfäusten.

„Fordert: Wien — offene Stadt!" „Laßt euch nicht in letzter Minute von den deutschen Okkupanten mißbrauchen!" „Wien — offene Stadt!" schrien die österreichischen Sprecher in die Mikrophone der illegalen Sender und in die von Radio Moskau. Walter Fischer spuckte seine Tuberkeln mit hinein, die vielen Nächte im ungeheizten Radiogebäude am Puschkinplatz hatten ihm die Krankheit eingebracht, zur Malaria dazu, die ihm die Wolga ins Blut geschwemmt hatte. Im Schutzbundhaus, aufgescheucht von den „Swodkas", den Frontberichten, in denen nun täglich österreichische Orte auftauchten, sammelten sich die Frauen in Otto Fischers Wohnung, um zu erfahren, „ob es noch lange dauern könne". Ein wahrer Meister im „Prawda"-Lesen, dechiffrierte Otto die Geheimzeichen der politischen und militärischen Sprache wie kein anderer von uns.

Öfter denn je fand auch ich mich in diesen ersten Apriltagen, als auf Moskaus Plätzen erstmals wieder friedliche Blumenstände auftauchten und duftende Mimosenzweige von der Krim anboten, in unserem Schutzbundhaus ein, auf der ersten Stiege, die zu Ottos Wohnung, und auf der zweiten, die zu Walter hinaufführte. In beiden Wohnungen waren die Fischerschen Frauen, Magda und Phini, die Kinder und die unverwüstliche Mutter Bendiner, alle längst aus der Evakuation zurückgekehrt. In so mancher anderen Wohnung fehlten die Männer, die in den Säuberungsjahren eines Morgens abgeholt und niemals mehr zurückgekommen waren. Einige von den Frauen, die jetzt nur an das Zuhause dachten, über das der Krieg hinwegging, werden die Jahre in der Sowjetunion für die unbegreiflichsten und schwersten ihres Lebens halten. Als ob dieses Schutzbundhaus mitten in Moskau — ein Wiener Gemeindehaus wäre, in welchem jeder jeden kennt, an seinen Sorgen teilhat, auch am Tratsch und an den gegenseitigen Bösartigkeiten, so heimatlich kam es mir jetzt vor; weit mehr als das „Lux" mit seinem Stol-Propuskow-System, das die Außenwelt von sich fernhielt.

Die Nachrichten von den Kämpfen in Österreich lauteten so, als ob es plötzlich sehr schnell ginge, als ob der erste geballte Ansturm der Roten Armee Wien die Befreiung bringen würde. Am Vorabend dieses mit nervöser Spannung erwarteten Schicksalstages kam Ernst gegen Mitternacht ins Zimmer gestürmt und rief aus: „Ich fliege nach Wien!"

Moskau, die Emigrationsjahre, unser Leben hier zusammen in dem Raum, der den Blick nur über die Dächer hin freiließ und in den Hofschacht hinunter einengte, wo die Ausgestoßenen gehaust und wo in dem schrecklichen Sommer 1941 die Bomben gefallen waren — alles das schien er mit diesen Worten abzuwerfen wie Ballast. Und den Namen dazu, Peter Wieden. Wen ich jetzt im Arm hielt, das war der junge Ernst Fischer, Fahne und Leidenschaft, „unsere Unsterblichkeit" — all das machte sich auf, in unsere alte, so anders gewordene Welt zurückzufliegen. Wir werden sie zum Besseren verändern . . .

Am 13. April 1945 überstrahlte der Salut für Wien den Moskauer Himmel.

Eine seltsame Leere blieb zurück. Ich rannte vor ihr davon, vom Schutzbundhaus zu Hilde Koplenig gegenüber auf unserem Korridor (ihr Kop war gemeinsam mit Ernst nach Wien geflogen), zu den Fürnbergs, die jetzt auch private Probleme hatten, denn Friedls Frau, eine Teplitzerin wie ich, als langjährige Sekretärin von Klement Gottwald mit der tschechischen KP verbunden, sollte sie ihren Genossen folgen oder nun mit ihrem Mann nach Österreich gehen? Und ich renne zur PUR, nicht nur um zu erfahren, wie sich denn ganz konkret der Einmarsch der Roten Armee in Wien vollzogen hat, begierig auf jede Einzelheit, ob der Stephansdom nichts abgekriegt habe, und wie die Wiener sich verhielten, sondern auch um etwas mir sehr Kostbares zurückzuholen, das ich einem jungen Mitarbeiter der PUR, Jurij Andrejewitsch Shdanow, dem Freund und späteren Mann von Stalins Tochter Swetlana, geborgt hatte, nämlich die einzigen in die Sowjetunion hineingeschmuggelten Schriften des hier verpönten Sigmund Freud, „Der Witz" und „Psychoanalyse einer Jugendlichen".

Die PUR-Leute gratulierten mir zu Wien, und doch spürte ich an ihrer Hast, an dem schnell hingeworfenen „Was werden Sie für eine Arbeit übernehmen, Ruth Maxowna, wenn Sie wieder zu Hause sind?", daß ich ihnen lästig fiel und in ihren Köpfen Wien nur ein Teilsieg war, der Krieg für sie weiterging bis in die letzte Tiefe der Höhle hinein — bis nach Berlin.

Daß es ein so langsames Verenden war, nahm dem Todesstoß das Berauschende eines triumphalen Sieges. Es dauerte schon zu lange. Ich wurde ganz krank davon. Meine Roßnatur, die doch einiges ausgehalten hatte — untätiges Hinwarten ertrug sie offenbar schlecht. Hundeelend an Seele und Leib fühlte ich mich in diesen ersten Maitagen von Schwindelanfällen und Übelkeit bedrängt.

Am 8. Mai verkündete Churchill im Radio die Kapitulation der Deutschen Wehrmacht in Reims. Die Nachricht verbreitete sich im „Lux" wie ein Lauffeuer und erzeugte so etwas, als hätten uns die Alliierten den Sieg gestohlen, den großen Tag vorweggenommen, auf den wir vor der Welt und vor uns selbst Anspruch hatten. Ein Spalt tat sich da plötzlich auf zwischen den Alliierten und der Sowjetunion, und in diesen Spalt sickerte die erschreckende Vorahnung ein, daß er sich zur Kluft vergrößern werde.

Für uns brach der große Tag am 9. Mai 1945 an. Radio Moskau meldete dem Sowjetvolk, General Keitel habe in Berlin vor Marschall Schukow kapituliert — der Krieg sei zu Ende. Eine einfache Meldung nur. Hinter ihr stand: „Es ist vollbracht!"

Am Abend, da über den großen Tag, den letzten dieses ungeheuerlichen Weltgeschehens, der Begeisterungssturm von Millionen Menschen hinwegbrauste, vom Roten Platz sich erhebend zu dem Licht empor, das der gewaltige Salut, das Riesenfeuerwerk des endgültigen Sieges, ausschüttete, sah ich im schmalen Ausschnitt meines Fensters im „Lux" nur seinen Widerschein. Und weinte vor Glück und Verlassenheit.

XII

Zwischen Ende und Anfang

Der Morgen nach dem letzten Salut ging nirgendshin. War schal wie der Tee, den ich trank, blaß wie die Milch, die meine Katze aufleckte. Für das Nachher hatte ich mich nicht gewappnet.

„Endlich ist der Hund krepiert!" — Was nun? Österreich, Ernst, neue Aufgaben?

„Was werden Sie für eine Arbeit übernehmen, wenn Sie wieder zu Hause sind, Ruth Maxowna?" Ich wußte es nicht. Immer denken die Russen zuerst an die Arbeit. An die „Forderung des Tages". Die Revolution, die Fünfjahrpläne, der Krieg haben sie dazu erzogen. Zum Leben sagen sie „nitschewo".

Wozu hat mich mein Leben erzogen? Nur zum Kampf? Zum Bestehen von Abenteuern? Abgenabelt vom Feind — an wem sollte ich jetzt meine Kräfte messen? Er hat sie mit sich in die Grube genommen. Mir wurde übel vor mir selbst. Welch schwacher Mensch. Am Ziel bricht er zusammen, weiß nicht den nächsten Schritt zu setzen.

Wie steht's überhaupt um die gerühmte Roßnatur? So oft bewährt — warum läßt sie mich gerade jetzt im Stich? Wovor geht sie da in die Knie? Einige Male schon mußte ich mich an dem grünen Kasten anhalten, der im Vorraum steht und das Eßgeschirr für sieben Jahre „Lux"-Leben birgt. Sieben Jahre. Es heißt, daß sich in sieben Jahren jede Zelle des Körpers erneuert. Ich bin also ein neuer Mensch. Was fange ich mit ihm an? Ich will ihn doch ins Leben zurückwerfen — nein, nach vorwärts, in das neue. Auf welches Ziel hin? Und was kann ich hinüberretten aus dem alten, abgestorbenen? Warum stelle ich alles in Frage, weil es vorbei ist? Ohne das gewalttätig fauchende Ungeheuer, das die

Welt vor sich hergejagt, Millionen und Abermillionen Menschen in seinen Untergang mithineingezerrt hat — wie lebt man da weiter?

Eigentlich müßten doch die Impulse aus dem befreiten Wien genügen, um sich wieder mit Kraft aufzuladen. Drei Kommunisten sitzen in der Provisorischen Regierung. Zwei davon als Staatssekretäre in Schlüsselstellungen: Franz Honner für Inneres, Ernst für Unterricht. Und Koplenig ist Vizekanzler, neben den beiden andern, einem Schwarzen, Leopold Figl, der ein KZler sein soll, und einem alten Sozialdemokraten, Adolf Schärf. Wer ist das nur? Auch so ein Überwinterer wie der Staatskanzler Renner? Eine Dreiparteienregierung, von der Roten Armee in den Sattel gehoben, und das Organ dieser „Demokratischen Einigung" heißt „Neues Österreich". Chefredakteur — Ernst Fischer. In Doppelfunktion also, mit doppelter Arbeit belastet. Und ich steh' ihm nicht bei, sein „Bull", sein „Pony". Nicht einmal innerlich: Ich kann mir nicht vorstellen, wie sein Tag aussieht, welche Riesenaufgabe vor denen allen steht, die jetzt ans Aufräumen und Aufbauen herangehen. Als Bürgermeister von Wien haben sie sich General Theodor Körner aus der Mahlerstraße (oder aus dem Gefängnis?) geholt. Mein alter Freund und Wegweiser — gedankenschnell schließt er den Abgrund, über den ich nicht hinwegkomme.

Den Kopf an den grünen Kasten gelehnt, schämte ich mich. Des Kleinmutes, der Schwäche, der Unfähigkeit, aus den Impulsen etwas zu gewinnen, das mich dem Leben wiedergibt. In Grund und Boden hat sich ein Kommunist zu schämen, der, mit sich selbst konfrontiert, verzagt. Vielleicht ist diese erbärmliche Person — keine Spur mehr von „Shiwutschij" — krank? Absurd und simpel krank?

Aus einem sehr verborgenen Winkel meiner Natur, auf den ich bisher selten und recht verstohlen einen Blick geworfen hatte, um ihn dann, befriedigt, daß sich nichts darin fand, rasch wieder abzuwenden — gerade aus diesem Winkel kam völlig unerwartet neues Leben auf mich zu. Sein Keim lag in mir selbst. Ich habe es nur nicht gedacht und wollte es auch nicht glauben, als unser Hausarzt (so sehr zum Inventar des „Lux" gehörend, daß man sich wunderte, kein blechernes Nummernschild an seinem weißen Mantel zu entdecken) mir auf die Schilderung meiner physischen Beschwerden hin erklärte: „Sie bekommen ein Kind, Genossin Wieden — eto wsjo!" — „Das ist alles...? Sie müssen sich irren. Ich habe noch niemals in meinem Leben ein Kind gehabt." Er lachte. „Dann ist es eben jetzt zum erstenmal. Sie folgen nur dem geheimnisvollen biologischen Gesetz des Krieges. Nach dem großen Aderlaß will sich die Menschheit schleunigst wiederauffüllen. Was glauben Sie, wie viele Frauen jetzt zu mir kommen und staunen, daß sie plötzlich schwanger sind. Das halbe ‚Lux'!"

Mein erster Gedanke flog nach Wien zu Ernst. Wie wird er das aufnehmen — ein Kind! Wenn ihm auf unserem „Lux"-Korridor sein eigener kleiner Sohn vor die Beine lief, wußte der Vater nicht (oder tat er nur so?), daß dieses hübsche schwarze Bürschchen, dem ich manchmal über den Haarschopf fuhr, obwohl es das nicht mochte und zurückwich, daß das sein Sohn war; und der Bub wußte nicht, daß das sein Vater war, der da so schnell und mit unbeteiligtem Schritt an ihm vorbeiging.

Ich werde für Ernst eine andere Frau sein, wenn ich ein Kind bekomme. Darf ich das zulassen?

Die sechs Stockwerke von der Poliklinik bis zur letzten Etage hinauf, Stufe für Stufe über die düstere, nach Mäusen und Kohlsuppe riechende Hintertreppe, weil ich vermeiden wollte, in dem wackligen Lift von irgendeinem „Lux"-Genossen angesprochen zu werden, erlaubte ich dem Staunen, sich unmäßig auszubreiten und am Ende nichts anderes in mir zu hören, als — *Sieg.* Der eigene Körper hat ihn mir geschenkt. Es ist mein Sieg. Unteilbar, vollkommen, und für diese paar Minuten wenigstens gebe ich ihn nicht aus der Hand. Sieg, Sieg! Ich kann Leben weitergeben, ein Geschöpf in die Welt setzen. Wie jedes andere weibliche Wesen. Kein geheimes Unvermögen haftet mir mehr an, als Vorzug gepriesen mir selbst und der Liebe gegenüber, eine Ausnahme von der Regel, die mir Verantwortung abnahm und die Freiheit sicherte. Unbeschränkte Verfügungsgewalt über mich und meinen Körper — das hat mein bisheriges Leben erfordert. Jetzt, da die Wiedergeburt der Welt anhebt, gehe auch ich schwanger mit neuem Leben. Ich wage nicht, das Wort „Wunder" zu denken. Dennoch starre ich darauf, als wäre es eines.

Wenn Ernst einverstanden ist, werde ich das Kind in mir nach Österreich mitbringen. Aber (plötzlich meldet sie sich wieder, die politische Stimme, von der ich immer Hilfe und Verweise empfing), aber ist Kinderkriegen für uns nicht auch eine politische Frage? Mit wem kann ich mich darüber beraten, bevor ich es Ernst mitteile und eine Antwort habe? Die Fischer-Familie in Moskau ist da kein zuverlässiger Ratgeber. Sie werden mir zureden und begeistert sein.

In unserer Partei gab es eine alte Junggesellin: Malke Schorr. Seit vielen Jahren schon steckte sie ihre spitze Vogelnase in alle Angelegenheiten der KPÖ hinein, die privaten Dinge nicht ausgenommen. Ein abgetragenes Kominternmöbel aus Rote-Hilfe-Zeiten, bald in die Ecke gestellt wegen Tratschsucht und Hineinmischereien, bald hervorgeholt wegen unbändiger Vitalität und Kaderkenntnis, fristete sie im „Lux" das unbestimmbare Dasein der „alten Genossin". Gegen allen äußeren Anschein verdächtigte ich sie der Fähigkeit, urmütterliche Gefühle zu hegen und mit Wärme und Weisheit ein ihr vorgebrachtes menschliches Problem aufzunehmen.

Ich holte sie in mein Zimmer. „Malke! Du bist doch eine alte Illegale. Kannst du auch schweigen, wenn dir etwas Persönliches anvertraut wird?"

Sie nahm meinen Sieg wahrhaft jubelnd an ihr weitgeöffnetes Herz: Ihr beide werdet das schönste und gescheiteste Kind haben! Wehe, du läßt es dir nehmen! Die Partei braucht solchen Nachwuchs!" Womit sich die politische Frage positiv erledigte, nun den Raum freigebend für ein ausgedehntes Gespräch zweier Geschlechtsgenossinnen, bei dem es nur um menschliche Fragen ging.

Und als dann nach zwei, drei Wochen aus dem wiedererstandenen Österreich über Kurierpostkanäle das freudige und belustigte Ja zu dem trächtigen Pony daherschwamm, da hatte ich mich schon selber flottgemacht und segelte vergnügt, soweit es nur irgend ging, auf das kommende Leben zu, das mir obendrein — in vagen Umrissen vorerst — eine Arbeit in Aussicht stellte. In Briefen von Ernst kündigte sich die neue Aufgabe an, und der Abschied von Georgi Dimitroff war es, der zwischen Ende und Anfang die Brücke schlug.

Wie ein Vater, der seine Kinder, die nun ein Erbe zu verwalten und zu vermehren haben, kennt, mit ihrer Begabung, ihrer Leistungsfähigkeit, ihren Schwächen, so gab Dimitroff den abreisenden Kominterngenossen seinen letzten Rat mit, den letzten verpflichtenden Druck seiner mager und alt gewordenen Löwenpranke. Mich hob er dabei in die Luft. Auf die Füße gestellt, lachte ich ihm die Anerkennung seiner wiedergewonnenen Kräfte ins abgehagerte Gesicht. Die Krankheit sei ihm nicht mehr anzusehen. Es war eine Lüge. Der Anblick des Mannes, der einst wie kein anderer in unserer Welt Heldentum verkörperte, Unbesiegbarkeit und herausfordernden Trotz, löste jetzt das hastige Bestreben aus, ihm eine Freundlichkeit zu sagen. Irgendein kleines wohltuendes Wort, dessen auch heroische Menschen bedürfen.

„Die weißen Haare stehen Ihnen gut, Genosse Dimitroff!"

Und das taten sie auch, im Kontrast zu den rabenschwarzen Augen und Brauen. Da brauchte es keiner Lüge, um eine letzte Liebeserklärung anzubringen.

Der Rat, den mir Dimitroff in dieser Abschiedsstunde gab, sehr eindringlich wie ein Vermächtnis, setzte sich auf Jahre in meinem Kopf fest. Er wies nun nicht nur den Weg für meine künftige Arbeit, sondern stellte auch in meinem politischen Bewußtsein und Lebensgefühl die Kontinuität wieder her.

„Sie haben für die Sowjetunion gekämpft — tun Sie es weiter! Auf einer anderen Basis. Gewinnen Sie Freunde für das Land des Sozialismus! Suchen Sie sich eine Arbeit in der Richtung, den Österreichern zu zeigen, daß es eine Sowjetkultur gibt, reich an schöpferischen Kräften. Es ist eine notwendige, eine wichtige Aufgabe. Sie werden sie erfüllen."

Kein anderer Rat oder, richtiger, Auftrag hätte mehr dem entsprochen, wozu ich mich befähigt glaubte. Von legaler Parteiarbeit verstand ich nichts. Nun war wieder ein Ziel da, das den ganzen Menschen erforderte. Mit seinen Erfahrungen, Kenntnissen, freigesetzten Energien. Das erleichterte mir den Abschied.

„Ich bin Ihnen sehr dankbar, Georgi Michailowitsch — für alles, was Sie für mich getan haben! — Und für andere Genossen . . ."

Beim Dank wurde er ernst, wischte ihn mit einer Handbewegung weg. Offensichtlich wollte er nicht daran erinnert werden, daß es eine Zeit gegeben hatte, da er für uns der einzige Mensch war, an den man sich um Intervention bei den Sowjetstellen für einen Verhafteten, für einen Lagerhäftling wenden konnte. Einem kleinen jüdischen Mädel aus Wien hat er helfen können — wie vielen nicht?

„Streichen Sie das aus Ihrem Kopf!" sagte er ziemlich scharf. „Wir müssen ihn freihalten für die großen Aufgaben, die vor uns liegen."

Die Sowjetunion mit nach Hause nehmen — am selben Tag noch rief ich den Filmminister Bolschakow an, er möge mir Kulturfilme für Österreich mitgeben, Wochenschauen aus der Zeit vor dem Krieg: Das Land des Sozialismus im Frieden. Alles, was das Leben der Sowjetvölker widerspiegelt, bevor der Krieg über sie hereinbrach. Was wußten sie drüben davon? Seit mehr als einem Jahrzehnt hatten sie nur Verleumdungen gehört, gräßliche Bilder gesehen. Und sieges- und weintrunkene Rotarmisten sind bei Gott keine geeigneten Sendboten der Sowjetkultur. Aus Andeutungen in Briefen von Ernst ließ sich herauslesen, daß sie sich oft miserabel aufführten, unserer Partei schadeten, dem Ansehen der Roten Armee, der die Wiener anfangs mit offenen Armen entgegengelaufen waren. Um so wichtiger war es, das beschädigte und mit Nazidreck beworfene Antlitz der Sowjetunion von jener Seite zu zeigen, die nicht Furcht hervorruft, sondern Verständnis, Interesse und Begeisterung wecken würde. Schostakowitschs Leningrader Symphonie auf den Pulten der Wiener Philharmoniker, Scholochow, Pasternak, Alexei Tolstoi, Fedin, Simonow in den Volksbüchereien . . .

Kurz bevor mich die Sowjetunion für immer nach Österreich entließ (so seltsam es nach allem erscheinen mag: weder als Feriengast, Delegationsmitglied oder schlichter Tourist habe ich das Land je wiedergesehen, für das ich in seiner schwersten Zeit durchs Feuer gegangen bin) — die Bücherkisten waren gepackt, Wehmut und Abschiedsschmerz verflogen —, wurde ich, schon ganz dem neuen Leben zugewandt, verhalten, noch einmal das alte aufzusuchen. Bis dorthin, wo es begann: in der Gewitternacht auf „Austria II".

„In meiner Kaderkartei fehlt Ihr Lebenslauf, Genossin Wieden", begründete die Bobrowskaja ihr unangekündigtes Erscheinen spätabends in unserem „Lux"-Zimmer. Die dicke, gutmütige Frau, russische Kaderleiterin von uns österreichischen Politarbeitern, schien bestürzt ob des Nichtvorhandenseins eines Dokumentes, worin ein Kader darlegt, wie er ein Kader geworden ist. Ihre Bestürzung steigerte sich in Fassungslosigkeit bei meiner Erklärung, ich hätte niemals eine „Biografia" abgegeben, noch wäre ich jemals dazu aufgefordert worden. Welches Versäumnis! Welche Ungeheuerlichkeit! las ich von ihrer Stirn ab. Was, da lebt und arbeitet ein Ausländer während der gefährlichsten, von tausend Schrecken heimgesuchten Jahre in der Sowjetunion — und kein Lebenslauf in irgendeiner Kaderkartei? Handgeschrieben, lückenlos, alle politischen Sünden aufgezählt, die Verwandten hier und jenseits der Grenzen, und was sonst noch in einer ordentlichen Parteibiographie zu stehen hat? Überprüfbar, von eingeholten Auskünften bestätigt, mit Bemerkungen versehen? Kein Lebenslauf?

Sie sah mich so verwundert an, als wäre ich ein Gespenst, das vorgibt, ein Mensch zu sein.

So saß ich denn drei Tage lang im obersten Stockwerk des Marx-Engels-Instituts am Schreibtisch der alten Revolutionärin Bobrowskaja und holte von weit her mein Leben herbei, um es hier in einem Panzerschrank als „Biografia" zurückzulassen. „Nehmen Sie sich Zeit", hatte sie gesagt und einen Stoß großformatigen karierten Papiers auf den Tisch gelegt. „So viel?" lachte ich. „Aber es wird nicht die Lesebuchgeschichte eines Klassenkämpfers aus dem Proletariat — ich bin bourgeoiser Herkunft." — „Ich weiß — das macht nichts. Wir haben führende Genossen in der Partei, die aus der Bourgeoisie, aus dem Adel zu uns gekommen sind, sich der Revolution angeschlossen haben. Nehmen Sie Molotow, Wyschinskij, den General Ignatjew, Alexei Tolstoi. Mich interessiert Ihr äußerer *und* innerer Weg zum Kommunismus." Ihr spürbares Wohlwollen entzündete unversehens die Lust am Schreiben, verwandelte mich in den freudig erregten Erzähler, den keine konspirative Schweigepflicht hemmt. Mein Weg? Im Gestrüpp der Erinnerungen zeichnete er sich ab nach Dimitroffs Maxime: Herz-Kopf-Nase.

Wenn ich beim Nachdenken den Kopf zur Seite drehte, konnte ich durch das große offene Fenster die rote Fahne über dem Mossowjet-Gebäude sehen, die in der glühenden Julisonne dahinschmelzenden Dächer von Moskau.

Mit sieben Bücherkisten, einem Koffer, das Kind unterm Herzen, die Katze im Korb, landete ich wenige Tage später auf österreichischem Boden. Das Sonderflugzeug hatte drei Ministersgattinnen — Hilde Koplenig, Grete Honner und Ruth Fischer — an Bord, die beiden Kinder Koplenigs dazu, Lisa und Ernst, und einen bewaffneten Begleiter, den das Fliegen allen Mutes beraubte. Beim Abflug in Moskau begann der kleine Ernstl zu schreien: „Aussteigen! Aussteigen!" und wimmerte in einem fort das gleiche, bis er ausstieg, das heißt, von den Armen eines Rotarmisten in Fliegeruniform aufgefangen wurde. Auf dem Militär-flugplatz in Vöslau gab es für uns keine Ausstiegstreppe: wir mußten springen.

Im Sprung kehrte ich heim. Alle Kraft zurückgewonnen, die Eroberungslust, die Neugier, das Entzücktsein von der Landschaft, die in sanften bergigen Konturen sich gegen Wien hinneigt. Es war der schönste Sprung meines ganzen Lebens. Auch mit den Folgen: zerschundene Knie.

Rundum lachende Russen. Auf ihren ausgebleichten Sommerblusen bammeln die Kriegsmedaillen.

XIII

Epilog

Das Ende des Krieges war die große Zäsur. Für die Welt, für alle, die es miterlebten, so auch für mich.

Das Jahr 1945, vorverlegte Mitte des 20. Jahrhunderts und Wende zugleich, ausgelöst durch die gewaltige Explosion von Hiroshima, spaltete mit der Kraft des gespaltenen Atoms das Jahrhundert und die Menschheit. Von diesem Jahr an nahm auch der äußere Ablauf meines Lebens eine Wende.

Der Sprung aus dem sowjetischen Militärflugzeug war der Sprung in etwas Neues, der Sprung hinüber in die zweite Hälfte des Jahrhunderts, in die zweite Hälfte meines Lebens.

Hineingestellt in einen engeren Raum, habe ich ihn zunächst mit großer Aktivität erfüllt. Zur Generalsekretärin der „Gesellschaft zur Pflege der kulturellen und wirtschaftlichen Beziehungen zur Sowjetunion" bestellt, warf ich mich mit all meiner Energie auf die neue Aufgabe, am Brückenschlag zwischen Ost und West mitzuwirken.

Auf dem Boden der „Gesellschaft" fanden sich Menschen verschiedener Weltanschauung und Parteizugehörigkeit zusammen. Repräsentative Namen aus Politik, Kultur und Wirtschaft machten sie zu einem politisch-kulturellen Faktor ersten Ranges im öffentlichen Leben der ersten Nachkriegsjahre. Zu der hektischen Veranstaltungstätigkeit trug die Sowjetunion das Beste bei, was sie zu bieten hatte: die berühmten Tanz- und Musikensembles, die Riesenchöre, die Ballettgruppen von legendärem Ruf. Damit sollte einem Ressentiment gegen die rauhe Wirklichkeit der „Besatzung" entgegengewirkt werden, das im Bewußtsein der Österreicher den Begriff „Befreiung" nach und nach verdrängt hatte.

Für mich bedeuteten die fünf Jahre bei der „Gesellschaft" ein entscheidendes Erlebnis: die Welt der Genossen weitete sich zu der Welt der „Menschen, die guten Willens sind".

Die ersten freien Wahlen im November 1945 zeigten: die Österreicher wählten gegen die Russen. Die kommunistischen Minister flogen aus der Provisorischen Regierung. Nur 4 Mandatare von 165 Abgeordneten bezogen ihre Sitze im Parlament. Auf einem davon saß Ernst Fischer — der „beste Redner Österreichs".

Mein Mäderl, wohlgeraten, leicht geboren, kam zur Welt. Wir nannten sie Marina. Die Babyausstattung besorgte der ÖVP-Minister Heinl. Der „Schwarze", äußerlich ein Riese, war auch groß in der Toleranz.

Bei Staatsempfängen, im Palais Coburg, Sitz der Österreichisch-Sowjetischen Gesellschaft, traf ich den alten Freund General Körner. Privat traf ich ihn um sieben Uhr morgens beim gemeinsamen Frühstück in seiner Rathauswohnung. Je älter er wurde, desto mehr reduzierten sich seine Russischkenntnisse auf das Wort: „Starost — nje radost" — das Alter ist keine Freude.

Ernst und ich unternahmen Pilgerfahrten in die Volksdemokratien. In Ungarn wurde der 100. Todestag des Dichters Petőfi gefeiert. Auf der Margaretheninsel gab es große Festbankette. Im ZK der KPU gab Mátyás Rákosi auf bange Fragen die Antwort: „Rajk war ein Verräter. Er hat es mir persönlich gestanden." Der Henkertod Rajks war demnach zu Recht erfolgt? Georg Lukács, Julius Hay schienen besorgt um die politische Entwicklung in ihrem Land.

In Prag erhielten wir auf dem Hradschin ein frugales Nachtmahl. Die beiden Gottwalds, Staatspräsident und Gattin Martha, unterzogen sich einer Abmagerungskur. Im ZK der KPČ am Graben herrschte politische Aktivität und Nervosität. Von dem Dreigestirn Slansky, Gminder und Manja Švermová überlebte nur die Witwe Jan Švermas die auch hier nach Sowjetbeispiel einsetzenden Säuberungen.

In Polen badeten wir am Ostseestrand. Ich sah die Aale wieder und — die Zeichen des Krieges. Heidelbeeren suchend, stürzte man unversehens in Erdbunker. Totenköpfe und Skelette in vermoderten Uniformen. Vor dem Warschauer Einödplatz, einst das Ghetto, schärfte ich der fünfjährigen Marina ein: „Niemals vergessen!" Sie blieb dessen eingedenk. Ihre besten Freunde wurden später polnische Studenten. Außerhalb und innerhalb der Gefängnisse.

Auch in Berlin sahen wir „Lux"-Genossen wieder. Johannes R. Becher, den Kulturminister, in Hemdsärmeln. Walter Ulbricht, ein Zimmer weiter von Otto Grotewohl. Die SED, die DDR wurde Wirklichkeit. Ich sah auch den Darß wieder und dort die Ausgesiedelten aus meiner alten Heimat: Sudetendeutsche.

Aus dem Naturschutzgebiet war ein Kulturschutzgebiet geworden. Der „Deutsche Kulturbund" schickte seine Intellektuellen dorthin auf Erholung. Bert Brecht und Helli Weigel schützten sich unter dem riesigen Strohdach ihrer wohnlich umgebauten Scheune gegen Kulturvisiten.

Der kalte Krieg feuerte unliebsame Emigranten über den Ozean zurück in ihre Ursprungsländer. Der Komponist Hanns Eisler, Brecht- und Chaplin-Freund, kam mit seiner Frau Lou nach Wien. Sie wurde die zweite Frau von Ernst Fischer.

Gegen das gespaltene Atom und den kalten Krieg mobilisierte die Sowjetunion internationale Intellektuellentruppen. Die Tribünen der Weltfriedensbewegung wurden zum Tribunal: Hauptankläger der Atomphysiker Joliot-Curie. Ich befand mich nur im Fußvolk. Auf dem Kostümrevers die Friedenstaube Pablo Picassos, im Herzen einen jungen Mann — den „zweitbesten Redner Österreichs", Linkskatholik und Friedenskämpfer, altösterreichischen Traditionen und der Musik verbunden. Er wurde mein zweiter Mann. Als ungleiches Paar versuchten wir, die Koexistenz zweier verschiedener Weltanschauungen vorzuleben.

Ein Jahr lang saß ich Rudolf Hausner Modell, dem Philosophen unter den Wiener „phantastischen Realisten". Er nannte das Porträt „Die Unvollendete".

Gleichsam über Nacht ergab sich ein beruflicher Neubeginn: Der aus Moskau angereiste russische Generaldirektor der „Wien-Film" am Rosenhügel — sie stand unter sowjetischer Verwaltung — engagierte mich als Chefdramaturgin. Gemeinsam erarbeiteten wir ein politisch-künstlerisches Konzept: Die „Wien-Film" als Produktionsbasis für österreichische Musikfilme, für literarisch anspruchsvolle Sujets; als Wirkungsstätte namhafter österreichischer und internationaler Filmschaffender.

Auf dem Rosenhügel schuf Walter Felsenstein seinen „Fidelio", Louis Daquin den „Bel Ami", Alberto Cavalcanti „Puntila und sein Knecht Matti" nach Bert Brecht, Karl Paryla seinen „Girardi".

Ich erlernte den Filmberuf von der Pike auf. Mit der Rasanz und Einsatzbereitschaft des alten „Frontowik". Mit der Leidenschaft eines Menschen, den es zu künstlerischer Leistung drängt. Mit der Freude am Zusammenwirken vieler auf ein Ziel hin. Von der „Wien-Film" tat ich später den Sprung in die internationale Filmwelt. Die Kooperation mit sowjetischen Marschällen und Generalen, mit den Männern der Politik wurde von der Koproduktion mit Künstlern, Schriftstellern und Schauspielern abgelöst. In Berlin, in Paris, in Rom.

In Österreich war ich arbeitslos geworden. Der Staatsvertrag brachte 1955 die Auflösung der sowjetischen Verwaltung österreichischer Betriebe. Als der russische Generaldirektor der „Wien-Film" ging, wurde auch die Dramaturgin gekündigt.

Das war im Mai. Im Oktober verließen die letzten russischen Besatzungssoldaten Österreich. Ich wenigstens wollte ihnen adieu sagen, denn von den Wienern würde sich wohl kaum jemand auf dem Perron einfinden. Ich ging auf den Ostbahnhof: er war noch genauso zerstört wie zehn Jahre vorher. Von diesem Ostbahnhof sind im Ersten Weltkrieg Tausende österreichische Soldaten an die russische Front gefahren, viele von ihnen sind nicht zurückgekehrt. Im Zweiten Weltkrieg waren es noch mehr. Jetzt stiegen dort die Rotarmisten ein, Richtung Heimat. Die Burschen drängten lachend und lärmend in die Waggons. Einer hielt sich abseits, sein trauriges Gesicht fiel mir auf. Fast sah es so aus, als kehrte er nur ungern heim. Ich ging auf ihn zu und fragte ihn:

„Was hast du? Läßt du hier ein Mädel zurück? Eine Liebe?"

„Nein — ich fürcht' mich vor der Mama."

„Vor der Mama?"

„Ja. Der Krieg macht die Menschen schlecht. Ich habe viel Schlechtes getan, sie wird es mir gleich ansehen. Ich fürcht' mich vor der Mama!"

Er wußte nicht, daß das Weltgewissen aus ihm sprach.

*Meiner Tochter Marina gewidmet — stell-
vertretend für die zahllosen Menschen, die
mit ihren Gedanken und Taten versuchen,
die Welt zum Besseren zu verändern. Als
Gefährtin dieser Zahllosen habe ich für sie
meine Lebensgeschichte niedergeschrieben.*

Namenverzeichnis

(Auf die Aufnahme Adolf Hitlers in das Verzeichnis wurde verzichtet, da er inhaltsbedingt zu oft und in zu vielfältigen Wortverbindungen aufscheint.)

DIE GROSSEN ERFOLGSBÜCHER
DES MOLDEN-TASCHENBUCH-VERLAGES

Mario Puzo
DIE DUNKLE ARENA
Roman. 240 Seiten
Band 1 / DM 5,80

Susan Howatch
DAS SCHLOSS AM MEER
Kriminalroman. 160 Seiten
Band 2 / DM 4,80

Pierre Rey
DER GRIECHE
Roman. 624 Seiten
Band 3 / DM 8,80

Jörg Mauthe
DIE GROSSE HITZE oder
Die Errettung Österreichs durch
den Legationsrat Dr. Tuzzi
Roman. 256 Seiten
Band 4 / DM 5,80

Milovan Djilas
DIE NEUE KLASSE
Eine Analyse
des kommunistischen Systems
208 Seiten
Band 6 / DM 6,80

Stephanie Faber
DAS REZEPTBUCH
FÜR NATURKOSMETIK
318 Rezepte zum Selbermachen
272 Seiten
Band 7 / DM 5,80

Peter Farb
DIE INDIANER
Entwicklung und Vernichtung
eines Volkes
304 Seiten
Band 8 / DM 7,80

Dorothy Gies McGuigan
FAMILIE HABSBURG
1273 bis 1918
464 Seiten
Band 10 / DM 9,80

Thaddäus Podgorski
OLYMPISCHE WINTER-
SPIELE INNSBRUCK 1976
Daten, Fakten, Berichte
176 Seiten
Band 11 / DM 4,80

Otto Friedländer
LETZTER GLANZ
DER MÄRCHENSTADT
Das war Wien um 1900
256 Seiten
Band 12 / DM 6,80

Gerhard Eisenkolb
DAS KOMMANDO
„München Schalom"
Roman. 320 Seiten
Band 13 / DM 5,80

Band IV:
DIE INSEL DER SELIGEN
Österreich von der Moskauer
Deklaration bis zur Gegenwart
368 Seiten / 32 SW-Bildseiten
Band 24 / DM 9,80

Gordon Brook-Shepherd
KARL I., DES REICHES
LETZTER KAISER
Glanz und Elend des letzten
österreichischen Herrscherpaares
400 Seiten
Band 25 / DM 6,80

Hansheinz Reinprecht
VERDAMMT ZUM LEBEN
Das Abenteuer einer Idee:
Hermann Gmeiner und seine
SOS-Kinderdörfer
320 Seiten / 16 SW-Bildseiten
Band 27 / DM 5,80

Hans Huber
OLYMPISCHE SOMMER-
SPIELE MONTREAL '76
Daten, Fakten, Bilder, Berichte
288 Seiten / 68 SW-Bildseiten
Band 28 / DM 6,80

Gwyn Griffin
DER LETZTE ZEUGE
Der erschütternde Roman der
deutschen U-Boote im Zweiten
Weltkrieg
528 Seiten
Band 29 / DM 8,80

Susan Howatch
TÖDLICHER SAND
Kriminalroman. 160 Seiten
Band 30 / DM 4,80

Elisabeth Orth
MÄRCHEN IHRES LEBENS
Meine Eltern Paula Wessely
und Attila Hörbiger
320 Seiten
Band 32 / DM 5,80

Kuno Knöbl
TAI KI
Die Reise zum Ort ohne
Wiederkehr
272 Seiten / 16 Farbbildseiten
Band 34 / DM 7,80

Didier Mességué
DIE KRÄUTER MEINES
VATERS
Neue Rezepte des berühmten
Naturarztes
320 Seiten
Band 35 / DM 5,80

Ernst Trost
DIE DONAU
Lebenslauf eines Stromes
496 Seiten
Band 36 / DM 9,80

Robin Moore
DAS SYNDIKAT
Roman. 320 Seiten
Band 14 / DM 6,80

Edith Lauda
DAS TRAININGSBUCH
FÜR SCHÖNHEIT UND
GESUNDHEIT
*Ratschläge und Übungen
nach der neuen Methode
der Ismakogie*
208 Seiten
Band 15 / DM 5,80

Alistair Horne
DER FRANKREICH-
FELDZUG 1940
512 Seiten
Band 16 / DM 8,80

Charles Lindbergh
KRIEGSTAGEBUCH
1938–1945
560 Seiten
Band 17 / DM 9,80

Salvador Dali
SO WIRD MAN DALI
336 Seiten
Band 18 / DM 6,80

Viktor Reimann
DR. JOSEPH GOEBBELS
384 Seiten
Band 19 / DM 6,80

Susan Howatch
DIE HERREN AUF
CASHEMARA
Roman. 704 Seiten
Band 20 / DM 8,80

Hellmut Andics
NEUE ÖSTERREICHISCHE
GESCHICHTE IN VIER
BÄNDEN
Band I:
DAS ÖSTERREICHISCHE
JAHRHUNDERT
*Die Donaumonarchie von
1804–1900*
320 Seiten / 32 SW-Bildseiten
Band 21 / DM 9,80

Band II:
DER UNTERGANG DER
DONAUMONARCHIE
*Österreich-Ungarn von der
Jahrhundertwende bis zum
November 1918*
352 Seiten / 32 SW-Bildseiten
Band 22 / DM 9,80

Band III:
DER STAAT, DEN KEINER
WOLLTE
*Österreich von der Gründung
der Republik bis zur Moskauer
Deklaration*
368 Seiten / 32 SW-Bildseiten
Band 23 / DM 9,80

Willy Lorenz
SEITENSPRÜNGE
VON DER AUTOBAHN
zwischen Wien und Salzburg
208 Seiten, davon
16 SW-Bildseiten
Band 26 / DM 6,80

James W. Mavor jr.
REISE NACH ATLANTIS
*Wissenschaftler lösen das Rätsel
einer Weltkatastrophe*
288 Seiten
48 Abbildungen im Text
und 8 SW-Bildseiten
Band 48 / DM 7,80

Ruth von Mayenburg
BLAUES BLUT UND
ROTE FAHNEN
*Ein Leben unter vielen
Namen*
384 Seiten
Band 49 / DM 7,80

Sarah Gainham
OPERNBALL
Roman
400 Seiten
Band 63 / DM 6,80

Peter Kaiser
DIE RÜCKKEHR DER
GLETSCHER
*Die Welt vor einer Natur-
katastrophe*
448 Seiten mit
100 SW-Bildern
Band 64 / DM 8,80

Curt Riess
DAS GAB'S NUR EINMAL
Band I
*Die schönsten Filme unseres
Lebens*
288 Seiten mit
53 SW-Bildern
Band 65 / DM 7,80

William Goldman
DER MARATHON-MANN
Roman
224 Seiten
Band 80 / DM 6,80

Waldemar Bonsels
INDIENFAHRT
Roman
272 Seiten
Band 101 / DM 5,80

MOLDEN
TASCHENBUCH
VERLAG

Preise Stand März 1977. Änderung vorbehalten.